"十二五"国家重点图书出版规划项目——
国家物流业振兴规划前沿理论与技术创新丛书

# 物流运营管理

海峰　邵校　主编

中国物资出版社

**图书在版编目（CIP）数据**

物流运营管理/海峰，邵校主编．—北京：中国物资出版社，2012.4
（国家物流业振兴规划前沿理论与技术创新丛书）
“十二五”国家重点图书出版规划项目
ISBN 978-7-5047-4040-3

Ⅰ.①物…　Ⅱ.①海…　②邵…　Ⅲ.①物流—物资管理　Ⅳ.①F252

中国版本图书馆 CIP 数据核字（2011）第 221078 号

**策划编辑**　郑欣怡　　**责任印制**　方朋远
**责任编辑**　郑欣怡　　**责任校对**　孙会香　杨小静

---

**出版发行**　中国物资出版社
**社　　址**　北京市丰台区南四环西路 188 号 5 区 20 楼　　**邮政编码**　100070
**电　　话**　010-52227568（发行部）　　010-52227588 转 307（总编室）
　　　　　　010-68589540（读者服务部）　　010-52227588 转 305（质检部）
**网　　址**　http://www.clph.cn
**经　　销**　新华书店
**印　　刷**　三河市西华印务有限公司
**书　　号**　ISBN 978-7-5047-4040-3/F·1685
**开　　本**　787mm×1092mm　1/16
**印　　张**　18.75　　**版　　次**　2012 年 4 月第 1 版
**字　　数**　456 千字　　**印　　次**　2012 年 4 月第 1 次印刷
**印　　数**　0001—3000 册　　**定　　价**　35.00 元

---

# 前 言

物流由运输、储存、装卸、包装、流通加工、配送及物流信息处理等多项基本活动构成，并且将物品按照客户的要求从供应地向需求地进行转移。而物流运营就是将这些既相对独立，又相互关联的活动组织起来，进行一体化的处理和运作，也就是说，物流运营管理就是对物流活动的规划、组织、协调和控制。

物流运营管理的学习不仅能为在校学生提供建立物流运营活动及其管理的框架和逻辑，也能为物流企业实施物流运营的管理和运作提供一定的参考和建议。秉承以上指导思想和编纂宗旨，并结合本科生、研究生的教学要求和物流管理人才的实战需要，本书编者在多年讲授物流运营管理课程的基础上，加入丰富的案例、专栏和复习思考题，编写了这本《物流运营管理》，其特点如下：

第一，确定了物流运营管理理论体系的内在逻辑，即围绕物流运营管理的战略、战术和运作决策三个层次展开各内容的介绍；

第二，围绕上述基本逻辑和内容，提供大量丰富的实际案例、专栏介绍、复习思考题和案例思考题，为学生巩固所学理论、扩大信息量、提高分析问题和解决问题的能力提供了较好的平台。

学习本课程时应该注意物流运营管理的内在逻辑联系：

第一章、第二章和第三章为本书的第一部分，从概念、理论等方面构建全书的框架和逻辑。其中第一章和第二章着重介绍了全书的基本概念和基本理论，第三章构建了全书的框架，即将物流运营管理决策分为战略、战术和运作三个层次，在后面的章节中分别介绍。

第四章为本书的第二部分，阐述了三个层次中的第一层次，即战略层的主要内容，从第三方物流企业的战略模式提出创新性的构建方法，并为企业发展方向提供可参考的建议。

第五章、第六章和第七章为本书的第三部分，阐述了三个层次中的第二层次，即战术层。其中第五章总体概述了第六章和第七章的体系，阐述了本层次在物流运营管理体系中的地位和作用；第六章和第七章分别从物流运营网络和物流运营节点的角度阐述战术层的运营模式。

第八章为本书的第四部分，阐述了三个层次中的第三层次，即运作层，从运作模式、运作技术和运作能力等方面提出了实际运作中要注意的相关问题。

本书的第一章、第二章由海峰、夏星露编写，第三章由海峰、邵校编写，第四章由海峰、王红伟、宋波编写，第五章由邵校、张佳编写，第六章、第八章由邵校、朱健群编写，第七章由邵校、刘刚编写，全书由海峰教授统纂、修改和审定。

作为《国家物流业振兴规划前沿理论与技术创新丛书》系列教材，本书得到了中国物流与采购联合会和中国物流学会的大力支持，同时得到中国物资出版社的鼎力相助，在此一并表示感谢。

编　者

2011 年 12 月

# 目　录

# 第一章　物流运营活动及运营管理

本章介绍了物流的相关概念和分类、物流运营活动的内容、物流运营管理的概念及其目标。通过本章的学习，应能全面地了解物流及物流运营管理的基本概念，明确物流运营管理的目标，以及如何实现这些目标。

## 第一节　物流与物流运营活动

### 一、物流的含义

如果从物体的流动来理解，物流是一种古老又平常的现象。自从人类社会有了商品交换，就有了物流活动（如运输、仓储、装卸搬运等）。而将物流作为一门学科，却仅有几十年的历史。因此，可以说物流是一门新学科。

物流作为一门学科的诞生是社会生产力发展的结果。不少学者们经过长期的理论酝酿，逐渐认识到在生产活动中，过去被人们看成生产过程、生产工艺的组成领域里，有一种没有直接参与实际生产制造过程的活动，这种活动与工艺有关但却另有特性，那就是物流。如果进行专业的细分生产活动，可分为两个组成部分，一部分是生产工艺活动，一部分是物流活动。

（一）物流的定义

目前，学术界还没有物流的统一定义，各个国家和地区对物流有不同的定义。美国供应链管理专业协会（Council of Supply Chain Management Professionals，CSCMP）的定义是：企业供应链运作中，以满足客户要求为目的，对货物、服务和相关的信息从产出地到消费地之间实现高效率低成本的正向和反向的流动和储存所进行的计划、协调、执行和控制的过程。

我国2006年12月颁布的《中华人民共和国国家标准——物流术语》将物流定义为：物品从供应地向接收地的实体流动过程。根据实际需要，将运输、储存、装卸、搬运、包装、流通加工、配送、信息处理等基本功能实施有机结合。

（二）物流的内涵

1. 物流是物品实体的流动

任何一种物品都有自然属性，即它有一个物质实体，同时还具有社会属性，即它具有一定的社会价值，包括它的稀缺性、所有权性质等。物品物质实体的流动是物流，物品社会实体的流动是商流。前者实现使用价值的转移，后者实现价值的交换。一般情况下都是先有商流，然后才有物流，商流先于物流；但是如果没有物流，商流也无从实现，二者相辅相成、相互促进。

2. 物流是一种人类活动

不属于人类活动的物品流动，如河水、空气等自然、物理运动不属于物流研究的对象。

3. 物流包括多个基本功能或环节

运输、仓储、装卸、搬运、包装、配送以及流通加工等是物流的基本功能或环节，也是物流运营的基本活动。物品实体的流动是通过组织这些物流运营活动而实现的。

4. 物流是一种创造价值的活动

物流创造的价值包括时间价值、空间价值和加工附加价值。

5. 物流是物品有效率、有效益的流动

研究物流和实施物流管理的目的就是为了提高物流效率，降低物流成本，最终提高物流效益。

6. 物流是不断满足客户需求的过程

满足客户需求是物流管理追求的根本目标。只有当客户在其希望进行消费的时间和地点又有所希望的产品时，产品才有价值。为此，物流企业应按照“7R”（Right Time、Right Place、Right Price、Right Quality、Right Product、Right Customer）的要求为客户企业提供优质的物流服务。

## 二、物流的构成要素

按照不同的分类标准，物流的构成要素也不同。本节将从物流活动的业务性质、物流活动的地域范围、物流活动的主体和物流活动的领域四种分类方式来介绍物流的构成要素，如图 1－1 所示。

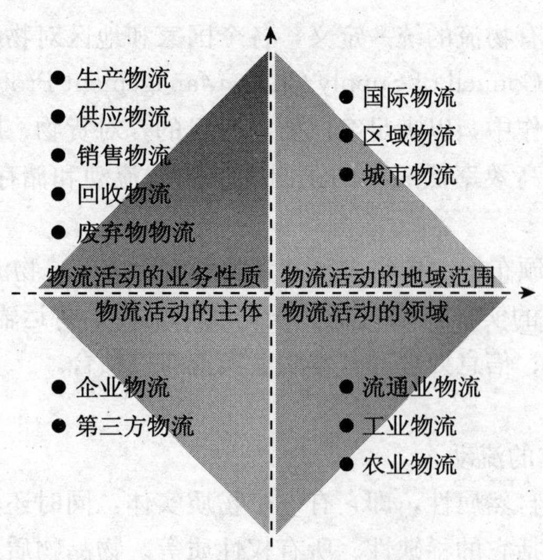


**图 1－1　物流的构成要素**

（一）按物流活动的业务性质分类

按物流活动的业务性质，物流可分为生产物流、供应物流、销售物流、回收物流以及废弃物物流，如图 1－2 所示。

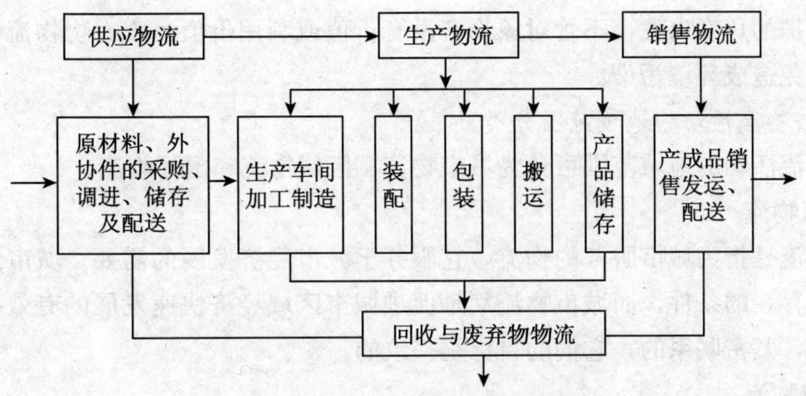


**图 1－2　按业务性质分的企业物流活动**

资料来源：整理自 MBA 智库网，http：//wiki. mbalib. com.

1. 生产物流

生产物流指企业在生产工艺中的物流活动。这种物流活动是与整个生产工艺过程伴生的，实际上已构成了生产工艺过程的一部分。生产物流的过程大体为：原料、零部件、燃料等辅助材料从企业仓库或企业的“门口”开始，进入到生产线的开始端，再进一步随生产加工过程一个一个环节地“流”，在“流”的过程中，本身被加工，同时产生一些废料、余料，直到生产加工终结，“流”至制品仓库，企业生产物流过程便告结束。

2. 供应物流

为保证本身的生产节奏企业，企业需不断组织原材料、零部件、燃料、辅助材料供应的物流活动。这种物流活动对企业生产的正常、高效进行起着重大作用。供应物流不仅是一个保证供应的目标，而且还是在以最低成本、最少消耗、最大保证来组织供应物流活动的限定条件下进行的。

3. 销售物流

销售物流是企业为保证本身的经营利益，不断伴随销售活动，将产品所有权转给客户的物流活动。在现代社会中，市场环境是一个完全的买方市场，因此，销售物流活动带有极强的服务性，通过包装、送货、配送等一系列物流满足买方的要求，最终实现销售。

4. 回收物流

回收物流是指不合格物品的返修、退货以及周转使用的包装容器从需方返回到供方所形成的物品实体流动。此外，企业在生产、供应、销售的活动中总会产生各种边角余料和废料，这些东西回收是需要伴随物流活动的。在一个企业中，回收物品处理不当，往往会影响整个生产环境，甚至影响产品质量，也会占用很大空间，造成浪费。

5. 废弃物物流

废弃物物流指将经济活动中失去原有使用价值的物品，根据实际需要进行收集、分类、加工、包装、搬运、储存等，并分别送到专门处理场所时所形成的物品实体流动。仅从环境保护的角度出发，不管对象物有没有价值或利用价值，废弃物物流都要将其妥善处理，以免造成环境污染。

（二）按物流活动的地域范围分类

按照物流活动的地域范围可分为城市物流、区域物流和国际物流。

1. 城市物流

城市物流是指为城市服务的物流，它服务于城市经济发展的需要。城市经济的形成是城市物流存在的条件，而城市物流又是促进城市区域经济快速发展的有效手段，它们是相辅相成，紧密联系的，它们的目标是一致的。

2. 区域物流

区域物流是指全面支撑区域可持续发展总体目标而建立的适应区域环境特征，提供区域物流功能，满足区域经济、政治、自然、军事等发展需要，具有合理空间结构和服务规模，实现有效组织与管理的物流活动体系。

3. 国际物流

国际物流是指不同国家（地区）之间的物流，这种物流是国际间贸易的一个必然组成部分，各国之间的相互贸易最终通过国际物流来实现。国际物流是现代物流系统中重要的物流领域，近十几年有很大发展，也是一种新的物流形态。

（三）按物流活动的主体分类

按物流活动的主体可分为企业物流和第三方物流。

1. 企业物流

企业物流是其各个环节由企业自身筹建并组织管理，实现对企业内部及外部货物流通的模式。这是国内目前生产、流通或综合性企业所广泛采用的一种物流模式。通过独立组建物流中心，企业实现对内部各部门、场、店的物品供应。

2. 第三方物流

所谓第三方物流（Third Party Logistics，3PL）是指生产经营企业为集中精力经营主业，把原来属于自己处理的物流活动，以合同方式委托给专业物流服务企业，同时通过信息系统与物流企业保持密切联系，以达到对物流全程管理和控制的一种物流运作与管理方式。因此第三方物流又叫合同制物流。

3PL既不属于第一方，也不属于第二方，而是通过与第一方或第二方的合作来为其提供专业化的物流服务，它不拥有商品，不参与商品的买卖，而是为客户提供以合同为约束、以结盟为基础的系列化、个性化、信息化的物流代理服务。最常见的3PL服务包括物流系统设计、EDI能力、报表管理、货物集运、选择承运人、货代人、海关代理、信息管理、仓储、咨询、运费支付以及运费谈判等。

（四）按物流活动领域分类

按照物流活动领域可分为流通业物流、工业物流、农业物流。

1. 流通业物流

流通业物流是指发生在流通领域内，在产品生产和消费之间产生的一种物流形式，即人们生活中的商品从供货方到零售企业以及通过零售企业销售给消费者的物流过程。这里的供货方可以是生产厂家也可以是批发商，物流活动是围绕如何提高流通业的物流服务水平和降低零售商品的销售价格而进行的。在流通物流中一般不允许改变物品自身形态，而只发生空间上的位移和时间上的延迟。

2. 工业物流

工业物流产生于美国，它的理念是以集中采购为主，零部件加工为核心，为工业企业产品出口搭建平台，引导仓储、运输、配送企业发挥协同作用，提高社会资源的综合利用效果，降低企业间的互动成本，面向全球工业企业提供延伸和成套服务的系统工程。

供应链的价值主要来自于组成供应链的各个企业之间在信息流、产品流、服务流、资金流以及知识流五个主要流程上的协同合作，其中物流是供应链模式中产品流和服务流的主要运输导管。工业物流的发展，有效地解决了物流在供应链中这两方面服务长期存在的无法同步的问题，是工业企业整个供应链中的重要组成部分。

对存货的时间和地点的精确定位可以将企业订单管理、库存、运输、仓储管理、物料处理以及包装管理优化成一个有机整体，使得物流过程能与供应链整体运作保持同步，并且通过供应链契约方式在供应商和客户之间建立合作伙伴关系。在降低物流成本、提高固定资产效率、缩短平均订单处理时间、减少整体库存水平、加快现金周转次数以及改善客户服务水平等方面，对存货的时间和地点的精确定位正在逐步发挥着潜在的效益。

3. 农业物流

现代农业物流是指以满足客户需求为目标，运用现代化的物流手段，对农业生产资料和农产品等实体提供相关服务及信息，所进行的从供应源到消费源的组织、控制与管理的经济活动过程。它是由农业生产资料和农产品的采购、生产、运输、流通加工、储存、配送、分销与信息等一系列动作环节组成，并在整个过程中实现农业生产资料和农产品保值、增值的目标。

农村物流是指存在于农村的以农业生产和消费为中心而发生的一系列物质运动过程和有关的技术组织、物流管理等活动，即集生产资料、其他农用物资、材料和农用机器设备与设施的采购、配送，农副产品的运输、存储、加工、包装以及农民生活日用品、工业用品的运输等综合服务于一体的经营活动或流程。

农产品物流是农业物流的一个分支。以下措施，如加大农产品物流基础设施设备的投入，发展专业化的物流服务，加强标准化建设，加强对农产品包装运输储存等物流技术的发展，加快农产品的信息化建设，注重农产品加工开发以及提高农民的物流意识，都有助于促进农产品物流的发展。

## 三、物流运营活动

### （一）物流运营活动的内容

物流运营活动由物资运输、储存、装卸、搬运、包装、流通加工、配送以及信息处理等构成。这些基本要素有效地组合、连接在一起，相互平衡，就形成了一个密切相关的系统。

1. 运输（Transportation）

运输是物流的主要活动要素之一。运输是指物品的运载及输送，是物品的空间位移，可以创造“场所效应”，实现“空间价值”。“场所效应”是指物品在不同场所的使用价值不同，通过空间的转换可最大程度地发挥物品的使用价值，最大限度地提高投入产出比。“空间价值”是指通过改变物品的空间位置而创造的价值。

2. 储存（Storing）

储存也是物流的主要活动要素之一。在物流中，运输承担了改变物品空间状态的责任，储存则改变了物品时间状态，即调整生产和消费之间时间上的不均衡。只有通过储存，才能保证商品流通连续地均衡地顺畅进行，才能使商品连续地充足地提供给市场。保管职能创造着物流的时间效用。

运输和存货能提高物品的场所效用和时间效用这两个功能，是物流活动的支柱。

3. 装卸搬运（Loading and Unloading）

装卸是在一定范围内改变物品的存放、支撑状态的活动。搬运是在一定范围内改变物品空间位置的活动。在实际操作中，装卸与搬运是密不可分的，是伴随在一起发生的。

4. 包装（Packaging）

要能使商品实体在物流中通过运输、储存环节，顺利地到达消费者手中，必须保证商品的使用价值完好无损。因此，商品包装职能十分必要。合适的商品包装，可以维护商品的内在质量和外观质量，使商品在一定条件下不至因外在因素影响而被破坏或散失，保障物流活动的顺利进行。

5. 流通加工（Distribution Processing）

流通加工是在商品从生产者向消费者运动的过程中，为了促进销售维护商品质量和实现物流效率而对商品进行的再加工。流通加工的内容包括装袋、分装、贴标签、配货、数量检查、拣选、混装、刷标记、剪断、组装和再加工改制等。

6. 配送（Distribution）

配送是按照客户的订货要求和时间计划，在物流据点进行分拣加工和配货等作业后，将配好的货物送交收货人的过程。配送是物品位移的一种形式，一般距离较近、批量较小、品种较复杂。配送在整个物流过程中，其重要性与运输、保管、流通加工等并列。

7. 信息处理（Information Processing）

如果把一个企业的物流活动看做是一个系统的话，那么这个系统中就包括两个子系统：一个是作业子系统，包括运输、保管、包装、流通加工、配送等具体的作业功能；另一个则是信息子系统。信息子系统是作业子系统的神经系统。物流活动状况要及时收集，商流和物流之间要经常互通信息，各种物流职能要相互衔接，这些都要靠物流信息

处理活动来完成。物流信息处理是由物流管理活动的需要而产生的，其功能是保证作业子系统的各种职能协调一致地发挥作用，创造协调效用。

**专栏 1.1　日本菱食物流运作的核心**

随着关东区域分发中心（Regional Distribution Center，RDC）的建成，菱食在日本完成了共 10 个 RDC 的设置，即 9 个加工食品 RDC（北海道、东北、关东、首都圈、北陆、东海、近畿、冈山和九州）和崎玉的酒类专用 RDC。每个 RDC 管辖范围内配置若干前端物流中心（Front Distribution Center，FDC）和特种零售业专用物流中心（Specialized Distribution Center，SDC），形成了共计为 10RDC/73DC（FDC＋SDC）的全国体制。

不满一箱的零散分装出货和低周转箱装物品的出货作业在设有高水平自动化物流系统的 RDC 集中处理，以物品箱为单位，按店铺及商品类别分装完毕后送到相应的 FDC，再由 FDC 结合以箱为单位的一般性出货按店铺进行配送。

零售业客户要求很高，要求“零散分装，分类送货”，而行业的竞争又要求“降低成本”。菱食就是为克服这个二律背反的矛盾才建立了这样的体制，把高成本低工效的部分按地区集中到 RDC，通过设备集中投资建成了最低运行成本的物流系统，一举解决难题。

（资料来源：九和顾问网，http：//www. joyher. cn/.）

（二）物流运营活动的特点

1. 过程特点

物流运营活动是一个过程，是满足客户需求的服务过程，是货物的存储和流动的过程，是物流基本功能协调运作的过程，是信息的传递过程。

（1）满足客户需求的服务过程

物流服务是企业为了满足客户（包括内部和外部客户）的物流需求，开展一系列物流活动的结果。物流的本质是服务，它本身并不创造商品的形质效用，而是产生空间效用和时间效用。站在不同的经营实体上，物流服务有着不同的内容和要求。

客户服务是整个物流体系设计和运作的必要组成部分。物流企业在市场竞争中需要确定自己的核心业务和核心优势，差异化的客户服务能给企业带来独特的竞争优势。质量上的改进，如按时送货的改善、订单满足率的提高、准确的票据、订单提前期的缩短，以及整个物流系统生产率的提高等，在短期内是竞争对手难以模仿的。因此，加强物流管理、改进客户服务是创造持久竞争的有效手段。此外，客户服务水平直接影响企业的市场份额、物流总成本，进而影响总体利润。作为一项赢得竞争性优势的战略，工商企业（厂家与商家）满足客户需求的能力取决于其为客户创造和增加的价值。所有的业务过程都必须最大程度地满足客户需求。工商企业优秀的物流过程可以提高物流配送服务的质量，它往往就是客户服务中最具价值的方面，物流过程直接与客户接触，主要从三个方面影响客户的满意程度，首先，物流过程通过产品配送提供客户所要求的基本增值服务，时间效用与地点效用；其次，物流直接影响其他业务过程中满足客户的能力；最后，配送和其他物流作业经常与客户发生直接联系，影响客户对于产品以及相关服务的感受。对物流的计划、实施和控制以及取得的优秀表现，可以使企业从竞争对手中脱颖而出，从而区别于其他供应商并创造价值和促进客户满意，因此，物流是赢得竞争性优势的重要源泉。

(2) 货物的存储和流动过程

存储与流动是货物在物流过程中静止与运动的两种状态。运输、装卸搬运、流通加工和配送等即为流动过程，而仓储就是货物的静止过程。在一些物流运作过程中，通过改变货物的运输方式，运输也可以看成是货物在特殊环境下的存储。由物流的定义看，物流是对货物从起源地到消费地的有效率、有效益的流动和储存的活动以及与这些活动相关的信息进行计划、执行和控制，以满足客户要求的过程。该过程包括进向、去向、内部和外部的移动以及以环境保护为目的的物料回收。物流运营的实质就是物品的实体流动的过程，在这个过程中由于生产与消费之间的时间差必然需要存储活动，因而也存在存储的过程。

(3) 信息的传递过程

在物流系统中，信息流用于识别各种需求在物流系统内所处的具体位置，两者之间的关系极为紧密，它们互为存在的前提和基础。从传递内容来看，信息流是一种非实物化的传递方式，而物流转移的则是实物化的物质。

评价企业成功与否，一个简易的办法是看其物流、工作流和信息流“三流”的情况，其中，信息流的质量、速度和覆盖范围，尤其可以反映企业的生产、管理和决策等各方面的水平。因为物流、工作流在企业的运营过程中无不最终以信息流的形式展现，正如生物体的所有活动都是基于神经系统传递的生物电信号一样。

物流运营活动就是各类物流信息的传递过程，通过物流运营活动的展开实现信息在物流系统中的传递。

2. 系统特点

物流系统是由若干相互联系的物流要素所组成的具有特定功能的有机整体，由“物流作业”和“物流信息”两大部分组成（如图 1-3 所示）。

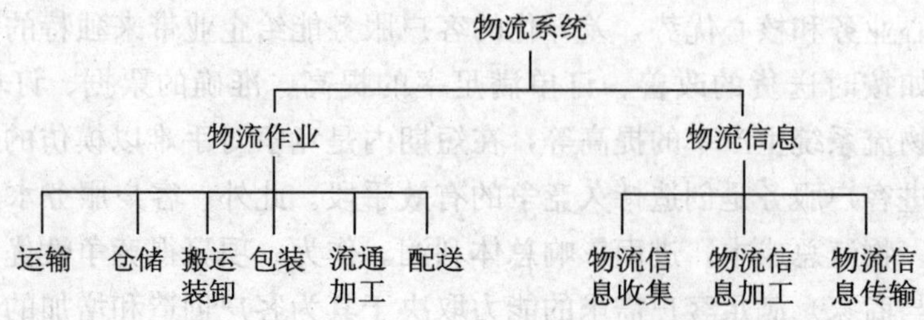


**图 1-3 物流系统**

从物流系统的构成可以看到，物流运营活动构成一个物流系统。下面我们通过一家生产饼干的企业从产品下线到最后到达消费者手中全过程的介绍来说明物流运营活动如何相互联系形成一个物流系统（如图 1－4 所示）。

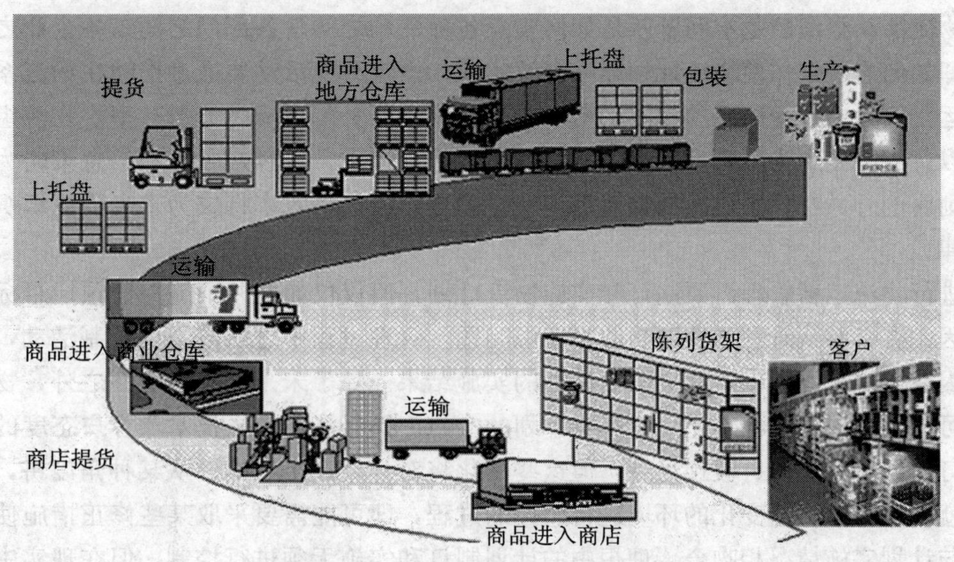


**图 1－4　一家饼干企业的物流系统**

饼干生产下线后，首先进行物流包装，使其适合物流过程中运输与仓储的需要。包装好的商品上托盘，装卸搬运上运输工具后送往地方仓库进行储存。在企业收到订单后，订单通过企业的信息系统传递到仓库。仓库进行一系列的分拣、流通加工等活动之后，产品被再次上托盘，经过运输，商品被送入超市的商业仓库。然后超市在需要的时候到商业仓库提货，经过运输送往超市，陈列在货架上。消费者在货架上选购商品，商品完成了从工厂到消费者手中的全过程。整个过程是集合了运输、仓储、装卸搬运、流通加工、配送和信息处理等物流运营活动，各个活动相互关联构成一个完整的物流系统。

## 第二节　物流运营管理

### 一、物流运营管理

由于物流是由运输、储存、装卸、搬运、包装、流通加工、配送及信息处理等多项基本活动所构成，是按客户的要求将物品从供应地向需求地进行转移，因此物流的运营就是将这些既相对独立，又相互关联的活动组织起来，进行一体化的运作。不同的物流服务活动有不同的物流运营方式。

物流运营管理就是对物流活动的规划、组织、协调和控制。

物流活动的规划试图回答“做什么、何时做、如何做”的问题，涉及三个层面，即战略层面、战术层面和运作层面。战略规划是长期的，时间跨度通常超过一年。战术规划是中期的，一般短于一年。运作计划是短期决策，是每个小时或者每天都要频繁进行的决策。决策的重点在于如何利用战略性规划的渠道快速、有效地运送产品。

物流活动组织的基本问题就是如何实现各项活动之间、各部门之间、各企业之间的协调即如何通过合作使物流计划能够有效实施。物流组织活动要通过推动在物流系统规划和运作过程中频繁出现的成本平衡来提高货物和服务的供应、分拨效率。物流组织一般应以总成本概念为原则，推进物流活动实现最优表现，以客户服务和信息策略为主的情况则属例外。在各个层次的物流组织中寻求合作以提高效率将成为未来物流组织中的主旋律。

进行物流运营管理需要制订和实施物流计划，但仅仅如此并不能保证预定目标的实现，因此有必要从管理的控制功能来考虑问题。管理过程中之所以需要控制活动，其基本原因在于未来的不确定性会改变计划的实施结果。除了未来的不确定性之外，物流环境也可能会发生根本性变化，会影响计划的实施。如经济条件、技术和客户态度的变化在制订计划时可能没有被预见到，但这些变化将对计划产生影响。从某种角度讲，控制过程就是一种对不断变化的环境进行监控的过程，即可能需要采取某些修正措施使实施情况与计划实施情况相吻合。理想中的计划制订和实施无须进行控制，但在现实中几乎是不可能的，因此物流运营管理者应该基于控制机制来确保所期望目标的实现。

## 二、物流运营管理的目标

### （一）物流运营活动的单项目标

#### 1. 运输活动的目标

从物流系统的观点来看，有三个因素对运输来讲是十分重要的，即成本、速度和一致性。

运输成本是指为两个地理位置间的运输所支付的款项以及与行政管理和维持运输中的存货有关的费用，包括人工成本、燃油成本、维护成本、端点成本、线路成本、管理成本及其他成本。在组织物流运输时，应该利用能把系统总成本降到最低程度的运输，这意味着最低费用的运输并不总是导致最低的运输总成本。

运输速度是指完成特定的运输所需的时间。运输速度和成本的关系，主要表现在以下两个方面：第一，能够提供更快速服务的运输商实际要收取更高的运费；第二，运输服务越快，运输中的存货越少，利用的运输间隔时间就越短。因此，选择期望的运输方式时，如何平衡运输服务的速度和成本是至关重要的。

运输一致性是指在若干次装运中履行某一特定的运次所需的时间与原定时间或与前N次运输所需时间的一致性，这是运输可靠性的反映。多年来，运输经理们已把一致性看做是高质量运输的最重要的特征。如果给定的一项运输服务第一次花费两天、第二次花费了6天，这种意想不到的变化就会产生严重的物流作业问题。如果运输缺乏一致性，就需要安全储备存货，以防预料不到的服务故障。运输一致性会影响买卖双方承担

的存货义务和有关风险。随着控制和报告装运状况的信息新技术的应用，物流经理们才能找到既快捷又能保持一致性的方法。速度和一致性相结合是创造运输质量的必要条件，因为时间的价值是很重要的。此外，了解运输履行的质量对于那些对时间具有敏感性的作业具有何种程度的重要性也是至关重要的。

在物流系统的设计中，必须精确地维持运输成本和服务质量之间的平衡。在某些情况下，低成本和慢运输是令人满意的；而在另外一些情况下，快速服务也许是实现作业目标的关键所在。发掘并管理所期望的低成本、高质量的运输，是物流的一项最基本的责任。

2. 储存活动的目标

一个厂商的存货需求取决于网络结构和客户服务期望的水平。存货的目的是要以始终与最低的总成本相一致的最低限度的存货义务来实现所期望的客户服务。虽然过度的存货可以用来弥补物流网络的基本设计中的不足，但在某种程度上却降低了物流管理的质量；而且，把过度的存货用做向客户提供的服务，将最终导致更高的物流总成本。

物流战略要以尽可能低的金融资产维持存货。存货管理的基本目的，是要在满足对客户所承担的义务的同时实现最大限度的流通量。

(1) 质量目标。保证被储存物的质量，是完成储存功能的根本要求，只有这样，商品的使用价值才能通过物流之后得以最终实现。商品在储存中增加了多少时间价值或是得到了多少利润，都是以保证质量为前提的。所以，储存合理化的主要标志中，为首的应当是反映使用价值的质量。

(2) 数量目标。在保证功能实现前提下有一个合理的数量范围。目前管理科学的方法已能在各种约束条件的情况下，对合理数量范围作出决策，但是较为实用的还是在消耗稳定、资源及运输可控的约束条件下，所形成的储存数量控制方法。

(3) 时间目标。在保证功能实现的前提下，寻求一个合理的储存时间，这是和数量有关的问题，储存量越大，消耗速率就越慢，则储存的时间必然长，相反则必然短。在具体衡量时往往用周转速度指标来反映时间标志，如周转天数、周转次数等。

在总时间一定的前提下，个别被储物的储存时间也能反映合理程度。如果少量被储物长期储存，成了呆滞物或储存期过长，虽反映不到宏观周转指标中去，也标志着储存存在不合理情况。

(4) 结构目标。从被储物不同品种、不同规格、不同花色的储存数量的比例关系对储存合理性进行判断，尤其相关性很强的各种物资之间的比例关系更能反映储存的合理性。由于这些物资之间相关性很强，只要有一种物资出现耗尽，即使其他物资仍有一定数量，也会无法投入使用。所以，不合理的结构影响并不仅局限在某一种物资上，而是有扩展性的。结构目标的重要性也可由此确定。

(5) 分布目标。指不同地区储存的数量比例关系，以此判断当地需求比和对需求的保障程度，也可以此判断对整个物流的影响。

(6) 费用目标。仓租费、维护费、保管费、损失费、资金占用利息支出等，都能从实际费用上判断储存的合理性。

3. 装卸搬运活动的目标

提高装卸搬运效率是装卸搬运的目标。提高装卸搬运的效率有如下几种方式。

（1）防止和消除无效作业。所谓无效作业是指在装卸作业活动中超出必要的装卸、搬运量的作业。为了有效地防止和消除无效作业，可从以下几个方面入手：尽量减少装卸次数；提高被装卸物料的纯度，即减少物料中与物料本身使用无关的水分和杂质；包装要适宜，包装的轻型化、简单化、实用化不仅会不同程度地减少用于包装上的无效劳动，也有利于提高装卸搬运效率；缩短搬运作业的距离。

（2）提高物料装卸搬运的灵活性。物料装卸搬运的灵活性表现在装卸作业的难易程度上。所以，在堆放货物时，首先应考虑物料装卸作业的方便性。

（3）实现装卸作业的省力化。装卸搬运必须通过做功才能实现，要尽力实现省力化，尽可能地消除重力的不利影响。在有条件时利用重力进行装卸，可减轻劳动强度和能量消耗，如将没有动力的小型运输带（板）斜放在货车、卡车或站台上进行装卸，使物料在倾斜的输送带（板）上移动。使用重力式移动货架，也是利用重力实现省力的装卸方式。

（4）装卸作业的机械化。这是提高装卸效率的主要措施，对于危险品的装卸作业，机械化能保证人和货物的安全。

（5）推广组合化装卸。对于包装的物料，尽可能进行“集装处理”，即实现组合化的装卸搬运，这样可以充分利用机械进行操作。组合化装卸具有许多优点：装卸单元大、作业效率高、节约作业时间、提高物料装卸搬运的灵活性以及操作单元大小一致易于实现标准化和有利于保护物料。

4. 包装的目标

包装是在流通过程中为保护产品、方便储运、促进销售，按一定技术方法采用容器、材料及辅助物等将货物包封并予以适当的封装和标志的工作总称。包装有七个功能，即保护功能、定量功能、标志功能、商品功能、便利功能、效率功能和促销功能等。包装的目标是在实现这些功能的基础上，促进运输、装卸搬运、仓储等物流活动效率的提高。

5. 流通加工的目标

（1）方便流通。包括方便运输、方便储存、方便销售、方便客户。例如，流通加工的集中下料是将生产企业直接运来的整包装、标准产品，分割成适合客户需要的规格、尺寸或包装的货物。

（2）提高生产效益和流通效益。采用流通加工，生产企业可以进行标准化、整包装生产，这是大生产的特点，可以提高生产效率，降低成本；流通加工可以促进销售，增加销售收入，提高流通效益。

（3）方便客户购买和使用，降低客户成本。用量小或临时需要的客户缺乏进行高效率初级加工的能力，流通加工可使他们省去进行初级加工的机器设备及人力，降低成本。

（4）充分发挥各种输送手段的效率。流通加工环节将实物的流通分成两个阶段。一般来说，流通加工环节设置在消费地，从生产企业到流通加工这一阶段输送距离长，可采用船舶、火车等大运能输送手段；而从流通加工到消费环节这一阶段距离短，主要利用汽车和其他小型车辆来配送经过流通加工后的多规格、小批量、多客户的产品。这样，可以充分利用各种输送手段的特点，加快输送速度，节省运力运费。

（5）充分利用、综合利用物资，提高物资利用效率。例如，集中下料可以优化利用、小材大用、合理套裁，具有明显提高原材料利用效率的效果。

6. 配送活动的目标

配送是物流中一种特殊的、综合的活动形式，是商流与物流的紧密结合，是包含了商流活动和物流活动的一种形式。

配送几乎包括了所有的物流功能要素，是物流的一个缩影，是一个小范围中物流全部活动的体现。一般的配送集装卸、包装、保管、运输于一身，通过这一系列活动完成将货物送达的目的。特殊的配送则还要以加工活动为支撑，所以包括的方面更广。配送的主体活动与一般物流是不同的，一般物流是运输及保管，而配送则是运输及分拣配货，分拣配货是配送的独特要求，也是配送中有特点的活动，以送货为目的的运输则是最后实现配送的主要手段。物流配送的目标可以分解为以下七个方面。

（1）库存目标。库存是判断配送合理与否的重要标志。有以下两个具体指标：

①库存总量。在一个配送系统中库存总量，是从分散于各个客户转移给配送中心的，配送中心库存数量加上各客户在实行配送后库存量之和应低于实行配送前各客户库存量之和。此外，从各个客户角度判断，各客户在实行配送前后的库存量比较，也是判断合理与否的标准，某个客户上升而库存总量下降，也属于一种不合理。

库存总量是一个动态的量，上述比较应当是在一定经营量前提下进行的。客户生产发展之后，库存总量的上升反映了经营的发展，必须排除这一因素，才能对总量是否下降作出正确判断。

②库存周转。由于配送企业的调剂作用，以低库存保持高的供应能力，库存周转一般总是快于原来各企业库存周转。此外，从各个客户角度出发进行判断，各客户在实行配送前后的库存周转比较，也是判断合理与否的标志。

为取得共同比较基准，以上库存目标都以库存储备资金计算，而不以实际物资数量计算。

（2）资金目标。总的来讲，实行配送应有利于资金占用降低及资金运用的科学化。具体判断标志如下：

①资金总量。用于资源筹措所占用流动资金总量，随储备总量的下降及供应方式的改变必然有一个较大的降低。

②资金周转。从资金运用来讲，由于整个节奏加快，资金充分发挥作用，同样数量的资金，过去需要较长时期才能满足一定供应要求，配送之后，在较短时期内就能达此目的。所以资金周转是否加快，是衡量配送合理与否的标志。

③资金投向的改变。资金分散投入还是集中投入，是资金调控能力的重要反映。实行配送后，资金必然应当从分散投入改为集中投入，以增加调控作用。

(3) 成本和效益。总效益、宏观效益、微观效益和资源筹措成本都是判断配送合理化的重要标志。对于不同的配送方式，可以有不同的判断侧重点；例如，对于配送企业、客户都是各自独立的以利润为中心的企业，就要既看配送的总效益，又看对社会的宏观效益及两个企业的微观效益，不顾及任何一方，都必然出现不合理。又如，如果配送是由客户集团自己组织的，配送主要强调保证能力和服务性，那么效益主要从总效益、宏观效益和客户集团企业的微观效益来判断，不必过多顾及配送企业的微观效益。

由于总效益及宏观效益难以计量，在实际判断时，常以按国家政策进行经营，完成国家税收及配送企业及客户的微观效益来判断。对于配送企业而言，企业利润反映配送合理化程度。对于客户企业而言，在保证供应水平或提高供应水平（产出一定）前提下，供应成本的降低，反映了配送的合理化程度。

(4) 供应保证目标。实行配送，各客户的最大担心是害怕供应保证程度低，这里既有心态问题，也有承担风险的实际问题。配送必须提高而不是降低对客户的供应保证能力，因为只有这样才算实现了配送的功能。供应保证能力可以从以下几个方面进行判断：

①缺货次数。实行配送后，对各客户来讲，该到货而未到货以致影响客户生产及经营的次数必须下降才算合理。

②配送企业集中库存量。对每一个客户来讲，配送企业集中库存量所形成的保证供应能力高于配送前单个企业保证程度才算合理。

③即时配送的能力及速度。这是客户出现特殊情况的特殊供应保障方式，这一能力必须高于未实行配送前客户紧急进货能力及速度才算合理。

特别需要强调的是，配送企业的供应保障能力，是一个科学的合理的概念，而不是无限的概念。具体来讲，如果供应保障能力过高，超过了实际的需要，也属于不合理。所以，追求供应保障能力的程度也是有限度的。

(5) 社会运力节约目标。末端运输是运能、运力使用不合理，浪费较大的领域，因而人们寄希望于配送来解决这个问题。这也成了配送合理化的重要标志。

运力使用的合理化是依靠送货运力的规划和整个配送系统的合理流程及与社会运输系统合理衔接实现的。送货运力的规划是任何配送中心都需要花力气解决的问题，而其他问题有赖于配送及物流系统的合理化，判断起来比较复杂。可以简化判断如下：

①社会车辆总数减少，而承运量增加为合理；

②社会车辆空驶减少为合理；

③一家一户自提自运减少，社会化运输增加为合理。

(6) 客户企业仓库、供应、进货人力、物力节约目标。配送的重要观念是以配送为客户代劳，因此实行配送后，各客户库存量、仓库面积以及仓库管理人员减少为合理；用于订货、接货、搞供应的人减少为合理。真正解除了客户的后顾之忧，就可以说配送的合理化程度达到了一个高水平。

(7) 物流合理化目标。配送必须有利于物流合理。物流合理可以从以下几方面判断：

①是否降低了物流费用；

②是否减少了物流损失；

③是否加快了物流速度；

④是否发挥了各种物流方式的最优效果；

⑤是否有效衔接了干线运输和末端运输；

⑥是否不增加实际的物流中转次数；

⑦是否采用了先进的技术手段。

物流合理化的问题是配送要解决的大问题，也是衡量配送本身的重要标志。

（二）物流运营活动的综合性目标

1. 成本目标

物流成本是指物流活动中所消耗的物化劳动和活劳动的货币表现。具体地说，它是产品在实物运动过程中，如包装、搬运装卸、运输、储存、流通加工等各个活动中所支出的人力、物力和财力的总和。

物流影响一个经济体的各个方面，因此物流成本不仅关乎企业的竞争力，而且也与一个国家的竞争力息息相关。根据中国物流与采购联合会的统计结果，在过去的10年里，我国物流业以21%的复合年均增长率增长了5倍，在2009年达到9500万亿元。这个速度远远高于我国GDP的增长速度。惊人的增长速度掩盖了我国物流业潜在的结构弱点，例如，我国的物流费用占到GDP的18%，远远高于美国（9%）和日本（11%）等发达国家，甚至比并称“金砖四国”（BRIC）的印度（13%）都高出5个百分点。2008年，我国的经济总量只有美国的三分之一，但是物流费用却占到美国物流总费用的三分之二。由此可见，我国的物流效率不高，物流成本还有很大的下降空间。

从历史的发展来看，人类历史上曾经有过两个大量提供利润的领域：第一个是原材料资源领域；第二个是人力资源领域。

原材料资源领域：起初是廉价原材料、燃料的掠夺或获得；其后则是依靠科技进步，如节约原材料消耗、原材料节约代用、原材料综合利用、原材料回收利用乃至大量人工合成原材料资源而获取高额利润，习惯称之为“第一利润源”。

人力资源领域：起初是利用廉价劳动力；其后则是依靠科技进步提高劳动生产率，降低人力资源消耗，或采用机械化、自动化来降低劳动耗用，从而降低成本，或通过提高劳动力的训练程度来提高劳动生产率，从而增加利润，这个领域习惯称之为“第二利润源”。

在前两个利润源潜力越来越小，利润开拓越来越困难的情况下，物流领域的潜力越来越为人们所重视。物流作为第三利润源就是要合理组织产供销环节，将货物按必要的数量以必要的方式，在要求的时间内送到必要的地点，即让每一个要素、每一个环节都做到最好。物流成本降低形成的“第三利润源”符合企业经营的需要，也引起了学术界的广泛关注。下面介绍几个具有代表性的理论。

（1）黑大陆学说

由于物流成本管理存在的问题及有效管理对企业赢利和发展的重要作用，著名管理学家彼得·德鲁克于1962年在《财富》杂志上发表了题为“经济的黑色大陆”一文，他将物流比作“一块未开垦的处女地”，强调应高度重视流通及流通过程中的物流管理。

彼得·德鲁克曾经讲过“流通是经济领域的黑暗大陆”。德鲁克泛指的是流通，但由于流通领域中物流活动的模糊性特别突出，是流通领域中人们认识不清的领域，所以黑大陆学说主要是针对物流而言的。

黑大陆学说主要是指尚未为人们认识或了解的领域。如果理论研究和实践探索照亮了这块黑大陆，那么摆在人们面前的可能是一片不毛之地，也可能是一片宝藏之地。黑大陆学说是对20世纪中期经济学界存在的愚昧认识的一种批驳和反对，指出在市场经济繁荣和发达的情况下，无论是科学技术还是经济发展，都没有止境。黑大陆学说也是对物流本身的正确评价，即这个领域未知的东西还很多，理论与实践皆不成熟。

(2) 物流成本冰山理论

物流成本冰山理论是由日本早稻田大学的西泽修教授提出的，他指出人们在读财务报表时，只注意到企业公布的财务统计数据中的物流费用，而这只能反映物流成本的一部分，因此有相当数量的物流费用是不可见的。

物流成本正如浮在水面上的冰山，人们所能看见的向外支付的物流费用好比冰山的一角，而大量的是沉在水下人们看不到的企业内部消耗的物流费用，水下的物流内耗越深露出水面的冰山就越小，将各种问题掩盖起来。这种现象只有大力削减库存，才能将问题暴露并使之得到解决。这就是物流成本冰山理论，图1-5是物流成本冰山示意。

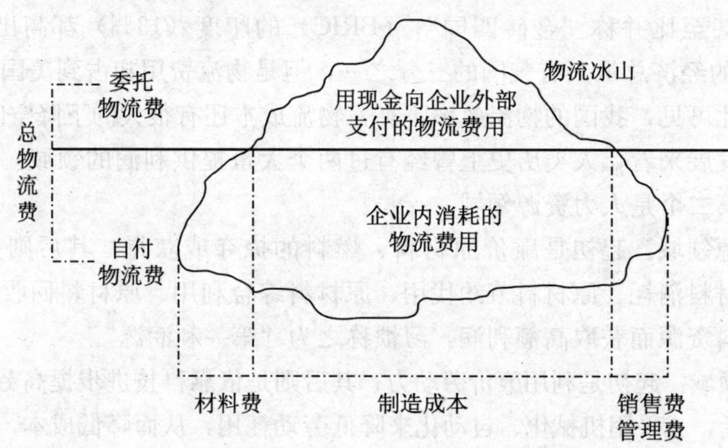


**图1-5 物流成本冰山示意**

资料来源：西泽修著《物流会计知识》。

(3) 物流成本的乘法效应

物流成本的乘法效应就是物流成本的较少减少能够得到企业效益成倍的增加。一位物流学者专门算了一笔账：当一个企业的销售额是1000万元时，物流成本约占销售额的10%，即100万元。这意味着，只要降低10%的物流成本，就可以增加100万元的利润。如果该企业的销售利润率为2%，则创造10万元的利润需要增加500万元的销售额。也就是说，降低10%的物流成本所起的作用相当于增加50%的销售额。这样，物流成本的下降会产生极大的效益。这个理论类似于物理学中的杠杆原理，物流成本的下降通过一定的支点，可以使销售额获得成倍的增长。物流成本是以物流活动的整体为对象，是唯一基础性的、可以共同使用的基本数据。因此，它是进行物流管理、使物流合理化的基础。

（4）物流成本的效益背反

“效益背反”指的是物流的若干功能要素之间存在着损益的矛盾，即某一功能要素的优化和利益发生的同时，必然会存在另一个或几个功能要素的利益损失，反之亦然。这是一种此涨彼消、此盈彼亏的现象，往往导致整个物流系统效率的低下，最终会损害物流系统的功能要素的利益。

物流系统的效益背反包括物流成本与服务水平的效益背反和物流各功能活动的效益背反。

①物流各功能活动成本的效益背反

物流的各项活动处于这样一个相互矛盾的系统中，想要较多地达到某个方面的目的，必然会使另一方面的目的受到一定的损失，这便是物流各功能活动的效益背反。例如，减少物流网络中仓库的数目并减少库存，必然会使库存补充变得频繁而增加运输的次数；简化包装，虽可降低包装成本，但却由于包装强度的降低，在运输和装卸的破损率会增加，且在仓库中摆放时亦不可堆放过高，降低了保管效率；将铁路运输改为航空运输，虽然增加了运费，却提高了运输速度，不但可以减少库存，还降低了库存费用。又如，缺货率下降，库存费用就会增加，其效益背反见图 1－6。

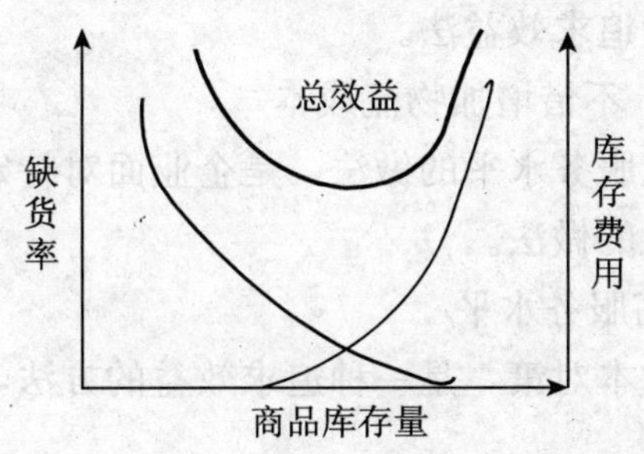


**图 1－6 缺货率与库存费用的效益背反**

所有这些都表明，在设计物流系统时，要综合考虑各方面因素的影响，使整个物流系统达到最优，任何片面强调某种物流功能的企业都将会蒙受不必要的损失。由此可见，物流系统就是以成本为核心，按最低成本的要求，使整个物流系统化。它强调的是调整各要素之间的矛盾，把它们有机地结合起来，使成本变为最小，以追求和实现部门的最佳效益。

②物流成本与服务水平的效益背反

物流成本与服务水平的效益背反可用图 1－7 表示。

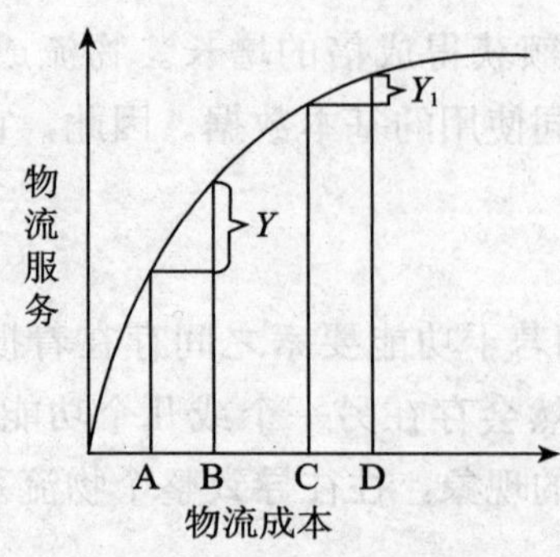


**图 1－7　物流成本与物流服务水平的效益背反**

一般说来，提高物流服务，物流成本即上升，它们之间存在着效益背反；物流服务与物流成本之间并非呈线性的关系，如图 1－7 所示，图中 A 处和 C 处分别投入相同的成本来改善物流服务。然而我们可以很明显的发现，在 B 处和 D 处的物流服务改善的程度是不同的，B 处的物流服务改善 $Y$ 要远高于 D 处的 $Y_1$。由此可见，投入相同的成本并非可以得到相同的物流服务的增长。一般而言，当物流服务处于低水平阶段追加成本的效果较佳。

企业在对物流服务水平和物流成本作决策时会有如下四种考虑：

a. 保持物流服务水平不变，尽量降低物流成本

不改变物流服务水平，通过改进物流系统来降低物流成本，这种尽量降低成本来维持一定服务水平的方法称为追求效益法。

b. 提高物流服务水平，不惜增加物流成本

这是许多企业提高物流服务水平的做法，是企业面对特定客户或其特定商品面临竞争时所采取的具有战略意义的做法。

c. 保持成本不变，提高服务水平

这是一种积极的物流成本对策，是一种追求效益的方法，也是一种有效地利用物流成本性能的方法。

d. 用较低的物流成本，实现较高的物流服务

这是一种具有战略意义的增加销售、增加效益的方法，只有合理运用自身的资源，企业才能获得这样的成果。企业采取哪种物流成本策略，往往不是凭感觉而定的，而是通盘考虑各方面因素的结果。这些因素包括商品战略和地区销售战略、流通战略和竞争对手、物流成本、物流系统所处的环境以及物流系统负责人所采用的方针等。

### 专栏 1.2　BMW（巴伐利亚机械制造厂股份公司）物流成功秘籍

1. 在订单方面，BMW 已在挖掘“当日需要量”潜力

在生产规划过程中，BMW 可以针对 10 个月后所需提出订货需求，供货商也可据此预估本身对上游供货商所需提出货物的种类及数量。不过，随着生产日期的接近，双方

才会更明确地知道需要量。

2. 在仓储方面，BMW 已在处理低存货带来的运输成本

为了降低仓储设备成本，BMW 向来积极减少本身存货数量，这会导致供货商送货频率升高，从而造成货运成本提高。"前置运送"及"主要运送"的费用计算有所不同，前者的费用计算是把转运点到供货商的路程、等待及装载时间都列入计算，与运送次数成正比，但与装载数量的多少无关。而后者的费用计算是与货物量成正比，不受送货次数影响。

3. 供应链方面，BMW 已把合作伙伴纳入考量因子

BMW 公司把其供应链上的合作伙伴（如运输公司等），纳入成本节约的考量因子，这也是物流链管理的意义所在。

（资料来源：人力教育资源网，http：//www.rjiao.com/.）

2. 利益（赢利）目标

事实上，根据特定的物流活动组合，对应每一服务水平都有许多不同的物流系统成本方案。随着物流活动水平的提高，企业可以达到更高的客户服务水平，同时成本也会加速增长。销售—服务关系中的边际收入递减和成本—服务曲线的递增将导致利润曲线形成如图 1－8 所示的形状。

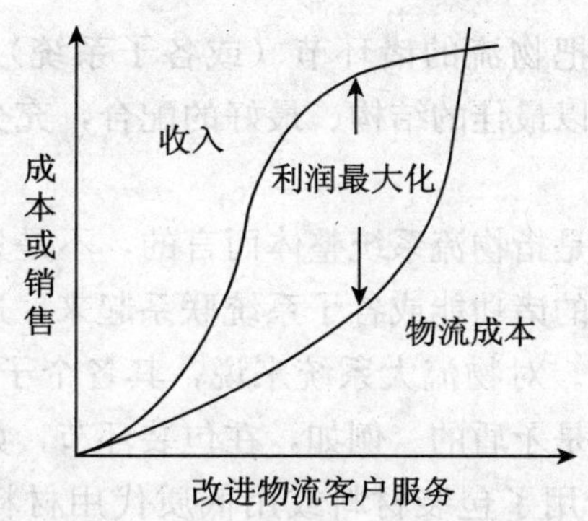


**图 1－8　销售—服务曲线与成本—服务曲线的关系**

不同服务水平下，收入与成本之差决定了利润曲线。因为利润曲线上有一个利润最大化点，所以规划物流系统就是要寻找这一理想的服务水平，即确定利润最大化的最优服务水平。

3. 准时化目标

物流活动的准时化目标是起源于准时化生产。准时化生产（Just in time，JIT）是第二次世界大战以后最重要的生产方式之一。由于它起源于日本的丰田汽车公司，因而曾被称为"丰田生产方式"，后来这种生产方式的独特性和有效性被越来越广泛地认识、研究和应用。

JIT 生产方式的实质是保持物质流和信息流在生产中的同步，实现以恰当数量的物料，在恰当的时候进入恰当的地方，生产出恰当质量的产品。这种方法可以减少库存，

缩短工时，降低成本，提高生产效率。这种方式对物流活动的组织提出了新的要求。

丰田公司的经验证明，准时化生产体系的建立不一定需要大量的设备投资，关键是生产经营理念的更新，要用“准时化”的理念指导企业物流和信息流的改造，要根据“准时化”的要求重组企业的物流系统，最终从传统生产模式平稳过渡到现代生产摸式。

4. 物流一体化目标

企业中的个别经营活动与整体发展战略经常发生矛盾，各种经营活动的收益最大化与企业整体利益最大化之间也常常不一致。例如，企业的物流部门为了提高物流的效率与效益，会制定出实施物流的战略规划，但往往将这些物流战略独立于企业战略，忽视了与企业整体战略的协调。因此，各部门在制定经营战略时，必须要考虑企业的一体化战略，从企业整体利益出发，进行个别经营活动。

物流一体化目标属干微观物流一体化层次，制定这一目标的目的就是消除阻碍物流最有效运作的因素，通过相互协调和统一，创造出最适宜的物流运行结构。

物流一体化是物流产业化的发展形式，它必须以第三方物流充分发育和完善为基础。物流一体化的实质是一个物流管理的问题，即专业化物流管理人员和技术人员充分利用专业化物流设备、设施，发挥专业化物流运作的管理经验，以求取得整体最优的效果。同时，物流一体化的趋势为第三方物流的发展提供了良好环境和巨大的市场需求。

5. 物流系统化目标

所谓物流系统化，就是把物流的诸环节（或各子系统）联系起来，视为一个大系统，进行整体设计和管理，以最佳的结构、最好的配合，充分发挥系统功能的效率，实现整个物流合理化。

实现物流系统合理化，是指物流系统整体而言的，不是只要求物流过程某一环节的合理化，而是要把物流系统的诸功能或各子系统联系起来，进行综合分析研究，以谋求物流大系统的整体经济效益。对物流大系统来说，其各个子系统之间存在着互相制约、互相依存的关系，有时甚至是矛盾的。例如，在包装环节，如果片面地强调节省包装材料和包装费用，不适当地少用了包装材料或用低质代用材料，虽然包装环节费用降低了，但由于包装质量差，在运输和装卸搬运过程中，造成了货物破损错乱。从物流系统全过程来看，这反而是一种浪费。又如，在装卸搬运环节，若单纯为了追求数量，不顾质量，不按操作规程作业，甚至野蛮装卸，损坏商品等，也会造成了不应有的损失。再如，在联合运输中，轮船与码头、车与船、船与货之间，如果各个环节衔接不好，就会出现船等泊或车等船、等货的不协调现象，影响物流系统的经济效益。所以，物流系统功能环节，即各个子系统之间，既是独立的，又是互相联系、互相制约的。各子系统环节之间，要紧密衔接，互相适应，特别是前一道环节（工序）要为后一道环节创造条件。各个环节要为物流大系统取得最好的、整体的经济效益创造条件，这才是真正的物流系统化。而物流系统化又是物流合理化的重要前提。

## 本章小结

物流是物品从供应地向接受地的实体流动过程。根据实际需要，将运输、储存、装卸、搬运、包装、流通加工、配送、信息处理等基本功能实施有机结合。物流作为企业的“第三利润源”，已经受到业界和学界的广泛关注。物流的基本功能是通过物流运营活动来实现的。运输活动、仓储活动、装卸搬运活动、包装活动、流通加工活动、配送活动、信息处理活动等是物流运营的基本活动，这些活动既相对独立，又相互关联。物流运营管理就是对物流运营基本活动进行有效的规划、组织、协调和控制，使之进行一体化的运作，形成一个有机的系统，进而实现物流运营的目标，即成本目标、服务目标、利益目标、准时化目标、物流一体化目标以及物流系统化目标。这些目标与整个企业经营目标是相一致的。

## 复习思考题

1. 按照不同的分类标准，物流分别由哪些要素构成？
2. 企业内物流活动之间的关系是什么？
3. 试比较流通业物流与制造业物流的异同。
4. 物流运营管理有哪些目标？
5. 你是如何理解物流成本冰山理论的，请结合实际案例进行分析。
6. 试分析成本目标、服务目标与利益目标三者之间的关系。你认为在企业的物流运营过程中这三个目标哪个最重要。
7. JIT 生产方式对物流运营有哪些要求？
8. 在进行物流系统总体设计时需要研究哪些问题？

## 案例分析与思考

### 海尔转型　强化物流

2010 年 1 月 19 日，青岛海尔（即墨）物流产业园（以下简称海尔物流园）项目奠基仪式正式举行。自从海尔集团提出“从制造业向服务业转型”的发展战略后，海尔物流也逐步转型为海尔牌物流服务，并规划建立即需即送物流网。海尔物流园项目占地 237 亩，是海尔集团转型的重点项目，也是打造社会化海尔牌物流服务运营平台的标杆工程。

**1. 力推海尔牌服务**

2009 年，海尔集团提出了要从“制造业”向“服务业”转型的战略。向“服务业”转型就必须做到商业模式的创新，即建立“零库存下的即需即供”。这就需要有“即需即送”物流网的支撑。

成立于1999年的海尔物流，整合了集团内分散的物流业务。通过整合内部资源，海尔物流获取了更优的外部资源，并将原来的28个产品事业部的采购、原材料仓储配送整合，建立起强大的供应链资源网络。

海尔物流凭借先进的物流管理理念及物流技术，建立了统一的有竞争力的物流服务平台。随着海尔从制造业向服务业转型，海尔物流打造了营销网、物流网、服务网一体化运营，海尔物流也已逐步转型为海尔牌服务，即建立起与客户零距离即需即送的物流网，这个网不仅为海尔品牌的产品提供物流服务，还服务于社会各行业的客户。海尔物流社会化发展一直基于以客户需求为中心，为客户提供个性化的服务解决方案，为快速消费品、高科技、工业品等多个行业提供物流服务，形成了一个社会化的物流品牌运营平台。

在2009年的家电下乡中，海尔成为最大赢家的关键就在于其建立了一套直接辐射三四级市场甚至农村市场的销售网点、售后服务及物流配送，从而实现了从制造向销售环节的业务转型和利润增值。

**2. 即需即送服务**

事实上，海尔集团的“服务转型”战略一经提出，在业界引起极大的震动，但更多的是质疑之声。海尔（即墨）物流产业园的落成表明，虽然面临质疑，其战略仍在有条不紊地推进。

海尔物流园是物流网战略的第一个重点项目，该项目落成后将通过虚实网融合，成为供需互动的信息化交易平台和B2B、B2C直送乡村的流通体系，为海尔家电业务、日日顺社会化消费电子业务、跨行业社会化流通业务等提供全方位、信息化、专业化、多元化的即需即送物流服务。

建立即需即送海尔牌物流网的驱动力来自外部信息化时代的客户需求和内部海尔向服务业战略转型的要求。海尔物流园是海尔牌物流网的标杆工程，海尔物流的“以客户为中心”“与客户零距离”的即需即送物流网将遍布全球每个角落。

对外，信息化时代消费者购买方式、个性化服务需求日新月异，企业要在竞争中取胜就需要做到“低成本提供所有产品，高质量地帮助客户找到它”，这对物流提出了新的挑战：消灭与客户及客户之间的空间与时间距离，提供“精、准、快”的按需送达物流服务。

对内，海尔集团持续推进全球化战略，并取得了巨大的成就。据世界著名消费市场研究机构欧洲透视（Eu-romonitor）发布的2009年最新数据显示，海尔在世界白色家电品牌中排名第一。当前海尔集团正在转型，从提供产品转变为提供满足客户需求的解决方案，打造了强劲的集营销网、物流网、服务网一体化的市场竞争力。

海尔物流园落成后将具有多元化、一体化、社会化三个显著特点。

多元化：抓住客户需求，建立起满足门店销售、网络订单、电视购物、电话营销、社区营销等多元化渠道需求的服务能力，通过虚实网融合，打造供需互动的信息化交易平台和B2B、B2C直送到镇、到村、入户的流通体系，构建起从客户需求出发到客户满

意的全流程、多元化物流服务流水线。

一体化：在该产业园里向前可以延伸到供应链前端基于客户订单的VMI物流解决方案，向后可以延伸到售后备件物流管理，通过全流程、系统化的供应链管理，打造供应链一体化集成服务能力。

社会化：海尔牌物流，提出以客户需求为中心，实现与客户的融合，目前已经为GE、宜家等多行业客户提供一体化的物流运营服务。所以，该产业园不是一个简单的海尔项目，而是一个社会化运营平台，它将为海尔家电业务、日日顺社会化消费电子业务、跨行业社会化流通业务等提供即需即送物流服务，并不断整合客户资源、物流服务资源、物流基础设施资源以及运营管理资源，实现物流产业链集聚。通过虚实网的整合打通物流价值链全流程，海尔牌物流成为了流通的“公路物流港”，并与当地政府的物流产业规划及发展形成协同示范效用。

## 案例思考题

1. 海尔物流园建设的意义是什么？
2. 海尔物流在海尔集团转型发展中发挥着怎样的作用？
3. 海尔如何做到即需即送？
4. 海尔选择自营物流取决于哪些因素？可以选择外包物流吗？

# 第二章　物流运营活动的基本逻辑和物流运营体系

在了解了物流及物流运营管理的基本概念之后，这一章我们将介绍物流运营活动的基本逻辑以及物流运营体系。通过本章的学习，应该掌握第三方物流企业和企业物流部门的物流运营活动的基本逻辑及二者之间的区别与联系，应能全面理解并掌握物流运营体系的构成，为本课程后续内容的学习打好基础。

## 第一节　物流运营活动的基本逻辑

物流运营活动的基本逻辑也就是第三方物流企业或企业的物流部门确定其物流战略的过程。对于第三方物流企业来说，就是确定物流服务的产品定位、地域定位、行业定位及客户定位，然后进行物流运作设计；对于企业的物流部门来说，就是明确客户企业的物流服务要求，选择物流服务的模式，进行物流系统设计，实现物流系统运作。下面我们分别从第三方物流企业和企业物流部门的角度分析物流运营活动的基本逻辑。

### 一、第三方物流企业物流运营活动的基本逻辑

#### （一）物流服务市场定位

在企业行为日益国际化的情况下，第三方物流企业面临的市场是非常广阔和复杂多变的，任何一个企业都不可能拥有足够的实力服务于整个市场，而只能服务于其中的某个组成部分。因此，对于第三方物流企业来说，如何根据企业的资源与能力以及外部产业等环境状况，来选择一定的目标市场并确定企业在市场中的位置，即制定出恰当的市场定位，构建可持续的竞争优势，就显得至关重要。这也是许多第三方物流企业得以成功的重要战略组成部分。全球著名的第三方物流企业的经营层面、服务区域市场定位如表 2－1 所示。

**表 2－1　　全球著名的第三方物流企业的经营层面、服务区域市场定位**

| 公司名称 | 所属国家 | 服务内容或经营层面定位 | 服务区域定位 |
|---|---|---|---|
| UPS | 美国 | 速递、包裹递送，提供运输服务为主的物流服务 | 美洲业务占总收入的 89%，欧洲业务占 7%，亚洲业务占 11.4% |
| FedEx | 美国 | 速递、包装与地面送货服务、综合性物流与供应链管理服务 | 美洲业务占总收入的 76%，欧洲业务占 15%，亚洲业务占 9% |

续 表

| 公司名称 | 所属国家 | 服务内容或经营层面定位 | 服务区域定位 |
|---|---|---|---|
| Deutsche Post World Net | 德国 | 从净收入来看，邮政、快递、物流和金融业务分别占 49%、21%、18%和 12% | 德国、法国、意大利和欧洲其他国家业务分别占收入 23%、17%、8%和 23%，斯堪的纳维亚、美洲、远东澳洲业务分别占 11%、12%和 6% |
| Nippon Express | 日本 | 汽车运输、空运、仓库及其他业务分别占总收入的 44%、16%、5%和 25% | 经营收入 93%来自日本 |
| Ryder | 美国 | 在全球范围内提供一系列技术领先的物流服务、供应链和运输管理服务。从业务板块来看，运输服务占 57%，物流占 32%，其他占 11% | 美国业务占总收入的 82%，国际业务占 18% |
| TNT | 荷兰 | 邮递、速递和物流业务分别占总收入的 42%、41%和 17% | 欧洲业务占总收入的 85%，澳洲、北美、亚洲和其他地区分别占 6%、4%、2%、3% |
| Expeditors | 美国 | 提供全球物流服务，空运、海运和货代业务分别占总收入的 63%、25%和 12% | 远东业务占总收入的 56%，美国、欧洲、中东、南美和澳大利亚的收入分别占 25%、15%、2%和 1% |
| Panalpina | 瑞士 | 核心业务是综合运输业务，提供一体化、适合客户的物流服务解决方案 | 欧洲、非洲业务占总收入的 52.7%，美洲占 33.9%，亚太地区占 13.4% |
| EXEL | 美国 | 配送、运输管理和环境服务业务分别占总收入的 58%、39%和 3% | 英国与爱尔兰业务占总收入的 39%，美洲业务占 30%，欧洲大陆占 21%，非洲及亚太地区占 10% |

第三方物流企业市场定位主要包括物流服务产品定位、地域定位、行业定位以及客户定位等方面内容，见图 2－1。

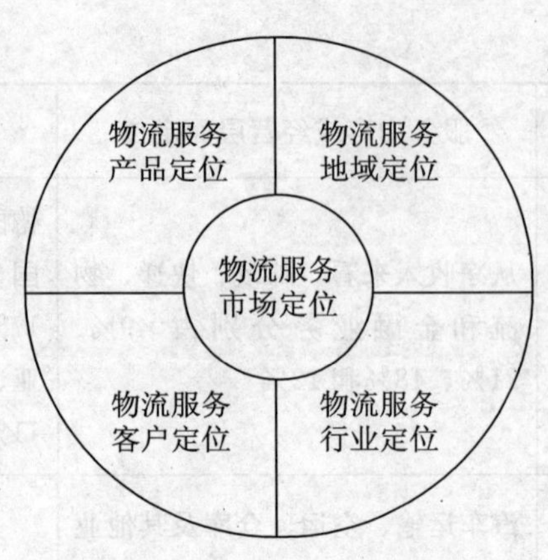


**图 2－1　物流服务市场定位**

1. 物流服务产品定位

第三方物流企业应该进行合理的物流服务产品定位，即确定在物流市场中所要从事的物流服务的种类、经营层面与物流服务水平等，明确企业发展的主要方向，决定核心业务，并形成企业的核心竞争优势。

物流服务产品定位实际上就是一种根据物流企业提供的物流服务活动内容以及提供的物流服务水平进行的物流细分市场决策活动，主要包括物流服务产品的经营层面定位与服务水平定位两个方面。物流服务产品定位回答了第三方物流企业计划“提供什么经营层面与水平的物流服务”的问题。

(1) 物流服务产品的经营层面定位

物流服务产品的经营层面定位的依据是企业物流服务活动所属的经营层面，即企业提供的物流服务集成度的高低；并据此可将物流服务活动划分为物流运作层面服务、物流管理层面服务以及物流体系规划等层面服务。第三方物流企业根据物流市场竞争状况和本企业自身条件，确定本企业提供的物流服务产品所属的经营层面以及在市场上（物流产业中）的位置。物流服务市场定位有利于第三方物流企业明确自己的核心经营层面物流服务产品或业务，以便有重点地开拓市场，培育企业核心竞争能力。

第三方物流服务的经营层次金字塔模型如图 2－2 所示。模型的底层是从事物流服务活动的环境因素，主要包括政策、法规、技术、信息等软环境以及物流基础设施、设备等硬环境。第二、三层是运作层面物流服务活动，包括第三方物流企业的战略选择运输、仓储、货代、流通加工和配送等传统单一功能性物流服务活动以及功能整合性综合物流服务。第四层是管理层面的物流服务，如客户企业的销售预测、订单管理、库存管理与控制、运输优化、信息服务、客户关系管理和供应链整合物流管理等。最高层是规划层面的物流服务，如企业物流体系规划，包括供应链的规划等。

进一步来看，运作（操作）层面的物流服务是比较初级低端的传统与低集成度物流服务，包括功能性物流服务以及功能整合性（综合）物流服务，即运输、仓储、配送和流通加工等环节基本功能性物流服务及集成整合性物流服务。运作层面的物流服务只能

提供和完成单一的功能性及其部分或整合物流服务，物流企业本身不涉及客户企业内部的物流管理和控制活动，只是根据客户的要求，整合企业自己及社会内外部物流资源，完成特定的物流服务。此层面的物流服务，整合集成度比较低，可以做到不同客户对提供企业物流资源的共享，也可以同时为比较多的客户提供服务，实现经营的规模效益；一般要求比较规范的运作机制、快速反应能力和大量的、可供选择及调度的基础性物流资源。

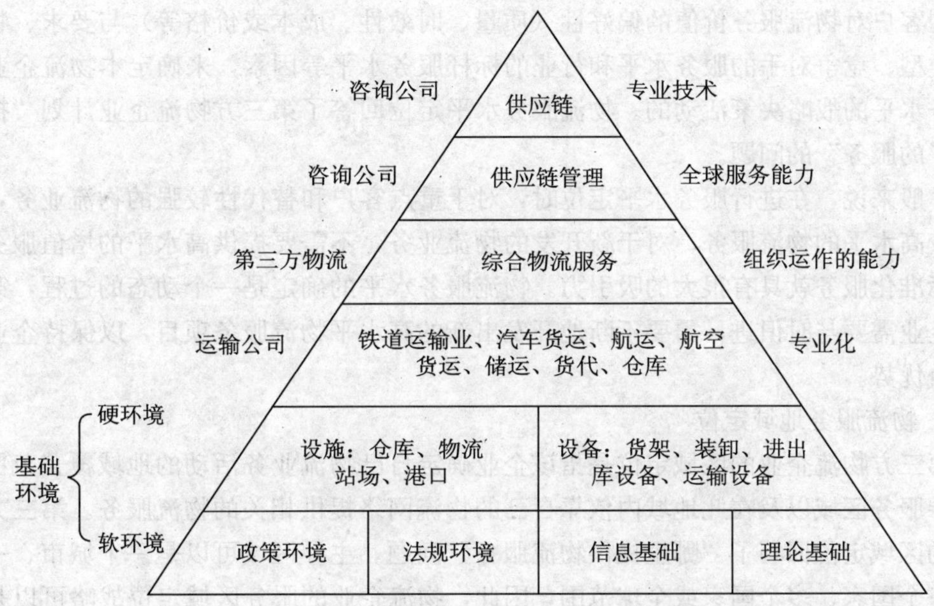


**图 2－2　第三方物流服务的经营层次金字塔模型**

管理层面的物流服务主要包括客户企业的销售预测、订单管理、库存管理与控制、运输优化、（物流）信息服务、客户关系管理以及核心企业整个供应链物流活动的管理等专业的物流服务内容。管理层面的物流服务需要关注第三方物流企业本身的物流运作和管理活动，更需要对客户的采购、生产、销售等环节过程进行深入的了解。对客户企业的物流运作和管理活动、客户的产品与市场特点、客户的服务政策以及产品生产与物流过程的了解就是建立在对客户的物流活动有着深入认识的基础上的。

规划层面的物流服务不仅涉及管理和运作层面的物流服务，而且还涉及技术含量和专业性更强的企业物流设施，物流网络，客户企业及其供应链物流体系的规划、设计、构建以及物流体系的管理优化问题。这种物流服务的个性化很强，物流企业参与客户运营的程度很深，是当前物流服务中集成度最高、最高端和最富有技术含量的服务领域。

混合型物流服务是第三方物流企业为了适应客户企业的多种物流需要，在加强核心经营层面业务与能力的基础上，向其他经营层面进行业务延伸而形成的多经营层面物流服务活动的状况。一般来说，物流企业是不宜盲目进行业务延伸实行混合经营的，只有在核心经营层面定位比较明确并且企业能力允许、客户需求比较明确的情况下，才可以

进行业务延伸混合经营。

总的来看，第三方物流企业，特别是处于发展初期阶段的以及中小型的物流企业，在经营层面定位方面，不宜宽泛，对应的核心能力选择宜精不宜泛，只有这样才能较为有效地形成、维持和加强自己的核心竞争优势。

(2) 物流服务水平定位

第三方物流企业的物流服务产品定位战略还包括物流服务水平定位。物流服务水平可分为基本物流服务、标准物流服务和高水平增值服务三类。第三方物流企业是根据不同类型客户对物流服务价值的偏好性（质量、时效性、成本或价格等）与要求、物流业务的类型、竞争对手的服务水平和行业的标杆服务水平等因素，来确定本物流企业的物流服务水平的战略决策活动的。物流服务水平定位回答了第三方物流企业计划“提供哪种水平的服务”的问题。

一般来说，在进行服务水平定位时，对于重点客户和替代性较强的物流业务，需要提供较高水平的物流服务；对于新开发的物流业务，不需要提供高水平的增值服务，基本或标准化服务就具有很大的吸引力。物流服务水平的确定是一个动态的过程，第三方物流企业需要与时俱进，需要不断地开发出新的高水平物流服务项目，以保持企业持续的竞争优势。

2. 物流服务地域定位

第三方物流企业的区域定位是指该企业确定自己物流业务活动的地域覆盖范围，明确主导服务区域以及在此地域内依靠自己的物流网络提供相关的物流服务。第三方物流企业的区域定位回答了“哪里提供物流服务”问题。主导区域可以是一个城市、一个地区、一个国家、多个国家或全球范围，因此，物流企业的服务区域定位战略可以是区域性、全国性、国际性或者全球性物流服务战略。

第三方物流企业由于自身的资金实力、投资能力、物流技术设备、管理水平、运营能力等方面的限制，不可能在超出自己服务能力的地域范围内给客户提供满意的物流服务，也不可能获得较好的收益回报，因而进行适当的主导区域选择，对于企业获得较好的经营业绩和形成、提高自身竞争优势至关重要。在区域定位时，不可盲目贪大求全，而要根据自身实际条件，结合客户群的物流服务需求状况，将业务比较多的一定适当区域设定为自己的主导服务区域。由于经济发展的日益全球化，许多跨国公司的供应链物流业务可能遍布全球范围。但是，即使实力很强的国际物流巨头，也不可能在全世界的任何一个区域都建立起自己的物流网络，并具有竞争优势。对于主导区域之外不能覆盖的物流业务，物流企业通常可以采用构建物流企业联盟等物流企业间协作的方法来加以解决。在发展较为成熟的物流市场上，第三方物流企业都有比较清晰的区域定位，全球著名的第三方物流企业的经营层面、服务区域市场定位如表 2-1 所示。

3. 物流服务行业定位

第三方物流企业的物流服务行业定位是指物流企业将主要业务定位在特定的一个或几个行业，为这些行业的客户提供专门的物流服务，即回答“为哪些行业的客户提供服务”或“提供哪些行业的专业性物流服务”的问题。行业物流也被称为专业物流或专项

物流，常见的有汽车物流、家电物流、医药物流、电子物流、通信物流、化工物流、食品物流、家具物流等。

不同的产业或客户的物流需求对应不同的物流运作特点：

(1) 快速大量易耗品，如日常消费品等。其物流运作的特点是物流作业量大，物流运作的频率较高。但由于产品的附加值较低，单一物流运作的利润空间非常有限。

(2) 高附加值的产业，如电器用品等。其物流运作的特点是物流业务量相对较小，运作的频率比较平稳。但由于产品的附加值较高，单一物流运作的利润空间也相对较大。

(3) 工农业设备制造业，如机床、车辆等。其物流运作的特点是物流作业量不均衡，有一定的季节波动性，物流运作的利润与运作质量有较大的关系。

(4) 面向流通企业的产业，如超市、百货等。其物流运作的特点是物流量随时间变化而变动，高、低峰作业量差别较大，终端物流服务的单个物流量较小，对物流服务的及时性要求较高。

因此，物流企业在确立其市场客户发展方向时，应充分考虑到上述产业或客户的不同特点，注重不同客户的有效协同的可能性，这就是客户整合的基础。

由于不同行业客户的物流需求存在较大的差异，为它们提供物流服务的物流运作模式也不同，即行业物流具有很强的独特性和专业性，需要物流企业采用专门的物流服务运营模式，需要具有专门的物流运作体系和运作能力。例如，生物制品物流或冷链物流的客体对象常常是一些疫苗或其他生物制品，需要始终保持在一定温度的冷冻状态，要求相应的物流服务必须使用专用的运物设施、中转工具和仓储设施及储存设备等。因此，即使实力雄厚的物流企业，也不可能为任何行业的客户都提供满意的服务，而是具有鲜明的行业特性，专注于特定的行业，形成行业优势。例如，TNT 的物流业务主要集中于电子、快速消费品和汽车物流三大领域，三井物产以钢铁物流而著称，Ryder 是世界上比较著名的汽车物流服务商。

4. 物流服务客户定位

第三方物流企业的客户定位是指物流企业根据一定的标准对客户进行划分，并将自身条件、客户情况以及竞争环境因素综合进行考虑，从而确定自己物流服务的目标客户，明确核心客户，以便决定采取相应的服务策略。物流服务客户定位回答了“为谁(哪些客户) 提供物流服务”的问题。按不同的划分标准，可以将客户分为不同的类型，这有助于物流企业作出合理有利的选择。例如，第三方物流企业可以根据客户企业的物流业务的规模，将其分为大客户、中型客户和小客户。由于物流企业对不同规模的客户进行物流服务合作有不同的特点，所以可以根据具体情况选择对自己合适的客户类型。在进行客户定位时，并非客户业务规模越大越好。第三方物流企业与大客户进行合作虽然有利于建立物流企业的市场形象和增加品牌价值，但是服务于这类企业需要较高的运作和管理水平，对资金的需求较大，合作风险较大，而利润空间却较小。因此，对于大多数第三方物流企业来说，定位于大客户未必是一种理想的选择。相反，定位于中小型客户却常常会获得较高的利润率、较低的资金要求与运作管理难度以及较低的合作风险等。

5. 物流服务市场定位

以上几方面的第三方物流企业服务市场定位内容，实际上就是从物流服务产品、服务区域、服务行业以及客户类型等不同视角、层面或标准，进行的物流市场细分与物流企业目标市场的评估及选择。在具体进行以上几方面物流服务市场定位时，还应当注意较低层面上的物流市场的进一步细分（细分标准选择与方案制定）、评估、选择等几个关键环节与相应的方法以及应当考虑的一些关键因素。

对于目标市场的定位，第三方物流企业首先要从物流市场的需求出发，以客户需求为导向；其次，通过分析评估整个物流产业的背景情况、竞争者状况与自身条件，找到恰当的市场切入点，即影响物流企业服务成功的关键要素；最后制定并选择出适合自己发展的目标市场定位战略，确定新的目标细分市场或同一细分市场及其进入方式。常用的市场进入途径战略模式主要有探索或发掘新市场战略、跟随战略、跻身战略以及取代战略等。

具体来说，进行目标市场评估、选择、定位需要考虑的因素（见图 2-3）有：

（1）目标市场潜力分析，具体包括目标市场容量分析，即分析客户的数量、购买力，以及饱和度、成熟度分析和目标市场消费习惯、营销策略敏感程度、进入门槛、潜在发展趋势、可持续发展前景分析等。

（2）企业特性分析，主要分析物流企业的资源与能力等内部条件、运营成本、经营目标是否能够与目标市场需求相吻合以及目标市场定位与本企业整体战略的协调吻合程度等。

（3）企业竞争优势分析，即分析目标市场上的竞争状况对企业进入的影响，如竞争者数量与实力以及竞争激烈程度、企业进入障碍壁垒、企业自身相对竞争优势等。

（4）获利状况分析，即分析细分市场能够给企业带来的利润的大小及其可能性或赢利状况，以及能否使企业获得预期的合理利润等。

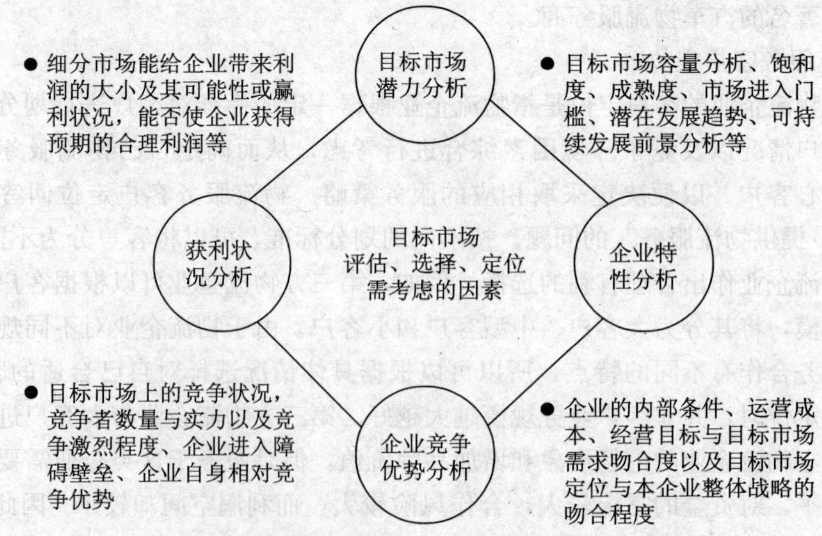


**图 2-3　目标市场评估、选择、定位需考虑的因素**

（二）物流运作设计

在确定第三方物流企业的目标市场、进行市场定位之后，企业需要进行物流运作设计。物流企业作为服务行业，提供给客户的是物流服务产品，因此物流企业运营主要是如何管理物流企业的各项物流运作职能，为客户提供优质的、低成本的物流服务。在一体化物流系统中，物流运作设计主要包括物流网络设计、站场设计、订单处理、库存管理、运输管理、仓储、物料处理及包装等物流运营活动流程的设计。

1. 物流网络设计

网络化经营是现代物流的一个显著特征，拥有满足客户业务所需要的物流服务网络，是形成和提升企业物流能力，增强企业市场竞争能力和优势的重要方面。比较健全、完善的物流经营网络，是建立快速、准确、便捷、高效、个性化的物流整体运作系统，确保一系列物流环节和各个物流单元的协调一致和一体化运作，实现物流市场快速响应，满足客户需求的关键和重要保证。

物流网络是指物流运营或运作网络，是通过物流网点布局、网线（运输线路）设计、网面覆盖、网络流通，把商品生产者和消费者或者货物的供应方联结起来，形成物流网点、网线、网面的覆盖，让物资畅通传输的网络。它通常是指实体性物流业务运作网络，是以物流企业的物流基地或区域物流中心为枢纽，以仓储配送中心为主要节点，通过运输工具和运输线路进行的节点之间的物理连接，而形成的物流实体或硬件运营的网络。不同物流运作实体网络的区别主要体现在物流节点与线路等基本要素的布局、配备、组成、联系方式、结构及其覆盖面和功能等方面。

从根本上来说，物流网络实质上就是由物流运作节点和线路组成的运营网络。由分公司等构成的总公司物流网络只是构建或形成更高层级企业物流运作网络的组织方式。第三方物流企业可以根据自身经营需要，构建覆盖面广的多级分层物流网络。

第三方物流企业的物流网络设计需要考虑其覆盖的区域、密度、企业提供物流服务类型、节点、线路，联盟、客户关系与供应商关系等方面内容，所建设的物流网络必须涵盖客户业务要求的每一个区域，能够经济、便捷、高效率、高质量地满足客户物流服务的要求。由于第三方物流企业所服务的一些工商企业自身的物流网络比较复杂，可能包括若干个多级供应商、分销商等。要为客户管理和运作如此复杂的网络，物流企业必须构建与客户网络相对应的自己的物流服务网络。

2. 场站运营方案设计

在一体化物流系统中，库存、仓储、物料处理及包装、配送等运作环节是在第三方物流配送企业的网络场站完成的，场站作业的运营质量、效率直接关系到整个物流运作系统的绩效。场站作业与其他物流环节运作的关系非常密切，场站不仅仅是货物保存和储备的地方，也是运输作业的重要支持，通过集并和分货等作业提高运输的规模效应，为区域内的转运提供优质高效的装卸作业等。同时，场站也是为客户提供增值服务的场所，如货物分拣、组装、二次包装等作业。场站作业的管理将直接关系到整个物流系统的运营质量、成本效率及服务的档次。

第三方物流配送企业应提升物流服务产品的档次。从快速消费品的仓储、分拨配送向以供应链管理为核心的综合物流服务升级，第三方物流配送企业必须具备高质量的仓库及其物流设施设备，并配合先进的WMS仓储管理系统，制定合理的作业流程，为产业客户提供库存管理能力、运输、仓储、分拨配送及物流增值等服务。

### 专栏2.1　家乐福：物流选址实例

根据经典的零售学理论，一个家乐福大卖场的选址需要经过几个方面的详细测算：

第一，调查商圈内的人口消费能力。有一种市场调研做法是从某个原点出发，测算5分钟的步行距离会到什么地方，然后是10分钟步行会到什么地方，最后是15分钟会到什么地方。根据中国的本地特色，还需要测算以自行车出发的小片、中片和大片半径，最后是以车行速度来测算小片、中片和大片各覆盖了什么区域。如果有自然的分隔线，如一条铁路线，或是另一个街区有一个竞争对手，商圈的覆盖就需要依据这种边界进行调整。

然后，需要对这些区域进行进一步的细化调查，计算这片区域内各个居住小区的人口规模和特征，计算不同区域内人口的数量和密度、年龄分布、文化水平、职业分布、人均可支配收入等许多指标。家乐福的做法还会更细致一些，根据这些小区的远近程度和居民可支配收入，再划定重要销售区域和普通销售区域。

第二，研究这片区域内的城市交通和周边商圈的竞争情况。如果一个未来的店址周围有许多的公交车，或是道路宽敞，交通方便，那么销售辐射的半径就可以大为放大。当然未来潜在销售区域会受到很多竞争对手的挤压，所以家乐福也会将未来所有的竞争对手计算进去。传统的商圈分析中，需要计算所有竞争对手的销售情况，产品线组成和单位面积销售额等情况，然后将这些估计的数字从总的区域潜力中减去，未来的销售潜力就产生了。但是这样做并没有考虑到不同对手的竞争实力，所以有些商店在开业前把其他商店的短板摸个透彻，以打分的方法发现他们的不足之处，比如环境是否清洁，哪类产品的价格比较高，生鲜产品的新鲜程度如何等，然后依据这种精确的调研结果进行具有杀伤力的打击。

（资料来源：深圳物流网，http：//www.wuliu.sz.bendibao.com/.）

3. 物流活动设计

物流活动设计主要是对订单处理、运输、仓储、配送、装卸搬运等物流活动业务流程进行设计，实行企业内部物流运作的标准化管理，从而达到控制物流成本的目的。

（三）第三方物流企业物流运营活动的基本逻辑

第三方物流企业物流运营活动的基本逻辑分为两个步骤，如图2-4所示。

第一步，进行物流服务的市场定位，即通过目标市场的选择、评估、定位了解企业的服务对象所属的行业，了解所属行业的特点及其对物流活动有什么特殊的要求，了解目标市场的饱和度、竞争企业的经营状况以及企业本身存在的优势与劣势，分析企业的获利情况，从而完成对本企业提供物流服务的种类、经营的范围等的定位。

第二步，对企业的物流运作进行设计，即在完成市场定位之后，根据服务行业的特点和服务企业的要求对企业的物流网络、物流站场及物流活动流程进行设计，并根据服务效果进行合理有效的调整，从而使企业能够满足客户的物流需求，并形成有别于其他企业的竞争优势。

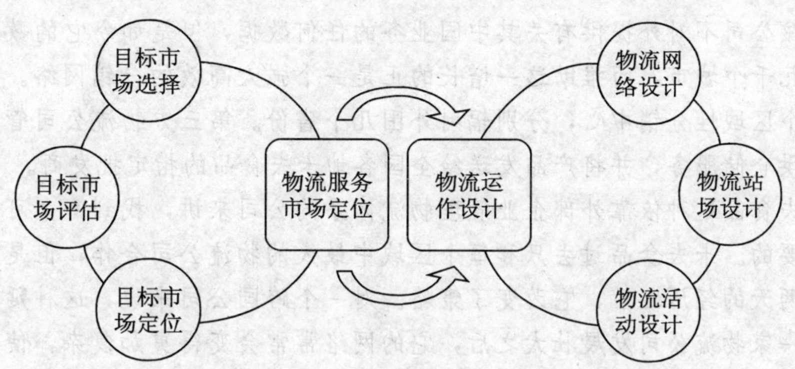


**图 2-4　第三方物流企业物流运营活动的基本逻辑**

## 二、企业的物流服务部门物流活动的基本逻辑

（一）客户（企业）的物流服务要求

企业的物流需求贯穿于从供应、生产到销售的全过程，并服务于整个过程。企业物流服务的运营应该以这个过程对物流服务的要求为基础，确定企业物流需求规模、物流服务的种类以及对物流服务有什么特殊要求等。

（二）物流服务的模式

物流服务管理模式可以分成三大类：外包物流、自营物流以及外包和自营相结合的混合模式。

所谓外包物流即生产或销售等企业（需方）为集中精力增强核心竞争能力，而将其物流业务以合同的方式委托于专业的物流公司（第三方物流）运作，外包是一种长期的、战略的、相互渗透的、互利互惠的业务委托和合约执行方式。外包物流能使企业获得更大的竞争优势，因而外包物流越来越受到工商企业的青睐。

外包物流虽然具有明显的优势，但也存在着一些缺点和局限性。企业选择什么样的物流模式，应根据其自身条件和外部条件进行综合考虑。在企业所处的地域和外部环境不适合时，如果勉强实施物流外包，不但资金、精力节省不下来，还会增添许多麻烦。对于那些物流环节直接影响企业发展的核心流程来说，物流外包更加充满风险，企业决策时需要慎之又慎。

企业物流模式不能绝对化，而是要优化组合。把非核心的物流业务外包，核心部分要控制在企业自己手里。物流模式的抉择需要对企业销售的模式、产品的性质、管理的难度、客户的不同等进行权衡。

## 专栏 2.2 卡夫食品：随时保持血管通畅

卡夫食品是20世纪80年代中期进入中国的，虽然这家美国的食品业巨头尚未将全部生产线转移到中国，但是在中国各地的超市中，卡夫的产品随处可见，它的影响力在迅速扩大。该公司不对外提供有关其中国业务的任何数据，但是如今它的数百种产品已经遍及中国几千个城市，而推助这一增长的正是一个强大高效的分销网络。卡夫食品在中国拥有5个区域性分销中心，分别辐射外围几个省份。第三方物流公司管理着这些分销中心，提供仓储服务，并将产品发送给全国各地卡夫食品的指定批发商。

对于卡夫食品这种依靠外部企业管理物流体系的公司来讲，找到一个可靠的合作伙伴是至关重要的。卡夫食品过去只和每个区域中最大的物流公司合作，但是在有过订单被延迟发货两天的经历之后，它改变了策略。对一个跨国公司来说，这种延误是不能被接受的。当一家物流公司发展壮大之后，它的网络常常会变得更加复杂，使得管理难度加大，而且在应对潜在紧急事件时也显得不够灵活。

为了降低物流成本、提高效率，卡夫食品对分销中心进行了整合。在接管纳贝斯克的中国业务后，它逐渐削减了这类分销中心的数量，由2001年的13个减至目前的5个。一个分销中心的主要成本并不是管理费用，而是存货的维护费用。每一个仓库在任何时候都有一些库存，但是公司通常会因为未售出的货物和库存占压的资金而损失20％的潜在收入。对分销中心的整合使卡夫食品过去几年在中国的总运营成本下降了5％～10％。

（资料来源：城市学习网，http：//www. xue. net/.）

（三）物流系统设计

企业物流的物流系统设计重在解决供应物流、生产物流、销售物流、回收物流和废弃物物流各物流子系统的衔接与协调。

（四）物流系统运作

企业物流部门的物流系统运作与第三方物流企业的物流系统运作没有很大的区别。

（五）企业物流部门物流运营逻辑

企业物流部门的物流运营逻辑（图2-5）分为四个步骤：第一步，了解客户的物流服务要求。企业的物流部门要解决企业内部供应物流、生产物流、销售物流、回收物流和废弃物物流的问题，就必须了解企业的物流需求的规模、种类以及对物流服务有哪些特殊要求。第二步，对物流服务模式进行决策。企业采用物流外包或是自营物流或是二者相结合的模式，都要根据企业的经营特点，在对三种模式的利弊进行权衡之后再作出决策。第三步，进行物流系统的设计。企业物流的物流系统设计除了对供应物流、生产物流等各个物流子系统进行合理的设计之外，各子系统之间的衔接与协调也是物流系统设计的重点。第四步，进行物流系统运作。运营物流系统服务企业的生产过程，并根据企业生产经营的状况的改变进行相应的调整。

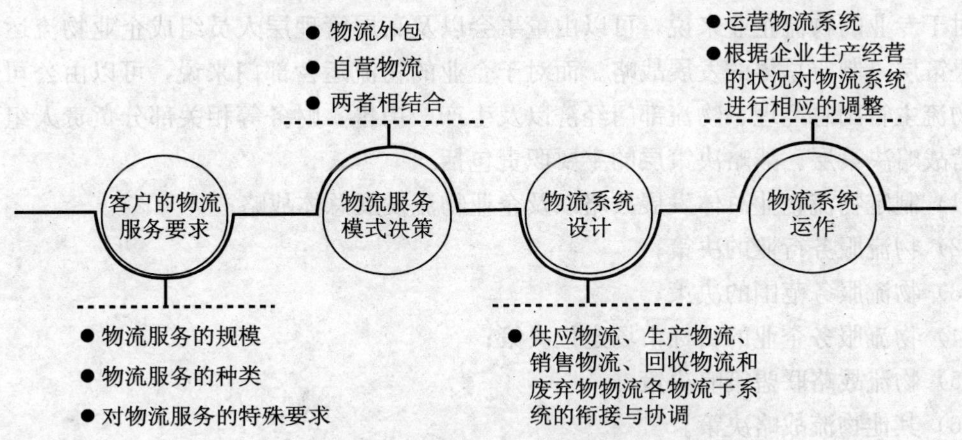


**图 2－5　企业物流部门物流运营逻辑**

# 第二节　物流运营体系

物流是工商企业的一个服务性解决方案和行动过程。在工商企业内部，物流是一个纯粹的、专一的后勤支撑和服务部门，而独立于工商企业之外的第三方物流企业，则更是一个服务型企业。不管物流运营的主题是货主企业自身的内部物流部门，还是专业的第三方物流服务企业，在物流运营过程中，都会涉及多个方面的合作。物流运营管理体系分为三个层次，即战略决策层、物流战术决策支持系统以及运作层。每个层次都包含许多相关因素，只有这些因素共同协作、密切配合，才能有效地发挥物流运作的效率和效益。

## 一、物流运营战略决策层

物流战略是指为寻求物流的可持续发展，针对物流发展目标以及达到目标的途径与手段制定的长远性、全局性的规划与谋略。

对于生产企业而言，物流运营战略是企业战略的重要组成部分。企业战略一般由物流战略、制造战略、营销战略、财务战略共同构成，如图 2－6 所示。

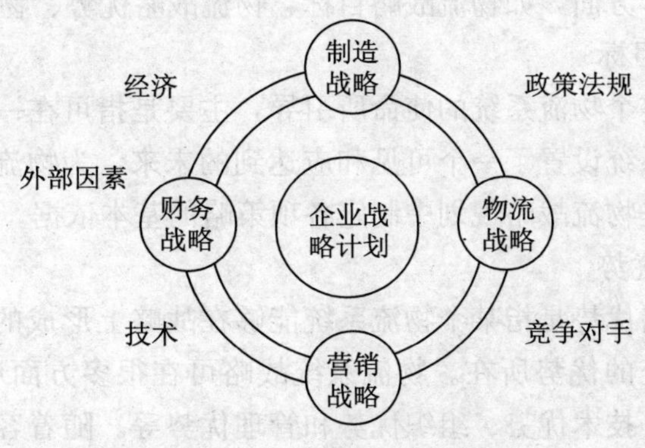


**图 2－6　企业战略结构**

对于专业的物流企业来说，可以由董事会以及高层管理层人员组成企业物流运营的战略决策层，制定总体的发展战略。而对于企业的物流运营部门来说，可以由公司总经理、物流主管副总经理、物流部门经济以及生产、销售、财务等相关部分负责人组成物流运营战略决策层。战略决策层的主要职责包括：

（1）制定物流企业总体发展战略以及企业物流发展总体战略；

（2）物流服务行业的决策；

（3）物流服务范围的决策；

（4）物流服务企业的目标市场定位决策；

（5）物流战略联盟策略决策；

（6）其他物流战略决策。

（一）物流运营战略规划的目标

对于第三方物流企业来说，物流运营战略目标就是它的经营目标，所以这里着重介绍企业物流部门的战略目标。

1. 降低成本

此处的成本主要包括运输和仓储成本。降低成本是指降低可变成本，是在保持服务水平不变的前提下选出成本最小的方案。

2. 减少投资

减少投资是指对物流系统的直接硬件投资最小化。在保持服务水平不变的前提下，企业可以采用多种方法来降低投资，例如，不设库存而将产品直接送交客户，使用公共仓库而非自建仓库，运用JIT策略降低库存，或利用第三方物流服务等。当然这些措施会导致可变成本上升，但只要上升值小于减少投资所获收益，这些方法均可采用。

3. 改善服务

改善服务是提高竞争力的有效措施。随着市场的完善和竞争的激烈，客户在选择公司时除了考虑价格因素外，及时准确的到货也越来越成为公司的有力筹码。当然，高的服务水平通常要有高成本来保证，因此综合权衡利弊对企业来说是至关重要的。服务改善的指标值通常使用客户需求率来评价，但最终的评价指标是企业的年收益。

（二）物流运营战略的内容

物流战略包括很多方面，如物流战略目标、物流战略优势、物流战略态势等。

1. 确定物流战略目标

物流战略目标由整个物流系统的使命所引导，主要是指可在一定时期内实现的量化目标。它为整个物流系统设置了一个可见和应达到的未来，为物流基本要点的设计和选择指明了努力方向，是物流战略规划中制定各项策略的基本依据。

2. 形成物流战略优势

很明显，物流战略优势是指某个物流系统能够在战略上形成的有利形势和地位，是其相对于其他物流系统的优势所在。物流系统战略可在很多方面形成优势：产业优势、资源优势、地理优势、技术优势、组织优势和管理优势等。随着客户对物流系统的要求越来越高，很多企业都竞相运用先进技术来保证其服务水平，其中能更完美地满足客户

需求的企业将会成为优势企业。对于物流企业来说，物流战略优势形成的关键是要在自身物流系统成功的关键因素上形成差异优势或相对优势，这是取得物流战略优势经济有效的方式，可以取得事半功倍的效果，当然也要注意发掘潜在优势，关注未来优势的建立。

3. 把握物流战略态势

把握物流战略态势是指物流系统的服务能力、营销能力、市场规模在当前市场上的有效方位及沿战略逻辑不断演变的过程和推进趋势。研究公司的物流战略态势，就应该对整个物流行业和竞争对手的策略有敏锐的观察力和洞察力，不断调整自身定位，从而做到知己知彼，以期在行业中获得更大份额。

（三）运营战略的竞争优势要素

不同的企业有不同的竞争优势要素。运营战略成功的关键是明确竞争的重点优势要素。企业应了解每个竞争重点优势要素的选择后果，做出必要的权衡。竞争力是指企业在经营活动中超过其竞争对手的能力，是一个企业能够长期地以比其他企业（或竞争对手）更有效的方式提供市场所需要的产品和服务的能力。竞争力是决定一个企业生存、发展、壮大的重要因素，是企业取得竞争优势的保证条件。

斯金纳等人最初定义的“四种基本竞争优势要素”为：成本、可靠性、快速交货和柔性。现在又出现了第五种竞争优势要素——服务，这是20世纪90年代企业为获取差异化竞争优势而首选的竞争优势要素。

1. 成本——低成本

价格是客户愿意为物流服务支付的金额。在物流服务水平相同的条件下，客户显然将选择价格较低的服务。价格竞争的实质是成本竞争，服务运营成本越低，企业在价格上就越有竞争优势。

2. 时间——快速交货

完成周期的速度是指从订货起到货物实际抵达时的这段时间。根据物流系统的设计不同，完成周期所需的时间会有很大的不同。随着物流效率的提高，完成周期的速度正在不断地加快。在同一服务质量水平下，物流企业间竞争优势的差异性的重要表现就是时间性。据国外资料分析表明：高质量、高功能在国际竞争中的作用逐步下降，而准时或快速交货在竞争中的作用呈上升趋势。

3. 可靠性和一致性

物流质量的好坏反映物流服务满足客户需要的程度。物流质量与物流服务可靠性密切相关。物流活动中最基本的质量问题就是如何实现已计划的可得性及作业完成能力。

一致性是指物流服务提供商面对众多的完成周期而能按时递送的能力，是履行递送承诺的能力。虽然服务速度至关重要，但大多数物流经理更强调一致性。一致性是物流作业最基本的问题。供应商履行订单的速度如果缺乏一致性，并经常发生波动的话，那就会使客户在制订计划时发生困难。

4. 柔性

柔性是由与企业运营过程设计直接相关的两个方面构成的，一是企业为客户提供多种功能的物流服务的能力，最大的柔性意味着提供客户化的物流服务的能力，以满足独特的需求；二是物流企业快速转换服务流程提供服务的能力。物流企业的柔性直接关系到处理意外事件的能力。

5. 服务

在当今的企业环境中，为获取竞争优势，企业开始为客户提供“增值”服务。这对物流企业尤为重要。原因很简单，正如 Sandra Vandermerwe 教授（伦敦大学帝国学院 Tanaka 商学院国际营销和服务专业教授）说：“市场力来源于服务，因为服务可以增加客户的价值。”

6. 下一个竞争优势要素——低碳

对气候变化影响人类生存的深刻认识，使降低碳排放、保证可持续发展成为全球性重大议题。随着低碳技术和低碳理念的推进，以“低碳”为标志的绿色行动将彻底改变人类社会的生产方式和生活方式。物流作为重要的经济活动，在发展低碳经济的过程中扮演着重要的角色。低碳物流与绿色供应链是以低碳为主要特征的生态产业体系，通过采用流程管理技术提高物流效率，采用科技手段降低整个物流过程中的碳排放，形成环境友好、可持续发展的绿色产业体系，是企业的社会责任，也是政府建立低碳经济可采取的一系列政策选择。

（四）物流运营战略规划步骤

一个企业物流运营战略规划步骤如图 2－7 所示。

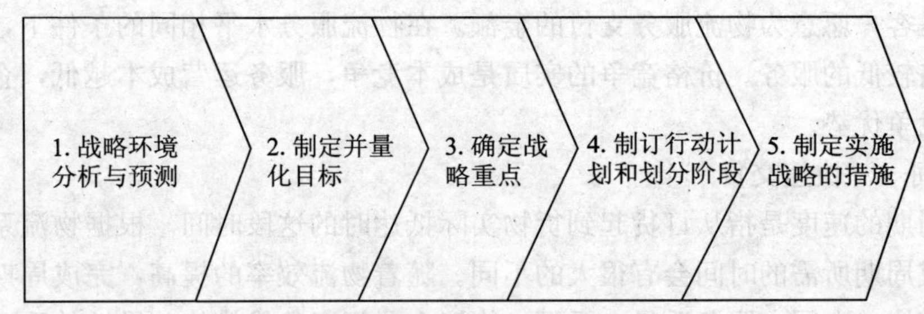


**图 2－7 物流运营战略规划的步骤**

1. 战略环境分析和预测

一般来说，战略环境分析就是分析企业的经营特征，也就是说要回答一个问题，即我们是谁？了解企业的目标市场定位以及提供的物流服务有哪些竞争优势等。除了对自身的情况进行分析之外，还要分析宏观环境，并且也要对社会、经济、政治、文化和技术等各个领域可能发生的变化情况有所了解。在此基础上，寻找市场机会并识别出把握市场机会将遇到什么障碍，会有什么缺陷，这是对战略环境进行分析和预测的目的所在。

2. 制定并量化目标

制定战略规划的落脚点应该是可评估、可衡量、可操作的规划，而量化的目标是做到这一点的基础。比如说，企业的市场份额要达到多少，营业额要达到多少，利润又要

达到多少，客户满意度要达到什么水平，要达到这些目标的时间是怎么控制的，何时实现这些目标，这些都是对目标的量化。

3. 确定战略重点

企业物流综合战略的重点是确定企业使命、划分事业单位以及确定关键单位的目标。事业战略的重点是如何贯彻企业使命、环境分析、二级单位的目标，以及实现目标需要的具体措施。次战略则更加详细，重点是贯彻目标的具体措施及目标的细化，目标可细化为发展目标、质量目标、技术进步目标、市场目标、职工素质目标、管理改进目标和效益目标等；最后是战术，它的重点是划分阶段并制订计划，对每个阶段可能遇到的风险进行分析，对每个阶段可能的变数进行分析，以及应对风险和变数的措施。

4. 制订行动计划和划分阶段

将整体的目标细化成阶段性的小目标，并制订相应的行动计划。

5. 制定实施战略的措施

如制定资金和其他资源的分配方案，规划制定后要在资金上有所侧重；选择执行过程的衡量、审查及控制方法。

最后一步就是把选中的方案形成文件提交给公司高层，进行审查和批准。

## 二、物流战术决策支持系统

无论是工商企业的物流管理部门，还是物流企业，为了保证物流运营的质量以及运作效益，需要参与运作的各个机构与人力资源能够相互配合，最大限度地发挥物流系统内部各种资源的潜力，保证物流运营的高效率和运转的通畅。

在战略决策层的高层决策指导下，物流战术决策支持系统需要充分突出客户服务在整个物流运作过程中的核心地位，以客户服务、满足客户的运作需求、提升客户服务水平为最终目标，同时尽可能地降低运营成本。

一个完整的物流战术决策支持系统主要由营销系统、物流运营网络、人力资源管理系统、财务结算系统、绩效考核评价系统以及信息系统等组成，如图 2-8 所示。通过各个系统紧密合作，来保证物流运营的效益性，保证满足客户的物流需求。

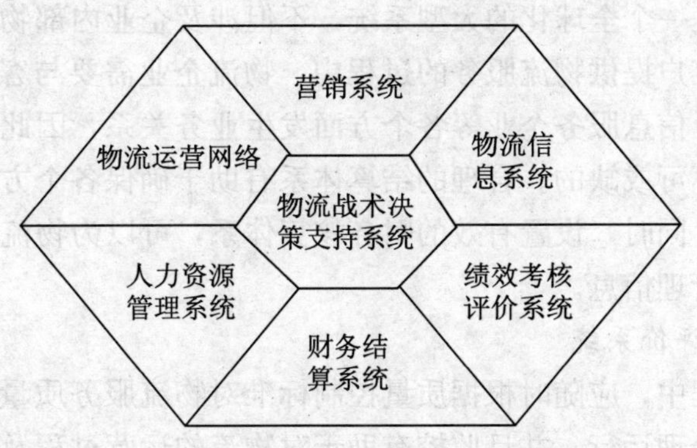


**图 2-8　物流战术决策支持系统**

（一）营销系统

营销系统是物流企业根据战略决策层的市场定位决策以及经营管理决策，结合物流市场特点和自身资源特点，以及物流运作的要求而设立的，其主要职能是根据市场定位来负责物流市场和客户的开发。另外，它能够收集关于客户运营状况以及客户对物流服务的要求等方面的信息，为企业物流运营管理提供战略制定的原始信息。

（二）物流运营网络

运营网络是物流运营的实体作业及其管理部分，是物流服务的具体作业层面，直接承担着物流业务的运作。

运营网络系统接收营销系统传来的订单任务，通过各个物流环节的协调作业，完成整个体系的资源调度、指挥、协调及业务总体运作；并根据客户化的业务流程，直接控制物流过程。

物流运营网络一般由相应的仓储、运输、配送、客户服务等环节组成。物流企业以及货主企业的物流部门应该根据自身的资源状况以及客户的物流服务需求，规划设计出完善的物流运营网络，并设置相应的运营指挥调度体系，以保证向客户提供完善的服务。

（三）人力资源管理系统

我国物流业发展的时间不长，物流的专业人才匮乏。建设一支核心专业技术与管理团队并有效地做好员工队伍建设是物流企业或企业物流部门的一项重要工作，也是关系到物流运营以及物流企业经营成败的关键。

对于物流运营过程来说，核心管理与技术团队是至关重要的，因为他们代表了物流企业或企业物流部门的专业水平。但是，具体物流运营的效率和效益还是要通过每一个实际操作人员的能力和水平来体现的。因此，物流运营的人力资源管理应立足于核心团队和具体从事物流业务操作的员工队伍两个层面，并以核心队伍的建设、协调和稳定运行为主来开展。对于操作层面员工的规划管理，应制定相应的人力资源管理政策和制度，实施有效的员工招聘、绩效考核、工资薪酬和培训制度，为物流运营创造良好的人力资源环境。

（四）财务结算系统

物流服务系统是一个全球化的大型系统，不但涉及企业内部物流系统，而且涉及社会各个方面。在为客户提供物流服务的过程中，物流企业需要与客户、收件人、物流合作伙伴、承运人以及信息服务企业等各个方面发生业务关系，因此各个环节的协调以及完善的结算体系是不可或缺的。合理的结算体系有助于确保各个方面的利益，促进整个服务链的效率最优。同时，设置有效的财务核算体系，可以为物流运营的决策层和管理层提供有用的决策管理信息。

（五）绩效考核评价系统

在物流运营过程中，应随时根据质量控制标准对物流服务质量进行监控，确保每个作业环节的高效、合理运行，并且监控有助于对物流的运营过程及总体情况做出最终的考核评价，以便进行相应的奖惩和改进，使整个运营过程越来越通畅、规范。

一个设计得很好的物流绩效评价体系可以帮助高层管理者判断现有经营活动的获利性，及时发现尚未控制的领域，有效地配置企业资源以及公允地评价管理者的业绩。具体来说，物流绩效考核评价可以对每个物流作业环节的企业或企业物流部门作出综合财务评价。

任何一个体系的设计都与组织结构有着密切的关系，物流运营绩效评价系统的设计，也不例外，也是运用物流运营的组织结构，实施适当控制，同时组织结构的设置也影响信息的流向和流量。物流绩效评价体系是设计在整个组织结构之内的，这个体系的设计必须准确、及时、可接受、可理解，并能够反映企业的特性，同时，设计还必须与企业的发展战略目标一致，并具有一定的可控性、激励性和应变性。

（六）物流信息系统

随着业务规模日益增大，物流信息化必然会纳入企业战略规划范畴。从某种意义上说，MRPⅡ系统、ERP系统、DRP系统和SCM系统的规划都是在对企业物流活动的研究和改善的基础上发展起来的，它们的目的都是要使企业物流、商流、资金流和信息流能协调统一，从而提高各“流”的流动效率和质量。

信息化是现代物流最重要的特征之一。信息流与物流的统一必将提高整个物流系统的效率，并为客户提供最完善的服务。信息平台是物流系统高效运营的技术保障，也是为客户提供物流可视化服务的技术保障。通过建设支撑物流运营的信息系统，第三方物流企业可以构建一个以宽带技术为基础、具有大容量运输能力的覆盖整个业务范围的支持电子商务物流服务的信息网络，并根据企业物流运营的实际需要形成一个集物流服务、城市配送物流服务和电子商务服务等服务内容为一体的物流综合业务服务平台。

物流信息系统是整个物流战术决策支持系统的一部分，是物流战术决策支持系统的纽带。物流信息系统将营销系统、网络运营系统、人力资源管理系统、财务结算系统以及物流绩效评价系统连接起来，使各个系统得以完好对接。

## 三、运作层

物流运营的运作层是指实施物流运作的技术、手段、方法和流程。它包括物流组织机构的保障、客户服务水平的设定、标准物流作业流程的设计与执行、物流标准化设计以及物流运营中的外部协作。

（一）物流组织机构保障

物流运营的各个管理系统都有相应的职能分工，各系统协调一致共同完成对整个物流过程的控制和监督。每个子系统的正常运营都需要有相应的组织机构作保障。可以说，整个物流运营管理体系是通过有效地组织机构设置与职能分工来完成的。因此，组织机构的高效设计与设置是物流运营的保障。

一个按照现代企业制度设立的第三方物流企业一般均实行董事会领导下的总经理负责制。总经理和以总经理为主组成的管理团队是物流企业最具表现能力的核心竞争力。除总经理外，一般配有2～3名副总经理分管不同的业务和业务部门。在高级领导层下，再按照业务分类和运营特点设置相应的职能部门与业务执行部门。

一些企业的物流服务管理往往分散在其他各个职能部门中，比如供应物流管理由采购部门负责，生产物流管理由生产计划部门负责，销售物流管理由产品销售部门负责等。这不利于企业物流的整体运营和控制。现在越来越多的企业认识到物流管理的重要性，因此许多企业设立独立的物流部门。

由于各个物流企业以及企业物流部门的业务内容与经营方式不同，其组织结构设置上也会有一些区别。但在现代物流理论影响下，物流运作机构设置又有着许多相似之处。总的来说，部门机构间的严谨分工与协作是最基本的表现形式。

（二）客户服务水平的设定

在客户眼中，任何企业的产出都可看成是价格、质量和服务的组合，他们据此决定购买或放弃。从物流角度来看，客户服务是一切物流活动或供应链流程的产物，而物流系统的设计就决定了企业能够提供的客户服务水平。向客户销售所产生的收入和系统设计的相关成本则决定了企业能够实现的利润。能否达到企业利润目标的关键在于向客户提供的服务水平的高低。

客户服务的构成因素分为交易前、交易中和交易后三类。

交易前因素是为好的客户服务营造氛围，主要包括：①向客户提供关于客户服务的书面陈述，诸如订货后何时送到、退货和延期交货的处理程序、运输方式等，使客户了解可期望得到什么样的服务；②创建实施客户服务政策的组织机构。此外，为客户提供技术培训、技术手册也能提高客户服务水平。

交易中因素是直接导致产品送达客户手中的因素，如库存水平、运输方式的选择以及建立订单处理程序等。这些因素进而会影响送货时间、订单履行的准确性、收到货物的状态以及存货可得率等。

交易后因素是一整套服务，这些服务有包括：①产品使用时的服务支持以保护客户利益不受缺陷产品损害；②提供回收物流服务；③处理索赔、投诉和退货。这些活动发生在产品售出之后，但是必须在交易前和交易阶段做好计划。

（三）几种主要的标准物流作业流程

在物流企业和企业物流部门明确了经营方向、战略和市场定位的情况下，应该考虑业务流程的优化和标准化。业务流程优化是以客户为中心，以信息技术为牵引，对传统的和不适应的流程进行不断的渐进的改进，从而更稳健地实现物流企业效率的战略性提高。内部业务流程的优化要从客户出发，以物流为核心，注重增加客户价值和服务水平，实现订单、配送、仓储和采购等一体化，在删减撤并、改造流程的基础上增加附加服务。

制定高效的标准作业流程（Standard Operation Process，SOP）是物流运营效率提高和客户服务水平提高的必要保障。标准物流作业流程的设计和操作规范的建立是关系到物流运作质量和运作效率最重要的方式和手段。一个运转顺畅、效率高的物流作业流程，要能最大限度地发挥参与运营的各个机构和人力资源的潜力，尽可能减少作业或单据的流转次数，减低或消除机构和人员之间的相互制约，还要从提高效率和节约成本的角度予以审视和调整；同时还要尽可能对引进新客户，提高既有客户的业务份额和客户

服务满意度提供最大的后备支持。下面介绍几个主要的作业系统的流程。

1. 订单处理

所谓订单处理，就是由订单管理部门对客户的需求信息进行及时的处理，这是物流活动的关键之一。订票处理涉及从客户下订单开始到客户收到货物为止整个过程中所有的单据处理活动，与订单处理相关活动的费用属于订单处理费用。

订单处理是企业的一个核心业务流程，包括订单准备、订单传递、订单登录、按订单供货和订单处理状态跟踪等活动。订单处理是实现企业客户服务目标最重要的影响因素。改善订单处理过程，缩短订单处理周期，提高订单满足率和供货的准确率以及提供订单处理全程跟踪信息可以大大提高客户服务水平与客户满意度，同时也能够降低库存水平，从而降低物流总成本。

2. 库存管理

库存管理是对制造业或服务业生产、经营全过程的各种物品、产成品以及其他资源进行管理和控制，使其储备保持在经济合理的水平上。提高对客户的服务水平和降低库存成本是库存管理的两个目标，库存管理就是寻求二者之间的最优平衡组合，应在提高对客户的服务水平的基础上降低库存成本。

3. 仓库业务标准作业流程

物流企业或企业物流部门应针对仓储业务制定详细的作业流程和办法，对涉及仓储业务的各个环节提出控制措施和管理办法，有效地保证在库商品的安全和完好。设计的主要内容应包括仓库硬件条件要求、仓库的布局和规划、仓库货物的装卸与堆码、在库商品的养护、仓库账目管理、仓库安全管理、收货管理、发货管理和盘点管理。

4. 运输作业标准流程

运输作业标准流程是针对运输业务制定的详细作业流程及实施办法。该标准作业流程的制定和使用应该能够有效地对运输业务中的各个环节进行控制，以保证运输过程中货物安全、单证齐备、成本节约，确保货物的可控性和货物交接的准确性。主要内容包括订单接收和处理、车辆调度与安排、提货装车的监管、车辆在途的跟踪与监控、货物的签收和单证的流转及返单等。

5. 客户关系管理标准流程

客户在物流生产经营活动中往往处于中心地位，对客户的认定、考评、管理和服务等作出严格的规定，可以使客户对运作的每一个要求在物流企业内部都能得到高度重视。建立客户关系管理标准流程可以帮助企业对客户要求进行最敏捷的反应，并对客户要求予以完整记录、及时反馈、及时处理和及时整改。

6. 合同管理标准流程

合同管理标准流程是针对企业合同的保密性而制定的管理办法。该标准管理流程可以有效地避免自身或客户企业可能存在的商业机密被泄露的问题。物流企业除应对每一个员工接触客户的商业信息的权限进行必要的限制外，还应与所有员工签署“保密协议”，以严格限定客户商业信息的外泄。同时，物流企业在与客户签订物流服务合同时附带签署相应保密条款，可以有效地保证客户商业信息外泄时的经济利益。

（四）物流标准化设计

物流标准化是指在运输、配送、包装、装卸、保管、流通加工、资源回收及信息管理等环节中，对重复性事物和概念制定、发布和实施各类标准。

物流企业或企业物流部门的标准化可分为三个层次：一是从物流系统的整体出发，制定其各子系统的设施、设备、专用工具等的技术标准以及业务工作标准。二是按各子系统技术标准和业务工作标准配合性，统一整个物流系统的标准。三是按物流系统与其他相关系统的配合性，谋求系统的标准统一。这三个层次的标准化是相互制约、相互关联的。

根据物流系统的构成要素及功能，物流标准大致可分为三大类。

1. 物流基础标准

物流基础标准是促使相关子系统整体性配合的标准，主要有专业计量单位标准、物流基础模数尺寸标准、物流建筑基础模数尺寸、集装箱模数尺寸、物流专业名词标准、物流核算和统计标准等。

2. 物流技术标准

物流技术标准是物流系统各子系统自身要制定的技术标准，主要有运输车船标准，作业车辆（叉车、台车、手车等）标准，传输机具（如起重机、传送带、提升机等）标准，仓库技术标准，站场技术标准，包装、托盘、集装箱标准和货架、储罐标准等。

3. 物流工作及作业标准

物流工作及作业标准是对各项工作及作业制定的统一要求及规定，其内容很多，如岗位责任及权限范围、岗位交接程序及作业流程、车船运行时刻表、物流设施和建筑等的检查验收规范等。

我国物流业已建立了一批物流标识、标准体系，如《中国物流标准化体系规范》；同时，《物流术语》《商品条码》《物流单元格条码》等一些重要的国家标准已付诸实施。这些标准的实施对规范我国当前物流业发展中的基本概念、促进物流业迅速发展并与国际接轨起到了重要作用。但是，我国的物流标准化建设还只是处于起步阶段，尚未形成体系。对国内已有的标准，各物流企业和企业物流部门要结合自己的实际，认真地贯彻执行，这不仅有利于企业自身的发展，也有利于促进国内物流业的整体发展。同时，物流企业应该在自身运作中总结经验，制定企业自身的物流标准，为国家标准的制定提供良好的素材。

（五）物流运营中的资源整合

现代物流的运营越来越需要进行一体化、全方位、多功能、大范围的运作，物流企业或企业的物流部门只想凭借自身的实力进行全部物流过程的管理和作业已经越来越难，因此很多物流运营部门都通过资源的整合策略来扩展自身的物流运作能力。所谓的物流资源整合，就是指在现代物流的营运和生产经营活动中，将物流操作赖以依靠的各种资源集中在一个系统中进行统一设计和运用，在保持资源间有效衔接的前提下，实现资源成本的最低化和资源效益的最大化。

资源整合一方面可以增强物流运营主体物流服务的一体化能力，完善物流服务功

能，例如与物流咨询公司、软件开发商和网络运营商等进行资源整合，可以提升其物流运营方案的设计、物流信息服务等方面的功能；另一方面，也可以实现物流运营的规模扩张和网络运营能力，如与同一地物流服务企业的战略联盟可以扩大经营区域，整合社会运输和仓储资源可以扩大其运营规模，实现低成本扩张等。

资源整合的实施，充分体现了现代物流在操作实践中强化“以成本控制为主导”的运作思想。从承担物流运作的物流企业和需求物流服务的工商企业两个层面来讲，物流成本的降低既是物流企业提高物流运作效率的根本，也是工商企业提升产品价值、增强企业竞争力的重要手段。所以资源整合的实施，将有效地强化物流企业和工商企业“战略合作伙伴关系”的建立和共赢体系的形成。

1. 运作资源的整合

运作资源的整合是指对支持物流企业业务操作的设施设备和运作手段进行系统化整合，充分发挥资源的价值和效益，以尽可能小的资源成本，完成最大数量的物流作业规模。

运作资源的整合主要分为运输（运力）资源的整合和仓储资源的整合两个方面。运输（运力）资源和仓储资源在物流企业所有运作资源中起着主导和支配作用。

（1）运输（运力）资源的整合

物流企业在物流操作业务执行和实施的过程之中，经常需要外部不同的运输工具予以支撑和配合。这些作为运作支持的资源，应在操作需要的时候能够被有效调用。但是，如何能保证在资源有效使用的同时，资源的服务和质量能达到物流企业和客户需要的水平，而且资源的成本又在物流企业可控和接受的范围内，这就是运输资源整合应解决的首要问题。

（2）仓储资源的整合

仓储设施作为物流运作资源的重要组成部分，是物流的节点，是支撑和保障物流运作的重要而关键因素之一。由于仓库需要的数量、种类和地点均不相同，且存在变动的可能性，物流企业对仓库的需求也经常处于不断的变动之中，因而大量的后备仓库资源是必不可少的，关键是如何储备、评估、选取和使用仓储资源。除非是为某一特定客户（如客户指定）或货物（如危险物品）选择专用仓库，物流企业建设或承租的仓库一般应考虑到适应多数客户和货物的需要。

2. 客户资源的整合

虽然现代物流运作强调物流服务的个性化，但无论什么样的个性化，同一物流企业为不同客户提供的物流运作所需要的运作资源却是基本上相同的，也就是说，不同的客户是可能、也是可以在相同的资源基础上同时运作的。物流企业的规模化经营不仅是企业自身经营行为的需要，同时也是其承载不同客户、以更低的操作成本运作资源及共同享有市场行为的表现，因此从这个角度来讲，不同的客户在运作中是完全可以联结在一起共同运作的，但前提条件是资源的承载能力能予以支持。客户资源的整合就是基于上述的分析和定论。客户资源的整合关系到整合空间、整合渠道、整合方式等多个相关因素，也涉及具体业务执行时的可操作性和可控制性。与运作资源的整合相一致，客户资

源的整合也需要在实践中逐步加以丰富和完善。

物流企业客户资源的整合是与运作资源的整合紧密地联系在一起的。针对不同的客户组成情况，甚至不同信息资源结构情况，客户资源整合和运作资源整合的方式、方法都是不同的。客户资源的整合的实质是系统优化思想和系统整合思想在现代物流中的应用。其中关键的因素是提倡物流企业的市场人员和业务操作人员均要树立企业整体系统观念和成本意识，以供应链整合和系统优化的思想设计和管理物流运作的全过程。

## 本章小结

第三方物流企业与企业的物流部门在其物流运营过程中都有基本的逻辑和运营体系。

第三方物流企业与企业的物流部门的物流运营活动的基本逻辑既有相似之处，也存在着不同。二者的相似之处在于：都是满足特定对象的物流服务需求，为其提供物流服务；都要按照服务对象的物流要求对物流运作系统进行设计；在物流运营过程中都要根据服务对象需求的变化对其物流系统进行相应的调整。不同之处在于：二者的服务对象不同，企业的物流部门满足本企业生产经营过程中的供应物流、生产物流、销售物流等物流需求，而第三方物流需要在进行目标市场的选择、评估、定位之后选择一个领域的某些企业提供物流服务；二者的经营目标不同，企业的物流部门重在降低企业的物流成本，提高企业的效益，而第三方物流企业的目标则是通过提供专业化的物流服务赢利；此外企业的物流部门还要考虑物流服务的模式等。

不管是第三方物流企业还是企业的物流部门，其物流运营体系都包括三个层次：战略决策层、战术决策支持系统及运作层。物流战略决策就是解决企业战略发展方向的问题；物流战术决策是在物流战略决策的指导下，进行物流运营模式、网络节点设计、物流服务能力等的战术选择，为物流运作决策提供思路和参考的依据；物流运作决策则是从操作层面把握物流运营，实现企业的物流战略目标。前一个层次为后一个层次提供方向与思路，后一个层次则是前一个层次的落实与实施，三个层次相互影响，相互促进。

## 复习思考题

1. 第三方物流企业进行物流服务市场定位时需要考虑哪些因素？
2. 物流服务产品经营层面定位包含哪几个层面的定位？
3. 试分析一个行业的物流需求的特点。
4. 目标市场评估、选择、定位需考虑哪些因素？
5. 物流网络的设计对整个物流系统运行有哪些影响？
6. 比较企业外包物流与自营物流。假设你现在拥有一家连锁超市，你会采用哪种物流运营模式？
7. 物流运营战略决策层的职能主要包括哪些？

8. 物流战术决策支持系统主要包括哪些子系统？它们之间是如何相互联系的？

9. 物流运营中的资源整合包括哪些资源的整合，通过哪些方式进行整合？资源整合对物流企业或是企业的物流部门有哪些利弊？

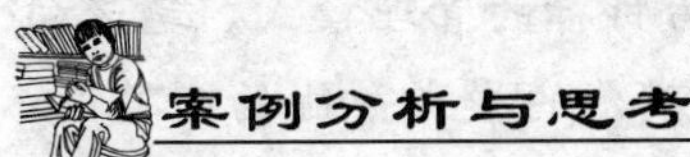


## 戴尔电脑效率第一的奥秘

走进美国戴尔电脑公司的装配工厂，就可以看到楼梯旁挂着的一排排专利证书。它们似乎在告诉每一位参观者：以直销起家的戴尔并不只是一个把别人生产的零部件拼装在一起的装配商。仔细看看那些证书，你就会发现，这些发明创造的重点不在于新产品的开发，而是加工装配技术的革新，比如流水线的提速、包装机的自动控制等。它们体现的是“戴尔模式”的精髓：效率第一。

谈起“戴尔模式”，人们立刻就会想到直销。其实直销只是以效率第一为目标的“戴尔模式”的一个组成部分。“戴尔模式”改变的不仅仅是商业供应链，也有制造业的运营。

两年前，戴尔公司在得克萨斯州奥斯汀的总部附近新建了一个工厂。工厂占地面积比原来小了一半，产量却增加了三倍多。过去，装配好的电脑要先运到一个转运中心去分发，就像邮递员把信件先送到分拣中心一样，可现在电脑可以直接从工厂运走。工厂每两个小时接到一批零部件，每四个小时发出一批装好的电脑。既没有零部件的库存，也没有成品的库存。

从戴尔订货，客户无论是通过网络还是电话发出指令，不到一分钟，信息就会出现在控制中心的电脑里。控制中心再通过网络迅速通知供应商供货，同时也把客户要求的配置信息输入装配程序。配件的运输，需求的数量、规格、型号和装配全都按照控制系统的安排精确运行，前一道工序与后一道工序严丝合缝。由于有了那些发明创造，装配厂里的三条装配线每条每小时可以生产 700 台按客户要求而不同配置的电脑，每台电脑从零部件进厂到最后装配检验完毕后装车出厂，只需要 5 个小时。有人把戴尔公司比作是一个像沃玛特那样的电脑“超级市场”。用戴尔本人的话来说，戴尔公司与沃玛特最大的相同之处就是都把效率作为首要追求目标，而最大的不同则是，沃玛特有仓库，戴尔没有。

相对于惠普等公司来说，戴尔在科研与发展方面的投入不算多，每年大约只有 4.4 亿美元，而惠普是 40 亿美元。两者之间的重要区别在于，戴尔公司的重点是如何降低运营开支，而不是如何推出新配置或研制新电脑。经过多年的努力，戴尔企业运营的开支不断下降，现在仅占总收入的 10%，而惠普是 21%，盖特威（Gateway）是 25%，思科则高达 46%。就是靠着这样的追求，10 年来，戴尔的工人创造的价值翻了一番。1993 年，每个工人年均创造价值为 42 万美元，而现在是 92.7 万美元。

这两年，全球电脑市场不景气，可戴尔却仍然保持着较高的收益，并且不断增加在全球市场的份额，其奥秘就在于它能够比竞争对手以更短的时间、更少的开支制造出更适合客户需要的产品。

经过多年的发展，戴尔已经形成了一整套完整的以效率为目标的管理模式。笔者向迈克尔·戴尔提过这样一个问题：别的企业能不能“复制”戴尔的模式？他的回答是：各国有各国不同的情况，各个企业也有各个企业不同的情况。几年前有的美国公司想学戴尔，但最终还是没有学成。也许，要想像戴尔那样把那么多要素糅合在一起，并不是每家企业都能做到的事情。重要的是，如何让追求效率真正融入企业的“血液”，如何找到最适合自己的发展模式，而不是一味地去模仿、复制。

## 案例思考题

1. 试分析戴尔的物流运营体系。
2. 戴尔是如何实施高效的物流运营的？试分析戴尔的物流运营战略。
3. 试比较戴尔与惠普两个公司的物流运营情况。
4. 你认为“戴尔模式”可以复制吗？为什么？

# 第三章　物流运营管理决策

物流运营管理决策分为战略、战术、运作三个层次的决策。战略决策是指物流服务企业（或者企业物流服务）决定物流服务的行业、范围及市场定位、目标市场的决策。战术决策是指物流服务企业（或者企业物流服务）为实现战略目标，而进行的物流网络、服务功能、物流模式等物流服务系统设计的决策。运作决策是指实施物流运作的技术、手段、方法、流程等决策。

本章阐述了物流运营管理在战略、战术和运作三个层次上的决策，针对不同的层次提出物流行业相应的决策方式和步骤。

## 第一节　物流战略决策

### 一、物流服务行业的决策

不同的行业对物流服务的要求是不同的，物流服务的模式同样也有所不同。因此，这就需要对服务行业的选择进行决策。企业根据自身的实际情况，在不同的时期针对不同的服务对象和服务需求，采用不同的物流运作模式，使物流管理成为其他企业难以模仿的核心竞争力。一般来说，作为第三方物流企业，选择物流服务的行业需要综合考虑很多不同的因素，才能最终制定物流服务的战略决策；而且在物流战略决策的实施过程中，还应该根据不同阶段物流服务需求的不同变化，适当调整战略决策来改变第三方物流企业能够提供的服务以适应物流服务的需求。因此，应该从哪些角度出发，需要考虑哪些重要的决定因素是首先要解决的问题。企业应该以自身的赢利性和发展性为出发点考虑上述问题。

（一）赢利性

对于第三方物流企业来讲，赢利性就是其降低成本使成本最小化的能力。企业在选择物流运作模式时，成本是最能够直接反映企业赢利能力的一个标准。在企业现有的物流运作模式基础上，企业寻找可以降低成本的其他运作模式，或是在可供选择的物流运作模式中选择成本最低的运行。对成本的分析可以细化为管理成本和交易成本。其中管理成本是发生在企业内部相关主体之间的成本，而交易成本发生在企业外部与其相关主体之间的成本，二者共同构成了企业的运作成本。

1. 管理成本

管理成本可以分为决策成本、人力资源成本和沟通成本等。

决策成本，主要反映的是企业在物流运作过程中，为制订物流战略计划，物流作业计划及故障处理，外包决策等活动所耗费的成本。

人力资源成本，主要反映的是企业招聘、培训、激励物流部门相关员工所耗费的成本以及支付给员工的报酬等。

沟通成本，主要反映的是企业物流部门内部员工之间，物流部门与其他部门之间，以及物流部门与外部客户或供应商之间沟通所耗费的成本。

2. 交易成本

根据科斯在《企业的性质》一文中对于企业交易成本的论述，我们可以看出交易成本需要考虑两个重要因素，一个是资产专用性，另一个是交易的不确定性和交易频率。

资产专用性主要反映的是为某一特定的交易而做出的持久性投资，专用性资产主要用于满足特殊的需求，一旦形成便难以改作他用，而且合约关系一中止，资产的价值就很小，投资的一方将蒙受损失。

不确定性，主要反映的是外部环境或交易双方的投机行为对交易的干扰。不确定性的存在要求不同的交易选择相应的经济组织形式，以提高对不确定性的适应能力。交易频率，主要反映的是交易的重复程度。因为建立管理机构并使之有效运作是有成本的，因此交易频率越高，这种管理机构给交易双方带来的收益就越能抵消管理成本。

（二）发展性

第三方物流企业的发展性或者说发展能力主要体现在企业能否不断提高客户服务水平和不断提高物流专业技能。有了这两个核心竞争力，第三方物流企业才能够选择适合自身发展的运作模式，提高企业的竞争能力和竞争水平。

1. 提高客户服务水平

没有客户就没有企业的生存与发展，因此现代企业特别注重客户服务水平的提高。只有提高客户服务水平，才能拥有忠诚的客户，才能获得长远的发展。物流水平的高低是决定企业客户服务水平的重要因素之一，因此企业在选择物流运作模式时要将能否提高客户服务水平放在首要考虑的地位。服务水平标准可细化为：①可得性标准，主要反映的是当客户需要存货时，企业所拥有的库存能力，可得性可以通过各种方式实现，最普通的做法就是按预期客户订货进行存货储备，其次就是企业根据实际情况制定相应的安全储备政策；②一致性标准，主要反映的是企业在众多的完成周期中按时递送的能力，即必须随时按照递送承诺加以履行的处理能力。

2. 提高物流专业技能

企业物流管理的战略目标是获得并维持优秀的物流专业技能。物流专业技能包括物流技术、信息技术以及人力资源等。企业的物流运作模式的选择应当使其拥有这些专业技能。物流专业技术技能标准可细化为：①信息技术标准，主要反映的是现代信息技术，如电子数据交换 EDI、传真机以及卫星通信等在企业物流作业中的应用；②物流技术标准，主要反映的是现代物流技术，如自动化立体仓库、自动导引小车、准时化战略以及快速反应等在企业物流作业中的应用；③物流运作知识标准，主要反映的是企业在长期物流作业过程中积累起来的物流作业经验和技能。

## 二、不同行业、产品特点及物流需求的差异

由于不同行业具有不同的行业特征，因此不同行业对物流服务的需求也有差异。从大的行业上来讲，如工业、农业和流通业，其生产方式、所用生产工具、生产流程等都各不相同，因此在这个过程中涉及的采购物流、生产物流、销售物流甚至回收物流都有不同的重点，对于企业的赢利性和发展性影响着力点也各不相同。第三方物流企业在提供物流服务时，应根据行业特性和企业自身的发展优势，选择不同的运作模式，提供相应的第三方物流服务。

下面就根据具体行业，如电子与IT、家电、汽车、日化、钢铁、食品、零售、农产品、医药等来介绍它们各自产品的不同特点及其物流需求的特点，并提出相应的第三方物流服务的种类和特征。

(一) 电子与IT行业

1. 产品及市场特点

(1) 品种繁多，性能参数要求复杂。电子元器件产品多数以产品的各种电性能、外部形状、引出线方式等多种综合指标组成混合产品编号。另外，产品更新快、时效性强，对市场非常敏感。因此，产品种类繁多是电子元器件行业的主要特性之一。

(2) 较短的产品生命周期。市场竞争激烈、电子整机技术更新快导致了电子元器件产品生命周期短。生命周期短是电子行业的基本特征，该特征表现为：一方面，元器件产品本身在技术上要不断创新、不断突破（如芯片设计技术、制造工艺等的发展）；另一方面，由于市场需求的不断变化，电子整机的不断更新换代，也要求元器件行业必须不断推出适应市场需求的新产品、新功能。

(3) 产品附加值高。高附加值的产品是指“投入产出”比较高的产品，其技术含量、文化价值等比一般产品要高出很多，因而市场升值幅度大，获利高。电子产品的附加值高是因为企业把产品附加值的开发提到了相当高的地位，大大提升了产品原有的功能性质量价值。

2. 生产组织特点

生产组织的特点是柔性生产及准时化生产方式。原料库存期较短，对能及时给予企业制造支持的原材料配送需求较大，一般要求服务商在其生产厂附近设立备货仓库或配送中心，在需要的时间将适当的原材料，以需要的数量及时送到企业指定的生产线上，保证企业生产的顺利进行。

3. 产品销售特点

产品销售主要是面向分销商和代理商。由于电子产品价格变动快，企业注重建立高效的销售配送体系，需要第三方物流企业的运作和系统设计、咨询等服务。此外，我国电子元器件大多从国外采购，需要相应的国际物流服务支持。电子行业目前对第三方物流作业的满意度较高，寻找新的物流代理商的意愿也很大。因此对于物流企业来说，电子行业是其具有很大发展潜力的市场。

典型企业——DELL公司的按订单生产（Make-To-Order）模式为IT企业广为仿

效，如元器件的及时制配送、对客户的快速反应送货乃至整个供应链的管理，这使IT企业更倾向寻找第三方物流服务。

4. 物流服务特点

当今时代是一个知识化特征显著的新经济时代，信息、网络技术等知识含量的比重在产品和服务所创造的价值之中占有主要的位置。同时，这一时代是以智力为导向，崇尚客户至上的高智能、多样化和微观服务，顺应以消费者为主导的买方市场。企业生存和发展的关键是对市场的变化作出快速反应，生产和提供拥护满意的产品和服务。面对新经济的巨大影响，我国的电子企业在新经济的巨大浪潮中应当运用现代物流管理思想对自身进行重新定位，用信息技术来满足客户最大的需求和利益，提供压缩时间和空间的增值物流服务，以在竞争中孕育生机。

精益物流理论的产生，为我国的传统物流企业提供了一种新的发展思路，为电子企业在新经济中生存和发展提供了机会。精益物流理论符合现代物流的发展趋势，该理论所强调的消除浪费、连续改善是传统物流企业继续生存和发展必须具备的根本思想。此外，该理论将传统物流企业的经营观念转变为：以客户需求为中心，通过准时化、自动化生产不断谋求成本节约，谋求物流服务价值增值的现代经营管理理念。可以说，基于成本和时间的精益物流服务将成为中国电子、IT行业物流发展的驱动力。

## 专栏3.1　DELL：直销模式5原则

戴尔一直以来坚持直销。对戴尔来说，直销模式要坚持5个原则，这5个原则其实也是DELL对供应链的要求。

一是要找到最短的到达客户的路径，也就是说，客户对DELL直接提出需求。实现最短途径的最好办法就是直销。直销可以直接获得客户的需求，最“懂”市场。

二是标准化，DELL选择进入的行业一般技术标准化程度都非常高。比如PC以及以后的打印机等。要想在一个不够规范的市场里推动一个非标产品，所耗工夫匪浅，因此标准化非常重要。

三是零库存。零库存的关键是按订单生产。这就要求对客户的需求把握很准，这其实是和直销——直接从客户那里获得需求的方式是匹配的。零库存能最大限度地降低成本。

四是低成本。DELL采用的直销模式、生产方法和对供应链的管理有助于降低成本。此外，DELL对办公地点的选择和对新技术的研发也着眼于在不降低质量的前提下尽量降低成本。这些削减的成本最后会反映到客户身上。

五是客户关系管理，重点关注服务。在DELL建在厦门的客户服务中心里，有85%左右的问题是一个电话就可以解决的。只有约15%的问题需要现场解决，其中的95%也是可以一次性解决的。DELL现在已经能够在1680个城市提供第二个工作日响应的现场服务。DELL在中国的服务是采用由DELL的客户服务中心进行调度，分包给4个本地服务伙伴的策略，但一些核心的高端服务器的维护可能直接由DELL自己的工程师做。

（资料来源：中国MBA网，http：//www.mba.org.cn/.）

（二）家电业

1. 产品及市场特点

（1）家电业产品更新快、系列化、多元化，注重技术创新。因为产品更新换代快，家电业十分强调产品的序列号管理。家用电器市场的激烈竞争促进了企业不断开发新产品，更新换代，以新取胜。正是由于家电产品的更新速度较快，使得市场上同时出现的同类产品种类繁多。

（2）智能化、自动化、节能和多种能源利用。家用电器广泛采用计算机控制，提高家用电器的智能化程度，表现出更强的时代性。将家用电器和计算机相结合的家庭自动化控制系统，可使未来的家庭实现在家工作、在家上学、在家购物、在家医疗。家用电器节能技术研究已取得明显的进展。电冰箱在高效压缩机、低导热的隔热层、改进的制冷剂、合理的制冷系统匹配方面不断发展，耗电量大幅度降低。利用多种能源的吸收式冰箱亦有新的发展，产量迅速增加。

2. 生产组织特点

（1）生产特点为小批量、多品种、装配式。家电企业大多从外部厂家采购材料和生产部件进行组装；实行零部件专业化生产，总装厂实现生产连续化、自动化，生产规模较大，人均生产率高以及订单与预测相结合的成批和规模化生产系统。

（2）技术密集。家用电器是新材料、新工艺、新技术的综合体现，各相关行业的新材料、新工艺、新技术很快在家用电器产品上得到应用。

（3）生产电子化。利用电子技术改造企业的生产手段，普遍推广应用电子计算机、机械手和自动机，进一步提高生产的自动化水平。目前，世界进展最快的是实行计算机辅助设计（CAD）和计算机辅助制造（CAM），实现优化设计，并使生产操作更加优化。

（4）以市场驱动为主的备货型生产。通常，家电企业通过对市场需求信息的收集、分析，往往在没有订单或订单不足的情况下组织生产，装配成商品，放入仓库，再根据市场销售需求，现货供应市场。因此，在制订经营计划时，家电企业对市场信息的依赖性很大。

3. 产品销售特点

（1）大型家电企业需要庞大的分销与物流网络，物流成本在产品成本中所占的比重较高，这就需要物流公司来提供庞大的物流网络和专业化的物流服务，降低物流成本。

（2）生产与销售职能分离，销售渠道和方式多样化、体系化，销售业务种类较多，使用各种促销方法和价格政策，价格的制订具有地域性，企业对价格、折扣、营销组织管理控制严格，实行客户信用期间、信用额度控制，同时为促进销售，也会采用灵活的折扣政策。

（3）各家电生产企业都会在各地区设立区域性维修服务机构，强调售后服务和跟踪，及时响应客户需求信息，确保生产、销售和售后服务的高度一致性。

典型企业有海尔、美的、格力、格兰士等。

4. 物流服务特点

（1）庞大的采购、分销与生产配送物流网络，产品产量大，体积大，原材料和成品都需要较多的存储空间，需要标准化、机械化设备配套。

（2）物流运作的总成本对其市场竞争力以至于赢利能力都有重大影响，因此物流运作的侧重点应放在有效控制物流成本上。对于成本的管理与成本控制，多采用定额法进行计算与控制，以强化内部管理、降低耗费。

（3）存货品种多，数量大并且变化快，材料核算复杂，对库存管理的精确性和责任度要求较高。

（4）家电企业小制造、大装配的特点，使得企业在组织生产时主要注意力放在装配生产线上。因为从仓库、制造车间到装配车间之间的物料移动反映了企业计划的执行情况，因此，为了保证生产流水线均衡生产，不积压、不断流，应加强物流的管理与监控，在复杂物流设备的情况下（地面小车、空中小车、悬挂链、辊道输送系统、自动化仓库等），更是如此。

### 专栏 3.2　长虹：四大创新根治物流“顽疾”

对于整个家电业来说，物流的高成本、低效率、多环节是其顽疾，短期内很难扭转，作为中国家电业“龙头”的长虹也不例外。有关机构在分析长虹的物流管理体系时指出，多、少、散、乱是其四大顽疾。“多”是资源过多，绵阳有 40 多个原材料库房，50 多个成品库房，200 多个销售库房，近千辆的大小型货车。“少”是效益过少，作为支持服务部门缺少服务和效益观念。“散”是职能分散，多头管理，没有人对物流总成本负责。“乱”是流程混乱，缺乏系统科学的操作流程和操作规范，导致运输和仓储管理环节低效率。

要彻底改变长虹物流状况，必须下“猛药”。物流改革并不只是如何降低成本，而是一个企业的系统工程，关键是要通过对物流的重构来推动企业提升运营效率，以满足消费者对个性化产品和服务的需求。

从流程上来看，长虹物流首先搭建了一个集采购、储运和配送于一体的服务平台。在具体操作上，长虹对物流系统进行“大手术”。一是“节流”，办法是招标。据了解，新物流公司干的第一件事，就是通过招标方式，对公路、铁路等行业进行集中采购运力，综合运输成本同比下降 20%以上；二是“瘦身”。以前长虹在全国设置了绵阳、中山、南通、吉林 4 个基地库房，203 个分公司库房，形成了庞大的仓储体系。这些库房利用率较低，占用大量资金。截至 2007 年 11 月底，长虹共减退绵阳外租库房 15 万多平方米，绵阳外租仓库费用下降 50%。目前，长虹在全国范围内建立了 4 个 CDC 和 66 个 RDC。

（资料来源：中华硕博网，http：//www. china－b. com/.）

（三）汽车业

1. 产品及市场特点

汽车主要分为商用汽车与乘用汽车二大类，价值大、生命周期长，市场容量大、范围广泛，产品差异性与同质性并存、市场竞争激烈、产品结构简单、品种少、更新慢。

2. 生产组织特点

（1）订单与预测相结合的大规模生产。根据汽车的产品结构及生产批量的特点，汽

车的生产属于大量流水生产，而且零部件种类繁多，生产过程复杂、生产配送要求高。

(2) 根据市场预测或某种指标组织生产。生产工艺稳定，制造周期短。生产计划以日产量、旬产量或月产量下达。生产具有明显的节奏性，具有高度的连续性，因此需要保证原材料和能源的连续不断的供应。

(3) 生产的专业化和协作。汽车能成为普通使用的交通工具，其主要原因是采用了专业协作的生产系统，采用了标准化、互换性、流水线加工和装配的大量生产方式，使汽车的产量和质量不断提高，价格大幅度降低；在技术迅速发展的条件下，汽车能及时地进行相应的改进和更换车型。汽车的生产批量大于一般的机器，有利于采取高效率、低成本的生产工艺。如果将若干个汽车制造厂所用的某种零部件合并在一个厂生产，生产批量就会更大，这有利于采用更高效率的工艺。

(4) 新技术、新材料的采用和推广。汽车的生产技术和所用的材料发展很快，常向其他机械制造部门推广新技术、新材料。其他领域中的新技术、新材料也往往首先移植到汽车工业中。

3. 产品销售特点

(1) 由于缺乏研发能力，我国靠引进技术开发发展起来的汽车工业的产品不能完全适应中国的使用条件，国产化过程长、成本高，到产品大批量生产时，产品性能与国际水平相比又已经落后。可以说，我国国内目前生产的汽车车型，尚不能满足目前市场多层次需求，与国际水平差距较大。

(2) 汽车市场消费结构从公款购车向个人购车转变。随着人民生活水平的提高，个人购车比例逐年快速增长，中国汽车市场消费结构发生了重大变化。这促使企业改变观念，把市场开拓的重点放在私人购车市场上，也促使政府开始调整政策培育市场。

(3) 汽车市场具有周期波动性。我国汽车市场的运行是随着国民经济运行的波动而波动的，其波动呈现出明显的周期性特点，且与宏观经济的波动周期在时间上有明显的对应关系。从 20 世纪 80 年代开始，我国的汽车市场已经出现了 3 次周期性波动，每次波动两者基本上都是同步。每个波动周期都包括了衰退、低谷、复苏和高涨四个阶段，给汽车行业的生产销售造成了不小的影响。

4. 物流服务特点

汽车的生产与销售过程是一个典型的供应链物流一体化过程。物流服务要求高。

供应物流、生产配送物流、产成品销售物流的差异性明显。在原材料供应和生产配送方面与电子行业相似，要求零配件的 JIT 配送。

在销售物流方面，由于汽车体积、重量大、价值高，要求有专业的运输设备配套，对运输过程的安全性要求很高。

### 专栏 3.3　BMW 的订单要求

居世界汽车领导地位的德国 BMW 公司，针对客户个别需求生产多样车型，因而让难度已经颇高的汽车制造物流，更增添了复杂性。该公司的 3 个在德国境内负责 3、5、

7系列车型的工厂，每天装配所需的零部件高达4万个运输容器，供货商上千家。

在汽车组装零件的送货控制中，最重要的是提出订货需求，也就是把货物的需要量和日期通知物流采购中心。BMW在生产规划过程中，可以针对10个月后所需提出订货需求，供货商也可据此预估自己向上游供货商提出所需货物的种类及数量。不过，随着生产日期的接近，双方才会更明确地知道需要量。

送货控制一般可分为两种不同形式：一种是根据生产步骤所需提出订单，另一种是视当日需要量提出需求。前者是由生产顺序决定需要量（Just-in-Sequence）的，其零件大多在极短时间内多次运送，由于此种提出订单方式对整个送货链的控制及时间要求相当严格，因此适用在大量、高价值或是变化大的零件。

对于大多数的组装程序而言，只要选择后者确定当天需要量就足够了，区域性货运公司在前一天从供货商处取货，把这些货物储放在转运点，大多数只停放一晚，隔天就送抵BMW组装工厂。在送抵BMW工厂前先取货并停放在转运点的过程称为“前置运送”，而送达BMW工厂的步骤称为“主要运送”。过去几年里，BMW公司已把根据生产顺序所需的订货方式最佳化。视当日需要量提出订单方式仍有极大发展潜能，所以BMW公司目前积极对此项最佳化进行研究。

（资料来源：人力教育资源网，http：//www.rjiao.com/.）

（四）日化用品行业

1. 产品及市场特点

（1）日化行业还可以细分为化妆护肤品业、清洁用品业和洗涤用品业。

（2）日化产品属于日常用品之列，社会需求量大，市场范围广泛。品种多、体积小、重量轻，价格波动不大，普通产品可替代性较强，附加值较高。

2. 生产组织特点

日化用品的生产周期较短，属于批量、流水生产方式。

3. 产品销售特点

（1）品牌知名度之间存在差距。品牌知名度是评价品牌竞争实力的一个重要指标。由于洗化产品在媒体广告策略上多采用电视广告常年不间断轰炸的方式，主要品牌几乎家喻户晓，有数据显示，洗衣粉、洗衣皂和洗洁精均有知名品牌脱颖而出，而且品牌知名度之间存在着不同的差距。少数品牌占据大部分市场，竞争实力相差悬殊。同时，知名度越高的品牌，市场占有率也相对越高，表明品牌知名度与市场占有率存在密切的联系。

（2）日化用品品牌习惯性消费特点突出，品牌忠诚度很高。研究发现，人们对清洁用品和洗涤用品的使用具有习惯性消费的特点。这种情况对生产厂家来讲利弊共存，有利的是已有消费群体相对稳定，市场波动较小；不利的是吸引其他品牌的消费者以扩大市场占有率变得较为困难。

（3）日化用品品牌消费存在明显的地域差异。数据显示，日化用品品牌消费存在着明显的地域差异，同一品牌在不同城市的使用率差距非常突出。据调查，就洗衣粉品牌来说，奥妙在上海和武汉的使用率明显高于其他城市，碧浪则在北京和沈阳具有更大的

优势，巧手在沈阳，汰渍在西安等均有优于其他城市的表现；对于洗衣皂来说，雕牌在上海的使用率明显低于其他城市，上海更青睐于扇牌和固本，另外中华在西安、三威在沈阳等都具有较强的地域优势；对于洗洁精来说，最明显的就是北京消费者对金鱼情有独钟，明显区别于其他城市对雕牌的青睐，另外雕牌在西安，一枝花在武汉等也具有较强的地域优势。

(4) 消费者对产品功效的需求具有多元化的特点，部分功效需求相对集中。产品功效是影响日化用品消费行为的最重要的因素之一，不同品种的产品功效不尽相同，消费者关注的程度也有所差异。

4. 物流服务特点

(1) 随着连锁经营的普及，日化产品的分拨与配送业务急剧增长。客户主要是批发、零售商。日化产品促销较多，需要搭配包装等流通加工服务。

(2) 物流网络的覆盖面全，物流服务提供商在销售支持上能够给予配合，需要流通加工服务功能。

(3) 由于地域性需求的不同，要求建立物流中心和配送中心时注重品牌的效应，建立适合本地营销的常用产品库存。

(4) 现有的大型日化企业都分别有自己的物流公司和经常合作的第三方物流公司，如花王（上海）公司的管理系统全部由日本总公司来负责，宝洁公司有宝供物流、快步物流为其服务，联合利华也有宝供、郑州宏达等为其服务，其物流服务较为饱和稳定。第三方物流公司应该配合相应的大企业提供更好更快的物流服务。

### 专栏 3.4　高露洁全球供应链系统

在国际消费品市场竞争日益激烈的今天，如何通过供应链管理整合企业资源，实现供应链各个环节的协同作业，以降低成本，提高企业的运营效率，从而在价格战、业务拓展和市场推广中更具优势，这是中外企业共同关注的。作为国际知名的跨国企业高露洁公司，原有的SAP系统对它的发展起着重要的推动作用，但是它并不满足，“高露洁全球供应链系统”还在指引着这个知名的跨国公司在信息化建设的道路上高速前进着。

“高露洁全球供应链系统”确定了三个主要的供应链战略：首先，推出VMI（供应商控制库存）项目，大幅减少渠道的库存和循环时间；其次，高露洁实施了一个跨边界资源计划，将地域性模式拓展为全球性模式。这种模式转型可以提高企业的预测能力，减少非营利股份，凝聚资产，平衡公司全球业务；最后，高露洁还将实施一个与下游企业的协同计划系统，用来管理供应链中的市场需求和协调各项活动。

（资料来源：制造业信息化门户网，http：//www. e-works. net. cn/.）

（五）食品业

1. 产品及市场特点

(1) 食品行业是一个完全自由竞争的行业，行业壁垒小，科技含量不高，产品附加值低，行业进入容易，竞争激烈。

(2) 行业生命力永恒，大部分食品属于人们的生活必需品，消费者收入弹性小，企业受社会经济波动影响小。

(3) 小产品、大市场，食品单价较低，但消费量大，保质期短，所以对于食品的保温保鲜要求很高，且区域性市场特点明显。

(4) 食品市场总量生产相对过剩和需求相对不足同时存在，低水平重复建设比比旨是，整体布局不合理，部分产品生产能力过剩。

(5) 品牌和销售网络是竞争取胜的必要条件。食品行业是一个完全自由竞争行业，激烈的竞争造成整个行业的平均利润率不断下降，食品的替代品多，当前市场为买方市场。只有那些有经营特色的、有规模效益的企业才能获得较高的收益水平。

(6) 从世界食品工业的发展趋势来看，随着社会的进步、食品安全和环保意识的增强以及科学技术革命的发展，大众化的方便食品和健康食品越来越受到消费者的青睐，食品市场需求将呈现多样化、功能化、方便化特点，因此高附加值、高科技与文化含量的产品应是未来的发展方向，具体包括方便食品、休闲食品、功能食品、饮料、调味品及食品工业基础原料等。

2. 生产组织特点

(1) 产品品种多、生产量大，保质期短、流水生产，自动化程度高。在物料管理方面需要灵活的处理与控制方式。

(2) 我国的食品加工企业产品基本停留在粗加工上，缺少精加工产品，因此造成产品的附加值较低。发达国家食品深加工产品所占比例为80%，而我国食品工业总产值中有近一半是基础原料加工产品，即糖、油、饲料等食品，深加工产品只占16%，但是烟酒等嗜好品产值却占30%。

(3) 严格的质量管理。在生产过程中要严格管理质量，严格要求产品的有效期和检疫期，进行全生产过程跟踪，并全面支持ISO 9000标准和食品行业标准。

3. 产品销售特点

(1) 销售客户数量多，业务频繁，多层次销售管理。

(2) 价格经常调整，灵活的销售政策。

(3) 销售方式批发、零售兼有，多渠道进行销售。

4. 物流服务特点

(1) 产品时效性强，不宜与其他产品混合存放，且需要进行批次和保质期管理。库存周转较快，主要是由于一笔销售订单可以触发整个采购、生产、订单履行、分销财务等整个供应链和库存的变化，需要企业对库存严格控制，对市场作出及时的反应，降低成本，提高存货周转率和市场占有率。

(2) 储运、包装成本所占比例较高，经营损耗大。

(3) 要求专业化的物流设施如冷藏车、冷藏库等相配套，对储存、运输等环境要求也较高，产品生产出来后需要迅速交付，且运输和路线管理要适合企业优化资源配置，对能够快速响应的第三方物流服务需求较大，对物流作业质量要求较挑剔。

（4）由于食品行业的特殊要求，企业可选用ERP等先进技术和软件管理采购物流、生产物流和销售物流全过程。

### 专栏3.5 伊利集团的成功物流

1. 实体运输

伊利集团拥有包括海洋运输、铁路集装箱、冰保车、机保车、集装箱五定班列运输、公路运输、铁海联运、公海联运以及行包发运等运输线。为降低企业成本、提高物流效率，伊利采用第三方物流的模式，而为其服务的第三方物流都是通过严格的招标和评选的。

伊利液态奶事业部采用两种方式进行物流配送。一种是从工厂直接送达客户；另一种是在全国重点城市布局分仓，通过分仓配送满足中小客户的需求。随着业务的扩展和量的增加，伊利传统的核心企业供应链模式已经不再适合伊利未来的发展。伊利集团通过收购和兼并已在全国十多个销售大区设立了现代化乳业生产基地，形成了一个庞大的网络体系，这就大大降低了物流成本，同时也大大增强了对食品安全的保障。

2. 信息传递与管理

伊利集团一直对信息化比较重视，1996年伊利就花200多万元使用了美国四班（Fourth Shift）的MPRⅡ信息管理系统，2001年购买了用友的SAP分销系统，2005年伊利新任董事长开始对伊利各事业部进行整合，为适应业务向纵深拓展建立了一套从生产到销售、从出厂到分销、从供应链上游到下游都能实现集中控制、统一管理的ERP系统。

伊利对上游奶站、奶户、奶牛的管理精细，对每头牛都建立了数据档案，并建立了GPS跟踪奶车项目；对下游也如此，伊利及时了解经销商的库存，对渠道进行彻底的透明化管理。这使得伊利能够把供应链上的信息加以集中并做到有效地利用。

（资料来源：中国流通研究网，http：//www.zgliutong.com/.）

（六）医药保健品行业

1. 产品及市场特点

（1）品种多，重量轻，价值量大，有一定的时效期，市场范围广泛。

（2）医药市场消费呈现多层次格局，对各类医药保健品的需求都继续增长，且各类药品保健品的监管力度加大，国家政策更加注重药品保健品的安全性和实用性，企业的赢利空间在进一步减小。因此，企业应该从医药保健品物流成本出发，将现代医药物流作为调整经济结构、转变经济增长方式的重要途径。同时，企业还应该注重整合各类资源，延伸服务领域，提升服务水平，建立快捷、高效、安全、方便且有国际竞争力的现代医药物流服务体系。医药保健品行业应大幅度提高物流的社会化、专业化和现代化水平，这是行业和企业应对挑战谋求发展的战略目标。

2. 生产特点

大量流水生产，仓储有特殊要求。在生产和保存的过程中注意药品保健品的保质期、安全性和洁净。

3. 销售特点

时效性，广泛的渠道及配送服务，客户主要为医院、药店。按国家药品分类管理制度的要求，药品分为非处方药（OTC）和处方药（RX）。两种药品的分销渠道大致相同，但也有所区别。对于非处方药来说，销售渠道较为灵活，医院药房或社会药店均可出售；而对于处方药来说，必须靠处方才能购买，因此销售渠道只能在医院药房、处方药店或实行分类管理的药店中出售。

(1) OTC销售渠道的类型及特点

①OTC生产企业→药品消费者

此种渠道模式主要是指OTC生产企业通过建立自己的零售药店出售药品或是医院药剂科按照国家有关规定向患者出售自制的医院制剂等形式。随着药品市场竞争的加剧，很多医药企业越来越倾向采取前向一体化战略，通过自建、兼并或重组一些大型药品零售企业，达到控制药品销售终端的目的，以增加企业竞争力。如海王星辰大药房、吉林大药房等。

②OTC生产企业→医院药房或社会零售药店→药品消费者

某些大型制药企业直接向医院药房和零售药店出售药品，由于渠道层次较少，因此利润空间较大；但对于规模不大、资金较少的企业来说，短时期无法完成铺货、送货、宣传、促销、汇款等营销工作，选择此种销售渠道，可能会有较高的渠道风险。

③OTC生产企业→OTC代理商→医院药房或社会零售药店→药品消费者

此种渠道模式一般比较适合分销能力较弱的中、小制药企业，但由于代理商一般不承担药品滞销的风险，因此其积极性稍差。

④OTC生产企业→医药商业企业（如药品批发企业）→医院药房或社会零售药店→药品消费者

此种渠道模式中，由于医药商业企业拥有药品所有权，存在风险，因此销售积极性较强，但也可能获得高收益。生产企业是否选择此种渠道模式，取决于药品差异性及品牌知名度，即若差异性较强、品牌知名度较高时，制药企业可利用这种渠道尽快占领市场。

⑤OTC生产企业→代理商→医药商业企业（如药品批发企业）→医院药房或社会零售药店→药品消费者

此种分销模式有利于生产企业及时将药品销售给各药店及医院药房，以供消费者购买。其缺点是，一方面中间商特别是代理商掌握更多的药品销售权力，因此制药企业控制药品销售渠道能力较弱，不利于企业建立长期、有效运行的分销渠道系统；另一方面由于渠道层次较多，无法及时了解市场变化信息，且效率较差。

(2) 处方药销售渠道的类型及特点

①处方药生产企业→医院药房或社会零售药店→药品消费者

生产企业销售的重点在医院药房。对于实力雄厚的医药企业，可以通过会议营销、学术推广等方式进行销售。

②处方药生产企业→代理商→医院药房或社会零售药店→药品消费者

③处方药生产企业→医药商业企业（如药品批发企业）→医院药房或社会零售药

店→药品消费者

对于中小企业或销售经验不足的大企业来说，直接向医院或社会零售药店销售其药品，难度较大，因此可以通过②或③渠道模式进行销售。其优点是，因为医药商业企业拥有药品所有权，因此销售积极性较强，渠道效率较高；其缺点是制药企业受制于医药商业企业。

4. 物流服务的特点

产品有严格的温湿度控制，需要单独的专业化设施和设备来储存、运输，重视物流运作的可靠性和安全性。由于产品有严格的有效期的控制，对库存管理与控制严格，需要信息系统支持，能够对即将到期的产品自动预警，加速产品的周转。

### 专栏 3.6　美国医药行业物流运作模式

美国的医药市场规模比中国大10倍，但全国只有5家一级药品批发商，其中三强——Amerisource Bergen、Cardinal Health和McKesson就占全美90%以上的市场份额。药品零售市场则由Rite Aid、Walgreen和CVS三家公司垄断，市场份额占60%以上。目前，美国的医药流通费用率为3%，销售利润率为2.4%，而我国有医药批发企业16000多家，年销售额超5000万元的企业不到5%，名列前10位的批发企业销售总额只占市场总额的20%，全国医药商业企业平均流通费用率为12.56%，销售利润率为0.6%。这样的反差，显示出我国医药流通规模和流通技术等与代表世界先进水平的美国之间存在巨大差距。

在美国，有65%左右的处方药由批发企业配送，药品经销企业平均每天需处理25万份订单、1000万条信息，配送12.5万个分销机构，隔天配送的响应率高达95%，准确率达到99%，每个订单条目的配送成本仅0.3美分。作为美国最大公司之一的强生公司在新泽西州建有3个自动化立体仓库，负责149亿美元药品的订单处理和药品配送，员工仅有160人，配送成本仅占药品销售收入的0.5%。

（资料来源：世贸人才网，http：//class. wtojob. com/.）

（七）零售行业

1. 产品与市场特点

零售行业产品品种成千上万、体积大小不一，价值量中等，竞争异常激烈，配送的频率呈增加的趋势，商品配送的效率对其经营效益有较大影响。

中国零售行业经过多年的发展，目前已经进入连锁化时代，其形式特点是：大型连锁超市、连锁专业店、专卖店、百货店、餐饮店的兴起，大量城市步行街的建设和将要发展起来的各类购物广场。其间，大量国际零售集团纷纷进入中国开店，民营连锁商业快速发展，各类商业业态纷纷连锁化经营，得到很大程度的发展。业态之间的竞争不断加剧：大型综合超市和仓储式商品迎合人们“一站式”购物需求，且又以产品丰富、价格低廉的优势取得相当的竞争力，将成为内外资企业竞争的焦点；百货店将向细分化、个性化发展，传统百货店市场份额将逐渐萎缩，购物中心将在未来几年内有较大发展。

2. 产品销售特点

(1) 品种全、价格低是零售企业竞争的主要方面，物流成本在销售价格中占有相当的比重，配送费用在总物流成本中占有很大的比例，由此可见，零售行业对配送服务的需求较强烈。

(2) 竞争格局发生了重大的变化，宏观经济走势对零售业影响加大。受宏观经济环境向好的影响，以及库存周转率的提高，各类商业企业赢利能力和利润水平有所提高。自有品牌销售增长迅速，但总体规模依然偏小。同时，零售业应当密切注意国内消费者随着收入逐步增长，除房子、汽车之外，日用消费品也正处于升级换代之中，对时尚、安全和品质将更为关注。

(3) 现代百货业新格局诞生，呈现出以下新的特点：百货业并购和规模扩张成为主流，单店模式逐步趋于消亡；逐步摆脱过去价格战模式，区别于以快速消费品为主的连锁超市，百货商店的经营更加注重品牌、时尚的元素，奢侈品增多，更加适应现代消费需求，单品利润率得以提升，目标客户群体由工薪阶层向正在形成的中产阶层和高收入阶层转变；大型百货店纷纷成为上市公司，其筹资渠道、经营方式、公司治理结构等和以往有了根本的不同，相关企业之间的相互持股计划也成为其发展的一个重要动力源。

3. 物流服务的特点

多品种、小批量、多频次的各连锁网点进行统一配送、及时补货；采用高效率的分拣设备；采取分散化的库存策略以适应消费需求多样化的市场环境；库存情况分析等增值服务以及相应的条码标签的贴附等流通加工等辅助服务。

(1) 在分散式经营、流量小的情况下，传统的简单库存管理系统结合人工处理方式还能够支持初级运作。

(2) 在零售业态逐渐成熟，规模扩张与集中式经营管理的情况下，物流中心缺乏高效、准确和增值的运作能力，这成为亟待解决的主要瓶颈问题。

(3) 企业应从建立综合性处理能力的物流中心入手，强化运作能力，规范运作流程，使物流中心成为真正的快速订单执行中心，有效、准确地支持销售，提高库存的流通速度。

(4) 当零售商对末端客户服务，即将产品按照客户的需求送达客户手中时，从物流角度出发，应能满足实体运作的以下要求：能够同时处理种类极端复杂繁多的产品、大量订单的拆零处理、单品类别多量小的单个订单的处理以及在产品的有效期内及时将产品推向市场的高时效能力。

(5) 以全面的仓储管理信息系统功能为核心，管理复杂的物流中心内部运作，同时将企业总部、零售店、供应商与物流中心之间的运作流程衔接起来，实现信息的实时共享。

## 专栏 3.7　沃尔玛成功奥秘：物流现代化

1. 全球第一个发射物流通信卫星的企业

物流通信卫星使得沃尔玛产生了跳跃式的发展，很快就超过了美国零售业的龙头——

凯玛特和西尔斯。

2. 建立全球第一个物流数据的处理中心

沃尔玛在全球第一个实现集团内部 24 小时计算机物流网络化监控，使采购库存、订货、配送和销售一体化。

3. 借助信息技术

20 世纪 70 年代沃尔玛建立了物流的信息系统（Management Information System，MIS），也叫管理信息系统，这个系统负责处理系统报表，加快了运作速度。

20 世纪 80 年代与休斯公司合作发射物流通信卫星，1983 年采用了 POS 机。1985 年建立了电子数据交换系统，进行无纸化作业。1986 年的时候又建立了快速反应机制，对市场快速拉动需求。另外还有射频技术、便携式数据终端设备、物流条码等。

4. 神奇的配送中心

配送中心设立在 100 多家零售店的中央位置，即设立在销售主市场，这使得一个配送中心可以满足 100 多个附近周边城市的销售网点的需求。另外运输的半径基本上比较短，比较均匀。以 320 千米为一个商圈建立一个配送中心。

配送中心的一端是装货的月台，另外一端是卸货的月台，两项作业分开；交叉配送（Cross Docking，CD）。交叉配送的作业方式非常独特，而且效率极高，进货时直接装车出货，设有入库储存与分拣作业，降低了成本，加速了流通；800 名员工 24 小时倒班装卸搬运配送。沃尔玛的工人的工资并不高，因为这些工人基本上是初中生和高中生，只是经过了沃尔玛的特别培训。

（资料来源：乐恩学习网，http：//www.learnlern.com/.）

下面将上述几个不同行业的特点及对物流服务的要求综述如下（如表 3－1 所示）。

**表 3－1　　不同行业的特点及对物流服务的要求**

| 行业 | 行业特点 | 物流需求特点 | 可提供的第三方物流服务 |
|---|---|---|---|
| 电子 IT 产业 | 柔性生产及 JIT 生产方式，产品生命周期短，更新换代快，时效性强，产品附加值高，对市场敏感 | 供应物流和销售物流侧重于快速响应和效率；生产物流一般要求在其生产厂设立备货仓库或配送中心，满足原材料配送需求 | 1. 国际物流服务支持<br>2. 配送功能<br>3. 运作和系统设计、咨询等 |
| 家电业 | 市场竞争激烈，产品销售利润率低，物流成本在产品成本中占较大比重 | 物流运作侧重于如何有效控制物流成本，需要庞大分销与物流网络以及专业化的物流服务以降低物流成本 | 1. 货物集散功能<br>2. 为本行业开拓国际市场提供国际物流服务 |

续 表

| 行业 | 行业特点 | 物流需求特点 | 可提供的第三方物流服务 |
|---|---|---|---|
| 汽车业 | 柔性化生产、JIT 零配件配送，其生产与销售过程是一个典型的供应链管理过程 | 在生产物流方面与电子业相似，要求提供零配件的 JIT 配送；销售物流方面对运输过程的安全性要求很高。一些在国内进行组装而零配件在不同国家生产的企业对国际物流中的仓储和加工的需求非常高 | 1. 国内运输与配送系统服务<br>2. 配送、装配加工服务、仓储服务<br>3. 方案策划<br>4. 货物中转功能<br>5. 国际物流服务支持 |
| 日化业 | 连锁经营普及，需求量大、品种多、体积小、重量轻，价格波动不大，附加值较高 | 分拣与配送业务急剧增长；重视减少分销和零售渠道的缺货率，保证产品的可得性以降低产品可替代性风险 | 1. 商品展示、销售物流功能<br>2. 提供搭配包装等流通加工服务帮助企业完成促销任务 |
| 食品业 | 食品的保温保鲜要求很高，产品时效性强，生产出来后需要迅速交付 | 对物流作业质量较挑剔，对能够快速响应的第三方物流服务需求很大，对选择新的第三方物流服务商也最具积极性 | 1. 专业化的配套物流设施，如冷藏车、冷藏库等<br>2. 以快速响应为特点的物流配送方案策划 |
| 医药保健品行业 | 产品附加值高，产品有严格的温度控制，需要单独的专业化设施和设备来储存、运输 | 重视物流运作的可靠性和安全性，对库存管理与控制严格，需要信息系统配合，自动预警，加速产品周转 | 1. 物流信息增值服务<br>2. 建立分销与物流网络，组织配送服务 |
| 零售业 | 趋向大型化和连锁经营，配送费用在总物流成本中所占比例较大 | 对配送服务需求较强烈。但大部分连锁零售企业都自己建立配送中心，自己进行统一采购和配送，只是将部分商品的配送和部分物流功能交给第三方物流来承担，并进行严格控制 | 1. 提供自动化信息处理、库存情况分析等增值服务<br>2. 条码标签的贴附等流通加工辅助服务<br>3. 信息增值服务 |

资料来源：鲍新中，等．物流运营管理体系规划［M］．北京：中国物资出版社，2004.

## 三、物流服务范围的决策

物流服务范围，指物流服务的区域。通常分为城市、区域和世界范围。从范畴上来讲，城市物流属于微观物流，区域物流属于中观物流，国际物流属于宏观物流。通常情况下第三方物流公司应该根据物流服务的对象和企业的战略定位来确定企业物流服务的范围。

### （一）城市物流

城市物流是指为城市服务的物流，它服务于城市经济发展的需要。相对于以区域物

流为主要内容的宏观物流和以企业物流为主要内容的微观物流而言，城市物流属于在区域物流和企业物流中起衔接作用的中观物流。现代城市物流具有先进的组织形式和管理技术特征，它不仅是城市内商品集散、消费的载体，而且是城市与城市、城市与乡村乃至与其他国家和地区进行经济交流活动的桥梁，是国家经济活动正常运行的重要保障。随着自由贸易壁垒的逐渐消除，城市化进程的不断加快，现代城市物流对商品的高效集散作用日益显现，对区域经济发展的重要影响更不容忽视。整合社会资源降低经济运行成本，发展生产力，促进产业结构合理调整与升级已成为现代城市物流发展追求的根本目标。

多年来我国物流界对区域物流和企业物流研究较多，但是对城市物流的研究却较少。城市物流起点低、技术落后、缺乏统一组织管理、资源利用率不高、物流效率低下，并且加剧了城市交通拥堵及环境污染，这些已成为目前国内城市物流的通病。因此，我国应充分认识城市物流发展的重要性，针对存在的问题认真研究对策，并紧紧抓住我国现阶段经济发展区域化的显著特征，从区域经济发展的现状和走向来研究城市物流，同时还应顺应物流绿色化的世界潮流，从与环境和谐共处、与现代科技和现代管理技术同步发展中寻找城市物流发展的对策和新思路。只有这样，我们才能充分发挥现代城市物流在区域经济发展中的加速器作用，实现城市物流可持续健康发展。

（二）区域物流

区域物流是指以经济学中的“区域”概念为基础的区域内的物流活动。区域物流的一般含义是：在一定的区域地理环境中，以大中型城市为中心，以区域经济规模和范围为基础，结合物流辐射的有效范围，将区域内外的各类物品从供应地向接受地进行有效的实体流动；根据区域物流基础设施条件，将公路、铁路、航空、水运及管道运输等多种运输方式及物流节点有机衔接，并将运输、储存、装卸、搬运、包装、流通加工、配送及信息处理等物流基本活动有机集成，以服务于本区域的经济发展，提高本区域物流活动的水平和效率，进而提高本区域的综合经济实力。

区域物流发展与区域经济的发展相互依存、相互促进。与区域经济相类似，区域物流也具有完整性、有机性、复杂性等社会经济体系的一般特点。区域物流的结构是多层次、多维度的，其基本要素包括物流主体、物流客体和物流载体，而物流主体、客体和载体又各有其完整的结构体系，每一个要素都表现出各自不同的功能，从而形成区域物流的整体功能。

（三）国际物流

所谓国际物流，就是组织货物在国际间的合理流动。国际物流的实质是按国际分工协作的原则，依照国际惯例，利用国际化的物流网络、物流设施和物流技术，实现货物在国际间的流动与交换，以促进区域经济的发展和世界资源优化配置。国际物流的总目标是为国际贸易和跨国经营服务，即选择最佳的方式与路径，以最低的费用和最小的风险，保质、保量、适时地将货物从某国的供方运到另一国的需方。

国际物流已随着国际贸易和跨国经营的发展而迅速发展起来。20 世纪的 80 年代初至 90 年代初，物流国际化趋势开始成为世界性的共同问题，但物流国际化的趋势局限在美、日和欧洲一些发达国家。20世纪90年代后，国际物流的概念和重要性已为各国政府和外贸部门所普遍接受。贸易伙伴遍布全球，必然要求物流国际化，即物流设施国际化、物流技术国际化、物流服务国际化、货物运输国际化、包装国际化和流通加工国际化等。世界各国广泛开展国际物流理论和实践的大胆探索。人们已经形成共识：只有广泛开展国际物流合作，才能促进世界经济繁荣。

## 四、物流服务企业的目标市场定位

### （一）企业的市场定位

市场定位就是企业在目标市场为自己的产品确定位置，也即在目标市场为自己产品确定竞争地位，因此也叫“竞争性定位”。企业管理者必须先分析竞争者的产品在市场上的地位和份额，充分了解目标市场上现有产品和品牌的质量、实用性及价格水平等方面的特点，了解目标市场客户对产品的主要关注点。因此，企业市场定位的全过程可以通过以下五大阶段来完成：

1. 科学定位目标市场

任何企业都没有足够的人力资源和资金满足整个市场或追求过大的目标市场，只有扬长避短，找到有利于发挥本企业现有的人、财、物优势的细分市场，才不至于在庞大的市场上瞎撞乱碰。企业必须根据其可生产的产品，由企业市场部调研选择产品的目标市场，并且必须深入分析目标市场的进入难度、目标市场对产品各技术指标的要求、目标市场竞争对手的获利情况、目标市场价格水平、目标市场的容量大小及回款情况等，然后再进行综合考虑，最后确定最适合企业的目标市场。

2. 调研目标市场，分析企业竞争优势

调研目标市场需要摸清以下两点：一是各竞争对手产品种类、价格体系及产品品质的优劣点；二是目标市场上客户对各产品种类的需求量。然后，企业须根据调研的市场情况分析本企业产品应以何种类、何卖点进入市场。这就需要企业市场人员做大量的工作，如对目标市场进行认真细致的调研，与大量客户进行面对面的交流和咨询，对有关上述问题的资料进行分析和总结，并作出科学预测。

3. 选择竞争优势，对目标市场初步定位

竞争优势即企业能够胜过竞争对手的能力。竞争优势实际上就是一个企业与竞争者各方面的实力相比较，更是制定前期销售策略的比较决策过程。企业应制定一个完整的比较指标体系，以保证准确地选择相对竞争优势，制定符合市场实际的销售政策。企业必须分析、比较企业与竞争者主要在技术开发、原材料采购、生产能力、质量控制（产品稳定性）、市场营销水平、财务制度六个方面的优势和劣势，选择最适合本企业的优势项目或其组合，以准确定位企业在目标市场的位置，为企业制定产品销售策略打下基础。

4. 发挥竞争优势

这一阶段的主要任务是企业要通过一系列的人员上门推销，网络宣传等销售活动，将其产品独特的竞争优势准确地传播给潜在客户，让客户认知产品，打击竞争对手，以

占领市场。为此，企业定位首先应区别并优于竞争对手，将企业竞争优势发挥到极致；其次，应使目标客户了解并认同本企业的市场定位。

5. 调整定位

在准确定位目标市场和发挥竞争优势后，企业还应关注目标市场新产品或替代品的出现，即关注竞争对手研发出的在价格或性能上极具竞争力的新产品或替代品。如果企业能增强技术创新能力，推出性能价格比更高的新产品，那么它就可以在竞争中保持领先优势，否则应考虑调整企业目标市场定位或调整产品增加产品用性，以满足客户不断的新的需求。

（二）服务企业的市场定位

目前，我国专业服务企业的发展形势不容乐观，因为它们必然要面对外来专业服务业跨国公司的进入和市场竞争。在这种形势下，我国本土专业服务企业应该主动出击，针对我国自身实际情况，从企业擅长的部分专业服务业务做起，进行企业间的分工协作，找准适合我国本土专业服务企业发展的功能特色定位。

从长远来看，我国本土专业服务企业要实现良性的持续发展，还需要一个合理、有序的成长路径。学者郑琴琴（2007）认为，我国本土专业服务企业在成长过程中，应当建立适合我国国情的“协作、内化、升级”的发展路径。

我国本土专业服务企业应依据服务业务的匹配度和多样性等特点，对具体的协作业务和合作伙伴进行主动选择，以促进企业专业服务业务的有效发展。并在相互协作过程中，逐步建立企业间长期良性互动、相互促进关系，这样不仅可以大大降低交易成本，而且能够充分发挥规模经济效益，提升企业专业服务的水平和服务能力。在此基础上，为实现我国本土专业服务企业的长效发展，应注重专业服务业务在本土企业的内化和升级，通过行业自律、有序竞争等推动专业服务活动的有序进行，不断引导我国本土专业服务企业转向更高附加值、更核心的专业服务业务，逐步形成自身独特的专业服务能力，发展一套完整的专业服务体系，实现我国本土专业服务企业持续健康的发展。

同时，在充分利用与跨国公司进行专业服务协作活动时，本土专业服务企业要高度重视并避免专业服务协作活动带来的负面效应，如被动服务经济化、经济依附、经济地位不平等、关键行业易受控制等。在这方面，政府应结合我国的实际情况，发挥相应的指导和调节作用，通过制定相应的政策，营造适宜环境，促进我国特色专业服务企业发展模式的形成。

（三）物流服务企业的竞争重点

制定物流服务策略，首先要确定运作核心即确定服务公司的核心优势。服务业竞争的重点，通常有 S、T、C、Q 四方面：

1. 友好及善意地对待客户——待遇（S—Service）

衡量服务水平可以从以下三个方面进行：

（1）存货可得性

存货可得性是指当客户下订单（要货）时，物流企业所拥有库存的能力（库存物品的数量）。存货可得性反映了周转库存和安全库存的控制水平。一般用缺货率（缺货发生的概率）、供应比例（满足程度指标）两个指标来衡量。

（2）物流任务的完成

物流任务的完成情况是衡量服务水平的主要指标，而物流任务的完成是由速度、一致性、灵活性、故障与修复来衡量的。其中，速度是指从客户提出供货要求开始到货物抵达要求的地点的这段时间；一致性是指物流服务水平的一致，类似于制造业产品质量的稳定性；灵活性即柔性，指处理特殊服务的能力；故障与修复是指故障发生时的应急能力。

（3）服务的可靠性

服务的可靠性与服务质量密切相关。由于企业可能存在对物流不重视的倾向，又由于存在物流服务水平无差异以及不能正确评价自身物流服务水平等方面的问题，企业物流服务的可靠性大大降低。和制造业相比，服务的可靠性主要体现在可形成优势的项目上、产品（服务）的保护性上和产品（服务）的标准上。

2. 服务的快速及便利——速度/便利（T—Time）

基于客户对产品与服务市场响应时间越来越高的要求，时间已经成为获得竞争优势的一种重要资源。

快速反应（QR）已成为物流服务发展的动力之一。传统的观点和做法将加快反应速度变成单纯对快速运输的一种要求，而现代物流观点认为有两种途径可提高服务速度：①提高运输基础设施和设备的效率，如修建高速公路、铁路提速、制定新的交通管理办法、提高汽车的行驶速度等；②优化电子商务系统的配送中心、物流中心网络，重新设计适合电子商务的流通渠道，以此来减少物流环节，简化物流过程，提高物流系统的快速反应性能。其中第二种途径是有重大推广价值的增值性物流服务方案。

3. 服务的成本——成本（C—Cost）

物流成本就是用金额评价物流活动的实际代价。狭义的物流费用是指由于物品实体的场所（或位置）位移而引起的有关运输、包装、装卸等费用。广义的物流费用是指包括生产、流通、消费全过程的物品实体与价值变换而发生的全部费用。广义的物流费用包括了从生产企业内部原材料协作件的采购、供应开始，经过生产制造过程中的半成品存放、搬运、装卸、成品包装，到流通领域的仓库验收、分类、储存、保管、配送、运输，最后到消费者手中的全过程中发生的所有费用。物流费用从其所处的领域看，可分为流通企业物流费用和生产企业物流费用。进行物流费用管理，必须明确物流费用计算的范围和对象。

一般来说，有效地提高分销服务水平能增加销售额，但服务水平提高的同时，服务成本也迅速上升。在服务水平超过一定程度后，销售利润的增加将被服务成本的增加全部吃掉，因此服务水平的提高是有限的。必须在服务水平和服务成本之间实现某种平衡，即尽可能使发生的服务成本与获得的受益之差最大。

随着物流活动水平的提高，企业可以达到更高的客户服务水平，成本则会加速增长。在大多数经济活动中，只要活动水平超出其效益最大化的点，人们就能观察到这种一般现象。销售—服务关系中的边际递减和成本—服务曲线的递增将导致利润曲线如图3-1所示。

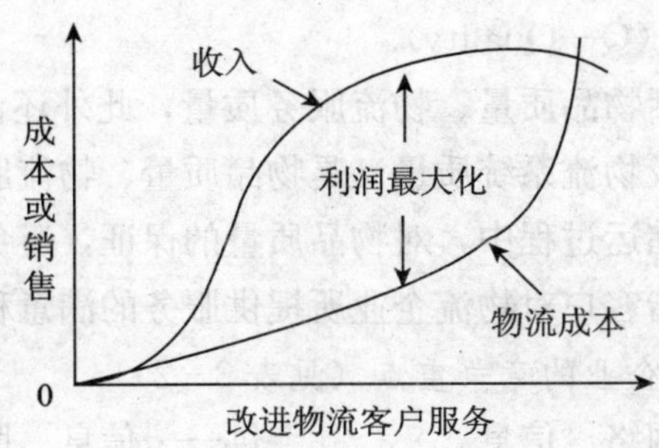


**图 3-1 不同物流客户服务水平下成本—收入背反关系**

物流服务与物流成本之间存在效益背反，那么物流成本与物流服务之间又如何决策呢？一般遵循以下决策思路：维持服务水平，改进物流系统降低成本；提高物流服务，不惜增加成本；保持成本不变，提高服务水平；用较低的物流成本，实现较高的物流服务。不同服务水平下收入与成本之差就决定了利润曲线。因为利润曲线上有一个利润最大化点，所以规划物流系统就是要寻找这一理想的服务水平。该点一般在服务水平最低和最高的两个极端点之间。一旦已知各服务水平下的收入和物流成本，我们就可以确定使企业利润最大化的服务水平，用数学方法来找这个最大利润点。

假设企业目标是利润最大化，即与物流有关的收入与物流成本之差最大化。在数学上，最大利润在收入变化量与成本变化量相等的点上实现，也即边际收入等于边际成本之时。我们举例来说明，假设已知销售—服务（收入）曲线为 $R=0.5\sqrt{SL}$（根据销售—服务曲线形状假设，具体规划中可根据历史数据，作出散点图，求出曲线的近似函数）。其中 $SL$ 是服务水平，假设表示订货周期时间为五天的订货单所占的百分比。相应的成本曲线假设已知为 $C=0.00055SL^2$。最大化利润（收入减成本）的表达式就是

$$P=0.5\sqrt{SL}-0.00055SL^2$$

式中，$P$ 表示利润，用微积分可求出此方程式的利润最大化点。在利润最大化条件下，服务水平的表达式为：$SL^*=\left[\frac{0.5}{4\ (0.00055)}\right]^{2/3}=37.2$，也就是说约 37%的订单应该有五天的订货周期，如图 3-2 所示。

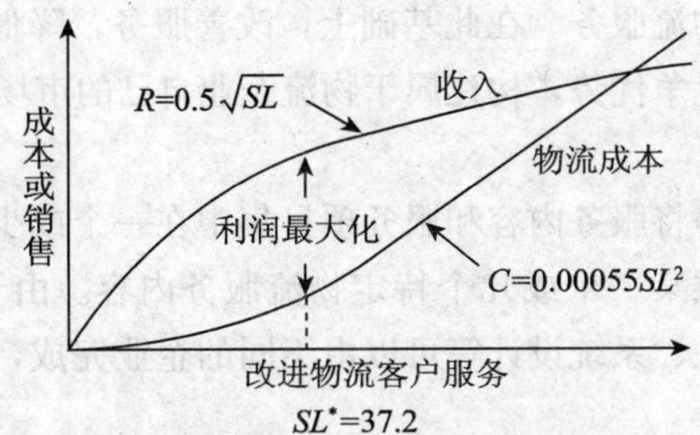


**图 3-2 假想收入—成本曲线的利润最大化点**

4. 服务质量——质量（Q—Quality）

物流服务质量主要包括物品质量、物流服务质量，此外还涉及物流工作质量及物流系统质量。物流工作质量及物流系统质量又是物品质量、物流服务质量的保障。

物品质量——物品在储运过程中，对物品质量的保证，避免破损。

物流服务质量——是指客户对物流企业所提供服务的满意程度。

（四）国内外优秀物流企业的竞争重点（见表 3－2）

中远集团——资源、网络、信息

宝供——信息、服务

海尔——品牌、网络

沃尔玛——配送、与供应商的联盟、信息

UPS——资源、速度、质量

**表 3－2　　　　国内外优秀物流企业的竞争重点**

| 物流企业 | 服务时间 | 服务质量 | 服务成本 | 服务水平 | 服务柔性 | 服务领域 | 物流优势 |
|---|---|---|---|---|---|---|---|
| 马士基 | | ★ | ★ | | | 国际航运 | 资本、网络 |
| UPS | ★ | ★ | | ★ | | 国内邮件<br>国际邮件 | 资本、网络 |
| 联邦快递 | ★ | ★ | | ★ | ★ | 国内、国际<br>邮件快递 | 资本、网络 |
| 日本运通 | | | ★ | ★ | | 国际航运 | 资本、网络 |
| 沃尔玛 | ★ | | ★ | ★ | ★ | 商业零售 | 资本、网络 |
| 中远集团 | | ★ | | ★ | | 国际运输<br>国内运输 | 资本、网络 |
| 中外运 | ★ | ★ | | ★ | ★ | 国际运输<br>国内运输 | 资本、网络 |

（五）物流企业市场定位战略

基于上述物流服务企业的竞争重点，可以根据市场、客户对服务的要求，挖掘服务的内容，提供定制化的物流服务。在此基础上，改善服务，降低成本，寻求、培养并形成在某些竞争要素上的竞争优势，构建属于物流企业自己的市场定位战略。

1. 服务集中化战略

服务集中化战略就是将服务内容和服务项目集中在一个或少数几个上面，即中小物流企业面向多个行业提供某一个或几个特定物流服务内容。由于物流服务具有可分性，运输、仓储、配送、报关、系统设计等可以由不同的企业完成，这就为中小物流企业实施集中化提供了可能。

2. 市场集中化战略

市场集中化战略就是将目标客户选定在一个特定的行业或少数几个相关或相近的行

业，即中小物流企业为某一具体行业提供完备的综合物流服务。尽管提供综合物流服务是大型物流企业的优势，但是从物流需求方来看，我国产业大多集中度偏低，除了石化、钢铁、自来水等自然垄断行业之外，其他的产业市场集中度都低于10%。由于规模程度低，因此对物流服务的规模要求也不高。据《中国物流市场调查报告》，87%的商业企业的经营品种集中在1～10种，另有7%的零售企业的商品品种超过10种。经营产品多样化，意味着物流需求呈小型化、多样化的特点。这些分散化的物流需求，特别适合中小物流企业结合自身的优势，面向特定的物流需求者提供个性化的综合物流服务。

3. 服务与市场集中化战略

服务与市场集中化战略是上述两种战略的交集，即在服务和市场两个方面都聚焦于一个或较少的几个方面，集中企业的全部竞争力突破这一个或较少的几个方面，构建物流企业的核心竞争力。

4. 选择性战略

选择性战略的目标市场可能涉及多个行业，而且提供多样性的物流服务，即针对每个目标市场的不同行业背景提供其迫切需要的且是本企业竞争优势的物流服务。

5. 全面覆盖性战略

与选择性战略不同的是，全面覆盖性的战略涉及多个行业，提供综合性、全面性的物流服务。一般这样的物流企业属于综合实力较强的企业，能够涵盖全方位的物流服务，满足各个层次的不同物流需求。

下面就物流企业市场定位战略作一比较（见表3-3）。

**表3-3　物流企业市场定位战略比较**

| 定位战略 | 目标市场 | 服务功能 | 所需资源 | 竞争力 |
|---|---|---|---|---|
| 服务集中化战略 | 以几个行业为目标市场 | 仅提供某项单一服务 | 所需资源较少，专业性强，进入壁垒低 | 竞争力较弱，但目标市场状况的变动所带来的风险较小 |
| 市场集中化战略 | 以一个行业为目标市场 | 提供多项或综合物流服务 | 投入较多，需要较多技能与人才，进入壁垒高 | 竞争力较强，但受行业影响大 |
| 服务与市场集中化战略 | 以一个行业为目标市场 | 仅提供某项单一服务 | 所需资源及技能较少，专业化强，进入壁垒低 | 取决于竞争者数目，少则强多则弱，过于依赖市场，风险大 |
| 选择性战略 | 有多个行业的目标市场 | 不同目标市场提供不同服务 | 需要较多资源和技能，进入壁垒高 | 竞争强，市场状况带来的风险小，但大量投入带来较大风险 |
| 全面覆盖性战略 | 只要有需求各行业均可作为目标市场 | 为不同行业提供综合服务 | 要求大量投入，各项专业技能要求高，进入壁垒高 | 竞争强，自身大量投入带来较大风险 |

资料来源：鲍新中，程国全，王转．物流运营管理体系规划［M］．北京：中国物资出版社，2004.

# 第二节　物流战术决策

物流战术决策是指物流服务企业（或者企业物流服务）为实现战略目标，而进行的物流网络、服务功能、物流模式等物流服务系统设计的决策。物流系统设计的目标要以满足物流战略目标为前提，同时便于形成竞争优势。

物流运营系统的设计需要决策的问题主要有物流运营模式设计或者确定、物流网络及节点设计（包括数量、规模、分布和选址等）和物流服务技术能力设计（包括物流服务设备、设施和技术等）三个方面的内容，而这三方面内容将分别与后面的第四章“物流运营模式”、第六章“物流运营系统网络设计”和第七章“物流运营节点设计”以及第八章“物流运营系统运作”相对应。不同的是，本节介绍这些内容时阐述的是对这些设计决策的选择标准，即为什么要选择这些运营模式、运营网络和运作方式与技术；而后面章节将着重介绍各种不同的运营模式、运营网络和运作方式与技术。

## 一、物流运营模式的确定

在本书第四章的介绍中，根据物流运营管理导向将物流运营模式分为一体化物流运营模式、准时化物流运营模式、精益化物流运营模式和物流服务导向运营模式。另外，根据物流运营管理的主体不同，物流运营模式可分为企业物流运营模式（制造企业和商业流通企业）和第三方物流企业物流运营模式。如何在众多的物流运营模式中选择符合第三方物流企业自身特点的运营模式，如何确定一个标准，是这里需要探讨的问题。当然只有了解了这些运营模式及其具备的特征，我们才能够在实际运用中准确挑选适合第三方物流企业的运营模式（具体已经在第四章中有详细介绍，这里不再赘述）。企业的物流运营模式一般由以下几种因素确定：

### （一）物流供应市场现状

中国物流市场历经了20几年的发展，就我国现阶段物流产业发展的条件而言，政府、企业、学界，包括环境的积极性基本上都已经具备。但是由于我国物流发展时间确实比较晚，同时还受到企业本身的资金实力限制，很多企业不能真正地发展起来。此外，物流产业还存在着一些痼疾，需要及时的调整并予以更正。因此，现阶段物流企业的发展并不是特别乐观的。基本上还是维持在一些低水平操作的基础之上，即在低水平操作基础上进行着重复建设、过度竞争等恶性循环的操作手法，这也一直为业界所诟病。

### （二）社会经济状况

社会经济环境是我国企业物流发展的决定性因素，我国企业面临的经济环境如下：

（1）市场经济体制逐步规范，市场竞争秩序建立，市场对资源配置的基础性作用得到加强。按照效率优先的原则，赢得竞争优势的企业通过市场行为必然使资源向有利于自身的方向流动；经过这个优胜劣汰的过程，生存下来并持续发展的企业将处于生产力发展的主导地位。

(2) 经济改革的政府管理体制和对物流产业的组织政策正走向成熟。

(3) 国民经济的发展将继续保持持续、快速、健康的运行态势。与经济发展相适应，企业物流的业务量迅速增加。

(4) 企业经营能力增强。这不仅表现为企业规模的扩大和经营范围的拓宽，还表现为企业的技术开发能力、资本经营能力、核心竞争能力以及管理水平的增强。企业的物流管理水平必然逐步提高，这是因为企业业务范围的专业化、多元化、全球化导致了采购、生产、销售等需要大量的运输和保管，并且运输、保管在时间、空间上存在的差异要求管理者必须进行有效的整体协调。

（三）先进技术水平

技术装备的现代化程度，对科学技术的利用程度及其发展趋势，构成了我国企业物流的技术装备环境。我国企业在现有的技术装备条件下，装备设施利用不完善，物流管理的水平还相当落后，并未发挥出装备设施应有的效能。但是，网络技术、卫星传输、各种功能强大的信息设备以及处理软件的出现，为技术装备的改造和更新提供了基础。

（四）企业的核心竞争力

先确定企业的核心能力，然后划分企业的核心与非核心业务，并据此选择企业物流的运作模式。按照供应链的理论，将不是自己核心业务的物流管理外包给从事该业务的专业公司去做，这样从原材料供应到生产，再到产品的销售等各个环节的各种职能，都是由在某一领域具有专长或核心竞争力的专业公司配合来完成的。于是，企业可以将全部职能和资源专注于核心业务，以获得高效率，同时还可以转嫁风险。

（五）企业现有的物流资源

企业现有的物流资源及其物流管理能力也与其选择合适的物流运作模式有很大的关系。如果企业的物流管理能力强，物流资源丰富，可采用自营物流运作模式。若物流管理水平低，则可通过寻求物流伙伴来弥补自身的不足，当然也可采用第三方物流运营模式。

（六）企业成本控制要求

降低成本是物流管理的重点，因此在选择物流运作模式时，企业应对不同模式的成本进行认真的计算和分析是非常重要的。企业应当选择低成本的运作模式，这就需要计算企业物流系统的总成本。

物流系统的总成本计算公式为：物流系统总成本＝总运输成本＋库存维持费用＋批量成本＋总固定仓储费用＋总变动仓储费用＋订单处理和信息费用＋客户服务费用。这些成本之间存在着一些效益背反现象，如减少仓库数量，可降低保管费用，但会带来运输距离和次数的增加而导致运输费用增加。如果运输费用的增加部分超过了保管费用的减少部分，总的物流成本反而会增大。所以，在选择和设计物流系统时，要对物流系统的总成本加以论证，最后选择总成本最小的物流系统。

然而，对物流系统总成本的计算是困难的，而且通常不会太准确，对此需要特别加以注意。一般来说，外包可以削减开支，增强成本控制，由于物流供应商的专业化程度较高，能够达到规模经济，因而其成本较低，效率较高。

只有根据上述各种因素充分考虑企业内外部环境，并从战略上分析优势、劣势、机会和威胁，企业才能够选择正确的适合自身的物流运营模式。

## 二、物流网络及节点设计的决策

### （一）物流网络模式的选择

本书第六章将物流运营系统网络结构模式分为三种：单核心节点结构、双核心节点（单向、双向）结构、多核心节点结构。同样在第六章中将会详细介绍这几种网络结构模式的含义及特征，这里不再赘述。

物流网络化是指根据供应链的要求，将物流经营管理机构、物流业务运作机构、物流设施设备和物流信息处理等物流系统要素统一规划设计，以网络形式组织起来，以实现供应链物流系统目标的过程。由此可见，物流系统是供应链系统的一部分，而供应链是一种高度组织化的资源组合体，其本身就是网络，供应链上的所有要素都必须形成网络，所以物流系统要素也必须以网络方式存在，否则无法与商流系统、信息流系统、资金流系统等配合形成供应链。

只要是网络，都是由点和线组成的。仓库、车站、码头都可以是网络中的点，铁路、公路、水路、航空和管道运输路线都可以是网络中的线。同样一个点、同样一条线，同时会与其他点、线形成许多服务于不同物流需求的网络。一个公司即使在全国各地都有自己的仓库和汽车运输队，但如果这些仓库和运输队并没有经过规划和集成形成一个物流系统，那么这些资源就是一盘散沙，中外运集团曾经把自己在全国各地的外运公司资源比喻为"有点无网"，就是这个道理。点和线之所以要规划集成网，是因为只有这样才能使资源的使用效率和效益倍增。

物流网络模式研究的中心问题是，确定工厂、仓库、中转点以及零售店等的位置、规模和数量，因为网点布局合理与否是物流合理化研究的重大战略问题。如果网点的布置不尽合理，物流系统网络就难以达到费用最省、效益最高、服务最好的总目标。研究物流网络中仓库的数目、地点和规模时，必须明确各仓库的供应范围，供应厂家及其供应量，仓库系统的输出、输入功能以及工厂直接供给客户部分的运输能力等。

在考虑物流网点设置时，必须以城市，特别是大中城市为中心。因为大中城市是物资的集中生产地与集中消费地，因此，物流系统网点的设置必须首先满足城市生产和消费的需要，以城市为中心考虑其网点的布局；其次，城市的交运网络也比较发达，对物流的运行十分有利；最后，城市信息网络比较发达，而现代物流系统网络服务水平在很大程度上取决于信息网络的作用。

与上述宏观分销物流系统网络模式不同，企业物流系统网络的研究是以生产企业微观层次为切入点的。企业物流系统网络研究的中心问题是，确定工厂、车间、储存点、机器设备、通道和进出口等的空间位置、规模和数量，其实质乃是一个选址和工厂平面布置问题。只有选择了合适的厂址，企业才能在厂区内合理布置物流系统网络，研究厂内运输合理化和库存合理化。否则，企业物流系统网络运行难以达到流程短、速度快、费用省和服务好的网络整体目标。

在现代化大生产中，物流系统网络中任何一个组成部分都不可能孤立存在，它们既在物流系统之中，又与其他系统发生各种形式的“输入”和“输出”联系，同时还处在更大的国民经济大系统的范围之中，并深受其影响。网络体系中任何一个环节的改变，都必将引起相应的连锁反应。因此，将系统理论和系统工程方法引入物流领域，统筹考虑供、产、销，改变过去那种分散的、单环节的传统管理方法，把物流过程作为一个系统，通过网络优化求得整个系统的综合效益，是深化物流系统网络研究的整体目标。

（二）物流节点设计的选择

本书第七章介绍了三种节点形式：物流园区、物流中心和配送中心。关于物流园区的概念，国内尚无确切定义。根据物流园区的特征，可将其表述为在几种运输方式衔接地形成的物流节点活动的空间集散体，是在政府规划指导下多种现代物流设施和多家物流组织机构在空间上集中布局的大型场所，是具有一定规模和多种服务的新型物流业务载体。

物流中心则是综合性、地域性、大批量货物物理位移转换集散的新型设施设备的集合，它把物流、信息流融为一体成为产销企业之间的中介组织和现代物流活动的主要载体。

配送中心，来自英文 Distribution Center，是指商品集中、出货、保管、包装、加工、分类、配货、配送、信息的场所或经营主体。

1. 物流园区与物流中心的区别

物流园区是物流中心发展到一定阶段的产物，是多个物流中心的空间集聚载体。从许多学者对物流园区和物流中心的概念解释中可以归纳出物流园区和物流中心的不同点。

（1）功能不同。物流园区具有多式联运、综合运输、干线终端运输等大规模处理货物和提供服务的功能。物流中心则主要是分销功能，并具有货物运输中转功能，以配送业务为主。

（2）用地的要求不同。物流园区要求物流企业及相关的一些辅助企业在园区内聚集，基础设施相对齐全，处理的物流量大，且必须在其周围留有适当的空间为以后发展之用，所以物流园区要求用地充裕且具有扩展性。而物流中心在这方面没有如此严格的要求。

（3）改善城市交通环境的影响程度不同。物流园区一般布设在城市外围或郊区，同时注重园区与城市对外交通枢纽的联动规划建设，所以对改善城市交通环境的影响程度较大。而物流中心主要是以配送业务为主，要求以快速准时地为客户提供服务，因此，在空间距离上应尽量靠近需求点，并且要有连接市中心的快速干道，所以物流中心对改善城市交通环境的作用不是很大。

（4）服务对象不同。物流园区应有综合性的基础服务设施，且面向全社会提供服务。物流中心则只在局部领域进行经营服务。

（5）对市场的要求不同。物流园区内聚集了很多的供应商，生产商、销售商和第三方物流企业，所以要求物流园区所服务的市场是多样化的。物流中心仅具有第三方物流企业的功能，所以服务的市场一般是专业化的。

（6）经营、管理方式不同。物流园区不一定是经营管理的实体，物流经营企业之间的关系可以是资产入股、租赁、合作经营或联合开发。物流中心则是物流经营和管理的实体。

（7）政府给予的政策不同。政府为了吸引各种企业在物流园区内聚集，使其获得规模效益、范围效益，进而降低物流成本，政府通常为入驻的物流企业提供各种优惠政策，而对物流中心这样的优惠政策较少。

2. 物流中心与配送中心的区别

物流中心的特点是：位置处于物流的中游，是制造厂仓库与配送中心的中间环节，一般离制造厂仓库与配送中心较远，为使运输方便、经济，采用大容量汽车或铁路运输和少批次大量的出入库方式。

配送中心的特点是：位置处于物流的下游；一般储存物品的品种较多、存储周期短；为使零售店或最终客户不设库或少设库以及不设车队，具有强大的多客户、多品种、多频次少量的拣选和配送功能。因为多客户、多品种才能实现保管、运输作业的规模化、共同化，节约费用。配送中心一般采用“门到门”的汽车运输，其作业范围较小（20～300 千米），为本地区的最终客户服务。有时，配送中心还有流通加工的业务，如钢材的定尺加工，食品由大的运输包装改为小的零售包装，饲料由单一饲料改为复合饲料等，服务的延伸和增值。

物流中心与配送中心的区别表现在以下五个方面：

（1）从功能上看：物流中心可单可全，而配送中心较为全面；

（2）从辐射范围来说：物流中心辐射范围大，而配送中心辐射范围小；

（3）从在供应链的位置看：物流中心在配送中心的上游，而配送中心在物流中心的下游；

（4）从物流的特点看：物流中心是少品种、大批量、少供应商，而配送中心多品种、小批量、多供应商；

（5）从服务的对象看：物流中心通常提供第三方物流服务，而配送中心一般为公司内部服务。

3. 物流节点类型的选择决策

基于上述各类型节点的区别，某一物流节点是建为物流园区或物流中心或配送中心，应由所服务地域空间的软硬件环境所决定。只有当物流节点选择的类型对空间的特殊要求与所服务空间所提供的软硬件环境相适应时，物流节点选择的类型才是正确的，才能促进物流系统和地区经济的发展。

物流节点类型的确定具有一定模糊性，难以找到严格确定类型的量化标准。因此，采用模糊聚类方法比较适合解决这个问题。模糊聚类分析是指从一批样本的多个观测指标中，找到度量样本之间相似程度的统计量，构成一个对称的相似矩阵，在此基础上寻找样本之间和样本组合之间的相似程度，按相似程度大小将样本逐一归类形成一个亲疏关系谱系图，用以观察分类对象的差异和联系。因此，分类指标体系的建立应该综合考虑以下各种因素，以达到客观评价物流节点的类型与物流节点所服务区域的类别适应性的目的。

（1）物流节点发生的物流量及其发展水平

由于物流节点的建设投资大、建设周期长，所以物流节点的类型确定不仅要适应现在发展的需要，还要适应将来发展的需要。故指标的取值应取近期、中期和远期的平均值。

①物流节点的物流量。物流节点的物流量是反映物流节点作业能力的指标。传统上反映物流量的主要指标是吞吐量和周转量。但是，这两个指标无法适应多种物品小批量、高频度的趋势。若以吨千米最大为决策目标，则物流节点与客户的距离越远，货物周转量越大。这显然违背物流节点设置的根本目的。一般采用第三方物流作业量作为依据。

②物流节点作业量的发展水平。物流节点作业量的发展水平可以采用第三方物流作业量的增长率加以衡量。

（2）工商业发展水平

①工商企业是物流服务需求主体，工商业的发展水平高，说明对物流服务的需求或潜在需求大。物流节点在此布局，一方面要考虑有助于促进当地工商业的发展，另一方面应便于吸引物流企业入驻，提高运营效益。这是判定物流节点类型的重要依据。

②工业发展水平。较大的工业发展规模对于物流节点的发展具有很大的支持作用，有利于大型物流园区的建设和运营。该指标采用工业增加值加以衡量。

③工业市场物流客户潜在规模。这对投资于物流节点的企业有重要影响，有利于高层物流节点的发展。此指标可采用工业总产值为500万元以上工业企业数进行衡量。

④地区零售市场规模。国民经济各有关行业通过各种渠道向居民和社会集团供应生活消费品，均需要通过物流服务得以实现，其规模大小对于建设不同层次的物流节点具有重要影响。此指标可用社会消费品零售总额加以衡量。

⑤工业总产值。以地区工业总产值进行衡量。该值越大，表明该物流节点所服务地区的工业实力越强，物流节点提供的物流服务的功能也越全面。

⑥商业发展水平。此指标可用批发零售贸易总额加以衡量。

⑦与物流相关行业的产值。运输、仓储是物流环节中最重要和最基本的环节。同样运输、仓储业的发展水平也可以用来衡量物流节点所服务区域的物流服务需求程度的高低。采用运输仓储业产值占GDP的百分比加以衡量。

（3）对外经济贸易发展水平

①进出口贸易发展规模。此指标用进出口贸易总额加以衡量。

②进出口企业规模。可采用有进出口实绩的企业数加以衡量。

（4）区域交通运输区位优势

物流节点作为物流诸要素活动的主要场所，为保证物流作业的顺畅进行，必须具有良好的交通运输联络条件，主要包括：

①物流节点所在区域的货物运输量。该运输量一般包括铁路、公路货运量和港口吞吐量，可以从一个侧面表明运输物流市场的供给情况，反映运输业的发展水平。此指标可用地区货物运输总量加以衡量。

②交通通达度。用路网密度能很好地表明物流节点所服务地区的交通通达质量，交通通达度可以用铁路网及公路网密度加以衡量。

③物流节点货物平均运距。该平均运距表明一般情况下物流节点可能的覆盖范围，可采用地区货物周转量与地区总货运量之比进行衡量。

④交通运输设施的发展水平。交通运输设施发展水平较高的地区，较有利于未来物流节点的集疏运。交通运输设施的发展水平可用交通运输设施建设投资的增长率加以衡量。

（5）用地条件

①土地价格。物流节点的建设需要占用大面积的土地，所以土地价格的高低将直接影响物流节点的规模大小。有的区域鼓励物流企业的发展，对在当地建设物流节点予以鼓励支持，土地的获得就相对容易，地价及地价以外的其他土地交易费用也可能比较低。土地价格指标用单位土地的开发成本进行衡量。

②大面积土地的可得性。该可得性可以用预留用地规模指标进行衡量。

（6）环境保护要求

物流节点的设置需要考虑保护自然环境与人文环境等因素，尽可能降低对城市生活的干扰，大型的物流节点应尽量设置在远离市区的地方。衡量物流节点对环境影响程度的取值可作以下考虑：当物流节点建在城市边缘取值为3，建在市区取值为1，建在市中心和城市边缘之间的取值为2。

政府在物流节点类型的确定方面有明确的职能。在硬件建设方面，政府应该按照物流园区、物流中心的不同特性要求，有计划地进行基础设施的投资与建设。在软件方面，政府应该更加明确地加大建设物流园区的补贴力度，且为入驻物流园区的企业提供各种优惠政策。

## 三、物流服务技术能力的选择

物流服务技术能力主要是指第三方物流企业在进行物流服务时所能够提供的技术、设备及其运作水平。当然，针对不同的客户，企业能够提供的技术、设备及其运作水平是各不相同的，因此应该建立一定的标准，使得企业选择技术时更能够适合客户的物流需求并确定各种先进技术的使用范围，从而使物流服务水平令客户满意且物流成本能够降到最低的最佳物流服务目标。

中华人民共和国国家标准《物流术语》（GB/T 18354—2006）中给物流技术（Logistics Technology）下的定义是：物流活动中所采用的自然科学与社会科学方面的理论、方法，以及设施、设备、装置与工艺的总称。物流技术是以科学知识和实践经验为依据而创造的物流活动手段，它是人们在进行物流活动中所使用的各种物质手段、作业程序、工艺技巧、劳动经验和工作方法的总和。物流技术和生产技术不同，生产技术是为社会生产某种产品、为社会提供有形物资的技术；而物流技术是把生产出的物资进行移送、储存，为社会提供无形服务的技术。也就是说，物流技术的作用是把各种物资从生产者转移给消费者。生产技术和物流技术的区别见表3-4。

表 3-4　　生产技术与物流技术的特点

| 生产技术 | 物流技术 |
| --- | --- |
| 为社会提供有形物资 | 为社会提供无形服务 |
| 直接与科学技术动向相适应 | 间接被动的适应多样化需求 |

物流技术包括硬技术和软技术。物流硬技术，亦称物流技术装备，是指物流实物流动所涉及的各种机电设备与设施、运输工具、仓储设备与设施、装载工具与容器、搬运车辆、站场、电子计算机以及通信设备等。从世界范围看，20 世纪 70 年代前，物流活动是硬技术主导型，如高速公路、大型货运专用船、集装箱、无人自动搬运车、自动化立体仓库及配送中心等。物流软技术是以提高物流系统整体效益和供应链运营效用为中心的技术方法，包含物流网络布局、物流预测技术、物流系统的规划、物流园区和物流中心的选址与设计、物流设施的规划和布置、物流装备的优化和集成、各项物流功能作业的组织与管理、物流途径的最佳选择以及运输终端的合理配置等。

(一) 物流技术及其装备在物流系统中的重要作用

物流技术及其装备是构成物流系统的重要组成要素，担负着物流作业的各项任务。

1. 物流技术及其装备作为物流系统中的重要资产而成为物流系统的物质基础

在物流系统中，物流技术及其装备所占的价值比例较大，而且随着物流机械设备的技术含量与技术水平日益提高，现代物流技术及其装备既是技术密集型的生产工具，也是资金密集型的社会财富。建设一个现代化的物流系统所需的物流技术及其装备购置投资相当可观，而为了维持设备正常运转，发挥设备效能，在设备长期使用过程中还需要继续不断地投入大量的资金，以保障物流系统的良性运行。

2. 物流技术及其装备是生产力发展水平与物流现代化程度的重要标志

物流技术及其装备作为生产力要素，对于发展现代物流，改善物流状况，促进现代化大生产、大流通，强化物流系统能力，显然具有十分重要的地位和作用。物流技术及其装备涉及物流活动的每一环节，在整个物流过程中伴随着包装、运输、装卸、储存等功能作业环节及其他辅助作业，而这些作业的高效完成需要不同的物流技术及其装备。以企业物流为例，首先，为保证本身生产的顺利进行，需要组织原材料、零部件、燃料、辅助材料的供应，在供应过程中就涉及运用物流技术及其装备把生产所需材料按时、按质、按量运送到仓库或使用场所；其次，生产所需材料从仓库或使用场所进入到车间或流水线，再进一步随生产加工过程一个一个环节地“流”，在“流”的过程中，本身被加工，同时产生一些废料、余料，直到生产加工终结，再“流”至成品仓库，而要实现“流”，必须应用不同的物流技术及其装备；最后，企业为保证本身的经营效益，需要把成品销售出去，于是，便通过包装、送货、配送等一系列物流活动实现销售，这些活动肯定离不开物流技术及其装备。

3. 物流技术及其装备是物流系统水平高低的主要标志

一个完善的物流系统离不开现代物流技术的应用。随着科学技术的进步，物流活动的诸环节在各自的领域中不断提高技术水平。物流技术是推进科技进步，加快物流现代化的重要环节，也是内涵式提高物流效率的根本途径。近年来，国际范围内物流技术获得快速发展，其特点是将各个环节的物流技术进行综合、复合化而形成最优系统。例如，卫星定位系统（GPS）、无线移动通信系统（GSM）、地理信息系统（GIS）、计算机、网络等多项高新技术结合起来的物流车辆运营管理技术；以计算机和通信网络为中心的情报处理技术与运输、保管、配送、制造资源计划技术（MRPⅡ）、企业资源计划技术（ERP）所形成的物流生产—仓储—配送技术等。

实践证明，物流技术是现代物流的核心系统，是物流现代化的重要标志。如果说物流是企业脚下的金矿，那么物流技术就是金矿的藏宝图。高效的物流运作，完全是建立在强大的高技术支撑之上的。先进的物流技术和先进的物流管理是提高物流能力，推动现代物流迅速发展的两个车轮，二者缺一不可。

（二）物流技术的选择决策

1. 合理性原则

（1）合理采用物流机械系统

机械化系统可以大大地改善劳动条件，减轻劳动强度，增强安全作业，提高作业效益和效率。如果大多数物流作业由自动化设备完成，各作业环节相互联成一体，实现自动控制，则可以最大限度地减少人员，达到最高效率。究竟采用哪种系统，要考虑系统目标和实际情况。一般情况下，对于作业量很大，特别是重、大货物，启动频繁、重复、节拍短促而有规律的作业，适宜采用机械化系统。对于要求作业效率基本功能得到有效的发挥，并不断扩大其使用范围；设备先进程度、数量多少要以适用度高、精度高，或影响工人的健康、有危险的作业场合，适宜采用自动化系统。

（2）合理选用物流技术及其装备

每一类设备都有其基本功能，在使用设备时，要使其基本功能得到有效发挥，并不断扩大其使用范围。设备先进程度、数量多少要以适用为主，使设备性能满足系统要求，以保证设备充分利用，防止设备闲置浪费。为此要对物流技术及其装备进行科学规划，无论是购置还是自我研制，都要认真研究分析设备需求种类、配置状况、技术状态，做出切实可行的配置方案，并进行科学合理的选用，充分发挥物流机械设备的效能。而不是越先进越好、越多越好。

（3）集成化与配套使用

在物流系统中，不仅要注意物流技术及其装备单机的选择，更要注重整个系统各环节的衔接和物流技术及其装备的合理匹配。如果设备之间不配套，非但不能充分发挥设备的效能，而且还可能造成很大的经济损失。为此，要保证各种物流技术及其装备在性能、能力等方面相互配套，物流技术及其装备自动化处理与人工操作合理匹配。

2. 物流系统运作的快速性、准确性和经济性原则

（1）物流的本质在于创造价值

物流系统输出的是客户服务。合理利用物流技术及其装备，以最低的物流成本提供高效优质的服务，为客户创造最大的价值，是物流企业降低物流总成本、提高物流效

益、赢得持久竞争优势的关键。客户对购买的产品在得到的时间上有不同的要求。对于绝大部分产品，客户希望在作出购买决策时就能得到。此外，生产系统为保证生产需要，有时需要快速地供应生产所用的材料。这些都对物流技术装备提出了更高的要求，要求其快速、及时、准确、经济地把物料或货物运送到指定场所。

(2) 快速性原则

所谓快速性原则，就是广泛应用现代化物流设备保证物流速度，按生产进度及时把物料送到指定场所。无论生产企业各车间、工序间物的流动还是企业外各种物的流动，都要根据生产的需要及时进行，否则生产就会受到影响。这就要求物流设备随时处于良好状态，能随时进行工作。

(3) 准确性原则

所谓准确性原则，就是要求在仓储、运输、搬运过程中确保物流技术及其装备可靠、安全，防止由于物流设备的故障造成货物损坏、丢失。对物流技术及其装备进行科学管理是保证设备货物安全的前提。

(4) 经济性原则

所谓经济性原则，就是在完成一定的物流任务的条件下，投入的物流技术及其装备最佳，即最能发挥设备的功能，消耗费用最低。

3. 灵活性、适应性原则

在物流系统中，所采用的物流技术及其装备应能适应各种不同物流环境、物流任务和实际应用的需求，应满足使用方便，符合人体工程学原理，减少人力搬运等要求。例如，物流技术及其装备的使用操作要符合简单、易掌握、不易出错等要求。

(三) 物流设备的选择决策

物流设备的选用，除根据需要外，还应因地制宜，结合作业场地，货物的种类、特性，货运量大小，运输车辆或船舶的类型，运输组织方法，货物储存方式，各设备在物流系统中的作用等，考虑是重新设计、制造还是购置，并进行技术经济论证，以选择最优方案。其选择原则如下：

1. 符合货物的特性

货物的化学、物理性质以及外部形状和包装千差万别，在选择装卸机械时，必须与货物特性相符，以确保作业的安全和货物的完整无损。

2. 适应物流量的需要和设备的标准化

物流设备的生产能力取决于物流量的大小，应选择投资较少、生产能力恰当的设备。在物流系统中，尽量采用标准化物流技术及其装备、器具，这样可以降低设备和器具的购置和管理费用，提高物流作业的机械化水平，改善劳动条件，减轻劳动强度，提高物流效率和物流经济效益。特别值得指出的是，标准化集装单元器具有利于搬运、装卸、储存作业的统一化和设施设备的充分利用；有利于国内外物流接轨，例如，集装单元器具便于机械搬运和堆垛的结构（如叉孔、吊耳、承插口等），还可以在无货时折叠，便于自身存储与搬运；装于集装单元化器具的货物的搬运活性指数比装于货箱、容器的更大。采用集装单元化后，物流费用大幅度降低，并且包装方法和物料搬运技术装备工具也发生了变革，如集装箱本身既可用做包装物也可用做运输工具。

3. 各物流设备的相应协调性

物流设备的选择，必须充分考虑各设备的种类、结构和性能，将它们统一纳入物流系统，力争物流合理化。

4. 物流设备的经济性和使用性

选择物流设备时，各设备应具有以下特点：操纵灵活、维修保养方便、使用寿命较长、使用费用低、能源消耗少、生产率高以及辅助人员少等。

5. 应具有超前性和富余量

由于物流需求及物流技术发展迅速，因此在选择设备时，应作长远考虑，考虑到设备对不远将来的适应。这是减少投资提高适应性的一个有效途径。

6. 充分利用空间

应用配置物流技术装备时，还应充分利用有效的空间，进行物流作业，如采用架空布置的悬挂输送机、梁式起重机和高层货架等。又如，使用托盘和集装箱进行堆垛，向空中发展以减少占地面积。

## 第三节　物流运作决策

物流运作（实施）决策是指对实施物流运作的技术、手段、方法、流程等作出的决策，即对采用何种服务运作技术、计划、调度、控制、供应链管理等方法实现物流战略目标进行决策。也就是说，在物流运营战略和物流运营战术确定的情况下，确定如何实施物流运作，完成企业物流运营战术，最终达到物流运营的战略目标。

在物流运营战略和物流运营战术的任意组合中，物流运作决策都必须由物流的七大功能（包装、装卸搬运、运输、仓储、流通加工、配送和物流信息）、客户服务及外部协作三部分组成。

### 一、物流功能的具体运作

物流系统的功能指的是物流系统所具有的基本能力，这些基本能力有效地组合、联结在一起，便成了物流的总功能，便能合理、有效地实现物流系统的总目的。物流系统的功能一般认为有包装、装卸搬运、运输、仓储、流通加工、配送和物流信息，如果从物流活动的实际工作环节来考查，物流由上述七项具体工作构成。换句话说，物流能实现以上七项功能。这里着重介绍运输、仓储和配送三大功能，其他简述。

#### （一）包装功能

为使物流过程中的货物完好地运送到客户手中，并满足服务对象的要求，就要对大多数商品进行不同方式、不同程度的包装。包装分工业包装和商品包装两种。工业包装的作用是按单位分开产品，便于运输，并保护在途货物。商品包装的目的是便于最后的销售。因此，包装的功能体现在保护商品、单位化、便利化和商品广告等几个方面。前

三项属物流功能，最后一项属营销功能。

包装运作的主要内容包括产品的出厂包装、生产过程中在制品、半成品的包装以及在物流过程中换装、分装、再包装等活动。对包装活动的管理是根据物流方式和销售要求来确定的。在全面考虑包装对产品的保护作用、促进销售作用、提高装运率的作用、包拆装的便利性以及废包装的回收及处理等因素后，才能决定是以商业包装为主，还是以工业包装为主。包装管理还要根据全物流过程的经济效果，具体决定包装材料、强度、尺寸及包装方式。

（二）装卸搬运功能

装卸搬运是随运输和保管而产生的必要物流活动，是对运输、保管、包装、流通加工等物流活动进行衔接的中间环节，以及在保管等活动中为进行检验、维护、保养所进行的装卸活动。装卸作业的代表形式是集装箱化和托盘化，使用的装卸机械设备有吊车、叉车、传送带和各种台车等。在物流活动的全过程中，装卸搬运活动是频繁发生的，因而是产品损坏的重要原因之一。对装卸搬运的管理主要体现在对装卸搬运方式、装卸搬运机械设备的选择和合理配置与使用以及装卸搬运合理化等方面，同时应尽可能减少装卸搬运次数。对装卸活动的管理，主要是确定最恰当的装卸方式，力求减少装卸次数，合理配置及使用装卸机具，以做到节能、省力、减少损失、加快速度，获得较好的经济效果。

（三）运输功能

运输是物流的核心业务之一，也是物流系统的一个重要功能。选择何种运输手段对于物流效率具有十分重要的意义。在决定运输手段时，必须权衡运输系统要求的运输服务和运输成本，可以从运输机具的服务特性作出判断：运费、运输时间、频度、运输能力、货物的安全性、时间的准确性、适用性、伸缩性和网络性等。运输的主要运作内容包括供应及销售物流中的车、船、飞机等方式的运输，生产物流中的管道、传送带等方式的运输。运输活动的管理有：选择技术经济效果最好的运输方式及联运方式，合理确定运输路线，以实现安全、迅速、准时、价廉的运输目标。运输的主要运作内容如下：

1. 公路运输

公路运输指主要使用汽车，也使用其他车辆在公路上进行货客运输的一种方式。公路运输主要承担近距离、小批量的货运，水运、铁路运输主要承担难以到达地区的长途、大批量货运，铁路、水运难以发挥短途的运输优势。由于公路运输有很强的灵活性，因此即使在有铁路、水运的地区，近年来也开始使用公路运输进行较长途的大批量运输。公路运输的主要优点是灵活性强，公路建设期短，投资较低，易于因地制宜，对发货站、到货站设施要求不高。此外，公路运输可以实现“门到门”服务，即从发货者门口直到收货者门口，不需转运或反复装卸搬运。公路运输也可作为其他运输方式的衔接手段。公路运输的经济半径，一般在200千米以内。

2. 铁路运输

铁路运输是使用铁路列车运送客货的一种运输方式。铁路运输主要承担长距离、大数量的货运，在没有水运条件地区，几乎所有大批量货物都是依靠铁路运输的。铁路是在干线运输中起主力运输作用的运输形式。

铁路运输的优点是速度快，运输不受自然条件过多的限制，载运量大，运输成本较低。主要缺点是灵活性差，只能在固定线路上实现运输，需要其他运输手段配合和衔接。铁路运输经济里程一般在200千米以上。

3. 水运

水运是使用船舶运送客货的一种运输方式。水运主要承担大数量、长距离的运输，是在干线运输中起主力作用的运输形式。在内河及沿海，水运也常作为小型运输工具使用，担任补充及衔接大批量干线运输的任务。水运的主要优点是成本低，能进行低成本、大批量、远距离的运输。但是水运也有显而易见的缺点，主要是运输速度慢，受港口、水位、季节、气候影响较大，因而一年中中断运输的时间较长。水运有以下四种形式：

(1) 沿海运输。是使用船舶通过大陆附近沿海航道运送客货的一种运输方式，一般使用中、小型船舶。

(2) 近海运输。是使用船舶通过大陆邻近国家海上航道运送客货的一种运输方式，视航程可使用中型船舶，也可使用小型船舶。

(3) 远洋运输。是使用船舶跨大洋的长途运输方式，主要依靠运量大的大型船舶。

(4) 内河运输。是使用船舶在陆地内的江、河、湖、川等水道进行运输的一种方式，主要使用中、小型船舶。

4. 航空运输

航空运输是使用飞机或其他航空器进行运输的一种形式。航空运输的单位成本很高，因此，适合运载的货物主要有两类，一类是价值高、运费承担能力很强的货物，如贵重设备的零部件、高档产品等；另一类是紧急需要的物资，如救灾抢险物资等。

航空运输的主要优点是速度快，不受地形的限制。在火车、汽车都达不到的地区可依靠航空运输，因而有其重要意义。

5. 管道运输

管道运输是利用管道输送气体、液体和粉状固体的一种运输方式。其运输形式是靠物体在管道内顺着压力方向循序移动实现的。和其他运输方式的重要区别在于，管道设备是静止不动的。

管道运输的主要优点是，由于采用密封设备，在运输过程中可避免散失、丢失等损失，也不存在其他运输设备本身在运输过程中消耗动力所形成的无效运输问题。另外，运输量大，适合于大且连续不断运送的物资。

企业应该根据企业所具备的物流服务条件（成本）和物流服务能力（效率），综合选择上述运输方式及其任意组合，以完成企业物流运营过程中的运输功能。

(四) 仓储功能

在物流系统中，仓储和运输是同样重要的构成因素。仓储功能包括了对进入物流系统的货物进行堆存、管理、保管、保养、维护等一系列活动。仓储的作用主要表现在两个方面：一是完好地保证货物的使用价值和价值；二是为将货物配送给客户，在物流中心进行必要的加工活动而进行的保存。随着经济的发展，物流由少品种、大批量物流进

入了多品种、小批量或多批次、小批量物流时代。同时，仓储功能也从重视保管效率逐渐变为重视如何顺利地进行发货和配送作业。流通仓库作为物流仓储功能的服务据点，在流通作业中发挥着重要的作用，它将不再以储存保管为其主要目的。流通仓库包括拣选、配货、检验、分类等作业并具有多品种、小批量，多批次、小批量等收货配送功能以及附加标签，重新包装等流通加工功能。仓储的基本经济功能有四个：

1. 装运整合

装运整合是仓储的利润点之一，通过这种安排，整合仓库接收来自一系列制造工厂某一特定额的材料，然后把它们整合成单一的一票装运，其好处是有可能实现最低的运输费率，并减少在客户的收贷站台处发生拥塞，该仓库可以把从制造商到仓库的内向转移和从仓库到客户的外向转移整合成更大的装运。

为了提供有效的整合装运，每一个制造工厂必须把该仓库用做暂存储备节点或货物集散中心。因为，整合装运的主要利益是把几票小批量装运的物流流程结合到一个特定的市场地区。整合仓库可以由单独一家厂商使用，也可以由几家厂商联合起来共同使用出租方式的整合服务。通过这种整合方案的利用，每一个单独的制造商或托运人都能够享受到物流总成本低于其各自分别直接装运的成本。

2. 分类仓库和交叉站台

除了不对产品进行储存外，分类仓库和交叉站台的仓库作业与整合仓库作业相类似。

分类作业接收来自制造商的客户的组合订货，并把它们装运到个别的客户处去。分类仓库或分类站把组合订货分类或分割成个别的订货，并安排当地的运输部门负责递送。由于长距离运输转移的是大批量装运，所以运输成本相对比较低，进行跟踪也不太困难。由于产品不需要储存，因此交叉站台设施处的搬运成本降低了。此外，由于所有的车辆都进行了充分装载，且更有效地利用了站台设施，站台装载利用率达到了最大。

3. 加工或延期

通过承担加工或参与少量的制造活动，仓库还可以被用来延期或延迟生产。具有包装能力或加标签能力的仓库可以把产品的最后一道生产一直推迟到知道该产品的需求时为止。例如，蔬菜就可以在制造商处加工，制成罐头“上光”。上光是指还没有贴上标签的罐头产品，但它可以利用上光贴上私人标签。因此，上光意味着该产品还没有被指定用于具体的客户，或包装配置还在制造商的工厂里。一旦接到具体的客户订单，仓库就能够给产品加上标签，完成最后一道加工，并最后敲定包装。

加工或延期提供了两个基本经济利益：第一，风险最小化，因为最后的包装要等到敲定具体的订购标签和收到包装材料时才完成；第二，通过对基本产品（如上光罐头）使用各种标签和包装配置，可以降低存货水平。降低风险与降低存货水平相结合，往往能够降低物流系统的总成本，尽管在仓库包装的成本要比在制造商工厂包装更贵。

4. 堆存

堆存的直接经济利益从属于这样一个事实，即对于所选择的业务进行季节性的储存是至关重要的。例如，草坪、家具和玩具是全年生产的，但主要是在非常短的一段市场营销期内销售的。与此相反，农产品是在特定的时间内收获的，但消费则是在全年进行的。这两种情况都需要仓库的堆存来支持市场营销活动。堆存提供了存货缓冲，使生产活动在受到材料来源和客户需求的限制条件下提高效率。

（五）流通加工功能

流通加工功能是在物品从生产领域向消费领域流动的过程中，为了促进产品销售、维护产品质量和实现物流效率化，对物品进行加工处理，使物品发生物理或化学变化的功能。这种在流通过程中对商品进一步的辅助性加工，可以弥补企业、物资部门、商业部门生产过程中加工程度的不足，更有效地满足客户的需求，更好地衔接生产和需求环节，使流通过程更加合理化，是物流活动中的一项重要增值服务，也是现代物流发展的一个重要趋势。

流通加工的内容有装袋、定量化小包装、拴牌子、贴标签、配货、挑选、混装和刷标记等。流通加工功能的主要作用是：进行初级加工，方便客户；提高原材料利用率；提高加工效率及设备利用率；充分发挥各种运输手段的最高效率以及改变品质，提高收益。

（六）配送功能

配送是物流中一种特殊的、综合的活动形式，是商流与物流的紧密结合。从物流的角度来看，配送几乎包括了所有的物流功能要素，是物流的一个缩影或在某小范围中物流全部活动的体现。一般的配送集装卸、包装、保管、运输于一身，通过这一系列活动完成将货物送达的目的。特殊的配送则还要以加工活动为支撑，所以包括的方面更广。但是，配送的主体活动与一般物流却是不同的，一般物流是运输及保管，而配送则是运输及分拣配货，分拣配货是配送的独特要求，也是配送中有特点的活动。以送货为目的的运输则是最后实现配送的主要手段，因此配送常常被简化地看成运输的一种。就商流而言，配送和物流不同之处在于，物流是商物分离的产物，而配送则是商物合一的产物，配送本身就是一种商业形式。虽然配送具体实施时，也有以商物分离形式实现的，但从配送的发展趋势看，商流与物流越来越紧密的结合，是配送成功的重要保障。配送的主要功能要素包括：

1. 备货

备货是配送的准备工作或基础工作，备货工作包括筹集货源、订货或购货、集货、进货及有关的质量检查、结算、交接等。配送的优势之一，就是可以集中客户的需求进行一定规模的备货。备货是决定配送成败的初期工作，如果备货成本太高，会大大降低配送的效益。

2. 储存

配送中的储存有储备及暂存两种形态。配送储备是按一定时期的配送经营要求形成的对配送的资源保证。这种类型的储备数量较大，储备结构也较完善，视货源及到货情况，可以有计划地确定周转储备及保险储备的结构及数量。配送储备保证有时在配送中心附近单独设库解决。另一种储存形态是暂存，是在具体执行日配送时，按分拣配货要求，在理货场地所做的少量储存准备。由于总体储存效益取决于储存总量，所以这部分暂存数量只会对工作方便与否造成影响，而不会影响储存的总效益，因而在数量上控制并不严格。还有另一种形式的暂存，即是分拣、配货之后，形成的发送货载的暂存，这个暂存主要是调节配货与送货的节奏，暂存时间不长。

3. 分拣及配货

分拣及配货是配送不同于其他物流形式的功能要素，也是与配送成败密切相关的一项重要支持性工作。分拣及配货是完善送货、支持送货的准备性工作，是不同配送企业在送货时进行竞争和提高自身经济效益的必然延伸，所以也可以说是送货向高级形式发展的必然要求。有了分拣及配货就会大大提高送货服务水平，所以分拣及配货是决定整个配送系统水平的关键要素。

4. 配装

在单个客户配送数量不能达到车辆的有效载运负荷时，就存在如何集中不同客户的配送货物，进行搭配装载以充分利用运能、运力的问题，这就需要配装；和一般送货不同，配装送货可以大大提高送货水平及降低送货成本，所以配装是配送系统中有现代特点的功能要素，也是现代配送不同于以往送货之处。

5. 配送运输

配送运输属于运输中的末端运输、支线运输，和一般运输形态的主要区别在于：配送运输是较短距离、较小规模、额度较高的运输形式，一般使用汽车做运输工具。

与干线运输的区别是，配送运输的路线选择问题是一般干线运输所没有的，干线运输的干线是唯一的运输线，而配送运输由于配送客户多，一般城市交通路线又较复杂，因此如何组合成最佳路线以及如何使配装和路线有效搭配等，是配送运输的特点，也是难度较大的工作。

6. 送达服务

配好的货运输到客户还不算配送工作的完结，这是因为送达货和客户接货往往还会出现不协调，使配送前功尽弃。因此，要圆满地实现运到之货的移交，并有效地、方便地处理相关手续并完成结算，还应讲究卸货地点、卸货方式等。送达服务也是配送独具的特殊性。

7. 配送加工

在配送中，配送加工这一功能要素不具有普遍性，但是往往是有重要作用的功能要素，因为配送加工可以大大提高客户的满意程度。配送加工是流通加工的一种，但它具有不同于一般流通加工的特点，即配送加工的目的较为单一，一般只取决于客户的要求。

（七）物流信息功能

物流信息功能包括与上述各项活动有关的计划、预测、动态（运量、收、发、存数）信息及有关的费用信息、生产信息和市场信息。对物流活动信息的管理，应建立信息系统和信息渠道，正确选定信息科目和信息的收集、统计、使用方式，以保证其可靠性和及时性。上述功能要素中，运输及保管分别解决了供给者及需要者之间场所和时间的分离，分别是物流创造“场所效用”及“时间效用”的主要功能要素，因而在物流系统中处于主要功能要素的地位。

从信息的载体及服务对象来看，物流信息功能还可分成物流信息服务功能和商流信息服务功能。商流信息主要包括进行交易的有关信息，如货源信息、物价信息、市场信息、资金信息、合同信息、付款结算信息等。商流中的交易、合同等信息不但提供了交易的结果，也提供了物流的依据，是两种信息流主要的交汇处。物流信息主要是物流数量、物流地区、物流费用等信息。物流信息中库存量信息不但是物流的结果，也是商流的依据。

物流系统的信息服务功能只有建立在计算机网络技术和国际通用的 EDI 信息技术基础之上，才能高效地实现物流活动一系列环节的准确对接，真正创造“场所效用”及“时间效用”。可以说，信息服务是物流活动的中枢神经，信息服务功能在物流系统中处于不可或缺的重要地位。

信息服务功能的主要作用有：缩短从接受订货到发货的时间，库存适量化，提高搬运作业效率，提高运输效率，使接受订货和发出订货更为省力，提高订单处理的精度，防止发货、配送出现差错，调整需求和供给以及提供信息咨询等。

这七种功能在大多数著作和教材中均有介绍，企业的实际问题是在日常物流运营过程中如何把握自身的优势，将自身的优势功能发挥到极致，并有效地降低成本，实现企业的利润最大化目标。

## 二、物流运作过程中的客户服务

客户服务是指一种以客户为导向的价值观，它整合及管理预先设定的最优成本—服务组合中的客户界面的所有要素。广义而言，任何能提高客户满意度的内容都属于客户服务的范围。毫无疑问，物流就是向有物流需求的客户提供的一种服务。

### （一）客户服务在物流服务中的功能

客户服务是物流活动的主要产出功能，它能完整反映物流活动的根本目标，提供物流活动的准绳，在第三方物流服务中发挥着越来越大的作用。

1. 客户服务是第三方物流企业存在和发展的根基

稳定的客户是实现企业价值的源泉和动力，只有赢得客户的满意和忠诚，第三方物流企业才能得以生存。客户企业对物流服务质量的严格要求，有力地推动了现代物流服务水准的形成，并成为第三方物流健康发展的动力。

2. 客户服务是第三方物流企业的竞争优势

物流企业能否获得竞争优势，将取决于能否吸引和拥有行业中最成功的客户，即能否提供优质的客户服务。相对产品、价格和促销而言，客户服务的差异性和质量改进都是竞争对手难以模仿的，必将成为第三方物流企业超越竞争对手，创造持久竞争优势的有效手段。

3. 客户服务是提高第三方物流企业资源利用率的有效途径

目前，我国第三方物流企业物流设施空置率高达60%，仓库利用率不足60%。在物流外包动力明显不足的情况下，第三方物流企业应努力改善客户服务，提升客户的满意度和忠诚度，进而促进合作双方建立战略伙伴关系。由此可见，客户服务是拉动物流外

包需求，提高物流企业资源利用率的有效途径。

4. 客户服务在财务方面的意义

从财务的角度分析，用于客户服务的投资回报率要大大高于投资于促销和其他发展客户的活动。

（二）物流运作中客户服务的特点

1. 从属性

由于货主企业的物流需求是以商流为基础，并伴随商流而发生的，因此物流服务必须从属于货主企业物流系统。其从属性表现在，流通货物的种类、流通时间、流通方式和提货配送方式都是由货主选择决定的，物流业只是按照货主的需求，提供相应的物流服务。

2. 即时性

物流服务属于非物质形态的劳动，它生产的不是有形的产品，而是伴随销售和消费同时发展的一种即时服务。

3. 移动性和分散性

物流服务是以分布广泛且大多为不固定的客户为对象的，所以具有移动性以及面广、分散的特性。移动性和分散性会导致产业局部的供需不平衡，也会给经营管理带来一定的难度。

4. 需求波动性

由于物流服务是以数量多而又不固定的客户为对象的，客户的需求在方式上和数量上是多变的，因此物流服务有较强的波动性，容易造成供需失衡。这也是物流服务在经营上劳动效率低、费用高的重要原因。

5. 可替代性

由于一般企业都具有自营运输、保管等物流的能力，因此物流服务从供给方面来看是富于替代性的。自营物流的普遍性，使物流经营者从量和质上快速提高物流服务的供给力变得相当困难。也正是物流服务特性对物流业经营管理的影响，促使企业经营者的管理思维和决策必须以服务为导向，把物流服务视为产品，关注物流服务质量。

（三）物流运作中客户服务着重考虑的因素

1. 物流企业要把服务质量放在物流的全过程中考虑

通过科学合理的流程，第三方物流企业能够根据客户的需求，把货物安全、准确地送给客户或指定的地点。现代物流包括运输、储存、装卸、搬运、包装、流通加工、配送和信息处理等功能，第三方物流企业提供的服务不只是仓储服务或运输服务，而是综合服务。因此，第三方物流企业应该增强综合物流的策划、操作能力和物流要素的整合能力，应该合理整合资源，提供全面的物流服务。第三方物流企业可以选择合适的战略合作伙伴关系的物流企业，优势互补、共享信息和资源，提高整体竞争力。

2. 重视物流服务团队建设

物流服务水平的高低很大程度上取决于人力资源的素质，取决于企业团队的综合能力和竞争意识。物流企业服务内容项目繁多，工作较为复杂，物流供应链应有一支由各种专业人才组成的团队，使物流服务企业提供的各项服务都能以具备专门技术和管理技能的人才为依托。第三方物流企业要将各方面的物流人才聚集到一起，形成合力，整合人力资源，流畅地、迅速准确地完成物流活动。

3. 加强物流企业客户资源建设，树立服务品牌

稳定的客户群是物流企业经营效益的源泉。综观世界各国物流企业的发展壮大，主要是依托一个或几个主要客户，伴随着客户的成长而成长，伴随着与客户紧密、稳固的战略合作伙伴关系而发展。稳定的客户群取决于第三方物流企业服务质量的好坏，取决于对客户进行的深度挖掘，取决于能否与客户形成战略合作伙伴关系。第三方物流企业必须加强客户关系的建立，以获取广泛的客户群和客户资源，因此第三方物流企业的管理者必须具备远大的战略发展目光和为战略合作伙伴服务的意识。

第三方物流企业应注重树立物流服务品牌，提高服务质量，例如，为客户提供月度统计分析表，供客户参考，内容包括本月发货量、派车、到车及时率、单证流转准确率及有无货损货差等。又如，结合客户的物流工作目标，确定项目的发展目标。在为客户服务的过程中和后都要不断地进行总结，提高物流服务水平，最大限度地整合物流资源，降低物流运作成本，为客户节省物流费用，在合作中达到双赢，与客户形成真正的战略合作伙伴关系。

第三方物流企业要能提供为客户量身定做的物流运作方案。第三方物流企业通过制定有针对性的、个性化的物流解决方案，来降低物流成本、减少资金占用量。

4. 努力拓展增值服务空间

如今的物流服务已经超出了传统意义上的货物包装、配送、仓储或者寄存等常规服务，由常规服务延伸而出的增值服务正在成为物流发展的新趋势。从国外来看，物流增值服务已在整个物流行业全面展开。跨国快递公司中的敦豪（DHL）、联邦快递（FedEx）和联合包裹（UPS）都已经开始选择为客户提供一站式服务，其服务涵盖了一件产品从采购开始，经过制造、仓储入库、外包装、配送到回返及再循环的全过程。由这些巨头们领跑的速递业已不再是简单的门到门、户到户的货件运送，而是集电子商务、物流、金融、保险、代理等于一身的综合性行业。

但是，目前中国的大多数企业还处于直接压缩物流基础作业成本的阶段，缺乏从物流服务的创新、从开展物流增值服务中寻求利润的冲动。处于初级阶段的我国物流企业与发达国家的第三方物流企业相比，不仅服务内容单一、服务手段原始，而且根本就没有触摸到物流业的核心——建立在信息技术基础上的物流增值服务，如物流信息服务、订单管理、库存管理、物流成本控制、物流方案设计以及供应链管理等。增值服务现已成为第三方物流企业服务中不可缺少的部分，在其提供的综合服务、套餐服务中，增值服务和 IT 服务正迅速扮演着越来越重要的角色。增值服务做得如何，直接关系到企业与客户的战略联盟关系，关系到第三方物流企业的成功与否。

5. 提高客户满意度

客户满意是客户服务的终极目标，客户的满意和忠诚是实现企业价值的保证。提升客户满意度是留住客户和防止客户流失的有效手段。随着社会的进步和生产力的迅猛发

展，物流企业的数量和规模都在急剧增加，不同企业之间的竞争也在加剧，那种单纯满足基础需求的产品已开始难以在市场中找到立足之地，往日那种“不管客户需要什么方式，只要能够送到”的“市场行情”不会再出现了。

物流企业必须寻找新的市场和利润增长点。于是，人们在研究产品的同时还关注客户的满意度，因为产品除了满足人们的基本需求外还呈现出很多的附加价值。提升客户满意度一般采用以下两种方式：一是精细服务，精细服务是在基本服务基础上的高水平服务，这种服务面向所有客户，不带歧视性，不带特惠性。可以规定为“零缺陷服务”，其服务水平是由物流企业的服务能力来确定的。二是增值服务，增值服务是一种深层次的物流服务，只有对客户的物流需求有深切的了解，才能提出特殊的增值服务方案，因此增值服务是对特定客户的特定要求提供的服务，是一种特殊服务。

## 三、物流运作中的外部协作

物流协作是指企业打破自身的壁垒，在物流领域进行全方位协调，以期提高物流效率，实现物流合理化的一种合作方式。协作范围涉及企业间信息传递、需求预测、库存优化、运输、配送以及物流合理化标准的设定等。企业试图通过不同的协作模式，解决单一企业所不能解决的物流难题，突破制约企业物流优化的瓶颈，从而达到物流合理化和效率化目的。

按企业协作主体的业种性质，企业间的物流协作模式可以分为垂直协作、水平协作和复合协作三种。

### （一）垂直协作模式

垂直协作模式指具有交易关系的关联企业（供应商、制造商、批发商、零售商等）间在共享需求、库存、产能和销售等信息的基础上，根据供应链的供需状况实时调整自己的计划和执行交付或获取某种产品和服务的过程，即供应链协作模式。《供应链管理——策略、技术与实务》一书认为，供应链协作模式有三重含义：一是组织层面，它已超越了以往“合作—对彼此的容忍”的限度，对它更好的描述则是对彼此承担责任，“付出和获得”；二是业务层面，它整合了企业间的业务流程，使得各个环节的对接更加紧密，流程更加通畅，资源利用更加有效；三是信息层面，它将伙伴成员间的信息系统紧密地集成在一起，实现了数据的实时流通和信息共享，使伙伴间能更快、更好地彼此开展协作，响应对方的需求和变化。只有做到以上三点，才能实现供应链的有效管理和高效运作。供应链管理（SCM）条件下的垂直协作模式多表现为以下六种子模式：

#### 1. 完整供应链协作

即从上游供应商到下游零售商，从采购物流到回收物流的全方位、全领域的供应链物流协作。现阶段真正实现完整供应链管理的企业协作并不多见。

#### 2. 制造商与大型零售商之间的协作

比如 20 世纪 80 年代，宝洁公司与世界零售业巨头沃尔玛之间的供应链协作。

#### 3. 原材料供应商与零部件制造商、组装厂商之间以 JIT 采购为中心的协作

SCM 思想起源于日本丰田公司的 JIT 生产模式，又称看板方式。可以说，SCM 理

论诞生之前，在发达国家的制造业领域企业间的协作关系已经建立起来了。这种协作模式的特点是原材料、零部件供应商围绕制造商的生产进程进行及时、准确的供应保障，制造商是协作的主导。这种协作模式的优点是制造商可以实现真正的零库存，降低物流成本，提高物流效率；缺点是对供应商的产品质量要求较高，在快速反应的前提下供货精准度要求严格，因而供应商的库存往往较高，物流成本加大。同时，该模式也会带来一些外部不经济，诸如交通拥堵、废气污染等。

4. 产成品制造商与经销商、代理商、大型批发商等流通企业之间的协作

这种协作主要是制造商与流通企业结成战略同盟，共同推动产品的销售。

5. 经销商、代理商与一级批发商、零售商之间的协作

这种协作方式基本上是以零售商为主导，以多品种、小批量、多频次配送为主。批发商承受的配送成本压力增大，同时也给社会带来一些外部不经济。

6. 地市级批发商（二级批发商）与零售商之间的协作

供应链条件下的企业协作内容主要包括预测、库存与销售信息、采购计划、生产制造、运输交货和产品设计等。随着涉及的环节和资源的增加，供应链协作会变得愈加复杂，信息技术将成为支持供应链协作和监控所有环节的重要支柱。

（二）水平协作模式

水平协作模式指制造业、批发业、零售业等相同业种间围绕物流共同化开展的企业间协作，也称物流共同化协作模式。物流共同化条件下的协作模式主要有以下几种：

1. 物流中心共用型协作模式

即多个货主企业共同利用仓库、物流中心等设施，在设施内部共同进行出入库、保管、流通加工等作业（图3-3）。参与货主企业主要是商品生产、出货波动较大的企业，货物形态及流通加工作业相似的企业。物流设施的共同利用有助于减少仓库设施投资，提高物流设施利用率提高物流作业效率，以及实施多种配送组合等。

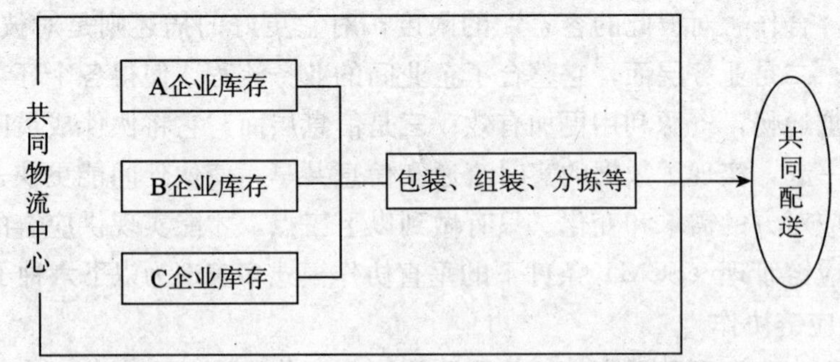


**图3-3 物流中心共同型协作模式**

资料来源：宋庆波．物流效率化目标下的企业间协作模式研究［J］．物流技术，2005（9）：138-141.

2. 直送型共同集配协作模式

即同一配送车辆巡回于各货主企业进行集货，再实施共同配送（图3-4）。该模式

适合大型客户向多家货主购货并要求交货频度高、指定时间交货等情况；也可以在巡回集货后向多家客户进行巡回配送，条件是客户分布在相对较近的配送圈内。该模式通过共同集配可以提高车辆积载率及配送效率，减缓交通压力，提高客户业务处理效率。

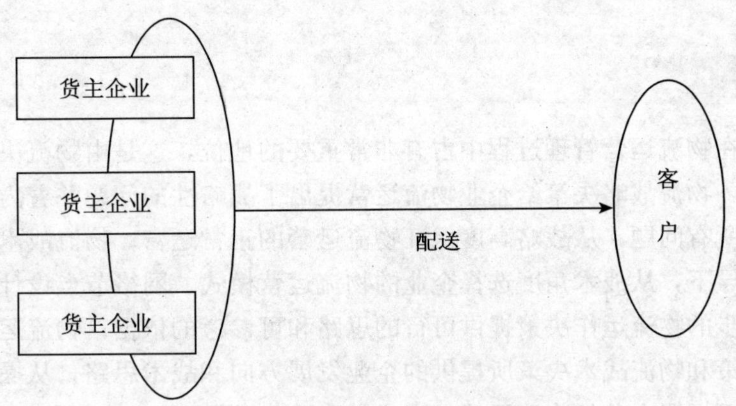


**图 3－4　直送型共同集配协作模式**

资料来源：宋庆波．物流效率化目标下的企业间协作模式研究［J］．物流技术，2005（9）：138－141.

3. 中转型共同集配协作模式

即把多家货主的货物以集货的形式集中到共同配送中心后，再向客户实施混载配送（图 3－5）。主要适合于向零售商店供货的批发商或多家供应商的目标客户互有重叠，客户位于城市内交通拥挤地段等情况。该模式不仅可以提高车辆积载率，还可以提高流通加工等物流作业效率，减少配送车辆，降低物流成本。

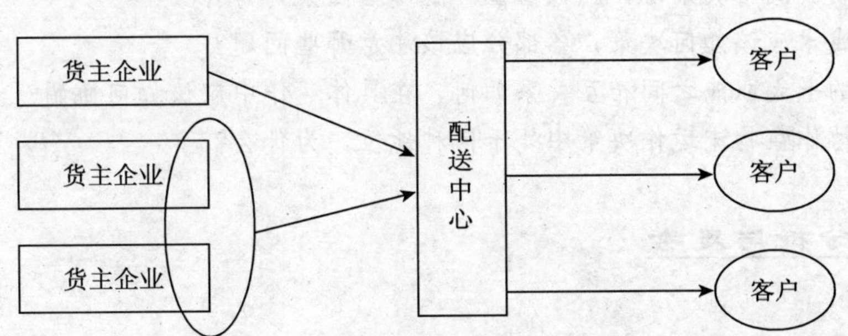


**图 3－5　中转型共同集配协作模式**

资料来源：宋庆波．物流效率化目标下的企业间协作模式研究［J］．物流技术，2005（9）：138－141.

（三）复合协作模式

复合协作模式是一种较为复杂的协作方式，它的主要特点是企业主体间协作的交叉性和复杂性。该协作模式的最为典型的主体是货主企业与第三方物流服务商、第三方物流服务商与第四方物流服务商、第四方物流服务商与货主企业供应链节点企业之间的相互协作关系。也就是说，货主企业把物流外包给一家或多家第三方物流服务商，这些第三方物流服务商又在第四方物流服务商的统一协调、指导下，共同完成对货主企业的物流业务运作以及供应链管理，实现货主企业的物流最优化。虽然目前第四方物流发展尚未成熟，但是随着时间的推移，该种协作模式必将成为未来物流领域企业协作的主要模式之一。

## 本章小结

物流决策在物流运营管理过程中占有非常重要的地位，这是由物流决策的三个层次决定的。其中，物流战略决策给企业物流运营提出了战略性的问题并着力解决企业战略发展方向上的所有问题，从战略高度保证物流运营的正常运营；物流战术决策是在物流战略决策的指导下，从战术角度选择企业的物流运营模式、网络节点设计和物流服务能力等，为下一步的物流运作决策提供可行的思路和可参考的依据；物流运作决策就是基于物流战略决策和物流战术决策所提供的企业发展方向和战术思路，从操作层面和具体的物流功能方面把握企业的物流运营，完成整个运营过程。

这三个部分在物流运营管理中相辅相成、缺一不可，彼此之间形成一定的制约，但又为彼此提供可行的思路。所以，物流战略决策层、物流战术决策层和物流运作层的管理者们在制定本层次的决策时，不仅要考虑本层次决策的影响因素，也要考虑和其他两个层次之间的协作关系，与他们共同确定各自的决策才是比较明智的做法。

## 复习思考题

1. 阐述物流战略决策、物流战术决策和物流运作决策之间的关系。
2. 制定物流战略决策时，应该着重考虑哪些因素，为什么？
3. 物流战术应该如何决策，各部分应该注意哪些问题？
4. 物流的七大职能之间相互关系如何，在具体运作中应该如何协调？
5. 外部协作在物流运作决策中处于何种地位，为什么？

## 案例分析与思考

### 宅急送与宝供之间的比较

加入世界贸易组织后，现代物流业已成为中国经济发展的动脉，涌现出一批现代物流的成功案例，宅急送和宝供就是中国现代物流发展中的两个杰出代表。

宅急送于1994年在北京创办，目前在中国提供送货到家的国内速递业中位居老大，当前公司已进入了快速发展时期。

宝供是1992年从广州的铁路货物中转站发展而来的，是全国首家提供“送货到门”服务的公司，摩根士坦利评价宝供是“中国最具价值的第三方物流企业”，目前宝供正

专注于提供供应链一体化物流服务。

无可争辩的是宝供和宅急送是中国现代物流发展中所涌现出来的重量级新星，是中国现代物流的两大新锐。

本文将中国现代物流的两大新锐宅急送和宝供放到一起进行一次全面碰撞，其本身就是极富挑战和充满激情的事情。面对面的比较，可以充分揭示宅急送与宝供各自的优势和特点，总结其成功的共性，并找出不足之处，从而为其他企业提供借鉴。以下是宅急送与宝供的全面对决：

**1. 企业发展战略：转基因型 VS 进化型**

宅急送的企业发展战略——转基因型。成立于 1994 年的宅急送公司在当时中国现代物流观念还没有形成的时候，就立志挑起中国快运追赶世界水平的责任。宅急送的理想是做中国的“宅急便”，公司成立以来，便在战略目标、市场定位、业务模式和网络结构等方面，都借鉴日本宅急便这个原型，甚至连品牌的名字也与原型只有一字之差，难怪有人称宅急送是克隆出来的产业。可以说，宅急送是注入了日本宅急便的优良基因的，同时，它也是一个不断适应中国市场环境的新企业。此外，宅急送还吸收了像 UPS、联邦快递、中外运等先进企业的基因。这一模式的成功要点在于，企业发展战略要有前瞻性，在体制上、机制上确保战略目标的一致性。

宝供的企业发展战略——进化型。宝供物流企业集团的发展战略可以概括为储运—物流—供应链三阶段。在宝供发展初期，我国现代物流理念和环境还不成熟，宝供并没有明确的企业发展战略，也没有明确的物流市场定位，宝供采用了摸着石头过河的方法，这使得宝供在不知不觉中懂了物流，在不知不觉中搞了物流。就是这样一种最普通的方法，造就了我国最成功的第三方物流企业。这种企业发展战略可以概括为进化型，其要点在于不断发现市场需求，适应市场变化；不断修正战略目标和市场定位；不断改进服务水平，形成竞争优势。

**2. 物流市场战略定位：快速物流 VS 准时物流**

宅急送选择的市场定位是快速物流服务，即门到门快递服务。宅急送的定位是在公司成立之时就确立的，当时中国的国内快递行业还是空白，中国邮政 EMS 业务只限于信函。另外，选择这一定位是借鉴了日本宅急便的成功实践。宅急送的定位体现了市场差异化的战略，这种战略定位为客户提供了与众不同的物流服务。由于竞争者少，成熟度低，宅急送以较低的成本进入了这一物流领域，并有可能成为行业规则的制定者。宅急送在发展过程中，对物流服务市场进行了更为精确的定位，一是将客户群由零散客户向大客户转变，以适应中国市场环境和政策、法规的转变；二是放弃国际快递高利润的诱惑，专攻国内快递，这使得宅急送在发展初期得以与国际快递大鳄和平共处，共同发展。

如果说宅急送的战略定位是“快”，那么宝供的战略定位则是“准”。宝供的准时物流服务定位的选择是在宝供向现代物流企业转型中逐步确定的。由于宝供服务的企业大多集中在企业的生产、流通环节，其定位于企业供应链物流服务也是顺理成章的事。宝供从给宝洁当学生，到建立信息系统，再到建立物流基地，逐步体会到更准确、更敏捷、更及时、更高效的准时物流服务的精髓。宝供战略定位的变化自始至终都围绕着一个“准”字，从储运到物流再到供应链，从货运代理到物流资源整合，物流资源一体化，这些变化都源于对“准”字的不断认识，不断理解和不断实践。这一系列的准确，就要求宝供必须对所有资源进行精心的组织，而只有建立起一套基于信息系统的物流仓、储、运一体的，集商流、物流、信息流、资金流于一体的现代化物流运作网络，才能在战略定位的差异化中取得竞争优势，从而连续保持中国第三方物流的领先地位。

**3. 品牌战略：宅急送 VS 宝供**

“就算亏本我也要作品牌”宅急送的陈平对品牌的执著源自于他高人一筹的远见，即使是在一辆车、6 个人的创业之初，宅急送就给自己设计了 LOGO 形象——一只绿色的圆形猴子标志，并注册了“宅急送”的商标，注册的公司取了个“双臣”的名字。当时，宅急送穷得连车都买不起，却花了两万元钱在《北京晚报》上做了一块巴掌大的广告。由此可见，宅急送企业发展战略实施的第一阶段可以看成是品牌战略。宅急送现已成为国内快递业最知名的品牌，大街小巷中穿流的宅急送 logo 形象，就是企业最好的宣传，这也验证了品牌战略的威力。如今提起宅急送，很多人都耳熟能详，可提起“双臣”几乎都一脸茫然。当 9 年后的 2003 年，陈平要把公司名称改为“宅急送”时，才被告知“宅急送”已成为行业，不能注册，不知不觉“宅急送”已成为快递行业的代名词。不过，宅急送总公司最终还是注册下来了。

宝供的品牌是在不知不觉中做出来的。1994 年，美国宝洁公司需要物流合作伙伴，刘武成为宝洁的物流供应商，并成立了名为“宝供”的公司。“宝供”的含义是为宝洁提供储运服务。由此可见，宝供最初并未有意识地将品牌作为企业的发展战略之一。“宝供”一直作为企业名称和符号与企业一同成长。由于宝供在中国第三方物流领域的卓越实践，宝供赢得了中国 2002 年第三方物流企业认知度榜首的地位，“宝供”也成为了品牌。

**4. 物流服务：网络化 VS 一体化**

宅急送的物流服务体系是以网络化为特征的，宅急送的网络化物流服务体系就是通过逐步营建覆盖全国的网络，实现向客户提供国内门到门的物流服务。网络化是宅急送物流服务的基础，宅急送建立了四级网络结构，即子公司、分公司、营业所和营业厅。子公司按中国行政大区设立，分公司设在省级行政城市，营业所和营业厅设在城市繁华地段。在建立业务网络的同时，宅急送综合运用各种交通工具，即航空、公路、铁路相结合，并在物流重要的中转城市建立了物流中心，开通了物流班车，实现了地面物流干支线的有效对接。这些措施极大地改善了物流服务的质量。

宝供的物流服务体现在为客户提供基于供应链的一体化物流服务。如果说宅急送的网络化是地域横向广的话，宝供的一体化则是业务纵向的深。宝供基于供应链一体化物流服务的核心是，综合运用现代物流设施设备，以信息网络系统为纽带，从供应链的优化角度出发，为客户提供集商品的储存、分拣、配送、加工、包装、订单处理、库存管理、分销覆盖、交叉作业、国际集装箱集散以及信息处理等为一体的综合化服务。宝供目前已规划建设的物流基地达 15 个，分布在宝供业务的主要地区。这些物流基地借鉴国际先进的物流理念及网络信息系统，可以将供应链上、下游企业集于一地，减少中间环节，提高物流效率，使一体化物流服务得以实现。同时，这些软硬件设施也可以打造出宝供发展的新的竞争优势。

**5. 物流信息化：方进的ERP VS 唐友三的EDI**

宅急送的物流信息化是公司刚成立的第二年给逼出来的。因为1995年春节宅急送的业务量呈几何数增加，但却没人说得清一天到底送了多少货，挣了多少钱。于是，陈平到中关村攒了台电脑，又花2000元钱请朋友编了个电脑开票软件。之后，公司分别给财务、库房、受理配备了电脑，宅急送的物流信息化之路就这样开始了。1996年年底，宅急送开发了MIS系统。2001年，宅急送与首信合作开展网上业务委托。通过网络运作，宅急送感到MIS系统扩展性、兼容性和网络功能都不能适应要求，于是ERP进入了宅急送的视线，宅急送的信息处长方进就是这个时候加盟宅急送的。方进的加盟使宅急送的ERP进入实施阶段，ERP系统的招标、设计、开发、测试、试运行相继完成，宅急送的物流信息化框架初步形成。

其实，宅急送的信息化是可以少走弯路的，作为宅急送原型的日本大和运输公司是世界上最早使用货物追踪系统——“猫系统”的。第一代“猫系统”始于1974年，其特征是公司主机与各营业所终端机专线连接，实现了信息处理和共享。第二代“猫系统”始于1980年，以POS终端机为特征，简化了资料输入动作。第三代“猫系统”始于1985年，重点开发携带型POS机，这使每个司机都拥有移动终端机，从而使货物信息可以随时输入信息系统，实现了货物的实时追踪。宅急送的ERP系统目前只相当于大和运输的第一代“猫系统”。

无独有偶，宝供的信息化也同样是被逼出来的。为了满足宝洁公司的要求，从1995年开始，宝供建立了十几台电脑的“计算机室”，进行单据处理。1997年唐友三来到宝供，为宝供带来了第一个合作伙伴——北京英泰奈特科技发展有限公司，它为宝供开发了一套基于Internet的物流信息管理系统。1999年，宝供开发了基于互联网的电子数据交换系统（EDI），实现了与客户数据对接。这套系统更侧重于与客户之间的信息沟通，并且采取与客户的特点相适应的系统进行开发，从而形成了宝洁模式、飞利浦模式、红牛模式等。宝供的电子数据交换（EDI）在中国的第三方物流服务企业中处于领先地位，是宝供第一次腾飞的驱动力。目前，宝供的物流系统已暴露出以下问题：系统模式多，难于统一，不便管理以及过度关注企业间的信息系统而忽视了企业内部信息系统等，为此宝供开始实施ERP系统，开发仓库管理系统等。

**6. 企业制度：股份制 VS 独资**

创业阶段的宅急送和宝供都是小型企业，经营者往往也同时是所有者，因此不存在所有权与经营权的分离。在企业进入高速增长时期，如果不及时引入现代企业治理机制，企业的发展将会受到资本的冲击，导致企业过早夭折或偏离企业发展战略目标，所以应建立一个运行良好的公司治理机制以保障企业战略目标的顺利实现。

宅急送在这一方面先行一步，公司成立的第二年，即1995年的3月，深感资金匮乏的宅急送在日本交通新闻访问团来中国访问时，就表达了引进外资的意愿。随后，日本长野县一城株式会社社长小林利夫在五六家有投资意向的日本企业中脱颖而出，注入了

100 多万元资金。于是，双臣公司由民营企业变为中外合资企业，公司名称也更改为“双臣一城快运有限公司”。此后，小林利夫在 1998 年增加投资 200 万元，2001 年又追加投资 300 多万元。随着宅急送的发展进入快车道，公司改制成了发展的重大问题。2002 年年底，公司引进了战略投资者，北京物美商业集团成为新股东，增资扩股 2500 万元，完成了企业向股份制改革的第一步。2003 年，宅急送的改制全面展开。

宝供目前已开始企业改制工作，由于宝供以前是一个家族控股企业，要向股份制企业转型难度大。因此，宝供的第一步是实施管理层持股计划；第二步是引入战略合作伙伴；第三步是实现刘氏控股、合作企业参股、职工持股的股份制公司，并全力谋求上市。

**7. 领军人物：陈平——运筹帷幄 VS 刘武——步步领先**

一个创业企业的成功，背后必定伴随着一个创业者的故事，而充满传奇色彩的创业者的特质和人格魅力，又会在企业发展中留下深深的烙印。

宅急送的领军人物陈平，在日本学习期间，寻找着实现创业的梦想和机会，偶然间，他体会到了日本宅急便灵活周到的服务，于是便有了中国的宅急送。在宅急送正式成立前，陈平已在心中反复筹划着企业发展大计。公司成立后，他便按照预定的战略目标稳步推进，心中的规划正一步步变成现实。截至目前，关系企业发展的重大战略、战术还没有出现明显的失误，也没有做出大的调整，预计在今后相当长的时期内仍然会按这一轨道前进。宅急送发展战略的成功，证明了陈平的独到眼光和远见卓识。对于装甲兵出身的他，如果用一句话来概况的话，那就是“运筹帷幄，决胜未来”。

宝供的领军人物刘武，从 1985 年就开始从事传统的储运工作，是一个从运输业实践中摸爬滚打出来的统帅，有着发现商机的敏锐眼光和抓住稍纵即逝机会的能力。从宝供发展的历程可以看出，宝供的经营环境与其他企业并无不同，宝供遇到的业务，别的企业也遇到过。究竟是什么让宝供能够脱颖而出呢？刘武就是有一股神奇的力量。请看刘武的三次点金之术：第一次，在国营企业工作的经历使刘武深感传统储运中有许多要改进的地方。于是，他在 1992 年承包了一个铁路货运站，他推出的当时绝无仅有的“24 小时服务”吸引了客户，创造了诸多商机。第二次，1995 年刘武为宝洁提供储运服务，通过与宝洁的合作，他感受到现代物流的巨大魅力，于是以此为契机，推动企业向现代物流转变。这一转变创造了中国现代物流发展史上的诸多个第一，同时也为企业带来了更大的发展前景。第三次，2002 年现代物流业发展在中国已成燎原之势，几十万家物流企业千帆竞发，刘武深感仅靠整合资源的物流运作方式难以保持竞争优势，于是再次向供应链一体化转变。在这一转变中，宝供以庞大的物流基地为载体，以先进的物流信息系统为纽带，以供应链一体化服务为核心，构筑起产、供、销一体化的产业基地群，成为竞争对手难以逾越的战略堡垒。刘武这个身经百战的领军人物，深谙用兵之道，“不失时机，抓住相遇”造就了刘武步步领先的传奇。

**8. 创新能力：自主型 VS 外向型**

相对于宝供来说，由于宅急送发展的模式上早已规划，所以其创新主要体现在公司业务层面，并且宅急送是自主完成创新的。在宅急送的发展过程中，采取的是诊断—改进—创新的方法，主要是对工作中出现的问题进行解决，缺乏重大的理论、技术和方法创新。

由于宝供是在发展中探索，在探索中前进的，所以创新对宝供来说尤为重要。宝供在创新上采取了“引进来、走出去”的方法：一是广泛吸引国内外专家参与探讨，借用外脑为企业出谋划策，宝供从2000年起每年出资举办物流技术与管理发展的国际性高级研讨会。二是主动出击，每年出资100万元设立宝供物流奖励基金，并在全国的十几所高校设立了“宝供物流奖学金”。宝供还与清华大学珠海科技园合作，共同创办物流管理培训中心，并于2003年开始招生。目前，宝供正在积极申报物流博士后流动站。宝供的创新战略取得了巨大的成功，其表现在，一是宝供通过借用外脑为两次转型提供了理论上的依据；二是筑巢引凤，宝供的物流奖励基金，起到了桥梁作用，各类物流专业人才纷至沓来，增强了企业的创新能力；三是增强了企业在物流界的影响力，使更多的研究者关注宝供，研究宝供，提高了宝供在中国物流领域的美誉度，为宝供的未来发展创造了良好的外部环境。

**9. 未来发展潜力：快递VS供应链**

宅急送市场定位在快递，如果把整个物流市场比作“蛋糕”的话，那快递则是蛋糕上的奶油，快递服务运送的物品体积小、重量轻、科技含量高、附加值高，在物流领域中“傲视群雄”。

为避免宅急送在激烈的竞争中被淘汰，陈平为宅急送打造了三件法宝，一是“不言实行”，意为少说多做，不过早地把自己暴露给竞争对手，埋头把企业做大做强；二是避实就虚，跨国物流企业的强项是国际快递，宅急送就避其锋芒，专攻国内快递；三是合纵连横，为了迅速占领市场，扩大企业规模，宅急送广泛吸收物流企业加盟、合作。三件法宝使宅急送顺利地度过了创业期，走向高速发展期，目前已成为国内快递领域的巨头。

在完成向第三方物流的转变后，近年来，宝供物流开始向提供增值化的供应链一体化物流服务方向努力，并将物流基地的建设作为提高供应链服务能力的重要突破点。近期，宝供把他们的物流基地发展规划作了修改，规划在全国兴建物流基地的数量由原来的10个扩充为15个。按宝供的规划，这15个基地将主要分布在东南沿海地区，同时兼顾华中、西南和西北地区。目前，宝供苏州物流基地一期工程已经完工并投入运营，广州基地也已进入收尾阶段。广州基地是宝供投资规模最大的一个基地，占地面积约70万平方米，总投资为8亿～10亿元。

宝供建设中的物流基地，将是集配送、分拣、拼装和简单加工等功能为一体的一站式物流中心。同时，还附加了基于进出口业务的保税、通关、检验检疫和国际金融结算等功能。另外，由于生产商和供应商的产品都在宝供的基地集散，基地同时还具有产品展示和贸易的功能，在一定意义上，宝供的物流基地也是一个采购平台。利用这些基地，宝供为客户减少了大量的搬运环节，降低了物流成本，自身也通过增值服务获取更多的利润。宝供之所以花这么大力气在物流基地的建设上，是因为随着物流市场竞争越来越激烈，企业对物流服务的要求也越来越高，小批量、多批次、多品种的配送方式和快速反应的能力越来越被看重，这就要求对物流的各环节进行高度整合、提高效率，宝供建设物流基地就是为了适应这种需要。实际上，物流基地建设这么受重视，还在于宝供将此作为其向供应链一体化服务提供商转型的重要载体。

2002 年，宝供向外界宣称与 IBM 合作进军供应链服务领域。向供应链方向转型，意味着宝供的主要业务变成了两个方面：一是与需要服务的企业一起制订合理的供应链解决方案，不仅涉及它们的产品物流，还要将其销售、生产、采购的各个环节的物流业务作综合性的规划，提供整体优化方案；二是通过我们的物流服务来确保这个方案的实施。这表明，宝供以前主要靠整合社会资源提供物流服务来赚钱，今后则主要通过提供和实施供应链解决方案来赚钱。截至目前，宝供的转型已取得了一定的成绩：联合利华整个工厂的仓库管理都在由宝供来做，像飞利浦照明、红牛饮料的整个供应链业务更是都交给了宝供物流。

## 案例思考题

1. 总结宅急送与宝供各自的物流战略决策、物流战术决策和物流运作决策的特点。
2. 宅急送与宝供各自的竞争优势有哪些？
3. 你认为未来中国物流市场有怎样的趋势？第三方物流企业又该如何应对？

# 第四章　物流运营模式

本章介绍了物流运营模式与机制的概念，重点阐述了不同的物流运营模式，分析了不同企业所适合的物流运营模式，包括物流流程和组织结构等内容，说明了科学合理的物流运作模式的重要性。

通过本章的学习，要求理解物流运营模式和机制的概念及相关内容，掌握不同的企业类型所对应的物流运营模式、组织结构等，能够根据现实的具体情况分析物流运营模式的优缺点，并能够在实际中合理地运用。

## 第一节　物流运营模式与机制的概念

物流运营模式（Logistics Operation Pattern，LOP）是指具体的物流运营的组织形式（方式），是对不同的物流活动——运输、仓储、装卸搬运、包装、流通加工、配送、信息处理等——进行有机集成，以实现物流运作的优化与协调目标，降低物流成本，提高物流效率和经济效益。

物流运营机制（Logistics Operation Mechanism，LOM）是指一个完整的物流系统的组织或者其组成部分——物流营销系统、物流运营网络、人力资源管理、财务结算以及绩效考核评价等各个子系统之间协调工作、相互作用和联系的过程与方式。

物流企业运营总体模式与机制见图 4－1。

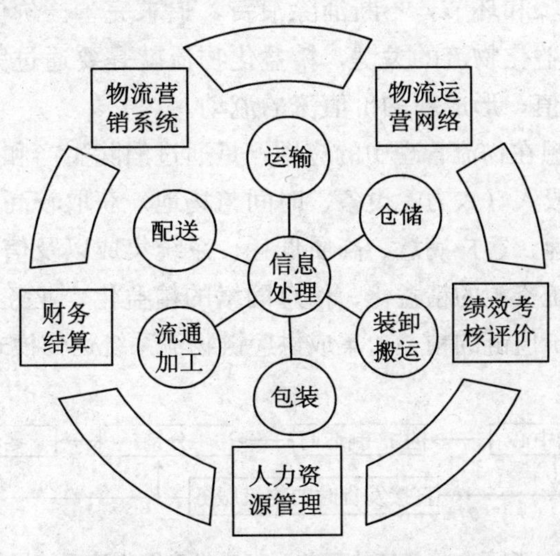


**图 4－1　物流企业运营总体模式与机制**

# 第二节　物流运营模式的类型

## 一、根据物流运营管理导向进行分类

### （一）一体化物流运营模式（Integrated Logistics）

一体化物流运营模式是指不同的职能部门之间或不同的企业之间形成的物流合作，这种运营模式可以达到提高物流效率、降低物流成本的效果。

物流一体化又可以分为以战略为管理导向的垂直一体化运作模式和以同行业整体规模效益为管理导向的水平一体化运作模式，以及二者的综合体——网络一体化运作模式。垂直一体化运作模式的关键在于供应链管理，以实现整个供应链的高效率与低成本为目标，强调核心企业与相关企业的协作关系，从而赢得竞争优势；水平一体化运作模式是以同一行业中不同企业之间物流的合作为基点，实现规模经济；而网络一体化运作模式则将二者综合起来考虑，形成物流企业与生产企业的市场开拓同盟，利用相对成熟与稳定的营销体系，帮助生产企业开拓市场。

### （二）准时化物流运营模式（JIT Logistics）

准时化物流运营模式是准时化生产在物流领域的延伸，其系统是一个非常精确的物流系统，需要可靠的资源保障、完善的社会物流平台以及好的合作伙伴支持。准时化运营模式的目标就是减少甚至消除物流运行全过程中的存货，使整个物流系统连贯、通畅，中间没有停顿，尽量不设置节点。该模式的运用需要一定的环境条件，并需在物流总成本和准时服务的效益之间进行权衡作出选择。

### （三）精益化物流运营模式（Lean Logistics）

精益化物流是运用精益化思想对物流活动进行管理，按整个价值流的运动过程来确定物流活动中的所有步骤和环节，不断消除浪费，追求完善。价值流是精益化物流的基础，把握客户需求是精益化物流的关键，精益化物流就是要通过完美的物流运作不断创造由客户需求拉动的价值，形成新的价值流的流动。

精益物流是精益思想在物流管理中的应用，是通过消除生产和供应过程中的浪费、减少备货时间，以较少的投入（人力、设备、时间与场地）获取较高的客户满意度。其基本框架是准时、准确、快速、客户满意、高质低耗、系统集成以及信息联网。精益物流包括组织架构的精益化、系统资源的精益化、信息网络的精益化、业务系统的精益化、服务对象的精益化等。基于本价值链的精益，集成供应链物流系统运作模式如图 4－2 所示。

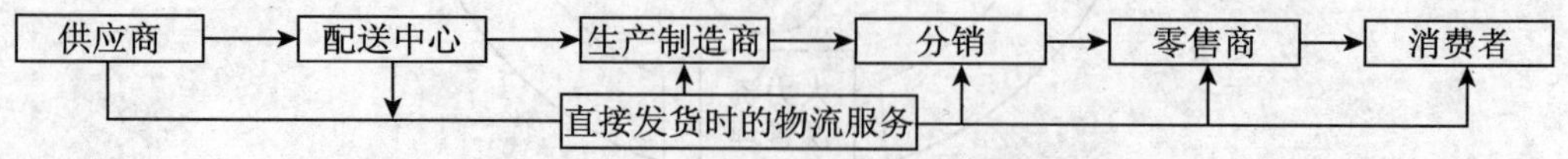


**图 4－2　基于本价值链的精益、集成供应链物流系统运作模式**

（四）物流服务导向运营模式（Service－oriented Logistics）

物流服务导向运营模式是指根据市场环境和客户的需求来确定物流服务方式和水平的运营模式，该模式致力于建立基于客户为中心的核心竞争力。随着企业经营发展的需要，物流已经成为决定企业经营绩效的重要力量。过低的物流服务水平会使客户对企业丧失信心，过高的物流服务会影响企业的利润水平。如何根据市场环境和竞争格局的变化，确立适当的物流服务目标，实施有效的物流服务组合策略，在服务与成本之间达至优化均衡，是物流服务导向运营模式的关键所在。

在这个过程当中，很关键的一点是要对市场的需求、客户的需求有充分的了解，特别是对物流服务方式和深度要有充分的认识，避免提供过高或过低的服务水平而丧失客户。服务水平过高，物流企业的成本相对就很高，在客户并不需要如此高水平服务的情况下，会使客户承担过高的成本，会使他们转向其他能提供符合自身发展需求的较低层级的物流企业；同样，若服务水平过低，满足不了客户对物流的要求，客户也会转向别的物流企业。

### 专栏 4.1　苏宁以服务为导向的物流发展模式

在创业的 19 年发展历程中，苏宁电器历经了空调专营店、综合电器店、3C 旗舰店和 3C＋旗舰店四代店面经营模式，其中前三代主要着眼于产品结构的调整和扩充，第四代 3C＋旗舰店模式，则开始将重心集中到消费者体验上来。苏宁第五代自建店模式的最大特点在于完全以客户为导向，并且在经营标准以外加入了更加适合家电连锁经营的建筑设计标准。

如果说店面的改变是看得见的，那么，60 个物流基地则在建设一个“看不见的苏宁”。苏宁将投资数 10 亿元，同步在沈阳、天津、北京、无锡、成都、重庆、徐州、苏州、上海等地建 9 个物流基地，共 40 万平方米。同时，苏宁计划开发签约 16 个物流基地。按照规划，最终苏宁在全国的大型现代化物流基地将达 60 个左右。苏宁物流能力的增强有助于它更好地满足客户的服务需求，如在全国 31 个省开展的家电下乡中，苏宁电器中得 28 个省。目前，家电下乡产品在苏宁家电下乡门店品类销售占比高达 30％，并且保持着 40％～50％的增长速度。

（资料来源：苏宁要做“中国沃尔玛”，锦程物流网．）

## 二、根据物流运营管理的主体进行分类

根据物流运营管理的主体不同，物流运营模式可分为：企业物流运营模式（制造企业和商业流通企业）和第三方物流企业物流运营模式。

企业物流运营模式是指企业内部物流功能的运营和延伸模式，包括制造企业和商业流通企业的物流运营模式。

第三方物流企业物流运营模式是指由专业的第三方物流企业完成制造企业、商业流通企业及其他经济组成部分的物流功能的模式，它将包括供应商、制造商和最终客户在内的整个供应链连接起来，实现物流、商流、信息流、资金流的合理流动。

以上两种运营模式本身的内涵和不同的分类，将在下面的章节中作具体说明。

**专栏4.2 和黄天百物流公司的第三方物流之路**

和黄天百是香港和记黄埔同英国天美百达集团的合资企业，二者合作的目的是，在全国范围内提供物流及供应链管理服务，目标是成为中国最大、效率最高的物流公司。和黄天百物流公司在全国各地建立了一个广阔的物流网络系统，可以提供从0.9吨小车到40英尺的货柜，可以提供敞篷车和厢式车以及普通车和冷藏车等各种车辆。凭借其先进的物流技术，和黄天百物流公司利用其物流网络和供应链管理经验，能为客户提供全球供应链管理、电子解决方案及量身定做的合理物流运作方案。与物美超市的合作是它的其中一个杰作。

2001年1月，和黄天百为北京物美超市有限公司量身定做了一套物流配送系统。和黄天百物流公司接管了位于北京丰台区的物美配送中心后，针对物美超市供应链管理与物流配送方面出现的一些问题，为其引进了先进专业的物流管理系统，与物美的信息系统以EDI方式对接，消除了对人员的依赖，提高了工作效率，为物美公司北京地区80多家连锁店铺提供了良好的配送服务。

和黄天百物流有限公司在为超市企业制定物流解决方案的同时，也在不断探索第三方物流的发展。他们现正朝着既定目标——带动内地企业走向世界努力奋斗，成为我国最大、效率最高的第三方物流公司。

（资料来源：物流师考试网，http：//www.zhksw.com.）

# 第三节 企业物流运营模式

## 一、制造企业的物流运营流程

**制造企业物流是指单个制造企业的物流活动，包括采购（原材料供应）物流、生产物流、产品销售物流以及废弃物物流等，其流程如图4-3所示。**

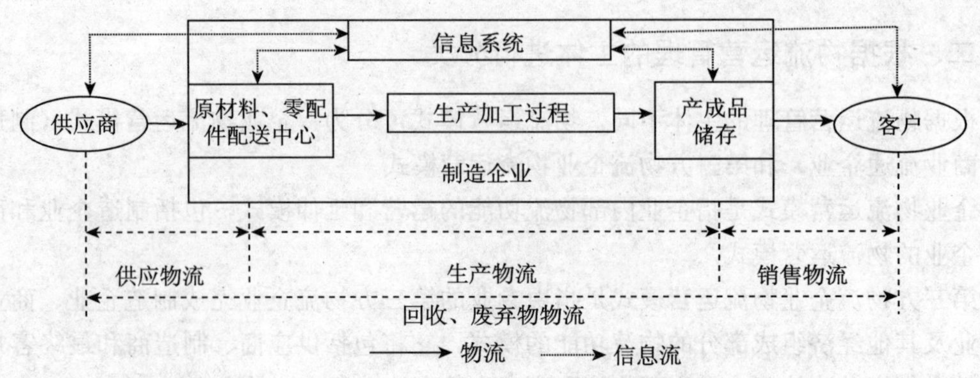


**图4-3 制造企业物流流程**

（一）供应物流

供应物流，也称原材料采购物流，即制造企业生产资料的采购、运输、仓储、库存管理、用料管理和供料管理。在此过程中，物流管理的主要内容是采购管理、运输管理、仓储管理和进厂物流管理等。制造企业供应物流流程见图 4-4。供应物流是企业为保证生产节奏，不断组织原材料、零部件、燃料和辅助材料供应的物流活动，这种活动对企业进行正常、持续和高效率的生产发挥着保障作用。制造企业供应物流不仅要实现保证供应的目标，而且要在低成本、少消耗、高可靠性的限制条件下来组织供应物流活动，因此难度很大。

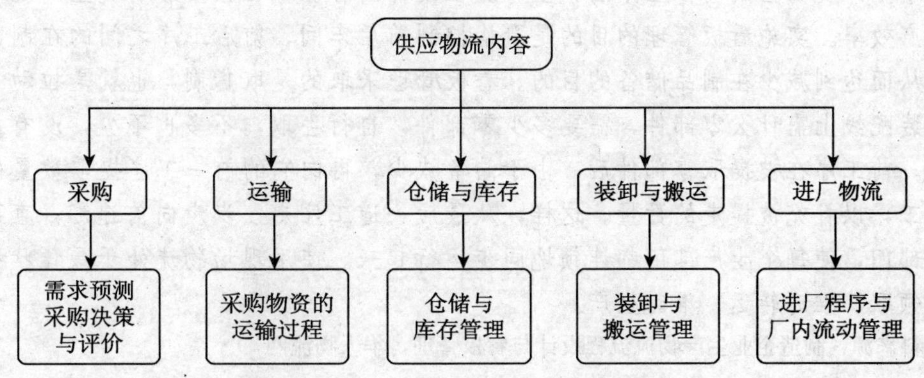


**图 4-4　制造企业供应物流流程**

（二）生产物流

生产物流是从原材料、配套件购进开始到产成品储存为止的全过程的物流活动。生产物流包括原材料和配套件的采购供应，生产过程中半成品的存放、装卸、输送和成品包装，流通部门的产成品储存，以及贯穿于物流全过程的信息传递。生产物流是制造企业物流的关键环节，是制造企业生产活动与物流活动的有机结合，对生产物流流程的优化设计离不开对企业生产因素的考虑，二者是不可分割的。生产物流流程的设计和运营应该满足连续性、平行性、节奏性、比例性等物流要求。制造企业生产物流模式及内容如图 4-5 所示。

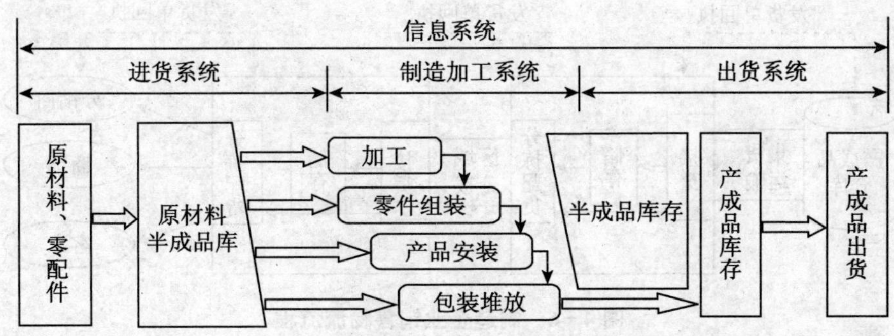


**图 4-5　制造企业生产物流模式及内容**

### 专栏 4.3 生产物流优化

生产流程是物流路线优化的基础，在加工装配企业中首先应明确产品的生产流程，然后根据生产流程进一步确定最优的物流线路。一个成熟的生产流程的建立，需要从各方面考虑，经过长时间的经验积累，并在实践中不断改进方能完成。

准时化（JIT）生产是目前汽车工业普遍采用的一种先进的生产组织管理模式，而看板管理又是 JIT 生产方式中一种重要的管理手段，看板是一种辅助工具（载体），是一种用于生产现场控制的作业方法。生产流程设计的合理与否直接影响着生产现场的控制和生产效率。实施看板管理的目的是严格控制前后车间、前后工序之间的在制品周转数量，从而达到减少在制品储备的目的。看板管理采取的是取货制，也就是拉动式生产方式，装配线上需什么零部件，需要多少零部件，自行去取，不多也不少，没有多余的在制品。前工序在被提取零部件后，由于储备减少，再向它的前一工序提取数量的毛坯立即加工，以补充被提走的数量。这样，从最后一道工序走，步步向前追溯，直到原材料准备部门，使每个生产部门都连锁地同步运行起来。使用现场物流处于最佳状态，做到准时领取、准时转运、准时生产。

（资料来源：制造企业生产物流流程设计与看板管理，华人物流网.）

（三）销售物流

销售物流是制造企业将产品销售给消费者的一系列物流活动。它以产品进入流通领域为起点，以送达客户并经过售后服务为终点。制造企业销售物流流程，见图 4－6。销售物流直接影响企业的赢利能否实现以及实现程度。在销售物流的过程当中，订单的处理流程非常重要。因为销售物流直接面向客户，因此它带有极强的服务性，其空间范围很大，销售往往以送达客户并经过售后服务才算终止。在这种前提下，制造企业销售物流的特点，便是通过运输、包装、流通加工、配送等一系列物流实现销售，这就需要研究送货方式、包装水平、运输工具、运输路线等，并采取各种诸如小（大）批量、多（少）批次，定时、定量配送等特殊的物流方式达到目的。

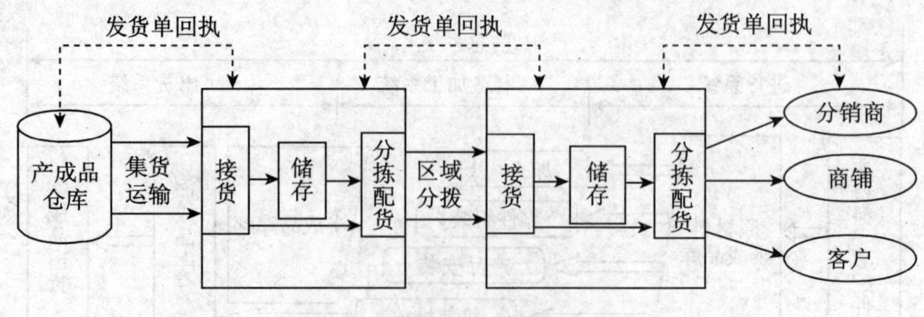


图 4－6 制造企业销售物流流程

（四）回收、废弃物物流

废弃物物流是指根据实际需要将经济活动中失去原有使用价值的商品进行收集、分类、加工、包装、搬运、储存等，然后分送到专门场所时所形成的物品实体流动。而针对使用价值依然存在的商品所进行的上述物流活动，就是回收物流。回收、废弃物物流实际上是制造企业逆向物流的表现形式，与传统的供应链反向。逆向物流对制造企业起着十分积极的作用，对企业实现降低物料成本、提高客户价值、塑造企业形象等目标有着重要意义。

## 二、商业流通企业的物流运营流程

商业流通企业物流是，通过批发、零售和储存环节，把各制造企业的产品在一定物流据点集中起来，然后再经过储存、分拣、流通加工、运输和配送等业务，将商品以适当的数量，在适当的时间送到零售商业企业或消费者手中的整个过程。它是制造企业物流的延伸，是联系制造企业和最终消费者的最后环节。

（一）采购子系统

采购子系统是指商业物流系统的输入。它包括确定采购计划、选择和管理供应商、下订单、商品入库等工作。

1. 确定采购计划

对于商业批发企业来说，采购计划是根据下游客户的订单以及库存情况来制订的；而对于商业零售企业，则是依据市场需求的预测、实际销量和库存情况（主要包括商品的类别、包装、数量、进货时间等）的对比制定的。一般由采购部门制定。

2. 选择和管理供应商

选择供应商，应根据商业企业自身的实际情况，综合考虑以下因素：供应商的企业经营状况、资信能力、市场地位、财务状况、发展前景及其产品的质量、价格、促销能力、满足销售需求的程度以及低价格产品开发能力等。同时，应建立供应商档案、合同档案、销售情况统计分析以及供应商评估等。

3. 下订单

商业企业向供应商下订单，可采用传统的电话、传真等方式，也可以采用电子订货系统或网上订货系统。电子订货系统（EOS）和网上订货系统是发展的趋势，既安全又快捷，并且有助于数据收集与数据分析。

4. 商品入库管理

商品入库作业管理是指订单下给供应商之后，必须有专人负责订单的执行情况，掌握商品入库种类、时间、数量、包装方式、运输方式，做好入库准备。

（二）储存子系统

从商业企业来讲，储存子系统是从产地将商品集中起来之后，根据需要把商品分散送到零售店，衔接供应与销售，降低物流成本。同时，该子系统对商品进行检验，保障商品的数量与质量。储存子系统管理的关键在于库存控制，即如何确定合理的库存量；而从作业上看，主要有进货入库、保管作业和出库作业管理。

1. 进货入库

商品入库作业组织是进货储存的准备工作。进货入库作业的整个过程包括制订入库作业计划和接货准备、核对单据、接运和卸货、入库检验、入库信息的处理等一系列业务活动。

2. 保管作业

商品保管作业是商品仓库作业的中心工作，它体现了储存对商品所有权和使用价值的保护和管理职能。商品的保管作业组织包括商品的保管、仓库的财务统计工作和商品的养护三个方面的内容。

3. 出库作业

商品的出库作业与入库作业要求基本上是一致的，即要求对出库商品的数量、品种、规格进行核对，经复核与发货凭证所列项目无误后，当场与收货单位办妥交接手续，以明责任。为保证商品及时、准确、迅速出库，商品出库必须坚持按一定的程序进行。出库存程序一般包括与收货或承运单位联系、制订发货计划、备货（拣货）、核对及出库、办理交货手续等作业程序。

（三）分拣子系统

分拣子系统指根据客户的订单将不同类型和数量的商品从物流中心的分拣区取出集中在一起。拣货作业信息来源于客户的订单，拣货作业的目的就是为了正确且迅速地挑选出客户所订购的货物。拣货作业分为两部分内容：信息处理和选货作业。在传统的货物拣选系统中，一般使用书面文件记录货物数据，拣货时根据书面的提货通知单，查找记录的货物数据，人工搜索，然后完成货物的提取。这样的作业流程与方式严重影响了物流作业的效率，远远已经不能满足现代物流管理的需要，且拣货成本占物流搬运成本的绝大部分（60%）。因此，改进拣货作业可有效地降低物流搬运成本。使用先进的货物拣选系统，不但可以节省大量物流成本而且可以大大提高物流作业的效率，并提高客户的满意度。分拣子系统主要涉及拣货作业。

1. 拣货方式

(1) 按单个订单拣货

这种作业方式是针对每一张订单的，是作业人员将订单中的货物从拣货区挑选出来并集中起来的方式。这种方式比较适合货物品种较少，且需求量比较大的订单。

(2) 批量拣货方式

把多种订单汇集成一批，按照商品的类别将数量加总后再进行拣货，并按照客户订单做分类处理，这种方式适用于订单数量庞大的系统。

2. 其他拣货方式

比较而言，上述两种拣货方式中，按订单拣货弹性较大，临时工作安排调整较为容易，适用于少品种、多量的订货；批量拣货的作业方式通常具有系统化、自动化的特征，其工作量调整能力较小，适用于订单内容变化小、订单数量稳定的情况。除了这两项基本的拣货方式外，由这两种方式还引申出下述5中拣货方式：

(1) 复合拣货

复合拣货是按订单拣货和批量拣货的组合，根据订单上的品种数量决定哪些订单适合按订单拣货，哪些适合批量拣货。

(2) 分类拣货

一次处理多张订单，并且在拣取各种商品的同时，把商品按照客户订单分开设置的方式。例如，一次拣取几张订单时，每次拣货用台车带几家客户的篮子，边拣货边按客户不同区分摆放。

(3) 分区、不分区拣货

不论是按订单拣货还是按批量拣货，为了进一步提高效率都可以配合采用分区或不分区的作业策略。分区作业就是将拣货作业场地划分为若干区域，每一个作业员只负责拣取指定区域内的商品。而分区方式又可以分为拣货单位分区、商品特性分区、储存单位分区、拣货方式分区及工作分区等。

(4) 接力拣货

这种方式与分区拣货类似，首先决定拣货员各自负责的产品品种或货架的范围，各个拣货员只拣取订单中自己所涉及的部分，然后以接力的方式交给下一个拣货员。

(5) 订单分割拣货

当一张订单所订购的商品品种较多，或需要设计一个及时快速处理的拣货系统时，为了能在较短的时间内完成拣货作业，可以使用此策略将该订单分成若干子订单，交给不同的拣货人员同时进行拣货作业，以加快拣货速度。

(四) 流通加工子系统

流通加工是商品进入流通领域后进行的再加工，其目的是完善商品的使用价值。流通加工一方面能降低商业企业的进货成本，另一方面能使商品更适合销售需求。

商业物流过程中所进行的流通加工作业主要有：

(1) 分装加工。即大包装改成小包装，散包装改小包装，运输包装改销售包装。

(2) 分选加工。将商品按不同标准进行分选，并分别包装，以适合不同层次目标客户的需要。

(五) 配送子系统

配送子系统主要包括确认客户订单、集货和配送运输。从客户的订单开始到货物的出货再到送达客户的整个物流配送流程如图 4-7 所示。

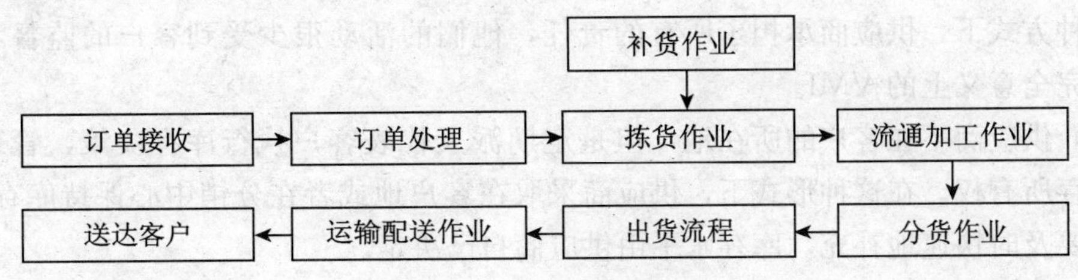


**图 4-7　物流配送流程**

补货作业：指在配送中心内将货品从保管区域移到拣货区域，然后将此迁移作业做书面处理，以配合稍后的拣货作业。

运输配送作业：指将拣取分类好的商品按照订单进行分货，检查之后装入妥当的容器，做好标识，根据事先安排好的车辆、送货客户和送货地址将货品运至出货准备区，最后装车配送。

## 三、供应商管理库存（Vendor Managed Inventory，VMI）运营模式

VMI 库存控制方法最早是由零售业巨头沃尔玛所倡导的一种零售商和供应商之间的库存优化控制策略。随着供应链管理思想的不断发展，VMI 理论也日趋完善，如今不只是大型的零售商垂青这种控制策略，大量的制造业企业也采用 VMI 方式来管理库存。他们不仅采用让自己的分销商为其管理成品库存，同时也与自己的关键供应商达成协议，同样采取这种方法由供应商来为自己管理原材料和外购件库存，保证供应及时准确。如 DELL 公司几乎可以做到零部件和产成品的零库存，成为供应链上高效的核心企业，对供应链的双向进行协调。

关于 VMI 的定义，国外有学者认为："VMI 是一种在客户和供应商之间的合作性策略，以对双方来说都是最低的成本优化产品的可获性，在一个相互同意的目标框架下由供应商管理库存，这样的目标框架被经常性监督和修正，以产生一种连续改进的环境。"

供应链管理的总体目标是实现整个供应链的效益最大化，创造"多赢"的管理效应。VMI 正是这一管理思想的反映和运用，无论是对上游供应商、中间环节的制造商还是下游的分销商和零售商都可以实现效益和效率的提高。对供应商和制造商而言，VMI 的实施可以使他们获得真正的需求信息，这些信息既可以消除预期之外的短期产品需求导致的额外成本，又可以减少"牛鞭效应"带来的多余库存成本。对制造商和下游的零售商来说，VMI 既可以使他们在专注核心业务运作的同时大幅度降低库存成本，还可以满足对采购件的高质量的服务水平要求，从而实现了从库存管理向外部资源管理的转变。

### （一）实施 VMI 的基本形式

VMI 概括起来主要有以下三种基本形式：

（1）供应商在客户的所在地，代表客户执行库存决策，管理库存，但库存的所有权归客户，这种形式适用于信息网络不能满足要求的情况。由于库存的所有权不属于供应商，所以供应商在进行库存决策时的投入程度有限。

（2）供应商在客户的所在地，代表客户执行库存决策，管理库存，拥有库存所有权。这种方式下，供应商承担了所有的责任，他们的活动很少受到客户的监督和干涉，是一种完全意义上的 VMI。

（3）供应商不在客户的所在地，但是定期派人代表客户执行库存决策，管理库存，拥有库存所有权。在这种形式下，供应商采取在客户地或者在分销中心保持库存，以求根据需要及时快速地补充，库存水平由供应商自己决定。

### （二）有效实施 VMI 遵循的步骤与策略

#### 1. 前期准备工作

这个阶段主要有两个任务，一是进行基于活动的成本分析，二是合作伙伴的选择。基于活动的成本分析要求分析的范围从供应链的起点一直到最终的消费者。除了要考虑

传统的会计成本外，还要考虑时间成本、资金成本、税收成本、保险成本、系统运行以及固定资产投资等成本。

2. 组织跨职能团队，分析实施 VMI 的可行性并确定实施后的各种目标

VMI 并不是对每个企业都适合，它的实施有着特殊性，要在对企业生产状况、库存条件以及运输配送条件等方面分析的基础上来决定能否实施 VMI。因此，需要企业组织跨职能团队对生产数据、库存数据、缺货率等进行统计分析，然后确定 VMI 实施的可行性以及实施后的各种目标。

3. 在可行性分析的基础上，与主要供应商进行商谈，介绍并让其接受 VMI 思想

供应商在 VMI 的设计和实施中占有重要的地位，VMI 的成功运行离不开供应商的参与和合作。因此，在可行性分析完成以后，与供应商进行商谈并达成一致是实施 VMI 的前提和基础。VMI 是供应链层面实现多赢的一种策略，供应商只有接受 VMI 思想，真正理解它的内涵和意义，才能够进行 VMI 的计划和实施。

4. 在各方思想同意的前提下进行高层谈判，旨在建立一种高度的信任合作关系

在供应商理解和接受 VMI 思想之后，应该展开企业高层谈判，以进行进一步的沟通和合作。在此基础上，供应链各方通过利益分享、协调合作达成高度的信任合作关系。

5. 由合作小组签订合作合同，明确契约性条款

VMI 策略的实施应该让供应商和批发商均能降低成本，而不是一方将成本转嫁给另一方。合作双方应通过谈判商谈合作合同，签订若干协议，在法律的框架下保证双方的利益。具体内容包括确定所有权转移时间、信用条件、订货责任、服务水平和库存水平等。

6. 建立 VMI 软件工作平台，对使用者进行培训

VMI 的核心在于准确预测库存变化，但是这并不是立刻就能够实现的，需要双方不断的配合、分析、调整，以尽量降低库存水平，加快商品流转速度。合作双方必须在协调一致的情况下建立 VMI 软件工作平台，建立完善的信息化系统，统一管理所有客户（供应商、批发商、零售商等）的信息，其中包括选择 VMI 软件，建立 EDI 数据交换系统和基于标准的托付订单处理模式等内容，实施过程中要注重使用者的培训。

7. 整合参与企业的物流资源，做到物流系统的无缝连接

在供应链实施供应商管理库存后，为了适应新的管理模式，需要根据供应商管理库存的作业流程来对合作企业原有的组织机构进行相应的调整。这一过程还包括实施供应商管理库存所必须的物流方面的配套支持以及产品的仓储和运输配送等，以及实施供应商管理库存所必须的一些信息和技术支持，如一些信息网络的组建和 IT 技术的准备。

8. 为 VMI 设立绩效考核评估体系，并进行定期考核，实施持续改进

在 VMI 实施的过程中，存在着许多不确定的因素，这会导致供应商管理库存有时达不到双方企业的预期目的，所以要设立一个供应商管理库存的评估体系来对供应商管理实施进行评估和考核，然后对其进行持续调整和完善，以便长期、全面地实施供应商管理库存。同时还需要确定绩效评估的时间周期，合作企业应该采用一致的评估口径和基准，这样才能保证对供应商管理库存的实施效果有比较客观的评估。VMI 的绩效考核指标主要包括库存周转率、缺货率、节约成本满意度和企业合作信任满意度等。

### 专栏 4.4 Team Hanes 公司的库存管理

市场总是正确的，尤其是流行行业，出现与预期不同的不确定性市场走向是正常的。对于运动服装制造商这种类型的企业，一场体育比赛的结果也许会直接影响到次日消费者的购买，或者一个崇拜偶像的陨落可以引起成千上万件 T 恤衫的滞销积压。这种需求的不确定性会给企业经营及商品计划与控制带来巨大影响。

美国运动服装制造商 Team Hanes 公司为此采取了相应措施，为在大型零售店中出售运动衣应用了卖方管理库存系统（VMI）。其方案是和零售商更紧密地协作管理各类服装，这包括积极地监控和调整商店一级的各种款式服装的库存，根据 POS 数据，每周进行库存补货，并把带标价签的产品直送商店。通过管理从零售到生产的整个供应链，缩短了供货周期、降低库存，从而对多边的消费需求更快地反应。

这个业务系统在业务增长时，能够一致地和可靠地向零售商传达 Team Hanes 独特的价格建议。它使 Team Hanes 公司运动装的供应链管理前后衔接，零售商和 Team Hanes 公司双方在收入和利润上均实现最大化。

（资料来源：蒋长兵，等．供应链理论、技术与建模 [M]．北京：中国物资出版社，2009.）

## 四、联合库存管理（Joint Managed Inventory，JMI）运营模式

JMI 是指供应商与客户同时参与，共同制订库存计划，利益共享、风险共担的供应链库存管理运作模式。该模式强调双方同时参与，共同制订库存计划，这使供应链上的每个库存管理者，包括供应商、制造商和零售商，都能够从相互之间的协调性考虑，也就是说，供应链任何相邻节点上需求的确定都是供需双方协调的结果，从而消除了需求变异放大现象。库存管理也不再是各自为政的独立运作过程，而是供需连接的纽带和协调中心。由传统的供应链管理下的库存模型（图 4－8）可以看出，在整个供应链过程中，从供应商、制造商到分销商，各个供应链节点企业都有自己的库存。供应商作为独立的企业，其库存（即其产品库存）为独立需求库存。制造商的材料、半成品库存为相关需求库存，而成品库存为独立的需求库存。分销商为了应付客户需求的不确定性也需要库存，其库存也为独立需求库存。

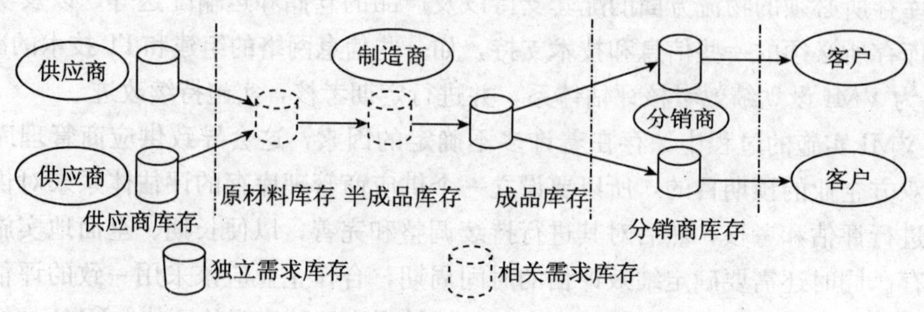


**图 4－8 传统供应链管理下的库存模型**

图 4－9 为基于协调中心的 JMI 运作模型。JMI 是一种基于协调中心的库存管理方法。该方法集中体现了这样一种思想：通过加强供应链管理模式下的库存控制来提高供应链的系统性和集成性，增强企业的敏捷度和客户响应能力。JMI 把供应链系统管理进一步集成为上游和下游两个协调管理中心，从而部分消除了由于供应链环节之间的不确定性和需求信息扭曲现象导致的供应链的库存波动。通过协调管理中心，供需双方共享需求信息，因而起到了提高供应链的运作稳定性作用。

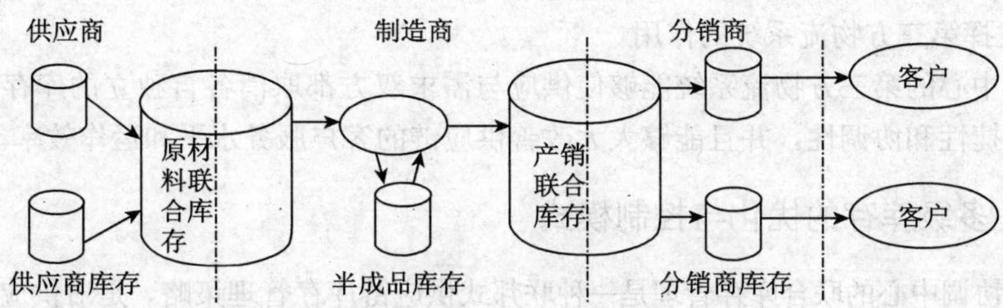


**图 4－9　基于协调中心的 JMI 运作模型**

JMI 运作的策略如下所述：

1. 建立供需协调管理机制

为了发挥联合库存管理的作用，供需双方应从合作的精神出发，明确各自的目标和责任，建立合作沟通的渠道，为供应链的联合库存管理提供有效的协调管理机制。建立供需协调管理机制，要从以下几个方面着手：

（1）供需双方必须本着互惠互利的原则，建立共同的合作目标

共同的利益是供应链企业合作的基础。为了能够建立起供需协调管理机制，供需双方必须本着互惠互利的原则，建立和维持共同的合作目标，这样才能实现双赢或多赢。

（2）建立联合库存的协调控制方法

联合库存管理中心担负着协调供需双方利益的角色，起协调控制器的作用，因此需要确定库存优化的方法。该方法包括库存如何在多个需求商之间调节与分配、库存的最大量和最低库存水平、安全库存的确定以及需求的预测等。

（3）建立畅通的信息沟通渠道

为了提高整个供应链的需求信息的一致性和稳定性，减少由于多重预测导致的需求信息扭曲，应建立一种信息沟通的渠道或系统，以保证需求信息在供应链中的准确性和畅通。为此，供需双方要将条码技术、扫描技术、POS 系统和 EDI 集成起来，并且要充分利用 Internet 的优势，建立一个双方之间的畅通的信息沟通桥梁和联系纽带。

（4）建立公平的利益分配机制和有效的激励机制

有效的分配机制和激励机制能够更好地激发供需双方合作和协调的积极性，规范他们的机会主义行为，增加供应链合作企业之间的协调性和合作性。

2. 发挥两种资源计划系统的作用

为了发挥联合库存管理的作用，供应链库存管理应充分利用目前比较成熟的两种资

源管理系统：MRPⅡ和 DRP。原材料库存协调管理中心应采用制造资源计划系统 MRPⅡ，而产品联合库存协调管理中心则应采用物资资源配送计划 DRP。通过结合这两种资源计划系统提高库存预测的准确性。

3. 建立快速响应系统（QR）

快速响应系统的目的在于通过 CPFR 等策略的实施，减少供应链中从原材料到客户过程的时间和库存，消除供应链组织之间的障碍，最大限度地提高供应链的运作效率，如通过供需双方合作，确定库存水平和销售策略等。

4. 发挥第三方物流系统的作用

协调中心的第三方物流系统能够使供应与需求双方都取消各自独立的库存，增加供应链的敏捷性和协调性，并且能够大大改善供应链的客户服务水平和运作效率。

## 五、多级库存的优化与控制模式

基于协调中心的联合库存管理是一种联邦式供应链库存管理策略，是对供应链的局部优化控制，而要进行供应链的全局性优化与控制，则必须采用多级库存优化与控制方法。多级库存的优化与控制是在单级库存控制的基础上形成的，是供应链中从最上游的原材料供应商到最下游的零售商的整体库存优化与控制，通常采用将供应链分为典型的供应、生产和销售的三级模型来简化多级库存的优化与控制问题。图 4－10 为三级供应链库存模型。

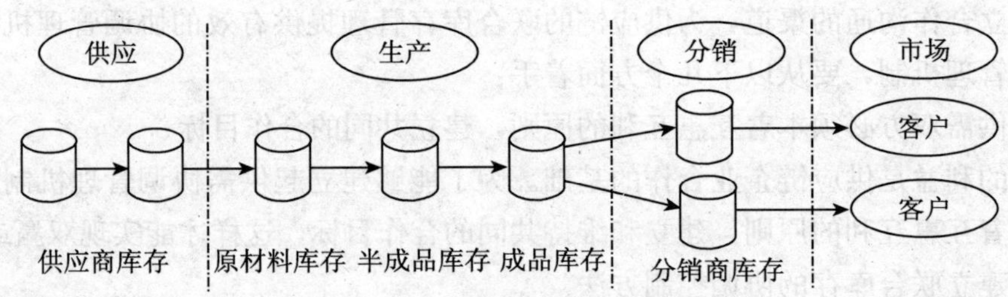


**图 4－10　三级供应链库存模型**

多级库存优化控制有一个突出的思想，这就是采用“级库存”概念来代替原来的“点库存”。供应链的级库存＝某一库存节点现有库存＋转移到或正在转移给其后续节点的库存。用级库存的方法检查库存状态时，检查者不但要检查本库存点的库存数据，而且还要检查处于供应链环境下某一级的库存数据。级库存策略的库存决策是完全基于对其下游企业库存状态的掌握上的，因此避免了信息扭曲现象。Internet 和 EDI 的应用为这种库存计算方法提供了保证。

多级库存控制的方法有两种：一种是非中心化（分布式）策略，另一种是中心化（集中式）策略。非中心化策略是各个库存点独立地采取各自的库存策略，这种策略在管理上比较简单，但是并不能保证产生整体的供应链优化。如果信息的共享度低，多数情况产生的是次优的结果。中心化策略是指所有库存点的控制参数是考虑了各个库存点的相互关系之后同时决定的，通过协调的办法获得库存的优化。但是中心化策略在管理

上协调的难度大，特别是供应链的层次比较多时，更增加了协调控制的难度。非中心化库存控制是把供应链的库存控制分为三个成本归结中心，即制造商成本中心、分销商成本中心和零售商成本中心，各个成本中心根据自己的库存成本制定出优化的控制策略。

非中心化的库存控制策略能够使企业根据自己的实际情况独立作出快速决策，有利于发挥企业自己的独立自主性和灵活机动性，但要取得整体的供应链优化效果，需要增加供应链的信息共享程度，使供应链的各个节点企业都共享统一的市场信息。非中心化库存订货点的确定，可完全按照单点库存的订货策略进行，即每个库存点根据库存的变化，独立地决定库存控制策略。非中心化的多级库存优化策略，需要企业之间的协调性比较好，如果协调性差，有可能导致各自为政的局面。中心化控制是将控制中心放在核心企业上，由核心企业对供应链系统的库存进行控制，协调上游与下游企业的库存活动。这样核心企业也就成了供应链上的数据中心（数据仓库），担负着数据的集成、协调功能。采用中心化库存控制的优势在于能够对整个供应链系统的运行有一个较全面的掌握，能够协调各个节点企业的库存活动。

订货策略采用连续性检查或者周期性检查均可以，关键是检查的不再是某个节点的点库存，而是检查级库存。

## 六、企业物流组织模式

### （一）具有物流相关功能的传统组织

由于意识到物流在生产运营中的重要作用，为了更好地挖掘物流这个第三利润源，企业在相应的企业组织结构中增加了新的物流计划和运作功能，在初始阶段这些物流功能分散在企业不同的部门中，完成相应的物流任务。这种模式没有成立专门的物流职能部门，只是需要物流操作的相关部门单纯地进行物流相关计划和作业。这种分散的模式在企业物流运营中有着很大的局限和不便：把物流功能分割开来大大增加了物流运行中的成本，降低了物流的运作效率，阻碍了各部门之间的直接沟通，因此在时效性和经济性上都有很大的缺陷。

### （二）物流功能部分集成在相应的组织中

物流功能部分集成在相应的组织中的通常模式是，将两个或两个以上的物流功能在运作上进行归组，总体的组织层次不做重大变化。这种模式把相关性比较强的物流功能进行整合，分散在原有的企业组织模式中，总的组织框架不做重大调整。这种模式比第一种模式在功能上有了一些改善，有利于物流功能畅通运行，运作效率有所提高，但是两者在本质上并没有大的区别，存在许多类似的缺陷和局限。

### （三）部分物流功能一体化

随着物流在企业生产运营中的作用和地位的不断提高，企业越来越重视物流功能运营和管理，在企业的组织结构中做出相应的调整，对部分物流功能进行整合，成立专门的职能部门来操作和管理。这种模式较前两种有了很大的变化，它不再简单地把相关物流功能分散到原有的组织结构中，而是直接成立了专门的职能部门来进行管理，因此效率、成本等都有了很大改善。但是部分物流功能一体化的模式也存在着问题，作为一个完整的物流整体，部分职能的一体化只能在小范围内较好地实现企业物流协调和运营，而企业的整个物流业务还是存在交流和衔接的困难。

（四）物流功能一体化

功能一体化的物流组织模式就是将所有的物流功能统一整合，如采购、运输、仓储、配送等物流的组成要素在组织内科学组合，形成企业物流一体化的组织框架。这种一体化的组织结构，一方面可以加强物流资源计划对企业物流运作的指导作用，另一方面可以使企业内部物流相关部门更好的沟通和交流，实现物流功能部门的协调运作，达到物流运作合理流畅和物流成本最低的目的。

## 第四节　物流企业的运营模式

物流企业担负着物流系统为客户提供最终物流服务的任务。在我国物流业步入理性、务实、快速、全面发展时期的背景下，物流企业的发展就成为物流业向“市场化、产业化、社会化”方向发展亟须考虑的问题。我国物流企业的形成主要有四个途径：一是传统运输企业、仓储企业的改造转型；二是过去国家垄断性集团的转型，如中铁物流、中国邮政等；三是新兴的民营物流企业；四是大型生产企业成立的物流企业。这些企业的集合构成了物流供给能力，为社会经济的发展提供了有力的保障。

但同时应该看到，我国物流市场供给不足与运能闲置的现象并存，并且以运输和仓储为主的物流供给占据主导地位，这导致了物流供给结构的失衡。物流企业单一的运营模式是导致这种结果的重要原因，单一的服务能力配置越来越无法满足物流需求多样化、个性化的特征。

### 一、第三方物流企业运营模式

第三方物流企业通过信息处理中心和物流配送中心，将包括供应商、制造商和最终客户在内的整个供应链连接起来，实现物流、商流、信息流、资金流的合理流动。图 4－11 涵盖了第三方物流企业所有的运营功能，但在现实的经济活动中，不同的第三方物流企业可依据自身的资源、技术与能力，在合适的点上切入物流活动。

我国第三方物流企业的主要运营模式有以下四种：

（一）以提高物流环节的物流附加值为目标的基础物流服务模式

目前，我国企业对第三方物流服务的需求层次主要集中在基本常规项目上。生产企业外包的服务第一是干线运输，第二是市内配送，第三是储存保管。商业企业需求的服务，第一是市内配送，第二是储存保管，第三是干线运输。这表明生产企业和商业企业对物流服务内容的侧重点有所不同。企业对增值性高的和综合的物流服务如库存管理、物流系统设计、物流总代理等的需求在增长，因此，第三方物流供应商应该从区域客户的需求出发，首先从提供具备竞争优势的基础物流服务开始，逐步增加高附加值的服务比重，从而实现物流环节的系统化和标准化，为客户提供全方位的物流服务。

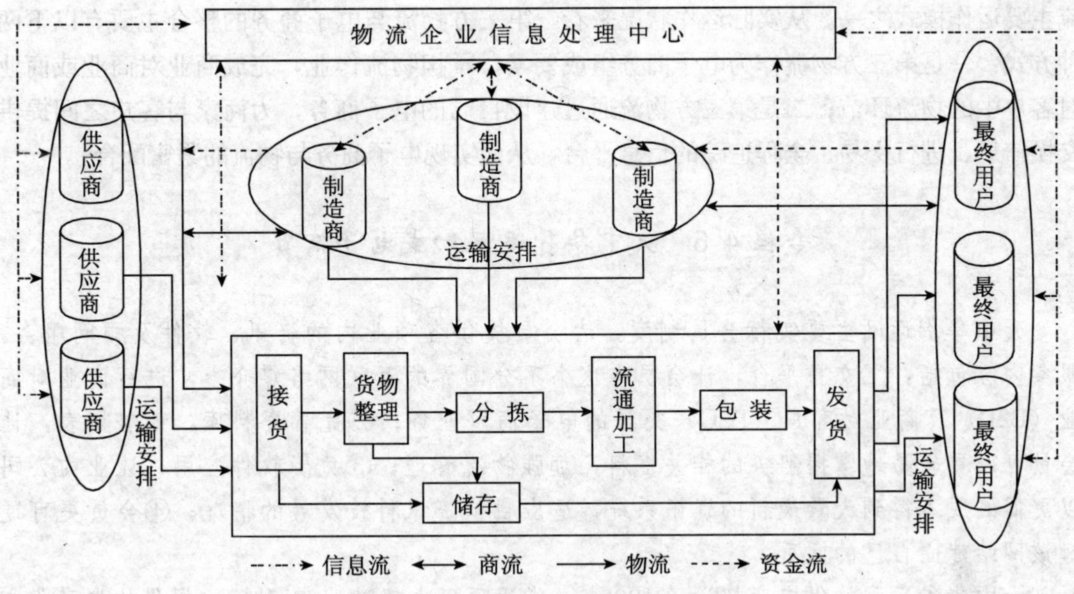


图4-11　第三方物流企业运营模式

## 专栏4.5　Penske公司的第三方物流服务

在美国的14个州中，通用汽车公司约有400个供应商负责把各自的产品送到30个装配工厂进行组装。由于卡车满载率低，公司的库存和配送成本急剧上升。为了降低成本，改进内部物流管理，提高信息处理能力，公司委托Penske专业物流公司为其提供第三方物流服务。

调查了解半成品的配送路线之后，Penske公司建议通用汽车公司在Cleveland使用一家有战略意义的配送中心，配送中心负责接收、处理、组配半成品，由Penske派员工管理，同时Penske也提供60辆卡车和72辆拖车。除此之外，Penske公司还通过EOI系统帮助通用汽车公司调度供应商的运输车辆以便实现JIT送货。为此，Penske设计了一套最优送货路线，增加供应商的送货频率，减少库存水平，改进外部物流活动，运用全球卫星定位技术，使供应商能随时了解行驶中的送货车辆的方向。与此同时，Penske还在配送中心组配半成品后，对装配工厂实施共同配送的方式，这既降低了卡车空载率，也减少了通用汽车公司的运输车辆，只保留了一些对Penske所提供的车队有补充作用的车辆，这样也减少了通用汽车公司的运输单据处理费用。

（资料来源：裴宇航．第三方物流案例分析［J］．物流技术，2001，111（6）．）

（二）电子商务与第三方物流的有机整合模式

作为21世纪主要商业运作模式，电子商务为第三方物流提供了广阔的发展空间，而第三方物流的发展又为电子商务的实现提供了现实保障。与电子商务整合，将成为第三方物流主要运作模式之一。从实际运作状况来看，第三方物流与电子商务的整合主要有以下两种方式：一是第三方物流作为电子商务组成要素，承担物流作业，完成商业对商业或商业对客户中的物流环节；二是第三方物流通过建设自己的电子商务，为商家与客户之间提供交换信息、进行交易、全程追踪的信息平台，从而实现电子商务与物流的紧密配合。

### 专栏 4.6　大中华货运网助威电子商贸

大中华货运网主要实行会员制度，为会员提供各项业内的资讯、软件及顾问服务，服务内容包括：①交易平台，让会员在这个不分国界的互联网络媒介上，进行商业对商业（B2B）及商业对客户（B2C）交易的电子商贸业务；②完善资料库，如船期表，让会员可以更轻易地掌握船务的相关资料，加强物流管理；③免费软件应用，让业内公司以更低的成本得到大量最新的资讯系统，适应目前资讯科技发展的情况；④会员更可通过该网站建立自己的网页。

大中华货运网的供应商超过了100家，货运项目也超过10万种。它提供的自动化交易讯息传讯系统，让企业客户的采购及配送流程效率大幅提高。该网站希望将核心业务网络化，并且希望将香港四五千家船务及货运公司联系在一起，以建立社群网络。

（资料来源：牛鱼龙．香港物流经典案例［M］．重庆：重庆大学出版社，2009.）

（三）综合物流代理模式

发展综合物流代理业务具体是指：不进行大的固定资产投资，低成本经营，将部分或全部物流作业委托他人处理，注重自己的销售队伍与网络管理，实行特许代理，将协作单位纳入自己的经营轨道。公司经营的核心能力就是综合物流代理业务的销售、采购、协调管理和组织的设计与经营，并且注重业务流程的创新与组织机构的创新，使公司经营不断产生新的增长点。简单地说，综合物流代理企业实际上就是有效的物流管理者。采用这种模式的第三方物流企业应该具有很强的实力，同时拥有发达的网络体系。这样的企业在向物流转型时能做到综合物流代理，为客户提供全方位的服务。

（四）集中物流模式

集中物流模式的特点在于第三方物流企业拥有一定的资产和范围较广的物流网络，在某个领域提供集成度较低的物流服务。由于不同领域客户的物流需求千差万别，当一个物流企业能力有限时，它可以采用这种集中战略，力求在一个细分市场上做精做强。例如，同样是以铁路为基础的物流公司，某铁路快运公司是在全国范围内提供小件货物的快递服务，而另一物流公司则是提供大宗货物的长距离运输。由于在特定领域有自己的特色，这种第三方物流企业运作模式具有广阔的应用前景。

### 专栏 4.7　第三方物流企业的运营模式

目前，世界大型物流公司大多采取总公司与分公司体制，采取总部集权式物流运作，实行业务垂直管理，实际上就是一体化经营管理模式（只有一个指挥中心，其他都是操作点）。从实践上讲，现代物流需要一个统一的指挥中心、多个操作中心的运作模式。因为有效控制是现代物流的保证。从物流业务的内容来看，每项内容并不复杂，但协调整个过程的服务必须建立一个高效而有权威的组织系统，能控制物流实施状态和未来运作情况，并能及时有效地处理衔接中出现的各种疑难问题和突发事件。也就是说，需要有一个能力很强、指挥很灵的调控中心来对整个物流业务进行控制和协调。各种界面和各种决策必须联系在一起，才能创建一个作业系统。如果各部门都强调自己是利润中心，考虑问题总是将成本与最大利润联系起来，这样对外报价肯定无竞争性。所以，从事物流业务、承担全程服务时，只能有一个利润中心，其他各个机构、各个部门都应该是成本中心，一切听从利润中心的指挥，一切为利润中心服务，一切以利润中心的最大利益为自己的利益。

（资料来源：宝供天地：全球十大物流企业的成功经验，www. pgl－world. cn.）

## 二、国际物流运营模式

国际物流运营网络模式是由多个收发货的“节点”和它们之间的“连线”所构成的物流抽象网络以及与之相伴随的信息流动网络的集合（图 4－12）。在国际信息流系统的支撑之下，国际物流系统借助于运输和储运等作业的参与以及进出口中间商、国际货代、承运人的协助，并利用国际物流设施，共同完成一个遍布国内外的纵横交错、四通八达的物流运输网络。

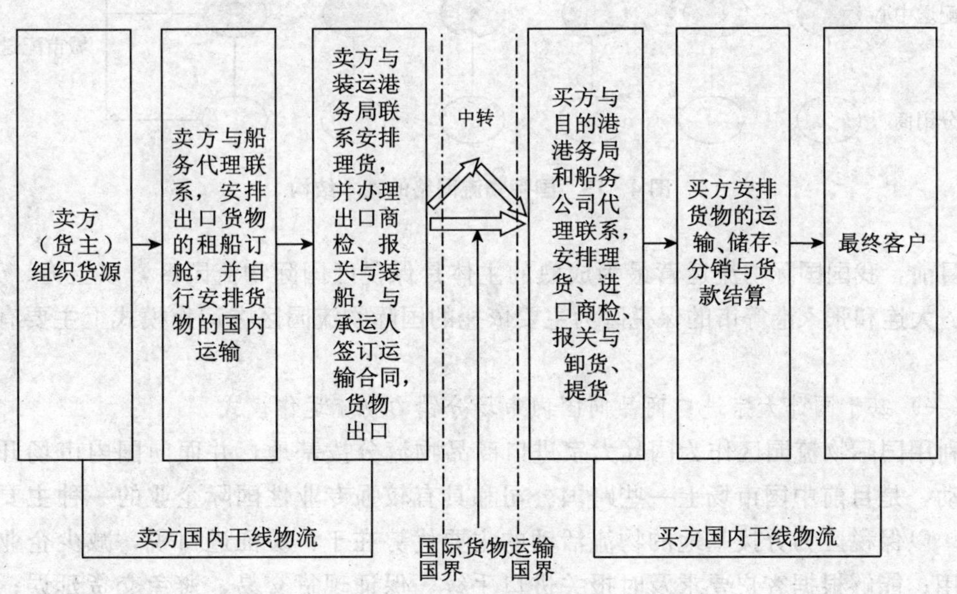


**图 4－12　国际物流运营模式**

资料来源：庞燕．国际物流运作模式——理论研究与实证分析［M］．北京：中国物资出版社，2009.

国际物流与国内物流最重要的区别之一是：国际物流过程离不开大量的中间人、业务机构或代理人，如进出口经纪人、国际货代、船务代理、装卸公司、理货公司、报关行、商检机构等，它们的主要职能是接受企业的委托，代理与货物有关的各项业务。在国际物流系统中，很少有企业单独依靠自身力量办理和完成这些复杂的进出口货物的各项业务工作。

国际物流的特点：

物流环境存在着各种差异；物流系统涉及的范围广泛；必须有国际化信息系统的支持；国际物流的标准化要求较高。

国际物流网络的基本结构如图 4 - 13 所示。

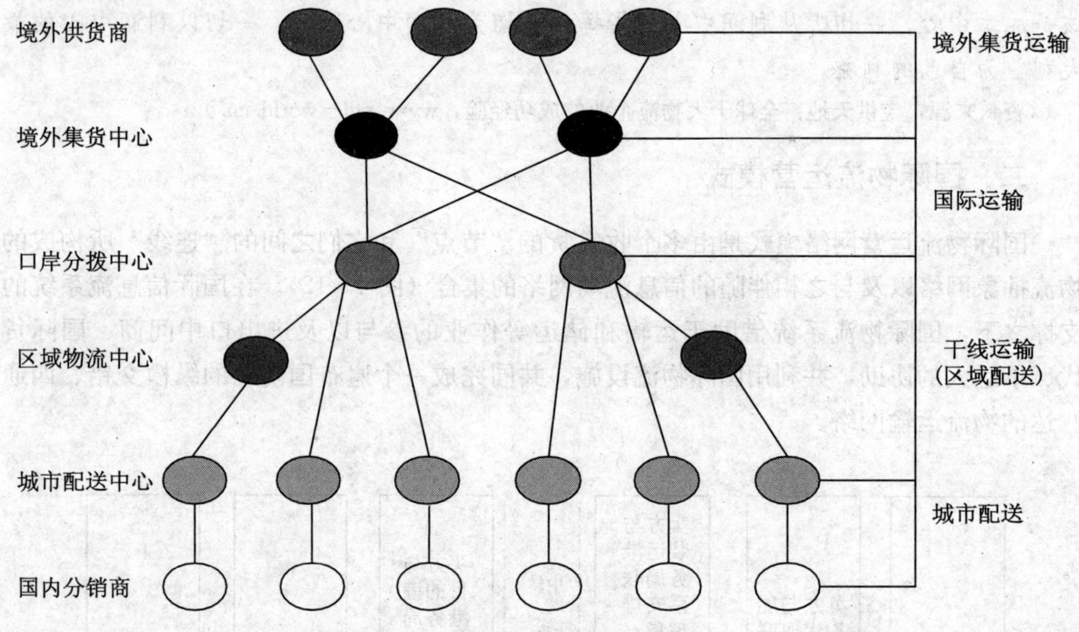


**图 4 - 13　国际物流网络的基本结构**

目前，我国国际物流运营最为成熟的主体是保税区国际物流园区，以上海、天津、厦门、大连和张家港等市的保税区为主要依托的国际物流园区在运作模式上主要有以下五种：

（一）基于国外大宗进口商品向国内市场分销的物流运作模式

利用国际物流园区作为国际大宗进口商品物流分拨基地，并面向国内市场开展分销活动，是目前中国市场上一些跨国公司和具有较强专业性国际企业的一种主要运作方式。以保税区为分拨基地的物流活动的主要优势在于：缓征进口税，减少企业的资金占用；能够根据客户要求及时报关进口手续，保证现货交易，避免交货延误；利用园区保税区低成本的物流及相关服务设施，降低分销活动中的物流成本；便于开展售后服务，提高客户服务质量。以保税区为分拨基地的物流活动的运作基本流程如图4 - 14 所示。

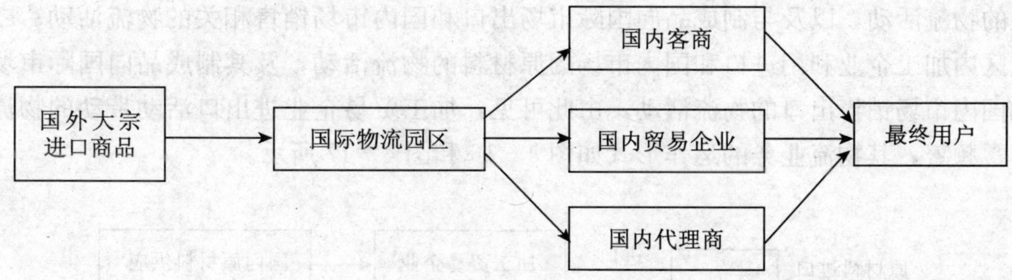


**图 4－14　国外大宗进口商品的分拨物流运作**

资料来源：温卫娟．保税区物流运作模式探讨［J］．物流管理，2007，9：12—13.

（二）基于国内出口商品在园区集结和配送的物流业务运作模式

随着全球经济一体化进程的加快和中国商品国际竞争力的增强，跨国采购活动已日益频繁地出现在中国市场，许多生产性跨国公司、国际大型零售企业和专业化国际采购公司的国际采购网络正在向中国延伸。同时，国内一些新兴的企业集团和贸易公司也在加大开拓市场和整合出口渠道和资源的力度，开始重视利用国际物流园区作为出口商品的集配中心。因此，基于出口商品集散的物流业务成了国际物流运作的又一主要方式。其主要优势在于：便于根据国际市场生产和销售需求，提供配套商品和服务；出口企业能够在商品离境之前享受出口退税、结汇等贸易优惠政策，加快资金周转；降低出口企业的市场风险，缩短理赔、补货及调换商品的时间，减少企业损失。

出口商品集散中心的物流功能除基本的仓储、运输、流通加工、报关服务及信息服务等基本服务和增值服务外，还需要提供商检服务，以在保税区这样的“境内关外”区域发现出口商品的问题，并在货物离境出区之前完成可能出现的理赔、退货、补货、调换等出口后续工作。出口商品集散的物流流程如图 4－15 所示。

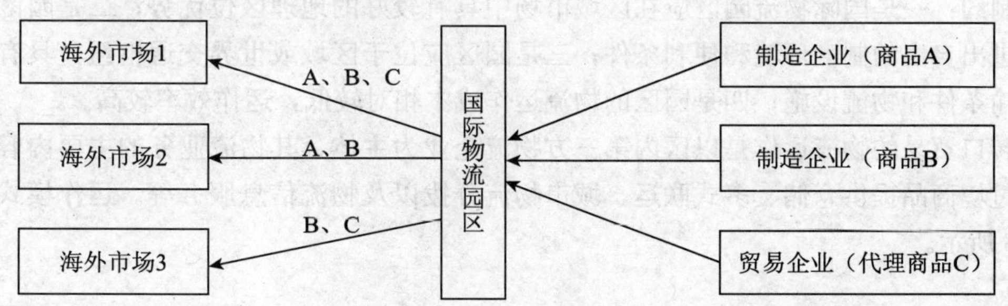


**图 4－15　国内出口商品在园区集结和配送的物流业务运作**

资料来源：温卫娟．保税区物流运作模式探讨［J］．物流管理，2007（9）：12—13.

（三）基于加工贸易的国外原材料进口与制成品出口的物流业务运作模式

加工贸易是我国国际贸易中最为重要的贸易方式之一，也是支撑我国国际物流园区发展，特别是物流功能发展的主要动力。从保税区的实际运行情况来看，与加工贸易有关的物流活动可以分为两种类型：一是与非保税区加工贸易企业从国际市场进口原材料有关的物流活动，以及与制成品向国际市场出口和国内市场销售相关的物流活动；二是保税区内加工企业利用进口和国内市场的原材料的物流活动，及其制成品向国际市场出口和国内市场销售出口的物流活动。由此可见，加工贸易企业进出口活动带动的物流活动非常频繁，其物流业务的运作形式如图 4-16 和图 4-17 所示。

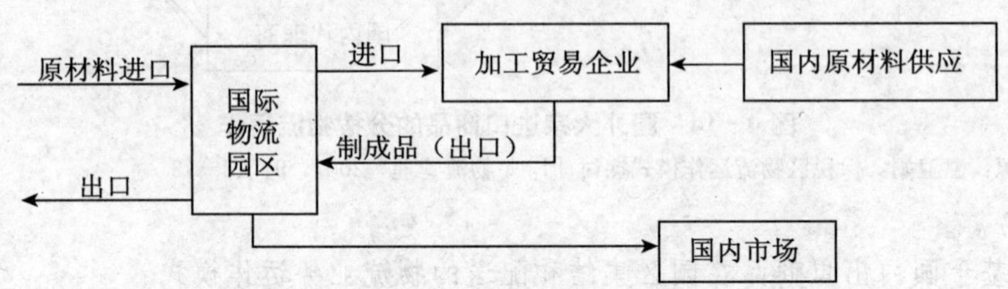


**图 4-16　园区内非保税区加工贸易物流运作**

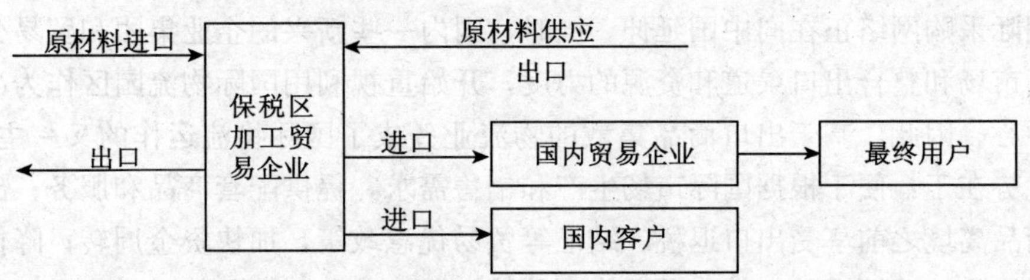


**图 4-17　园区内保税区加工贸易物流运作**

资料来源：温卫娟．保税区物流运作模式探讨［J］．物流管理，2007（9）：12-13.

（四）基于转口贸易的物流运作模式

转口贸易是国际物流园区的重要功能之一。转口贸易的开展和扩大，受到多方面因素的制约：一是国际物流园区应在区域市场中具有较好的地理区位优势；二是园区能够提供进出自由的制度环境和便利条件；三是园区应位于区域或世界交通枢纽，具有良好的运输条件和物流设施；四是园区的物流运作成本相对较低，运作效率较高。

转口贸易的物流运作是以区内第三方物流企业为主体，其物流业务的主要内容是为转口过境商品提供仓储、多式联运、城市物流分拨以及物流信息服务等。运作模式如图 4-18 所示。

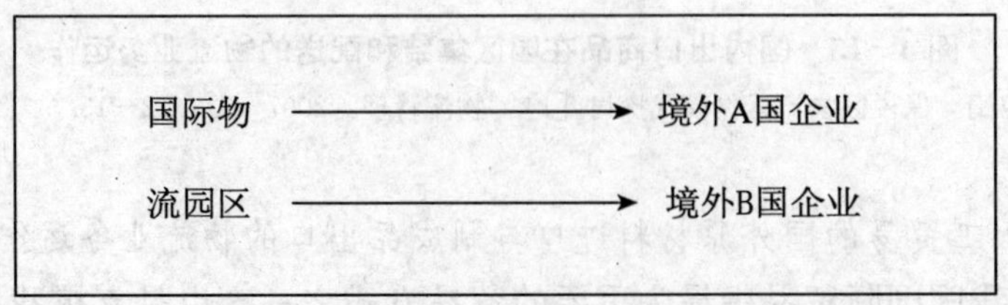


**图 4-18　国际物流园区转口贸易物流运作**

（五）基于国际商品展示的物流业务运作模式

国际物流园区（保税区）的商品展示功能是扩大园区贸易进口和加工贸易增长的一个重要辅助功能。该功能对于中国尤为重要，因为中国在国际供应链中扮演着越来越重要的角色，更多的国际商品将进入中国市场。以国际商品展示为基础的物流运作基本类似于大宗进口商品的分拨和配送物流，但运作主体是园区内的物流企业。进口物流的批量将随国内需求的增长逐步扩大。

**专栏 4.8　张家港保税物流园区的八大业务流程**

张家港保税物流园区的业务流程包括：①进区出口退税、分拆集拼、集运离境：国内采购货物以视同出口方式先进入物流园区实现退税（增值税、消费税），经过货物的增值服务和综合处理，通过园区外卡口的海运直通道装船离境；②进区出口退税、增值服务、进口征税：国内采购货物以视同出口方式先进入物流园区实现退税（增值税、消费税），经过货物的增值服务和综合处理，征税后通过园区内卡口进口；③进区出口退税、凭手册出区、保税加工：国内部件以视同出口方式进入物流园区退税后，再通过手册进口或电子联网方式结转至区外保税工厂加工后再出口；④进口配送、分批出区、集中报关：在物流园区内储存的保税货物，在担保金制度下，以分批出区、集中报关的方式进口，通过内卡口进入国内市场；⑤国际中转、两次拼箱：境内（外）不同起运港的拼箱货物在物流园区中转，进行拆箱重组，二次拼箱后，向境外（内）同一目的港发送；⑥国际中转、延迟转运、进出口集运：国际集装箱在物流园区进行保税堆存，待国际、国内市场买家确定后快速运往国内外指定目的港；⑦国内进口中转：不同国际起运港进入物流园区的货物经过拼箱重组后，向国内海关监管区，通过水水联运、水陆联运实现保税状态移动；⑧国内出口中转：不同国内起运港已结关货物，进入物流园区作为国际中转货物，与物流园区的货物进行拼箱重组，发送至国际同一目的港。

（资料来源：张家港保税区物流园区的运作流程，www.zjgftz.gov.cn.）

## 三、物流企业的新型运营模式

（一）战略联盟模式

战略联盟模式是指物流企业以契约形式结成战略联盟，实现内部信息共享和信息交流，相互间协作，形成物流网络系统。国内物流企业尤其是中小型民营企业自身力量薄弱，难以与大型跨国物流企业竞争，因此其发展方向是相互之间的横向或纵向联盟。目前我国的电子商务物流企业大多属于这种运营模式。

战略联盟模式的特征是：①联盟企业信息处理可以共同租用某信息经营商的信息平台，由信息经营商负责收集处理信息，也可连接联盟内部各成员的共享数据库实现信息共享和信息沟通；②联盟企业间实现了信息共享和信息交流，并以信息为指导制订运营计划，在联盟内部优化资源；③信息平台可作为交易系统，完成产销双方的订单和对物流服务的预定购买；④联盟内部各实体实行协作，某些票据联盟内部通用，可减少中间手续，提高效率，使得供应链衔接更顺畅；⑤联盟成员之间是合作伙伴关系，实行独立核算，彼此间服务租用，因此有时很难协调彼此利益，在利益不一致的情况下，要实现资源更大范围的优化存在一定的局限。

### 专栏 4.9　全球最大物流企业 UPS 与阿里巴巴结成战略联盟

在“全球速卖通”销售货品的供应商多是阿里巴巴的长期会员，多年来通过网站与海外买家进行交易。

UPS 全球电子商务营销副总裁佐丹·克莱塔表示，推动中国电子商务发展是 UPS 整体市场战略的一部分，通过与阿里巴巴结盟，能够为中小型企业在全球范围内接触到更多新的买家和卖家提供协助。

事实上，自 2009 年起，国际快递巨头就尝试与大型网商合作。UPS 携手敦煌网整合在线运输系统，为中小企业海外贸易提供全程货运解决方案。而 FedEx 也成为淘宝“推荐物流商”，甚至被一些网购平台列为“独家物流商”。据一位经营贵重商品的在线商家介绍，除了偏远地区用 EMS 外，其他地区一般会选择国际快递公司。

（资料来源：全球最大物流企业 UPS 与阿里巴巴结成战略联盟，中国信息产业网。）

（二）综合物流模式

综合物流模式是指集仓储、运输、配送、信息处理和其他一些物流服务（如包装、装卸、流通加工等）为一体，提供综合性、一体化物流服务的运营模式。

综合物流模式的构建必须建立在整体网络设计的基础上。整体网络设计需确定每一种设施的数量、地理位置、各自承担的工作，其中信息中心的系统设计和功能设计以及配送中心的选址和流程设计至关重要。

综合物流模式的构建主要有三种方案。方案一是投资新建或改建自已原有设备，完善综合物流设施，该方案适合迫切需要转型的大型运输、仓储企业，可充分利用原有资源和专项实力，有较强的竞争力；方案二是收购小型仓储、运输企业以及一部分生产、销售企业原有的自备车辆和仓库，对其进行整编改造；方案三是原有的专项物流运营商以入股方式进行联合，这种方式初期投入资金少，组建周期短，联合后各单项物流运营商仍致力于自身专长，参股方式可避免联盟模式中存在的利益矛盾，更利于协作。物流网络结构有两种模式：一种是综合物流中心连接配送网点的模式，另一种是连锁经营模式。前者适合在主城区外建立综合物流中心，在客户集中区建立若干配送网点或营业部，采取统一集货、逐层配送的方式。后者是在业务涉及的主要城市建立连锁公司，负责该城市和周围地区的物流业务，地区间各连锁店实行协作。

（三）行业物流服务模式

行业物流服务模式是指在拥有丰富目标行业经验和对客户需求深度理解的基础上，运用现代技术手段和专业化的经营管理方式，为某一行业领域提供全程或部分专业化物流服务的模式。

这种经营模式的主要特点是，将物流服务的对象分为几种特定的行业领域，针对个别行业进行深入细致的研究，掌握该行业物流运作特性，提供具有特色的专业化服务。行业物流服务模式集企业的经营理念、业务、管理、人才、资金等各方面优势于一体，是现代物流企业核心竞争力和竞争优势的集中体现。商业运作方式决定着物流服务方式，只有深入掌握了目标行业或项目的具体特征，才能提供专业化的物流服务。实际上，行业物流服务模式体现了物流市场细分化，而细分化是近年来我国物流市场发展的一个趋势。服装、家电、医药、书籍、日用品、汽车、电子产品等行业或领域释放的不同类型的物流需求，为物流企业经营提供了广阔的市场空间和发展机遇。

### 专栏 4.10　北京星网物流中心

北京星网物流中心是金鹰公司（MSAS和SINOTRANS在1996年成立的合资公司）专门为诺基亚公司兴建的物流设施。它坐落在诺基亚星网工业园内，将园区内诺基亚的区域供应商和制造厂商紧密地连接在一起。金鹰公司提供的无缝隙供应链解决方案有助于降低整个园区内企业的供应链成本，实现低成本运营目标。

（资料来源：翁心刚．物流企业经营模式研究［EM/OL］．阳光论文网，www. sunlw. com.）

（四）项目物流服务模式

项目物流服务模式是指为具体的项目提供全程物流服务的模式。

这类需求主要集中在我国一些重大的基础设施建设项目和综合性的展会、运动会中，如三峡水电站、秦山核电站、国家体育馆等基建项目以及奥运会、展览会等大宗商品的运输物流服务，实施这种模式的物流企业必须具备丰富的物流运作经验和强大的企业实力。中外运物流在项目物流方面获得了巨大效益。长期以来，中外运在国内外建设起完善的业务运营网络，在为国内各大外贸公司提供全面运输管理服务的同时，为国家重点工程项目的生产物资提供国际多式联运，还为我国大型国际展览会、博览会和运动会承担物品运输任务，取得了丰富的经验。

（五）定制式物流服务模式

定制式物流服务模式是指将物流服务具体到某个客户，为该客户提供从原材料采购到产成品销售过程中各个环节的全程物流服务模式，涉及储存、运输、加工、包装、配送、咨询等全部业务，甚至还包括订单管理、库存管理、供应商协调等在内的其他服务。现代物流服务强调与客户建立战略协作伙伴关系，采用定制式服务模式不仅能保证物流企业有稳定的业务，而且能节省企业的运作成本。物流企业可以根据客户的实际情况，制定个性化的物流运作方案，以最低的成本提供高效的服务。

（六）物流咨询服务模式

该模式是利用专业人才优势，深入到企业内部，为其提供市场调查分析、物流系统规划、成本控制、企业流程再造等相关服务的经营模式。企业在为客户提供物流咨询服务的同时，帮助企业整合业务流程与供应链上下游关系，进而提供全套的物流解决方案。企业通过物流咨询带动其他物流服务的销售，这种服务区别于一般仓储、运输企业的单一服务，有助于增强企业竞争力。在具体的业务运作中，可以采用大客户经理负责制来实施物流咨询服务。大客户经理要针对每个客户的不同特点，成立独立的项目组，组织行业专家、大客户代表、作业管理部门、项目经理等人员，自始至终负责整个项目的销售、方案设计与服务实施，保证项目的实施效果，提高客户满意度。

**专栏 4.11　第四方物流成功案例：亚洲物流（天津）有限公司**

亚洲物流（天津）有限公司（以下简称“亚物天津”）是中国第一家网络物流服务商。在充分分析中国物流现状的基础上，亚物天津创造性地以网上信息联网和网下业务联网的结合为核心，通过全国 87 个城市的分公司和加盟客户的联网运作，提供客户所需的整套物流服务，从而创立了一套卓有成效的现代网络物流方案。

亚物天津最大的核心优势是不断扩张的运营网络，是通过设立在 87 个城市中的 150 家分公司及办事处，形成了基于互联网的中国覆盖面最广的省际公路物流网络，它全面提升了物流服务的竞争力。

亚物天津定位于第四方物流服务商，原因是公司没有自己的仓库及车队，而是通过长租或控股的运输车队拥有重型、中型、小型、货柜等车况良好的各类车辆 1000 台来适合不同的货运要求。仓储也是通过长租或控股的方式拥有的。由于车是车主的，仓是仓主的，亚物天津可以减省不少车辆或仓库维修及保养的烦恼。亚物天津拥有的只是一张覆盖全国的物流运营网络，一个信息交流、搭配、交易的网络平台及一支有物流行业经验的专家队伍。

亚物天津有点儿像戴尔公司，卖的是一种组合产品。戴尔是因减少了中间环节而减少了成本，而配货这个行业在内部环节的良好协调、搭配而减少的成本更明显。戴尔是因大量定制而有了规模效应的成本降低，而亚物天津是因为有了布点范围的规模效应，先有了一个 40%～50%的成本降低空间，然后才是因为能处理的业务量大而带来的规模性成本降低。以干线物流领域的完善网络为运作平台，以联网动态配合为核心优势，并以各种先进技术的应用和与其他优势资源的结盟为辅助手段，亚物天津在干线物流的非单企服务领域（行业基础服务或称之为第四方），打造了国内的最佳物流基础业务服务网，成为规模最大、服务效率和能力最强的唯一领先的第四方物流服务企业。

（资料来源：第四方物流案例：亚洲物流（天津）有限公司，中国物流交易中心·物流要上网.）

（七）物流管理输出模式

物流管理输出模式是指物流企业在拓展国内企业市场时，强调物流企业为客户企业提供物流管理与运作的技术指导，由物流企业接管该客户企业的物流设施或成立合资公司承担物流具体运作任务的服务模式。

采用物流管理输出方式，可有效减少客户企业内部物流运作与管理人员的抵制，可以利用客户企业原有设备、网络和人员，避免大量的资本性投入，并迅速获取运作能

力，加快响应市场需求的速度。具体运作方式有两种：①系统接管客户物流资产。如果客户在某地区已有车辆、设施、员工等物流资产，而物流企业需要在该地区建立物流系统，则可以接管客户的物流资产和员工，服务于该客户与周边区域，通过资源共享提高设施利用率并分担管理成本。②与客户合资成立物流公司。对客户来说，由于注入了专业物流公司的资本和技能，而可以提高客户的物流服务能力和水平；同时，客户保留物流设施的部分产权并参与物流运营，这有利于保持客户对物流过程的有效控制。物流企业则可以借助客户的资源开展物流经营，长期保持与客户的业务关系。

**专栏 4.12 招商局物流集团与青岛啤酒股份有限公司的合作**

招商局物流集团与青岛啤酒股份有限公司的合作是物流管理输出模式的一个成功案例。招商局物流集团通过对青啤发展现状和其他多方信息的分析，结合青啤自身拥有大量物流设施、设备与人员的实际情况，提出与青啤成立合资物流公司，购买或租赁青啤原有物流设施、设备，并接收青啤原有运作和管理人员。这种模式确保了招商局物流能够将其较为先进的现代物流理念、员工分配制度、操作流程的再造方法，渐进地、完整地灌输到合资公司的物流管理中。合资公司开始运作的三周时间内，青啤原有车辆利用率就提高了60%，每年仅公路运输就将为青啤节省物流成本近700万元。

（资料来源：翁心刚．物流企业经营模式研究［EM/OL］．阳光论文网，www. sunlw. com.）

（八）物流连锁经营模式

物流连锁经营模式是指特许者将自己所拥有的商标（包括服务商标）、商号、产品、专利和特有技术、经营方式等，以特许经营合同的形式授予被特许者使用；被特许者按合同规定，在特许者统一的业务模式下从事经营活动，并向特许者支付相应费用的物流经营形式。

物流连锁经营借鉴了成功的商业模式，可以迅速扩大企业规模，实现汇集资金、人才、客户资源的目标，同时在连锁企业内部，可以利用互联网技术建立信息化的管理系统，更大程度上整合物流资源，并用以支持管理和业务操作，为客户提供全程的物流服务。

## 第五节 配送中心的配送模式

### 一、配送中心的基本含义和特点

配送中心是从事货物的配备（集货、储存、加工、分货拣货和配货）和组织对客户的送货（运输），以高效率在一定区域范围内实现对生产、销售等物流活动支持的物流节点和组织。其主要特点有：是物流节点和物流活动的集聚地；具有一定（有限）的辐射（服务）范围；是一种物流服务的组织形式；主要用于支持生产或销售活动。

## 二、配送中心的类型

### （一）按配送中心的经济功能分类

1. 供应型配送中心

供应型配送中心是以向客户供应商品，提供后勤保障为主要特点的配送中心。在实践中，许多配送中心与生产企业或大型商业组织建立起相对稳定的供需关系，专门为其供应原材料、零配件和其他商品，这类配送中心即属于供应型配送中心。例如，为大型连锁超级市场组织供应的配送中心；使零件加工厂对装配厂的供应合理化的为大型零件加工厂送货的零件配送中心。由上海 6 家造船厂共同组建的钢板配送中心，也属于这种类型。

2. 销售型配送中心

销售型配送中心是以销售商品为目的，借助配送者以服务手段来开展经营活动的配送中心。这种类型的配送中心多是商品生产者和经营者为促进商品的销售，通过为客户代办理货、加工和送货等服务手段来降低物流成本，提高服务质量，并采用各种现代物流技术，装备各种物流设施，运用现代配送理念来组织物流活动而形成的配送中心。这类配送中心是典型的配销经营模式，目前国内外的配送中心都向以销售配送中心为主的方向发展。

3. 储存型配送中心

储存型配送中心是充分强化商品的储备和储存功能，在充分发挥储存作用的基础上开展配送活动的配送中心。在买方市场下，有很强储存功能的配送中心一般需要有较大库存支持企业成品销售，其配送中心可能有较强储存功能；在卖方市场下，企业原材料、零部件供应需要有较大库存支持，这种供应配送中心也有较强的储存功能。大范围配送的配送中心，需要有较大库存，也可能是储存型配送中心。这类配送中心通常具有较大规模的仓库和储物场地，在资源紧缺条件下，能形成储备丰富的资源优势。例如，美国福来明公司的食品配送中心，有 7 万多平方米的储备仓库，经营商品达 8 万多种；瑞士 CIBA－CEICY 公司的配送中心拥有世界上规模居于前列的储存库，可储存 4 万个托盘。我国目前拟建的配送中心，都采用集中库存形式，库存量较大，多为储存型配送中心。

4. 加工型配送中心

加工型配送中心以加工产品为主，因此在其配送作业流程中，储存作业和加工作业居主导地位。由于流通加工多为单品种、大批量产品的加工作业，并且是按照客户的要求安排的，因此，虽然加工型配送中心的进货量比较大，但是分类、分拣工作量并不太大。此外，因为加工的产品品种较少，一般都不单独设立拣选、配货等环节。加工好的产品（特别是生产资料产品），通常可直接运到按客户户头划定的货位区内，并且要进行包装、配货。我国的生产资料配送活动中有许多加工型配送中心，如上海市开展的配煤配送，在配送点中进行了配煤加工；又如上海 6 家船厂联建的船板处理配送中心。另

外，水泥等建筑材料的配送供应中，也需要在配送中心进行大量的加工活动，这些都属于加工型配送中心。

5. 流通型配送中心

流通型配送中心是向客户提供库存补充，基本上没有长期储存功能，仅以暂存或随进随出方式进行配货、送货的配送中心。这种配送中心的典型方式是，大量货物整进并按一定批量整出。通常采用大型分货机，进货时直接进入分货机传送带，分送到各客户货位或直接分送到配送汽车上，货物在配送中心里仅作稍许停滞。因此，流通型配送中心应充分考虑市场因素，在地理上定位于接近主要的客户地点，可获得从制造点到物流中心货物集中运输的最大距离，而向客户的第二程零货运输则相对较短，从而方便以最低成本的方法迅速补充库存，其规模大小应取决于被要求的送货速度、平均订货的多少以及单位用地成本。例如，日本的阪神配送中心内只有暂存空间，大量储存则依靠一个大型补给仓库。

（二）按配送中心的归属及服务范围分类

1. 自用（自有）型配送中心

自用型配送中心是指隶属于某一个企业或企业集团，通常只为本企业服务，不对本企业或企业集团外开展配送业务的配送中心。例如，美国沃尔玛商品公司的配送中心，是其公司独资建立，专门为本公司所属的零售门店配送商品。这类配送中心可以在逐步对外开展配送业务的基础上向公用型配送中心转化。

2. 公用型配送中心

公用型配送中心是以赢利为目的，面向社会开展后勤服务的配送组织。其主要特点是服务范围不局限于某一企业或企业集团内部。随着物流业的发展，物流服务逐步从其他行业中分化独立出来，向社会化方向发展，公用型配送中心作为社会化物流的一种组织形式在国内外迅速普及起来。

（三）按配送中心辐射范围分类

1. 城市配送中心

城市配送中心的配送范围以城市为中心，由于其配送运输距离通常在汽车运输的经济里程内，可以采用汽车作为运输工具，将商品直接配送到最终客户，其服务对象多为连锁零售商业的门店或最终消费者。其特点是运距短，反应能力强，因而从事多品种、少批量、多客户的配送较有优势。比如深圳的商业连锁零售机构自建的配送中心以及北京食品配送中心。

2. 区域配送中心

区域配送中心库存商品准备充分，辐射能力强，因而其配送范围广，可以跨省、市，甚至跨国开展配送业务。一般而言，它的配送规模较大，配送批量也较大，其配送客户通常主要是下一级的城市配送中心，有时也零星地配送给营业所、商店、批发商和企业客户。这种类型的配送中心在国外已经相当普遍，一般采用大型连锁集团建设区域配送中心，负责某一区域范围内部分商品的集中采购，再配送给下一级配送中心的形式。比如日本的贩神配送中心，美国马特公司的配送中心、蒙克斯帕配送中心等。

（四）按服务对象范围分类

1. 专业配送中心

专业配送中心大体上有两种含义，第一种含义是配送对象、配送技术是属于某一专业范畴，在某一专业范畴有一定的综合性，综合这一专业的多种物资进行配送，如多数制造业的销售中心，我国目前在石家庄、上海等地建的配送中心大多采用这一形式；第二种含义是，以配送为专业化职能，基本上不从事经营的服务型配送中心。

2. 柔性配送中心

在某种程度上这种配送中心和第二种专业配送中心对立，它不向固定化、专业化方向发展，而是能随时变化，对客户要求有很强适应性，不固定供需关系，不断发展配送客户并向改变配送客户的方向发展。

（五）按运营主体分类

1. 以仓储运输业为主体的配送中心

这种配送中心最强的是运输配送能力，其地理位置优越，如港湾、铁路和公路枢纽，可迅速将到达的货物配送给客户。它提供仓储储位给制造商或供应商，而配送中心的货物仍属于制造商或供应商所有，配送中心只是提供仓储管理和运输配送服务。这种配送中心的社会化程度往往较高。

2. 以制造商为主体的配送中心

这种配送中心里的商品100％由自己生产制造，用以降低流通费用、提高售后服务质量和及时地将预先配齐的成组元器件运送到规定的加工和装配工位。从商品制造到生产出来后条码和包装的配合等多方面都较易控制，所以按照现代化、自动化的配送中心设计比较容易，但不具备社会化的要求。

3. 以批发商为主体的配送中心

商品从制造者到消费者手中之间的传统流通有一个环节叫批发。一般是按部门或商品类别的不同，把每个制造厂的商品集中起来，然后以单一品种或搭配向消费地的零售商进行配送。这种配送中心的商品来自各个制造商，它所进行的一项重要的活动便是对商品进行汇总和再销售，而它的全部进货和出货都是社会配送的，社会化程度高。

4. 以零售业为主体的配送中心

零售商发展到一定规模后就可以考虑建立自己的配送中心，为专业商品零售店、超级市场、百货商店、建材商场、粮油食品商店、宾馆饭店等服务。社会化程度介于前两者之间。

## 三、配送的基本模式

（一）按配送商品种类及数量分类

1. 多品种、少批量配送

按客户要求，将所需的各种物品配备齐全，凑整装车后由配送中心送达客户。往往是多客户、多频次零售业和生产配送。

2. 少品种、大批量配送

工业企业需要量较大的商品，单独一个品种或几个品种就可达到较大输送量，可实

行整车运输，这种商品往往不需要再与其他商品搭配，可由专业性很强的配送中心实行配送。此类商品有农业产品、汽车整车、钢材和建材等。

3. 配套成套配送

按企业生产需要，尤其是装配型企业生产需要，将生产每一台件所需全部零部件配齐，按生产节奏定时送达生产企业，生产企业随即可将此成套零部件送入生产线装配产品。这种配送方式，配送企业承担了生产企业大部分供应工作，使生产企业专注于生产，与多品种、少批量配送效果相同。

（二）按配送时间及数量分类

1. 定时配送

按规定时间间隔进行配送，如数天或数小时一次等，每次配送的品种及数量可按计划执行，也可在配送之前用已商定的联络方式（如电话、计算机终端输入等）通知配送品种和数量。这种方式由于时间固定，易于安排工作计划，易于计划使用车辆，对客户来讲，也易于安排接货力量。但是，由于配送物品种类变化，配货、装货难度大，在要求配送数量变化较大时，也会使配送运力安排出现困难，如送牛奶、邮政、生鲜等。

2. 定量配送

按规定的批量在一个指定的时间范围内进行配送。这种方式数量固定，备货工作较为简单，可以按托盘、集装箱及车辆的装载能力规定配送的定量，能有效利用托盘、集装箱等集装方式，也可做到整车配送，配送效率较高，运力利用也较好。对客户来讲，每次都处理同等数量的货物，有利于人力、物力的准备，如送牛奶和具有稳定生产计划的生产配送等。

3. 定时定量配送

按照规定配送时间和配送数量进行配送。这种方式兼有定时、定量两种方式的优点，但特殊性强，计划难度大，适合采用的对象不多，不是一种普遍的方式。

4. 定时定路线配送

在规定的运行路线上制定到达时间表，按运行时间表进行配送，客户可按规定路线及规定时间接货及提出配送要求。这种方式有利于计划、安排车辆及驾驶人员。在配送客户较多的地区，也可免去过分复杂的配送要求所造成的配送组织工作及车辆安排的困难。对客户来讲，既可对一定路线、一定时间进行选择，又可有计划地安排接货力量，但这种方式应用领域也是有限的。

5. 即时配送

完全按客户突然提出的配送要求的时间和数量进行配送的方式，是一种有很高的灵活性的应急方式，采用这种方式的品种可以实现保险储备的零库存，即用即时配送代替保险储备。

（三）按经营形式不同分类

1. 销售配送

配送企业是销售型企业，它是销售企业作为销售战略一环所进行的促销性配送。配送对象和客户依据对市场的占有情况而定，配送的经营状况也取决于市场状况，配送随机性较强而计划性较差。各种类型的商店配送一般属于销售配送。

2. 供应配送

客户为了自己的供应需要所采取的配送形式，往往由客户或客户集团组建配送据点，集中组织大批量进货，然后向本企业配送或向本企业集团若干企业配送。这种配送形式主要用于组织对本企业的供应，尤其在大型企业、企业集团或联合公司中采用较多。

3. 销售—供应一体化配送

企业对于基本固定的客户或基本确定的配送产品，可以在自己销售的同时承担客户计划供应者的职能，销售者同时又成为客户的供应代理人。这种配送方式使销售企业获得稳定的客户群和销售渠道，有利于本身的稳定持续发展，有利于扩大销售数量。对客户来讲，能获得稳定的供应，可大大节约本身为组织供应所耗用的人力、物力、财力，销售者能有效控制进货渠道，这是任何企业供应机构难以做到的，因而供应保证程度可大大提高，如批发企业和制造企业采取的VMI管理模式。

4. 代存、代供配送

客户将属于自己的货物委托配送企业代存、代供，有时还委托代订，然后组织对自身的配送。这种配送在实施时不发生商品所有权的转移，配送企业只是客户的委托代理人，商品所有权在配送前后都属于客户，所发生的只是商品物理位置的转移。配送企业仅从代存、代供中获取收益，而不能获得商品销售的经营性收益。

(四) 按配送企业专业化程度分类

1. 综合配送

配送商品种类较多，不同专业领域的产品在一个配送网点中组织对客户的配送，这类配送由于综合性较强，因此被称为综合配送。

综合配送可减少客户组织进货的负担，只需和少数配送企业联系便可解决多种需求的配送，对客户的服务性较强。但由于产品性能、形状差别很大，在组织时技术难度较大。一般只是在形状相同或相近的不同类产品方面实行综合配送。

2. 专业配送

根据产品性状不同适当划分专业领域的配送方式。专业配送并非越细分越好，实际上在同一性状而类别不同的产品方面，也是有一定综合性的。

专业配送的优势在于可按专业的共同要求优化配送设施，优选配送机械及配送车辆，制定实用性强的工艺流程，从而大大提高配送各环节工作的效率。现在已形成专业配送形式的领域有很多，如中小件杂货配送，金属材料配送，燃料煤、油配送，水泥配送，建材配送，化工产品配送，生鲜食品配送等。

## 第六节　物流业集群运作模式

物流业集群化发展是物流产业发展的核心和方向，物流业的集群化是以物流园区、中心为载体，以物流服务对象的物流需求特点为基础，结合物流园区、中心所在城市和

区域的交通和区位条件进行物流运作活动。

物流业集群化的物流运作模式主要有以下五种：基于产业聚集区的区域综合型物流运作模式；基于产业链（集群）的区域供应链一体化型物流运作模式；基于区域货物枢纽（港口）的多功能服务型的物流运作模式；基于区域交易市场的交易服务、仓储配送型物流运作模式；以及基于城市商贸业的配送物流运作模式。

## 一、基于产业聚集区的区域综合型物流运作模式

基于产业聚集区的区域综合型物流运作模式，是以区域内的产业聚集区为背景，以产业聚集区内产业组织为物流服务的主要对象，为其提供区域性物流服务的现代物流运作模式。

在我国产业聚集区主要表现为：高新技术开发区、经济技术开发区等一些特定区域。在这些区域中，产业组织之间的关联程度很不相同，其主要原因是开发区的优惠政策引导的结果。在产业组织关联度强的产业聚集区中，物流业的物流模式更多地表现为供应链一体化的模式；而在产业组织关联度弱的产业聚集区中，由于产业组织对物流服务的时间性、流体、流向、流程、流量、载体等方面的差异性较为突出，因此对物流服务的综合能力的要求更高，物流业的物流活动则表现为综合物流服务模式。

基于产业聚集区的区域综合型物流服务模式如图 4-19 所示。

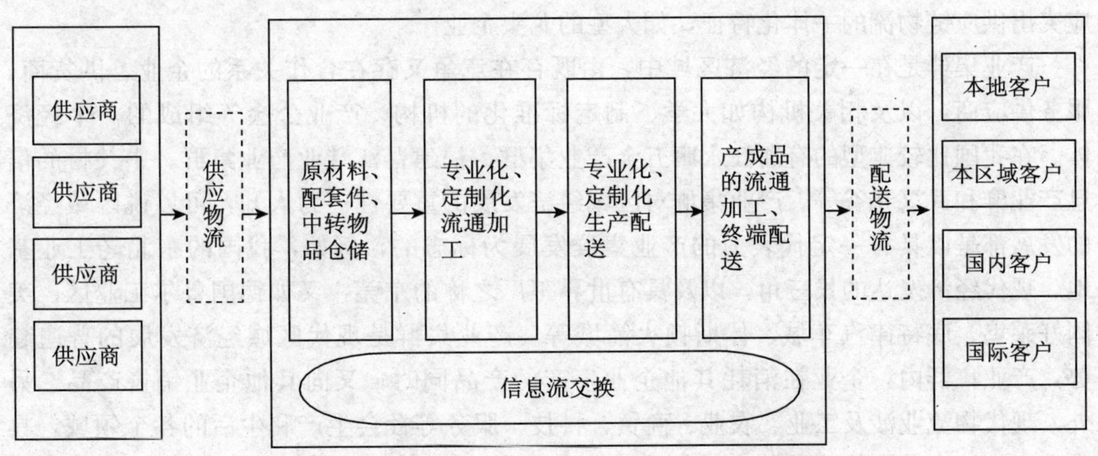


图 4-19　基于产业聚集区的区域综合物流服务模式

### 专栏 4.13　重庆西永综合保税物流园区

在功能运作上，重庆西永综合保税物流园区顺应区内惠普、富士康等 IT 企业运作要求以及现代电子制造业发展的需要，区内主要业务包括保税加工和保税物流。惠普、富士康、广达、英业达等多家 IT 巨头将陆续在西永综合保税物流园区内开工投产。

依照重庆官方的思路，西永综合保税物流园区将和 2008 年挂牌的重庆两路寸滩保

税港区“错位布局、互为补充、共同发展”。依托长江水港和机场空港的两路寸滩保税港区将突出为大型仓储、分拨、配送、采购类物流企业和出口加工贸易类企业服务，侧重口岸物流及中转贸易等功能，辐射重庆及周边省市。而西永综合保税物流园区将依托西永微电园高科技项目集群优势，突出吸引 IT 类企业入驻，突出保税加工和保税物流功能。

依照重庆相关产业规划，5 年内西永综合保税物流园区将形成年产 8000 万台笔记本电脑的产能，而区内电子产业年产值也将达到 5000 亿元人民币，约相当于目前重庆工业总产值的 2/3。在西永综合保税物流园区挂牌后，中国台湾地区英业达集团在该区内的生产基地也正式开工建设。英业达是全球最大的服务器制造商与全球排名前五的笔记本代工厂商，已与重庆签订了在当地设厂的协议。

综合保税物流园区是经国务院批准设立在内陆地区的具有保税港区功能的海关特殊监管区域，执行保税港区的税收和外汇政策。综合保税物流园区整合了原来的保税区、保税物流园区和出口加工区等多种外向型功能区的功能。

（资料来源：中国规划面积最大综合保税物流园区落户重庆．中国新闻网，www.china.eastday.com.）

## 二、基于产业链（集群）的区域供应链一体化型物流运作模式

基于产业链（集群）的区域供应链一体化型物流运作模式，是区域内围绕主导产业形成的产业链，它具有相对稳定的供应链物流关系。以此为背景所进行的区域物流活动应突出供应链物流的一体化特征，如大型的龙头企业。

产业集群是在一定的经济区域中，由既存在竞争又存在合作关系的企业、供货商、服务供应商，以及相关机构如大学、制定标准化的机构、产业公会等组成的一个经济体。在我国比较典型的有浙江永康五金产业集群、福建晋江鞋业产业集群、中关村的信息产业群和武汉光谷等。产业集群对区域经济发展的重要性广为人知，可以说区域经济的发展都是以具有一定代表力的产业集群发展为标志的，例如，我国的东北老工业基地、现代经济发达的长三角，以及具有世界工厂之称的东莞，又如德国鲁尔工业区、美国好莱坞、底特律汽车城、休斯顿火箭城等。产业集群是现代区域经济发展的普遍趋势，产业集群内，企业在消耗其他企业生产的产品同时，又向其他企业销售产品。另外，现代物流业涉及工业、农业、商贸、科技、服务等社会生产和生活的各个领域，具有高度的综合性。物流功能也从原来的简单分散运输、仓储转变为运输、仓储、包装、装卸搬运、流通加工、配送和物流信息等多个环节集成整合。因此，要支撑区域经济和产业集群的发展，必须建立与之相适应的、聚合的物流系统。总之现代物流业的发展是支撑产业聚集的基础，而现代物流业本身也必然遵循产业聚集发展的规律，在空间上形成区域化的趋势。

基于产业链（集群）的区域供应链一体化型物流运作模式如图 4－20 所示。

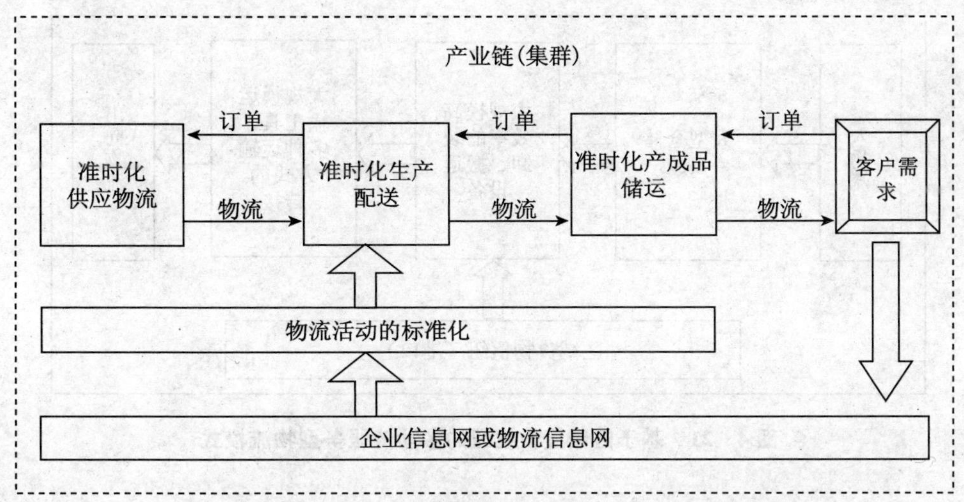


**图 4－20　基于产业链（集群）的区域供应链一体化型物流模式**

### 专栏 4.14　十堰市汉江工业物流园区

十堰市汉江工业物流园区以轮胎、钢材、汽车大总成、汽配等为主导产业形成相对稳定的供应链物流关系，并以此为背景嵌入其他产业的物流活动。汉江工业物流园区按照一轴、三组团、九区的结构布局。一轴为东西向的绿色生态保护轴，三组团为东部汉江组团、西部双楼门组团和双星轮胎组团，九区是在组团与生态保护组的基础上，根据功能的特征所形成的九大功能区。主要服务于东汽公司、双星轮胎厂十堰及周边地区，是面向陕、豫、川、渝地区，辐射全国并衔接国内外供应链的区域型综合物流园区，可促进第三方面物流的发展，预计 2015 年营业收入将达到 50 亿元以上。

（资料来源：十堰市人大信息网，关于将十堰市汉江工业物流园区纳入市工业园区建设.）

## 三、基于区域货物枢纽的多功能服务型物流运作模式

基于区域货物枢纽（港口）的多功能服务型的物流运作模式，是以区域的特殊地理位置为基础的（如港口等）承担区域内外货物中转、保税等枢纽功能的物流活动聚集区，以大批量货物集散为物流活动的主要特征，同时提供各种如海关、商检、动植物检疫、卫生检疫、货代和船代、保险等与物流活动相关服务的物流运作模式。因此，大批量仓储、搬运、装卸等是该模式物流活动的主要特征，而服务型的增值活动则是提高该模式物流活动效率与效益的关键。

基于区域货物枢纽的多功能服务型物流运营模式如图 4－21 所示。

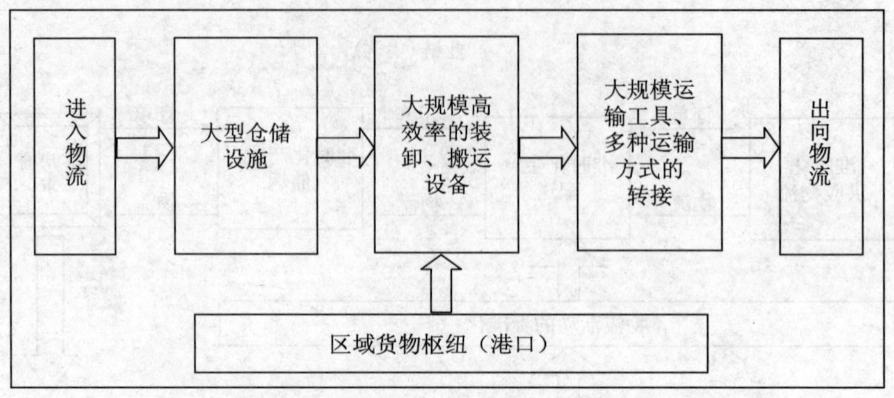


**图 4-21 基于区域货物枢纽的多功能服务型物流模式**

现就世界著名的区域货物枢纽（港口）介绍多功能服务型的物流运作模式。

（一）鹿特丹港模式

鹿特丹港位于莱茵河和马斯河入海的三角洲，濒临世界海运最繁忙的多佛尔海峡，是荷兰和欧盟的货物集散中心，有“欧洲门户”之称。该港多年雄踞世界第一大港的地位，鹿特丹港口物流的发展经验与模式如下：

1. 多样化的集装箱运输形式

鹿特丹港拥有欧洲最大的集装箱码头，其装卸过程完全由电脑控制，集装箱装卸量已超过 320 万标准箱。鹿特丹的集装箱运输形式主要有公路集装箱运输、铁路集装箱运输和驳船集装箱运输。

2. 港城一体化

鹿特丹作为重要的国际贸易中心和工业基地，在港区内实行“比自由港还自由”的政策，是一个典型的港城一体化的国际城市，拥有大约 3500 家国际贸易公司，拥有一条包括炼油、石油化工、船舶修造、港口机械和食品等部门的临海沿河工业带。

3. 现代化的港口建设

鹿特丹港以新航道为主轴，港池多采用挖入式，沿列于主航道两侧，按功能分设干散货、集装箱、滚装船、液货及原油等专用和多用码头，实行“保税仓库区”制度，构成由港口、铁路、公路、内河、管道和城市交通系统及机场连接的集疏运系统。

4. 功能齐全的配送园区

鹿特丹港在货物码头和联运设施附近大力规划建设物流园区，其主要功能有拆装箱、仓储、再包装、组装、贴标、分拣、测试、报关、集装箱堆存修理以及向欧洲各收货点配送等。物流园区发挥港口物流功能，提供一体化服务。

5. 不断创新的管理机制

鹿特丹港务管理局不断进行功能调整，由先前的港务管理功能向物流链管理功能转变，继续扩大港口区域，尝试使用近海运输、驳船和铁路等方式，加强对物流工作人员的教育和培训，建设信息港，发展增值物流。

（二）安特卫普港模式

安特卫普港位于比利时北部斯海尔德河下游，距北海约 80 千米处，是欧洲第二大港、世界第四大港。港口接近于欧洲主要生产和消费中心，吞吐量的一半为转口贸易，是欧洲汽车、纸张、新鲜水果等产品的分拨中心，运输量几乎全部是国际运输。其港口物流发展的经验与模式如下：

1. 完善的交通网络

安特卫普港与世界上 100 多个国家和地区建立了贸易关系，拥有 300 多条班轮航线，与世界上 800 多个港口相连，水运与以密集的高速公路、铁路为核心的陆运相衔接，形成完善的交通运输网络。

2. 良好的硬件设施

安特卫普港拥有汽车、钢材、煤炭、水果、粮食、木材、化肥、纸张和集装箱等专业码头，备有各式仓库和专用设备，建有炼油、化工、石化、汽车装备和船舶修理等工业开发区。

3. 现代化的信息服务

安特卫普港拥有现代化的 EDI 信息控制和电子数据交换系统，使用安特卫普信息控制系统（APICS）。私营行业还建立了安特卫普电子数据交换信息系统（SEAGHA），并与海关使用的 SADMEL 系统以及比利时铁路公司使用的中央电脑系统等其他电子数据交换网相连。

4. 政府支持创造优越的发展环境

比利时政府一直重视物流业的发展，提出要把安特卫普建成国际及地区首选的运输及物流枢纽中心，成立物流发展督导委员会和物流发展局，强化与港口物流相匹配的服务功能，健全法律制度，提供金融与保险等一系列物流援助和快捷高效的海关通关服务等。

从以上两大港口发展的状况和措施可以看出，作为区域货物枢纽的港口应向国际化、规模化、系统化发展，形成高度整合的“大物流”多功能服务型物流模式，进一步拓展服务功能的“增值物流”，打造技术密集型的“智能港”以及发展“虚拟物流链控制中心”是当前区域货物枢纽（港口）物流模式的主要特点和趋势。

## 四、基于区域交易市场的交易服务、仓储配送型物流运作模式

基于区域交易市场的交易服务、仓储配送型物流运作模式，是在已经形成的区域商品交易市场背景中，将市场交易服务与仓储、物品配送等活动相结合的一种物流运作模式。该模式物流活动的特征是：流体品种多样化，批量中，批次多，由于商品的特性导致了较大的需求不确定性，因而主要强调仓储和配送功能，建立虚拟的电子化交易平台，注重物流系统的柔性。与此同时，交易市场的规范化管理、信息服务、交易的场所等服务的完善，将促进市场的发展。该模式有效运行的关键是商流与物流服务的一致性和信息服务的及时性。

基于区域交易市场的商贸物流运营模式如图 4－22 所示。

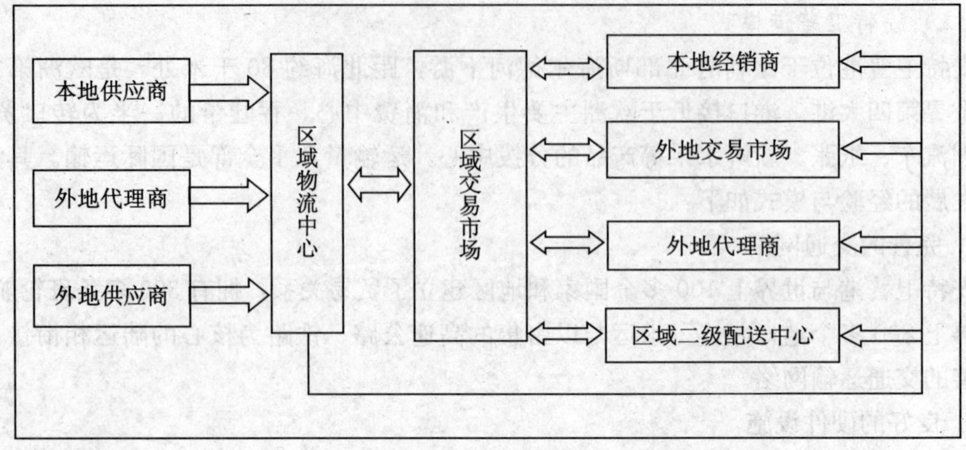


**图 4-22 基于区域交易市场的商贸物流运营模式**

### 专栏 4.15 荆州两湖平原农产品交易物流中心的运营方针

(1) 打造一个“两湖熟”品牌。一是通过市场经营，依靠市场的辐射力和影响力打造品牌；二是通过常年举办全国性和区域性农产品“节”“会”“展”，配之以营销策划、媒体推介宣传举措打造品牌；三是通过制定标准，选择基地生产优质农产品，贴牌加工，使“两湖熟”农产品成为绿色无公害、消费者放心的知名品牌；四是建立购销网络、实施专业培训、打造绿色市场、规范物流配送，使“两湖熟”成为农产品流通领域的主导品牌。

(2) 建立两个平台。一是交易平台，充分发挥两湖平原农产品资源、市场需求优势，建立以两湖平原农产品交易物流中心为核心的城乡一体化农产品物流中枢和交易平台，并逐步构建远期交易、远程交易、期货交易平台；二是信息网络平台，通过与国家农业信息网络、各大农产品流通市场、各地农产品专业网站等进行联网，实现信息共享。

(3) 构建三个网络。一是农商网络，上游通过组织“十大基地、百家公司、十万农商、百万农户”建立农产品供应网络的农商网络；二是市场网络，中游通过与各地大型农产品批发市场和本地农产品批零市场组建战略联盟，实现资源共享、信息互通、相互调剂余缺、平抑物价的目标，打造农产品大物流格局的节点的市场网络；三是配送网络，下游发展规模化、标准化、流程化物流配送体系，与“十大品牌超市、百家农产品深加工企业、千家便利店、万村千乡工程”合作，形成社会化互动的配送网络。

(4) 主营四大业务。一是交易业务，以两湖平原农产品产地和销地市场为基础，构建两湖平原农产品交易网络；二是经纪业务，依托两湖农产品交易物流网及其会员客户，开展网上和网下经纪业务；三是物流配送业务，发挥中心的区位优势，开展物流配送业务；四是服务业务，围绕中心功能设置，为公司、经营商和驻场职能部门提供办公、餐饮等服务。

(5) 完善五大体系。一是产品质量管理体系，建立和完善市场准入、质检、行业自律、先行赔付、无忧退货等制度；二是价格管理体系，构建各类农产品价格信息数据库、推行竞价拍卖交易、杜绝价格欺诈、实行价格指导检查制等；三是优质服务体系，规范服务流程标准、岗位管理标准，实行规范化、亲情化、无障化、系列化服务等；四是物流配送体系，推行规范化、标准化、流程化物流配送等；五是信息技术体系，为商户提供充分的信息，实现业务数据交换，提高市场运作效率、管理水平和服务质量。

（资料来源：湖北省政府门户网站.）

## 五、基于城市商贸业的配送物流运作模式

基于城市商贸业的配送物流运作模式，是以服务城市商贸业为对象、以配送为主要物流活动方式的物流业发展模式。该模式物流活动的特征是：流体品种多样化，批量小，批次多，强调配送功能。该模式有效运行的关键是配送的及时性。

基于城市商贸业的配送物流运营模式如图 4－23 所示。

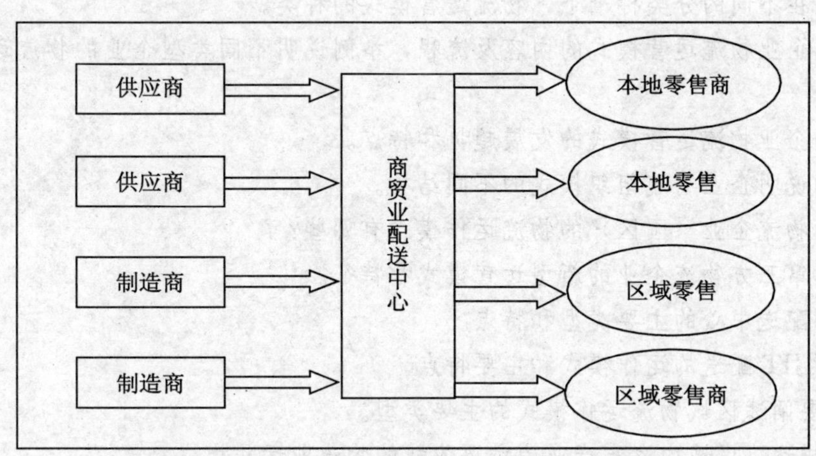


图 4－23　基于城市商贸业的配送物流运作模式

### 专栏 4.16　中国最好　中部最大——中国商贸新城：汉口北商贸物流枢纽区

汉口北商贸物流枢纽区是以物流业为基础，以商品交易为特征的批发商城，它具有完备的电子交易平台、健全的金融服务网络，是中部规模最大、全国设施配套最好的第四代专业批发市场集群。汉口北商贸物流枢纽区提供交易展示、研发设计、物流仓储、客运货运、电子商务、信息发布、各类会议、人才培训等服务；同时强势整合航空、水运、公路、铁路运输资源，“一站式”办理运输手续。该枢纽区目前在商贸物流方面主要有汉口北国际商品交易中心、湖北汉口四季美农贸城、中国家具 CBD、五洲建材城和中国长江金属交易中心。

（资料来源：黄陂论坛，www. hprs. com/bbs.）

## 本章小结

本章主要介绍物流运营模式与机制的概念和分类，详细说明了不同类型物流运营模式的内容、特点，强调了物流在企业生产运营系统中的重要作用。在本章的介绍中，企业要实现自己的物流功能，不能简单地对物流相关业务进行组合，必须从系统综合的角度，对物流相关功能部门进行整合重组，打造专业化、现代化的物流体系。本章内容为不同类型的企业打造良好的物流体系提供了借鉴和参考，但是同一种物流运营模式并不能简单地适用于所有企业，必须因地制宜，根据具体企业的生产运营特点，打造适合于自身功能和组织结构的物流体系。

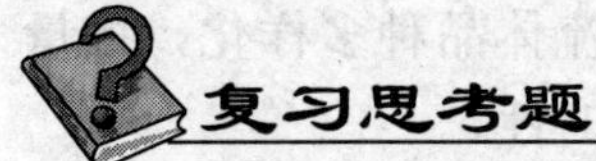

## 复习思考题

1. 物流运营模式与机制的概念是什么，两者之间的关系如何？
2. 说明在不同的分类标准下，物流运营模式的种类。
3. 阐述企业物流运营模式的内容及流程，举例说明不同类型企业的物流运营模式的差异。
4. 讨论企业物流运营模式的发展趋势和特点。
5. 举例说明企业物流组织模式的不同结构。
6. 国际物流企业（园区）的物流运作模式有哪些？
7. 说明第三方物流企业的新型运营模式和特征。
8. 说明配送中心的主要类型和特点。
9. 说明 JIT 配送的运作模式和主要特点。
10. 简要阐述区域物流运作模式的主要类型。
11. 试描述以区域内汽车产业为主要依托的物流业运作模式。

## 案例分析与思考

### 吉列公司的价值链战略——价值＝低库存＋好服务

作为一个护理品、消费类电器行业的巨头，吉列公司在个人护理品市场上长期以来都处于领先地位，但公司高层认为他们的表现还是逊色于高露洁、联合利华和宝洁公司等竞争对手。于是，2002 年，吉列公司首席执行官 James Kilts 提出了一项旨在改善企业各项功能的改革方案。在这个方案的指引下，吉列公司展开了一场调查，以比较自己在企业运营方面与行业对手之间的差距。

调查结果显示，吉列公司的存货水平高，服务水平相对低下。

为了找出这些问题的根源，吉列公司开始了一个为期 6 个月的项目，来分析自己的

供应链流程。据吉列公司北美地区负责价值链的副总裁 Mike Duffy 回忆说："当时我们把整个流程在白板上画了出来。这个分析过程有时候会很让人头痛，因为我们有许多流程要分析。"通过分析这些流程，他们发现问题如下：

一是计划和计划的执行缺乏同步协调。一般来说，吉列公司的库存水平是比较恰当的。但由于一些必要的数据没有能够在企业内部进行很好地沟通，很多库存都没有被保存在正确的位置。比如，需求计划人员通常都根据当月第三个星期的数据预测下一个月的情况。但是生产计划通常都是在当月的第二个星期就制订出来。在这种安排下，如果预测的情况发生变化，就往往很难对生产计划做出相应的改变。Duffy 说："供应计划和需求计划相互脱节，整个流程就产生了缺口，也就导致了高库存和低水平服务现象的发生。"

二是不同功能部门之间对某些概念理解有偏差。比如，存货计划人员是按照标准的库存循环周期来补充库存的，当这些计划人员要求补充库存时，他们都希望存货能够按照他们预期的期限到达。但是，配送部门则是按照货物在途运输的时间来衡量他们是否准时送货的，也就不管运输时间是否符合库存的实际要求。这种脱节必然导致产品不能准时到达分销中心。

三是吉列公司得到的数据多，但是可用信息却很少。比如吉列公司也定期发布管理报告，但报告中很少指出问题的根源所在。

另外，吉列公司的供应链中还存在着一些不必要的复杂性。比如，吉列仓库里还有许多不适用的货物储存单元（SKU），导致卖不出去的产品堆积在仓库里，这就使得吉列公司对市场变化不能作出更为迅速的反应。为了向客户提供更多的价值，得到更多的市场份额，吉列公司把自己定位在产品的价值链上，对内部业务流程和组织结构进行了重新调整。

在业务流程的改变方面，吉列公司着重改善了供需计划的制订过程。为了达到这种目的，Duffy 和他的同事们使用了几种不同的策略。比如，吉列公司现在把供需信息按照主要客户、特别促销、会员商店采购等科目进行了分类。此外，需求预测的方式也改为由下而上，即和客户一起，共同预测未来的产品需求状况。

至于供给计划方面，吉列公司致力于缩短产品到达它的配送中心的运输时间和到达客户处的时间，并一改过去使用公司内部研制的电子制表软件来决定存货水平的状况，开始使用 Optiant 公司的软件来检查变量，如每周订单的历史记录和变化、预测准确度、生产运行周期、配送中心补充存货所需的交货时间等，决定存货的适度水平。

通过利用现有的 Manugistics 计划应用软件，及对末端客户进行这套软件的培训，吉列公司试图改变运营问题的分析方式。

为了支持流程的改变，在进行流程改善之前，吉列公司就在组织结构上作了一些必要的变化。在过去，需求计划、供应计划、促销管理和配送都有各自的副总裁，分别由首席执行官直接管理。现在，这些副总裁首先要向 Duffy 汇报工作，让他能够对供应链具有足够的预见能力和控制能力，以便在存货、成本和客户服务之间进行权衡。

在重组的过程中，吉列公司还重新调整了部门经理的工作目标和激励机制，以便让他们也能够支持价值链概念的实施。Duffy说，以前有的人会根据自己的目标作出决定，而不考虑整个体系的利益，重组的目的就是把整个公司的员工凝聚在一起。

很快就有迹象表明，吉列公司根据客户价值观对流程和组织结构的变化，不仅给客户带来了价值，而且也给吉列公司自身带来了非常积极的效果。首先，配送中心的生产预测准确率，由以前的46%飙升到71%。其次，吉列公司还通过放弃不符合财务标准的产品而减少了7%的货物储存单元。此外，他们还通过采用北美的包装标准，废除了专门用于加拿大市场的货物储存单元，这样需要运送货物的目的地数量也减少了30%。

总的来讲，这些措施都大大地减少了库存水平。在2002年第二季度，吉列公司还有126天的库存量。在2003年第二季度，则只有115天的库存量了。另外，在同一时期，按订单交付给客户的满意率也从90%上升到了98%。不但现在的库存水平比方案实施前降低了24%，而且吉列公司2003年的营业收入也一下子增长到了92.5亿美元。

1. 你认为一个企业是否应该拥有库存？
2. 对一个企业来说什么样的库存才是合理库存？
3. 吉列公司为什么要对内部业务流程和组织结构进行调整？
4. 谈谈你对吉列公司在存货水平和服务水平上改革的一些看法。

# 第五章　物流运营系统设计概述

物流运营系统指由两个或两个以上的物流功能单元构成，以完成物流服务为目的的有机集合体。作为物流系统的“输入”就是采购、运输、储存、流通加工、装卸、搬运、包装、销售、物流信息处理等环节的劳务、设备、材料、资源等，由外部环境向系统提供的过程。“输出”即是得到优化的有序高效运作的物流。本章简要介绍了物流运营系统设计的相关知识，主要包括物流运营系统规划设计的目的和原则，规划的内容以及规划的步骤。

## 第一节　物流运营系统设计的目的和原则

物流运营系统设计是指物流服务企业（或者企业物流服务）为实现战略目标，而进行的物流网络、服务功能、物流模式等物流服务系统的设计。物流运营系统设计属于物流战术决策的范围，因而物流运营系统的设计必须服从于企业物流战略决策。设计一个物流运营系统，首先必须明确该物流系统的目标，这样才能更有目的性地去规划。

### 一、物流运营系统设计的目标

在进行某件事之前，人们一般会先确定做这件事的目标，以及如何才能达到这一目标；在这件事做完之后，又会评估所达到的成果与所定的目标是否一致。因此，可以说目标是设计物流系统的行动指南，在物流系统设计之前确定设计这一物流系统要达到哪些目标是非常重要的，它将决定我们需设计一个怎样的物流系统。

物流服务企业（或企业物流服务）在对物流系统进行规划和设计时，主要为了实现以下三个方面的目标：即成本目标、服务目标和赢利目标，如图 5－1 所示。

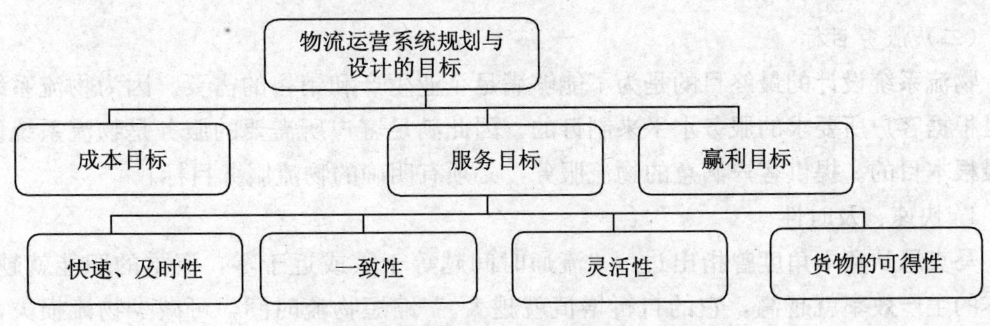


**图 5－1　物流运营系统规划与设计的目标**

(一) 成本目标

物流成本和其他成本比较，有许多不同之处，但是最突出的不同只有两点，即物流冰山现象和效益背反（交替损益）现象。

物流冰山理论认为，在企业中，绝大多数物流发生的费用，是被混杂在其他费用之中的，而能够单独列出会计项目的，只是其中很小一部分，这一部分是可见的，常常被人们误解为物流费用的全貌，其实那只不过是浮在水面上能被人所见的冰山一角而已。

交替损益现象，是物流成本的另一个特点，物流成本的发生源很多，其成本发生的领域往往属于企业不同部门管理，这种部门的分割使得相关物流活动无法协调和优化，因此出现此长彼消、此损彼益的现象是经常有的。

图 5－2 为 20 世纪 90 年代日本对物流费用在销售额中的比值调查得出的商品价格组成示意图。如图所示，20 世纪 90 年代日本的物流费用占到商品价格的 15%，这意味着每销售 100 元的商品就必须支付 15 元的物流成本。

然而，物流成本与企业的利润之间存在着杠杆效应，即在其他条件不变的情况下，物流成本的减少量即为企业的利润增加量，例如，物流成本减少 1%，销售利润就可以相应地增加 1%。由此可见，尽可能地降低物流成本是极其重要的。企业是追逐利润的赢利单位，在设计物流系统时，如何能在保证服务的前提下使得成本最低是企业必须考虑的因素之一。

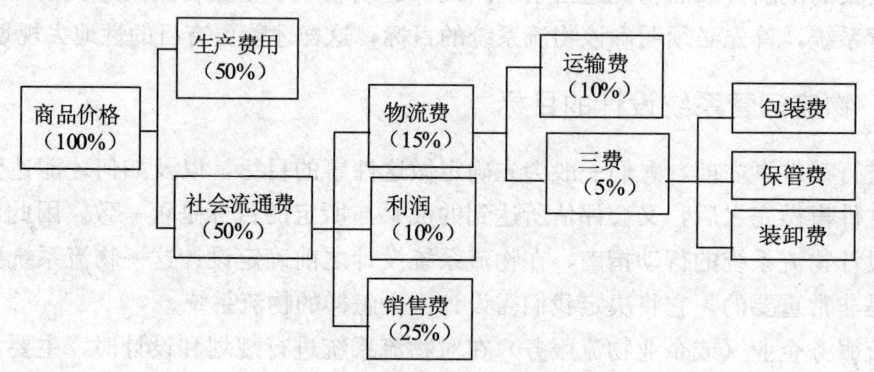


**图 5－2　商品价格的组成**

(二) 服务目标

物流系统设计的最终目的是为了能够满足企业生产和销售的需要。因为物流系统设计是根据客户所要求的服务水平来制订的，因此满足客户所需要的服务是物流系统设计的最根本目的。提供客户满意的物流服务，必须有明确的物流服务目标。

1. 快速、及时性

马克思从资本角度曾指出过：“流通时间越等于零或近于零，资本的职能就越大，资本的生产效率就越高，它的自行增值就越大。”缩短物流时间，可减少物流损失，降低物流消耗，提高物品的周转率，节约资金等。这就要求物流服务提供商通过有效的运输工具和配送计划，快速及时地将货物送达指定的地点，以满足生产或销售的需要。

2. 一致性

一致性是指企业在众多的完成周期中按时递送的能力，是必须随时按照递送承诺加以履行的处理能力，一致性的问题是物流作业最基本的问题。一致性的物流服务目标要求物流服务提供商为客户提供的服务完全地达到客户的要求，在客户所要求的时间内将客户所需要的货物送达客户，并尽可能地减少货物的破损。

3. 灵活性

作业灵活性是指处理异常的客户服务需求的能力。物流尤其是国际物流的复杂性很高，物流在运营过程中，经常会遇到各种各样的问题，如货物破损、车祸等，如何在出现这种情况的时候妥善地应对，将客户的损失降至最低是物流服务提供商必须考虑的问题。

4. 货物的可得性

可得性是指当客户需要存货时所拥有的库存能力，可得性意味着拥有存货，能始终如一地满足客户对材料和产品的需求。存货分为两类：一类是取决于需求预测并用于支持基本可得性的基本设备；另一类是满足超过预测数的需求量并适应异常作业变化的安全储备。可得性应以下述的三个物流绩效指标进行衡量：缺货频率、供应比率和订货完成率。

（三）赢利目标

企业都是以赢利为基本目标的，制造或销售企业设计物流系统是为了满足供应链生产或销售的需要，以及及时地获取原材料或商品，满足生产或销售的需要，从而更好地占领市场，获取利润；物流服务企业规划物流系统则是为了准确地对整个企业所提供的物流服务进行管理，以便为客户提供更为全面周到的物流服务，从而获取更多的利润。

## 二、物流运营系统设计的原则

规划设计一个物流系统不能太盲目，在了解该系统规划的目标后，需了解其规划时应遵循的原则，以使规划的物流系统更加符合市场的需要，能够在保证其满足客户服务要求的同时，使整体达到最优。

（一）发挥优势、整合资源的系统性原则，即物流要素集成化原则

通过一定的制度安排，企业对物流系统功能、资源、信息和网络等要素进行统一规划、管理和评价，并通过要素间的协调和配合使所有要素能够像一个整体在运作，从而实现物流系统要素间的联系，达到物流系统整体优化的目的。

（二）可行性原则

企业所设计的物流运营系统必须具有可行性，即物流运营系统能够提供客户需要的物流服务，并保证物流运营系统具有一定的赢利性；在各项资源的配置上，投入比较合理，资源符合该物流系统的要求；以及尽可能地减少了资源的闲置和浪费。

（三）高效率、低成本原则

物流系统的规划设计需遵循高效率、低成本的原则，即在不断提高物流服务能力的

同时，尽可能地降低物流成本；更加合理地利用物流资源，减少浪费；物资在物流系统中的流动顺畅；物流系统具有一定的柔性，能够根据市场的要求随时对物流系统进行调整；资源利用率高，资源的浪费和闲置现象少。

（四）网络化原则

网络化是指将物流经营管理、物流业务、物流资源和物流信息等要素的组织按照网络方式在一定市场区域内进行规划、设计、实施，以实现物流系统快速反应和最优总成本等要求的过程。在设计物流系统的过程中，必须基于整体的思想，充分利用现有的物流资源，并根据实际情况设计规划新的物流节点，使得物流系统网络化。

（五）可调整性原则

市场是瞬息万变的，物流作为一个支持性行业，必须能够及时地帮助企业应对市场的变化。可调整性原则指在设计物流系统时，必须使得该物流系统能够及时应对市场需求的变化及经济发展的变化，根据市场需要对物流系统作出合理的调整，以便更好地适应市场需要。

## 三、物流运营系统设计需要考虑的因素

虽然物流系统并没有具体的产品输出，但其对生产的支持性作用是至关重要的，没有物流系统的运营，企业无法及时获得生产性资料，也无法将生产的商品运至市场。物流系统是一个非常复杂的系统，在规划一个物流系统时需要考虑的因素非常多，如物流系统的可靠性、物流系统的赢利、人力资源问题等，下面是物流系统需主要考虑的因素。

（一）可靠性

不同的行业对物流服务的要求是不同的，同一行业处于不同的生命周期的产品对物流的要求也是不同的，因此物流系统所提供的服务必须具有针对性和可靠性。物流系统可靠性衡量了物流系统提供的物流服务令客户感到满意的程度，以结果为基础的物流系统的可靠性通常用完成完美服务的比率来度量。

（二）反应时间

反应时间是从客户授权到提供给客户满意的服务所需要的时间，包括接受订单时间、装运时间、送达客户的运输时间和客户接受时间。物流系统在规划时必须考虑所设计的物流系统能够度量物流系统对客户要求的反应时间。此外，物流系统在提供服务时，其反应时间必须在客户所能接受的反应时间之内，超出可能会引起客户的不满。

（三）物流成本

物流系统的成本是指物资发生空间位移过程中所耗费的各种活劳动和物化劳动的货币表现。具体来说，它是原料产品在实物运动过程中的包装、装卸、运输、储存和加工等各个环节所支出的人力、物力、财力所引起的一切货币支出费用之总和。物流成本是物流系统的主要支出，若成本超出一定的范围，将会造成物流系统的入不敷出，不利于物流系统的长期运作。

（四）物流规模和能力

物流规模和能力是一个衡量物流企业信誉和保证提供承诺服务的重要指标。规模较大的物流企业通常比小企业具有更为完善的信息网络和硬件设施，可以提供更大范围的物流服务，并对物流服务需求量的变化敏感性更小。所设计的物流系统的规模和能力必须和该系统的物流需求量相适应，若设计的规模过大，能力超出，则必然浪费了物流资源，若规划和能力不足，则又会造成客户的不满。

### 专栏 5.1　青岛啤酒的物流系统目标

青岛啤酒企业集团于 1998 年第一季度提出了以“新鲜度管理”为系统目标的物流管理系统思路，开始建立新的物流管理系统。当时青岛啤酒的年产量 30 多万吨，但是库存高达 1/10，即维持在 3 万吨左右。这么高的库存，引发了以下几个问题：①占压了相当大的流动资金，资金运作的效率低。②需要有相当数量的仓库来储存这么多的库存，而当时的仓库面积只有 70000 多平方米。③库存数量大，库存分散，青岛啤酒还经常出现局部仓库爆满，局部仓库空闲的问题，同时没有办法完全实现先进先出，使一部分啤酒储存期过长，新鲜度下降甚至变质。

青岛啤酒集团并没有把压缩库存作为物流系统的直接目标，而是把“新鲜度管理”作为物流系统的直接目标。这个目标的提出，不但能够解决库存降低、流动资金降低、损耗降低的问题，而且能够在实现消费者的新鲜度目标的同时，达到解决库存问题的目的。

青岛啤酒集团首先成立了仓储调度中心，重新规划全国的分销系统和仓储活动，实行统一管理和控制。由提供单一的仓储服务，到进行市场区域分布、流通时间等全面的调整和平衡，进而成立独立的法人资格的物流有限公司，以保证按规定的要求，以最短时间、最少环节和最经济的运行方式将产品送至目的地。这样一来，就实现了全国的订货，产品从生产厂直接运往港、站；省内的定货，从生产厂直接运到客户仓库。同时对仓储的存量规定作了大幅度压缩，规定了存量的上限和下限，上限为 12000 吨，低于下限发出要货指令，高于上限不再安排生产，这样仓库就成了生产调度的“平衡器”。

（资料来源：中国物流与采购联合会网站，http：//www.chinawuliu. com. cn/.）

## 第二节　物流运营系统设计的内容

物流系统设计与规划就是根据物流系统的功能要求，以提高系统服务水平、运作效率和经济效率为目的，制订各要素的配置方案，以组成一个快速准确的物流服务系统。物流系统的设计包括各个方面，其主要设计的内容有：物流网络设计、物流服务能力设计、物流运作模式设计以及物流节点的规划与设计。

## 一、物流网络设计

物流网络是建立在物流基础设施网络之上的、以信息网络为支撑的、按网络组织模式运作的、有机结合的综合服务网络体系。物流网络及节点设计就是根据企业所确定的物流服务目标和内容，确定所要设计的物流运营系统的规模，物流运营系统的物流节点的数量、分布点及物流节点的选址。物流网络的设计需要确定承担物流工作所需的各类设施的数量和地点。它还必须确定每一种设施怎样进行存货作业和储备多少存货，以及安排在哪里对客户订货进行交付。物流设施的网络形成了一种据以进行物流作业的结构，因此这种网络中便融合进了信息和运输能力，还包括了与订货处理、维持存货以及材料搬运等有关的具体工作。

物流网络构造由两个主要组成部分，即线路和节点。物流线路广义指所有可以行使和航行的陆上、水上、空中路线；狭义仅指已经开辟的，可以按规定进行物流经营的路线和航线。物流线路有以下几种类型：铁路线路、公路线路、海运线路、空运线路；物流节点是物流网络中连接物流线路的节节之处，所以又称为物流节点。主要的物流节点有：物流园区、物流中心、配送中心、仓库等。

物流系统有三大子网络：物流组织网络、物流基础设施网络和物流信息网络。

### （一）物流组织网络

物流组织是以物流经营和管理活动为核心内容的实体性或虚拟性组织，是物流活动的协调者和承担者。它包括企业内部的物流管理和运作部门、企业间的物流联盟组织，也可以是从事物流及其中介服务的部门和企业等。

物流组织网络是物流网络运作的组织保障。物流组织网络对物流经营管理机构、物流业务、物流资源等要素的网络化管理有助于企业实现物流网络的快速反应、最优服务和较低的费用等目的。物流组织网络的运作是以物流信息网络的建设为基础的，只有各个企业建立了企业内部网，并与社会化的物流信息网络相连接，才能真正实现物流组织之间的沟通和协调。物流组织网络是物流网络运行的组织保障。

### （二）物流基础设施网络

物流基础设施网络可定义为由物流节点集和线路集组成的集合，物流基础设施网络包含了所研究区域的所有物流节点，也包括了所要研究的全部线路。物流节点包括物流园区、物流中心、配送中心、公共物流信息平台以及分布在生产制造、商贸流通以及交通运输领域的货场、仓库、码头、空港等。物流线路包括为物流服务的公路线路、铁路线路、水路线路、航空线路、管道线路及信息和通信线路。

物流基础设施网络具有以下特征：

#### 1. 整体性

物流基础设施网络的节点和线路是相互依赖和相互联系的，它们共同构成一个有机整体，实现物流运作的综合功能，发挥着1＋1＞2的整体效应。物流基础设施网络不是各节点和线路组成的简单集合，节点和线路的连接有着一定的规律性和随机性，这种连接是以实现物流基础设施网络的整体效果为目标的。

2. 层次性

组成物流基础设施网络的节点和线路在规模、地理区位和功能等方面都存在差异，这种差异使得物流基础设施网络对外体现出一定的层次性，如省域和市域的物流基础设施网络。

3. 环境适应性

物流基础设施网络规模、物流节点规模及线路规模等会随着区域的经济、交通、区位环境的改变而改变，从而带来物流基础设施服务能力的增强或者减弱。

4. 复杂性

物流基础设施网络的复杂性体现在组成物流基础设施网络要素的复杂性，有时构成物流基础设施网络的部分子要素本身就是一个复杂的集合体，如物流园区、物流中心中就含有许多典型的物流基础设施。

（三）物流信息网络

物流信息网络是物流网络的组成部分，对应于物流网络的公共服务节点、协调节点以及业务节点，物流信息网络主要由公共服务平台、网络管理系统、物流信息系统以及各个系统之间的有机连接构成。物流信息网络体系的协调与控制对实现各节点间的信息资源集成和整合，满足物流业务网络化运作的需求至关重要。物流信息网络是指以网络形态出现的物流信息载体及其运作方式，主要功能是实现物流网络的资源整合和服务协同，从技术实现上讲，物流信息网络是采用信息管理技术对物流节点中的物流信息进行采集、传递、加工和处理的一套信息管理系统。

物流信息网络是一个资源整合和优势互补的集成系统，其实质是在围绕着物流任务，实现网络内要素的优化配置、重新组合，形成内在一体的结构和强大的协同作用，从而最大限度地放大系统功能和实现系统目标的过程。

### 专栏5.2　百胜集团的物流模式

当肯德基（KFC）在克拉玛依的新店开张之际，这个石油钻探城市几乎沸腾起来，附近城镇的很多食客纷纷前来，为这家美国快餐连锁企业开辟了一个新的领域。但是，新店的经营也存在一个问题：克拉玛依位于中国偏远的西北部地区，距离当地首府还有4个多小时艰难的卡车旅行。肯德基怎样把鸡运过去呢？肯德基克拉玛依分店是全球最大的餐饮集团百胜餐饮集团（Yum! Brands）在中国服务的最远的市场。

为了满足如此一个庞大网络的供应，该公司需要一个类似规模的物流网络，该网络能够迅速实现包括易腐烂食品在内的各种产品的长途运输。目前，百胜餐饮集团正在挺进中国内陆地区，那里的运输线常常要比更发达的沿海地区艰苦得多，这就为公司的物流经理们带来了一整套新的挑战。

与其他许多国家将物流外包给第三方食品服务公司的做法不同，该公司的解决方案是在中国建立和管理自己的物流网络。这样一来，它创造出了业内公认的较成功的物流运营模式，一家同行企业的管理人才将其称为“灵活而实用”的物流模式，认为百胜餐饮集团能够更贴近客户，并且迅速地针对市场需求作出反应。

（资料来源：中国物流与采购联合会网站，http：//www. chinawuliu. com. cn/.）

## 二、物流服务能力设计

物流服务能力是指从接受客户需求、处理订单、分拣货物、运输到交付给客户的全过程中，某特定的物流系统在响应速度、物流成本、订单完成准时性和订单交付可靠性等方面的综合反映。物流能力是由物流系统的物质结构（如配送中心数量与规模、运输能力、分拣处理的设备能力等）所形成的客观能力，以及管理者对物流运作过程的组织与管理能力的综合反映。因此，物流能力既包括运送货物的能力（有形要素），也包括执行物流过程的组织和管理能力（无形要素）。

物流服务能力设计即根据所需的服务水平及本身的资金状况对该物流系统的响应速度、物流成本、订单完成准时性和订单交付可靠性进行确定，并以此为依据，来确定为该物流系统配备相应的物流服务设备如搬运设备、运输设备以及物流基础设施如货物存储设施等。

## 三、物流运作模式设计

物流运作模式就是根据不同行业对物流的不同要求，对各种不同的物流活动如运输、包装等进行有机的集成，以达到成功运作物流，满足行业物流需求的目的。

物流运营模式，主要是根据物流服务的对象、服务目标，物流服务的要求和特点来进行确定。不同行业的物流服务要求迥异，因而设计物流系统需针对每个行业的特点来确定其物流运营的基本模式。本书第三章中详细介绍了不同行业的物流服务要求，第四章中详细介绍了不同类型的物流运营模式，这里不再赘述。

## 四、物流节点的规划与设计

具体来说，物流节点的规划与设计主要是针对物流中心、配送中心而言的。设计一个物流中心，需要准备各方面的分析工作。

### （一）配送（物流）中心数据分析

规划物流节点，首先必须掌握该物流节点的具体情况，因而需对该物流节点所要经营的服务对象有一个充分的了解。对配送（物流）中心的数据分析主要可以从物品特性分析、储运单位分析、EIQ分析以及关联性分析等方面来进行。

#### 1. 物品特性分析

按照储存保管特性，可将货物分为干货、冷冻货和冷藏货；按照重量，可将货物分为重物和轻物；按照价值，可将货物分为贵重货和一般货；按照体积，可将货物分为大体积、中体积和小体积。对于不同特性的货物，应采取不同的保管方式。例如，在保管的时候应将干货、冷冻货和冷藏货分开存放，分为干货区、冷冻区和冷藏区，每个存放区的存放条件是不同的，为了保持冷冻货和冷藏货的新鲜度，冷冻区和冷藏区必须保持较低的温度。

2. 储运单位分析

储运单位分析是指分析配送中心各主要作业（进货、拣货、出货）环节的基本储运单位，即PCB分析。以配送中心的各种接受订货的单位来进行分析，对各种包装单位的EIQ资料表进行分析，可得知物流包装单位特性。一般配送中心的储运单位为：托盘、箱子和单品，其中P表示托盘单位、C表示箱单位、B表示单品。表5－1为配送中心包装单位分析表。

**表5－1**　　配送中心包装单位分析

| 入库单位 | 储存单位 | 拣货单位 |
|---|---|---|
| P | P | P |
| P | PC | PC |
| P | PCB | PCB |
| PC | PC | C |
| PC | PCB | CB |
| CB | CB | B |

根据表5－1对货物的储运单位进行分析，可得知其包装单位的特性。如入库时以托盘为单位，储存时以托盘和箱为单位，拣货时以托盘和箱为单位，则相应为P、PC和PC，在对该货物的包装时就需以箱和托盘为主要的包装单位。

3. EIQ分析

EIQ分析，即订单品项数量分析，就是利用“E”“I”“Q”这三个物流关键要素，来研究配送中心的需求特性，为配送中心提供规划依据。其中，E是指“Entry”，即订单；I是指“Item”，即品项；Q是指“Quantity”，即数量。在EIQ分析中，可以做EQ分析、EI分析、IQ分析和IK分析。

EQ分析，又称客户出货量分析，即对客户的单张订单的出货量进行分析，以数量Q为纵坐标，以客户E为横坐标，画出EQ分析图，如图5－3所示。客户数量少，订单数量多为A型，客户数量多，订单数量少为C型。通过EQ分析，配送中心可以确定订单处理原则，并结合PCB分析方法确定订单拣货、出货方式，以及规划出货区。

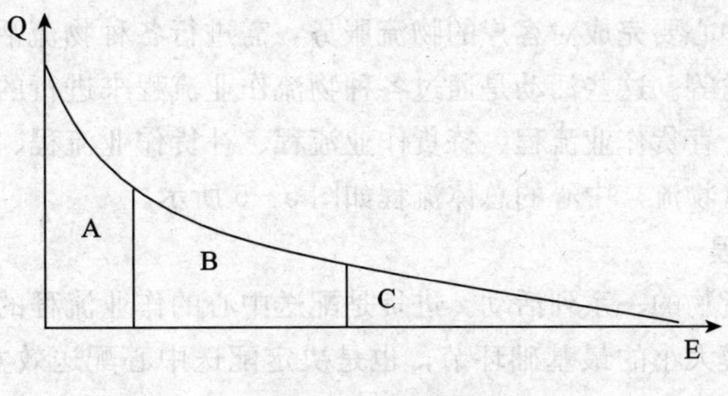


**图5－3　EQ分析**

EI分析，又称订货品项分析，即分析单张订单的出货品项数，主要为了分析了解订单订购品项数的分布，以品项数I为纵坐标，以客户E为横坐标。EI分析，通常需要将总出货品项数量、订单出货品项累计数及总品项数三项结合起来考虑。

IQ分析，又称品项数量分析，即分析单一品项的出货总数量。以数量Q为纵坐标，以品项数I为横坐标，画出IQ分析图，如图5-4所示。IQ分析主要用于了解各类货品出货量的分布状况，分析货品的重要程度与运输量规模，并用于储位规划、拣货方式及拣货区的规划。

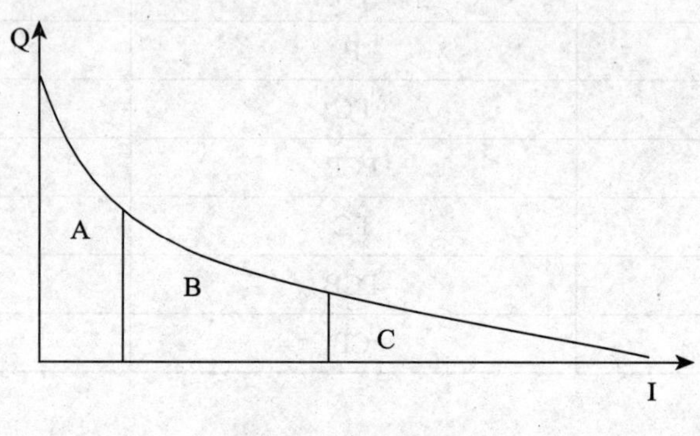


**图5-4 IQ分析**

IK分析，又称品项受订次数分析，即分析单一品项出货的次数。IK分析主要用于分析各类货品出货次数的分布，了解品货的出货频率，其主要功能为配合IQ分析决定仓储和拣货系统的选择。

4. 关联性分析

配送中心不同活动区域之间在作业程序（流程）、组织结构、业务管理和环境影响等方面存在一定的依存关系，因此，对这些关系进行关联性分析，对配送中心的区域布置、物料搬运系统等设计是非常重要的。

关联性分析主要从定性分析和定量分析两方面进行，定性分析主要针对不可量化的调查资料，需要专家对这些资料进行推理分析；定量分析则是通过对可量化的资料进行整理、归纳、统计、汇总，制成各种图表，并进行分析。

（二）配送（物流）中心流程设计

配送（物流）中心要完成对客户的物流服务，需进行各种物流活动，如出入库、搬运装卸、存储和配送等。这些活动是通过各种物流作业流程来进行的，主要的作业流程有：进货作业流程、存货作业流程、拣货作业流程、补货作业流程、出货作业流程和退货作业流程。配送（物流）中心的总体流程如图5-5所示。

1. 进货作业流程

进货是指准备货物的一系列活动。进货是配送中心的作业流程的基础环节，是决定配送成败与否、规模大小的最基础环节，也是决定配送中心配送效益高低的关键环节，进货不及时或者不合理会导致配送中心的成本较高，服务质量下降，从而大大降低配送

的整体效益。进货流程分为两个大的环节：采购环节和收货环节。

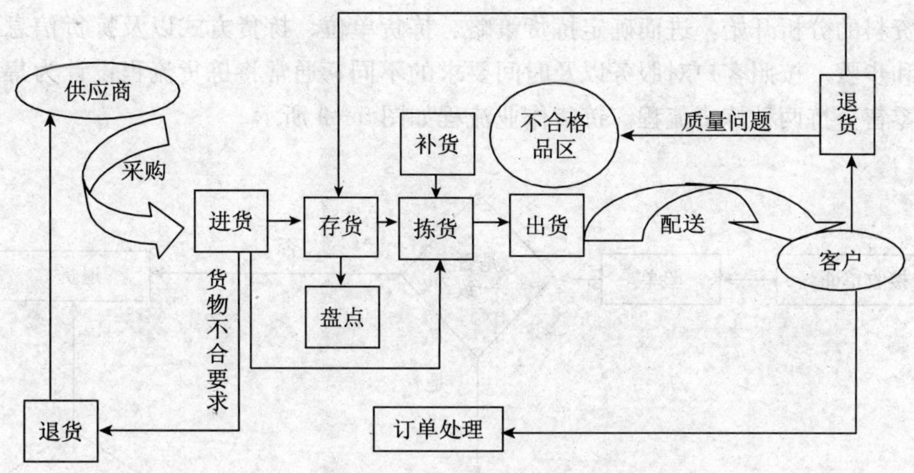


**图 5－5　配送（物流）中心的总体流程**

采购是配送中心根据客户需求向供应商购买商品以保证配送作业的业务流程。采购是配送中心最重要的环节之一，采购的决策包括供应商选择、订货点和订货量的制订以及采购绩效评估等。合理有效的采购作业流程能够保证企业在满足客户需求的基础上合理降低库存、减少成本，从而提高配送中心的整体效益。采购的业务流程如图 5－6 所示。

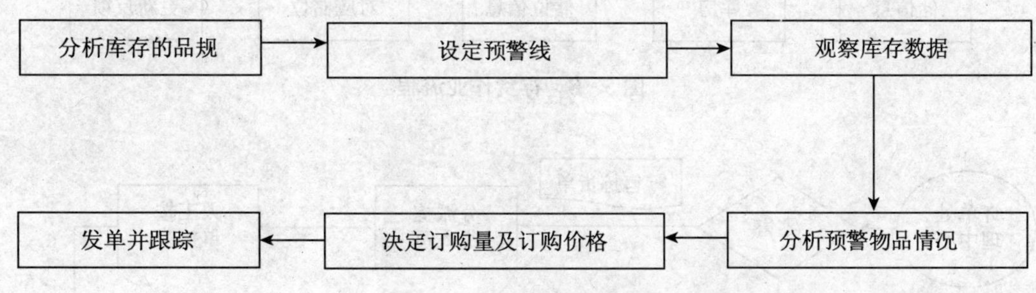


**图 5－6　采购的业务流程**

收货是物品配送中心接收货物的作业流程。具体的内容包括：将物品从送货车上卸下，并核对该物品的品规、数量是否与采购单一致，然后对物品进行质量检验，最后将相关信息输入配送中心的数据库中。收货的业务流程如图 5－7 所示。

2. 存货作业流程

储存活动是采购、进货活动的延续。在配送中心，储存更多地侧重于储位管理和库存合理化管理，而存货流程则相对比较简单，存货作业流程如图 5－8 所示。

3. 拣货作业流程

拣货主要是在收到客户订单后将客户需要的不同种类、数量的物品从分拣区取出并集中在一起。拣货的目的就是依据订单内容，正确、迅速地拣选出客户所需要的物品，以最快的时间为客户提供最佳服务。拣货的指令来源于客户订单资料。因此，拣货从客户订单资料的分析开始，进而确定拣货策略、拣货单位、拣货方式以及拣货信息的传递等环节和步骤。按照客户对服务以及时间要求的不同，通常将拣货流程设计为集单拆零分拣和零售分拣两种拣货流程。拣货作业流程如图 5-9 所示。

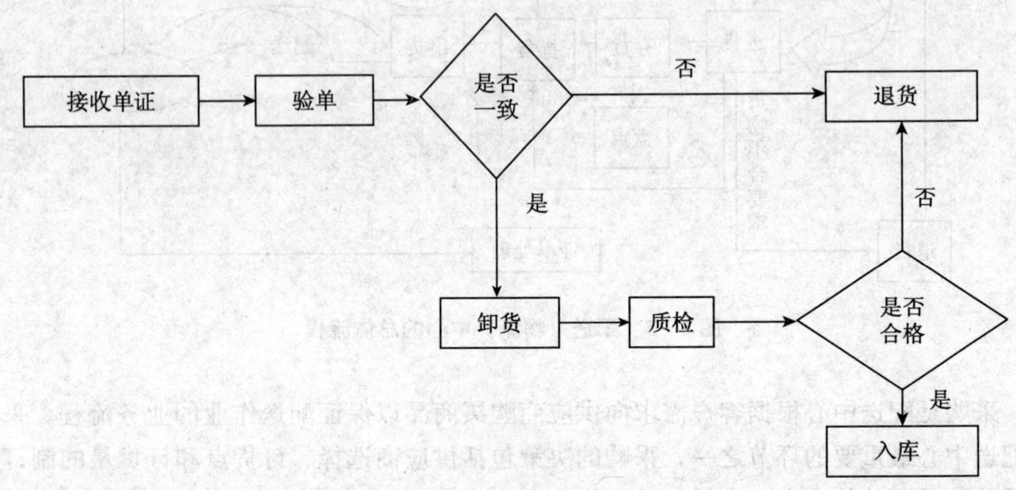


图 5-7 收货的业务流程

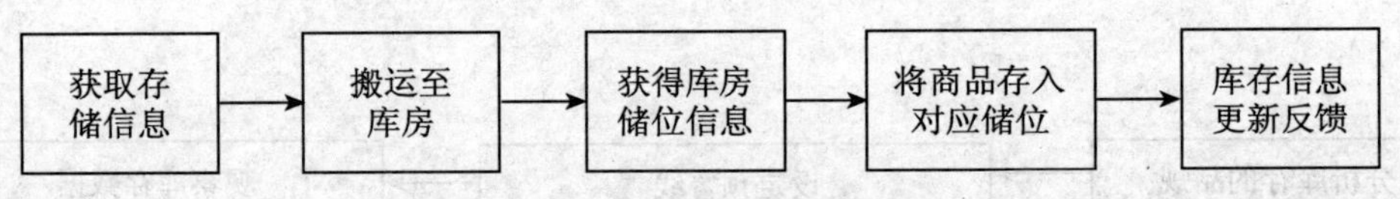


图 5-8 存货作业流程

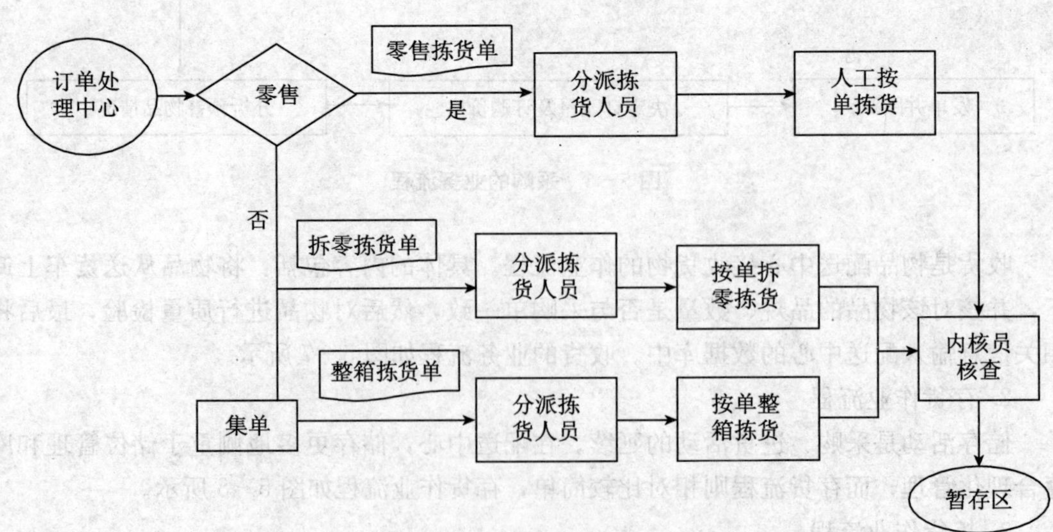


图 5-9 拣货作业流程

4. 补货作业流程

补货是为了满足订单的需要进行的各区域间货物的转移，分为预补货和紧急补货。预补货是根据一天或两天等周期出货规律来进行周期性的补货，预补货可以提前做好分拣前期的准备工作，提高分拣流程的效率，减少分拣中的补货过程。紧急补货是当预补货物无法满足分拣要求时，进行的紧急补货行为。补货作业流程如图 5 - 10 所示。

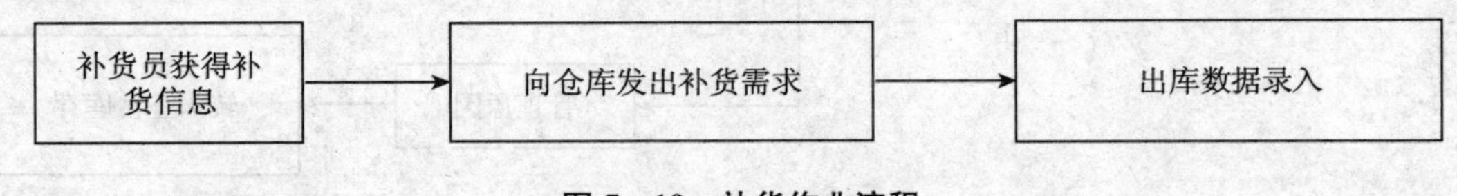


图 5 - 10　补货作业流程

5. 出货作业流程

出货作业是将拣选后的货品经过分类、配货、包装后发往各个客户所在地的过程。出货作业流程如图 5 - 11 所示：

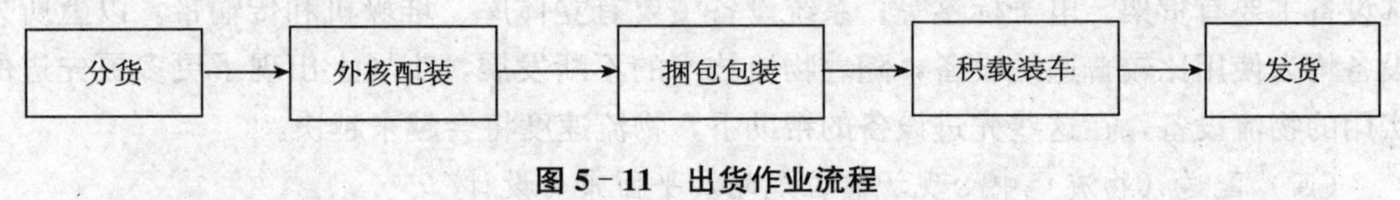


图 5 - 11　出货作业流程

6. 退货作业流程

对于流通企业来说，退货管理主要包括把物品退回上游供应商和接收下游客户退货两种情况。在货物接收时，进行验单，如单据与实物不符，直接退货；若单据符合，则卸货并质检，如发现物品有质量问题，由退货，管理人员填写一式两联的退货手工单，填清退货原因、名称、物品编码、退货数量以及规格型号等，经由主管部门对各项内容进行核对签字，确认退货，并及时报告监督管理部门，防止不合格物品再次流入市场。退货作业流程可分为物品入库前退货以及对下游客户的退货，流程如图 5 - 12 和图 5 - 13 所示：

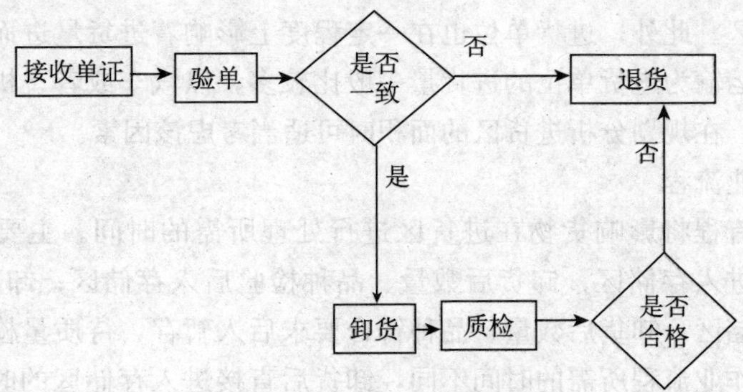


图 5 - 12　物品入库前退货管理

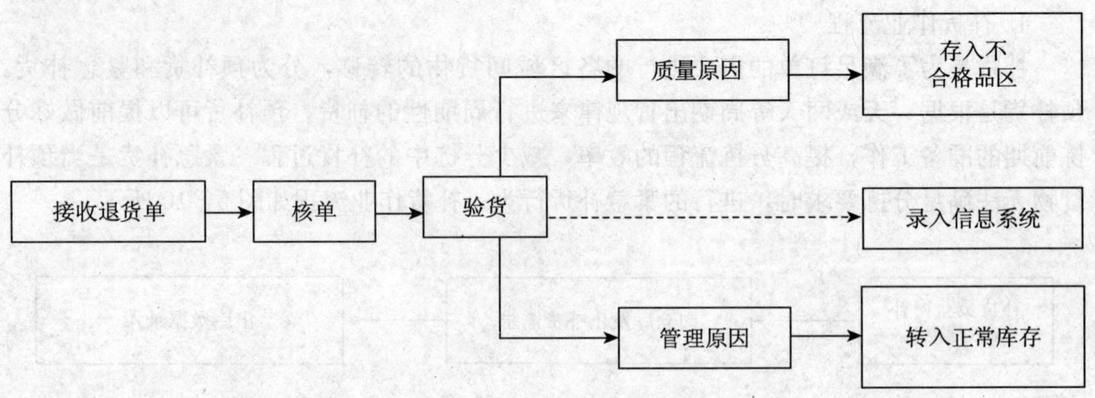


**图 5-13　对下游客户退货管理**

（三）配送（物流）中心物流设备选型

配送（物流）中心的物流设备主要有以下四种类型：搬运设备、存储设备、拣选设备以及系统设备。搬运设备主要有叉车、手推车、传输带等；存储设备主要是货架；拣选设备主要有货架、电子标签等；系统设备主要有立体库、堆垛机和传输带。以上所列设备均为使用比较普遍的设备，随着物流技术的不断发展，市场上出现了更多更先进的实用的物流设备，在这些先进设备的帮助下，物流速度将会越来越快。

（四）配送（物流）中心现场储位规划及平面布局设计

配送中心的现场储位主要有：为满足进、出货等理货作业的需要而规划的临时存货区，依拣货作业要求和拣货作业设备特点而设立的拣货作业区以及为满足货物的中长期储存而设立的保管区。其中，保管区所占的区域最大，是配送中心的管理重点，因此，必须尽可能提高保管区的空间利用率和作业效率。

1. 进货（暂存）区的规划

进货区主要用来满足货物到达时的理货、入库作业要求，其影响因素主要有以下几方面：

（1）进货量

进货量的大小直接影响着进货区的区域面积大小，进货量大则必须为其理货作业匹配足够大的进货区。此外，进货单位也在一定程度上影响着进货量进而影响着进货区的大小，如以船舶运输为进货单位的进货量一般比较多，以汽车或者飞机为进货单位的进货量则相对较少，在规划分析进货区的面积时可适当考虑该因素。

（2）进货作业流程

进货的作业流程将影响货物在进货区进行处理所需的时间。主要的进货作业流程有：卸货后直接进入存储区；卸货后数量、品种检验后入存储区；卸货后数量、品种、质量检验后入存储区；卸货后数量、品种符合要求后入暂存，待质量检验合格后入存储区。每一种进货作业流程所需的时间不同，卸货后直接进入存储区的时间最短，在进货量相同的条件下，其所需的进货区面积最小；而卸货时需先检验数量、品种，后检验质量，因此其作业流程所需的时间较长，对进货区的要求也较多。

(3) 进货作业

进货作业需重点考虑卸货作业、检验作业及入库作业的时间问题。若卸货作业和检验作业的时间较短，甚至少于入库作业的搬运时间，这说明进货作业流程效率比较高，进货区的面积可相对较少；若卸货作业和检验作业所需的时间比较长，这说明进货区很可能会发生货物堆积的情况，这种状态下，需分配较大的进货区域，使货物量有足够的空间进行暂存。

(4) 进货（暂存）区的暂存方式

货物的暂存方式一般为堆垛或托盘。堆垛存放的货物可堆积得比较高，所需的进货区面积相对较少，但搬运不够方便；托盘暂存方式搬运方便，但托盘可存放货物量有限，空间利用率不高，所需的进货区相对较多。

(5) 进货工作时间

进货工作时间越短，每天的工作量就会越少，堆积的物品就越多，所需的进货区面积则越大。显然，每天只工作 8 小时与 24 小时不停运转相比，二者的工作效果是完全不同的。

2. 拣货及出货暂存（复核）区的规划

拣货及出货暂存区的规划是为了满足货物出配送中心，送达客户的需求。这期间需对客户所需的货物进行拣选及质检，并分配车辆进行配送。规划拣货及出货暂存区需考虑的因素有以下几点：

(1) 拣选方式

不同的拣选方式所需的拣货及出货暂存区的面积也不同。主要的拣选方式有：整箱拣选、拆零拣选、整箱与拆零拣选、集单拣货和不集单拣货。其中，整箱拣选的效率比较高，其所需的拣选区面积比较少，若采用拆零拣选，则效率相对较低；集单拣货可将订单上所需货物集中拣选，效率相对较高，不集单相对较低。拣选方式的选择必须根据货物的性质、出货的特征来决定，选择拣选方式还需要数据的支撑，不能随意选择。

(2) 货物的外形特征

主要考虑的是货物的体积、重量问题。显然，若该配送（物流）中心的货物体积大或比较重，其所需的拣选及出货区也应较大；反之，若货物体积小，质量轻，则可少规划一些区域作拣选区及出货区。

(3) 货物存放的方式

货物在拣选区存放方式可根据拣选方式来确定，一般而言，堆垛用于存放整箱拣选货物，货架则用于存放拆零拣选货物。堆垛存放是根据存放箱数、一堆垛存放货物面积来确定其所需暂存面积的；货架则是根据一列货架的层数、层高、深度和长度来确定货架数量，进而确定其面积的。

(4) 货物的品种

货物的品种数关系到货物的拣选方式，货物品种越多，需为拣选区分配的区域相应越大。

3. 出货站台规划

出货站台是将配送（物流）中心货物装卸搬运至运输工具上使其可出中心的区域。

出货站台的规划需考虑货物的外型、出货量、出货频率、运输工具、客户数量及分布等因素。货物的外型、出货量和运输工具在前面已有陈述，这里就不再赘述。

(1) 出货频率

出货频率是指单位时间内出货的次数。出货频率越高，出货站台规划的面积应越大。反之，若出货频率不高，则出货站台的面积可适当减少，以便充分利用空间。

(2) 客户数量及分布

客户数量及分布也会影响出货站台的面积。客户数量多，分布分散，出货站台的面积相应也需较大。

4. 存储区规划

存储区涉及配送（物流）中心所有货物的存放情况，是配送（物流）中心的重要管理区域，对于这一区的规划，需从以下几点进行：

(1) 确定存储量

存储量是规划存储区的关键要素，对存储量的预测将直接影响存储区面积的大小，因而预测的准确性非常重要。预测过多，会导致其存储面积的浪费，而过少又会导致其存储区的资源紧张。存储量的预测需结合货物品种、采购周期、平均日出库量、最大日出库量和安全库存来进行。

(2) 确定存储方式

存储方式一般有三种，即托盘存储、堆垛存储和货架存储。每种存储方式存储的物品具有不同的特点，存储方式的确定与物品的尺寸、重量和品种有关。不同存储方式占用空间的大小不同。

(3) 确定存储区域的大小

存储区的活动主要有存储、搬运装卸等，存储区域的大小主要由存储设备的空间占用大小，搬运设备的大小，保留的存储空间以及预测的最大存储量来确定。

5. 平面布局设计

配送中心的平面布局可采用SLP方法，其布局的主要步骤是：根据交通条件决定出入门口的位置和配送中心主体区域安排；设定中心的空间范围和各功能区域的空间大小；确定配送中心的物流路线类型；按照作业流程顺序安排各功能区域的具体位置；安排综合办公区域的位置；对各功能区域的作业流程进行关联性检查。下面是根据物流路线类型的不同而设计的配送中心平面布局方案示例，包括L形路线布局、S形路线布局和U形路线布局。

物流路线为L形的平面布局如图5－14所示。

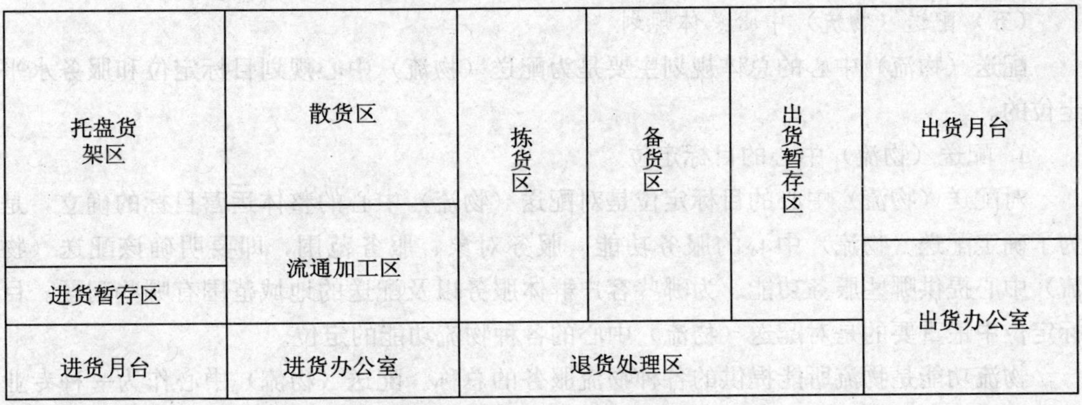

托盘货架区
散货区
拣货区
备货区
出货暂存区
出货月台
进货暂存区
流通加工区
出货办公室
进货月台
进货办公室
退货处理区

**图 5-14 L 形路线布局示例**

物流路线为 S 形的平面布局如图 5-15 所示。

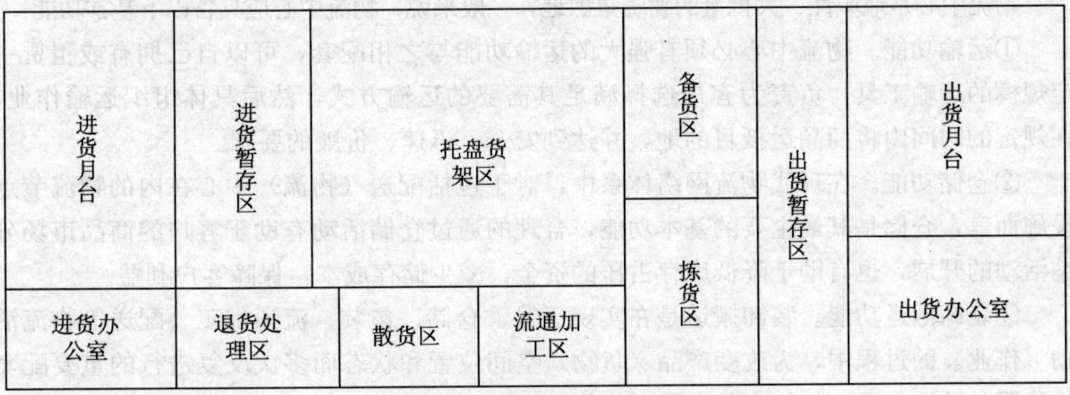

进货月台
进货暂存区
托盘货架区
备货区
出货暂存区
出货月台
拣货区
进货办公室
退货处理区
散货区
流通加工区
出货办公室

**图 5-15 S 形路线布局示例**

物流路线为 U 形的平面布局如图 5-16 所示。

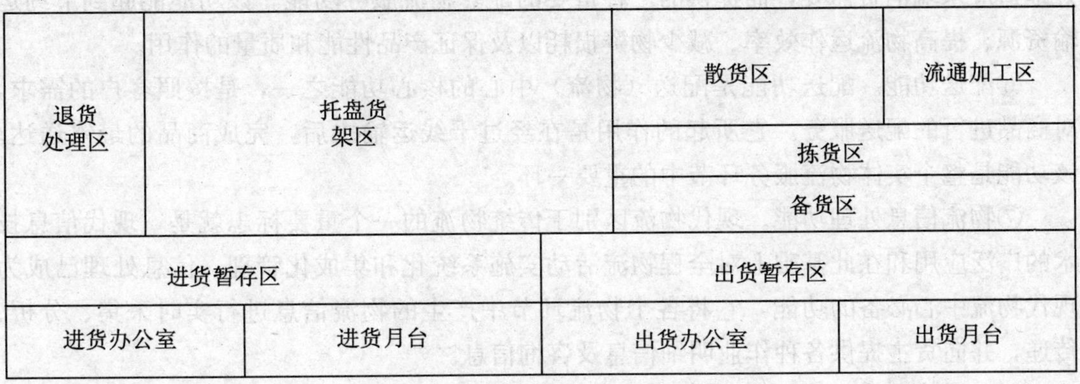

退货处理区
托盘货架区
散货区
流通加工区
拣货区
备货区
进货暂存区
出货暂存区
进货办公室
进货月台
出货办公室
出货月台

**图 5-16 U 形路线布局示例**

（五）配送（物流）中心总体规划

配送（物流）中心的总体规划主要是为配送（物流）中心规划目标定位和服务水平定位的。

1. 配送（物流）中心的目标定位

对配送（物流）中心的目标定位是对配送（物流）中心的整体运营目标的确立，是为了确定配送（物流）中心的服务功能、服务对象、服务范围，即要明确该配送（物流）中心提供哪些服务功能、为哪些客户群体服务以及配送的地域范围有哪些问题。目标定位中最重要的是对配送（物流）中心的各种物流功能的定位。

物流功能是物流所能提供的各种物流服务的总称。配送（物流）中心作为一种专业化的物流组织，不仅需要具备一般的物流服务功能，还应该具备适合不同需要的增值服务功能，因此，合理地规划和设计配送（物流）中心的功能是该中心作业流程规划、作业区域功能规划和设施规划等工作的基础。

（1）基本功能

物流中心是地域性、大批量的物资集散地，一般来说，物流中心应具备以下基本功能：

①运输功能。物流中心必须有强大的运输功能与之相配套，可以自己拥有或租赁一定规模的运输工具，负责为客户选择满足其需要的运输方式，然后具体组织运输作业，在规定的时间内将商品运抵目的地，并达到安全、迅速、价廉的要求。

②仓储功能。在现代物流网络体系中，对于包括配送（物流）中心在内的物流节点设施而言，仓储是其最主要的基本功能，合理的通过仓储活动有助于客户的商品市场分销活动的开展，也有助于降低库存占压的资金，减少储存成本，保障客户利益。

③装卸搬运功能。装卸搬运是在实现运输、仓储、包装、流通加工、配送等物流活动（作业）的过程中，为改变产品（货物）空间位置和状态而多次反复进行的重要配套物流服务功能，是为加快商品在配送（物流）中心的流通速度所必须具备的功能。

④包装功能。在物流中心对商品进行包装，形成适合于物流作业的组合包装单元，可以提高作业效率、降低作业成本、减少装卸和运输过程中的货损。

⑤流通加工功能。流通加工是在商品流通过程中，为灵活适应销售市场需求变化更好地适应末端消费需要，而提供的一种重要的配套物流服务功能。该功能能起到节约运输资源、提高物流运作效率、减少物资损耗以及保证产品性能和质量的作用。

⑥配送功能。配送功能是配送（物流）中心的核心功能之一，是按照客户的需求，对商品进行的配送服务。它所起的作用是在经过干线运输之后，完成商品的最终送达。该功能是整个实体物流服务环节中的重要一环。

⑦物流信息处理功能。现代物流区别于传统物流的一个重要标志就是，现代信息技术的广泛应用和在此基础上对全程物流活动实施系统化和集成化管理。信息处理已成为现代物流中心必备的功能，它将各个物流环节中产生的物流信息进行实时采集、分析、传递，并向货主提供各种作业明细信息及咨询信息。

（2）增值功能

随着市场竞争的日益激烈及客户需求的不断升级，配送（物流）中心所面临的环境发生了很大变化。为进一步挖掘第三利润源泉，延伸物流系统的作用范围，提高配送（物流）中心的市场竞争力，现代物流中心应具有如下更多的增值功能：

①结算功能。不只限于物流费用的结算，在从事运输、配送的情况下，物流中心还要代货主向收货人结算货款等。

②物流系统咨询与管理功能。配送（物流）中心要充当货主的物流专家，为货主设计物流系统，代替货主选择和评价运输商、仓储商及其他物流服务供应商。

③需求预测功能。配送（物流）中心要根据商品进货、出货信息预测未来一段时间内的商品进出库量，进而预测市场对商品的需求。

④其他服务功能。为使运作更加高效，物流服务更完善，配送（物流）中心还可以在有关部门配合下，开展其他配套服务，如协助进行商品的检验和报关、代理征税；利用现代技术，协助进行货物跟踪；全面提供现代化支持决策系统和服务以及帮助交易人进行市场分析等。

每个配送（物流）中心的功能组合都不会完全一样，企业要从实际出发，以系统规划目标为依据，并结合物流中心周边市场需求及物流中心货物品类，来确定物流中心应该具备的基本功能和增值功能。需要注意的是，提供增值性服务是现代配送（物流）中心赢得竞争优势的必要条件。

2. 配送（物流）中心的服务水平定位

对配送中心服务水平的定位就是确定配送中心满足客户需求的程度。确定服务水平的具体指标有：服务的时间、时效、品质、成本，付款方式，接单后的处理时间，及时送货能力，可接受送货的频率，送货内容的正确性，是否可配合上架作业，商品信息的提供以及客户抱怨的响应等。依据全面性，可比性以及科学性原则，将影响配送中心服务质量的因素加以系统分析和合理综合，从客户、配送中心以及客户与配送中心交流的角度可将配送中心服务质量指标分为以下四部分：产品可得性、经济性、信息性和安全性。

（1）产品可得性

客户满意是一个主观性较强的指标，产品可得性是客户最关心的一个方面。它包括数量充足、品种齐全、品质合格、交货及时准确等几个方面。

①数量充足。包含两方面的含义：一是配送的每笔物资不能缺斤短两；二是配送中心有充足的保证客户所需物资的数量。

②品种齐全。由于经济的飞速发展，特别是由于配送中心的客户是连锁经营企业，其所需产品的品种十分繁杂，这会导致配送中心经常发生数量够而品种不对或不齐全的情况。

③品质合格。物资品质包括其各种成分、包装以及其他质量要求。

④交货及时准确。连锁经营一个重要的特点是商品库存量少，甚至达到零库存。当连锁店某种或某些商品短缺时，配送中心应及时、准确地将货物送达，提前送达会占用连锁店的经营空间，推迟则会造成商品短缺，影响连锁店的经济效益。

（2）经济性

经济性是配送中心的一个重要评价指标。配送中心不仅要从客户需要出发尽力给予满足，而且要努力提高其管理水平以尽量降低配送成本。配送成本直接影响着商品的价格，它包括以下三个因素：一是配送商品的总价值（即配送量）；二是配送费用总额（即配送成本）；三是这两者的比率（即费用比率）。其中配送成本包括仓储成本、装卸成本以及运货成本。仓储成本又由租金、劳动成本、电、热、电话以及设备折旧等组成。运输成本是在运送过程中所产生的费用，它是衡量配送中心配送水平的一个重要指标，与运输路线的选择、运输批量的安排以及运输方式的选择等有着极为密切的联系。

（3）信息性

从客户是否满意的角度来看，信息的交流和通信系统的反应速度是非常重要的一个方面。配送中心不仅要加强与客户的交流，而且要提供实时信息，提供货物的位移与状态，以确保各方面高效率的运作。通常以配送中心与客户信息交流的便利性，配送中心收集提供信息的及时性、准确性、主动性等几个方面来衡量其信息交流的水平。

（4）安全性

配送中心的安全性评价一般分货物安全和人身安全两个方面。人身安全存在的危险因素可能有火灾、触电（含雷击）、机械伤害、起重伤害、车辆伤害、高处坠落和物体打击等。对存储的物资来说，有火灾、堆垛倒塌、物资破损等安全隐患。货物安全则主要从商品本身的安全性、信息流动的安全性、保管储存的安全性、搬运装卸的安全性、运输的安全性以及销售的安全性等来体现。

（六）配送（物流）中心信息系统需求分析

配送（物流）中心需要一个强大的信息系统，该信息系统承担着配送（物流）中心内部管理的信息问题以及与上下游客户沟通的问题。

1. 配送中心的信息系统需求分析的内容

（1）与客户的数据交流

即时的通信是保证对客户即时配送的前提，只有准确地收到客户发过来的订单，才能在最短的时间内将客户需要的货物送达客户。因而配送（物流）中心的信息系统需与客户的信息系统有对接。

（2）内部的货物流动数据及出入库信息对接

对配送（物流）中心存储货物的实时掌握是物流系统运营的重点。对于每一订单的出库，及每一次的入库信息的掌握，可以保证随时知道物流中心的存货量，以便在货物达到安全库存时及时补充，防止因缺货导致的客户不满。同时，对于货物的搬运、装卸以及流通加工也需要对其进行及时的信息掌握。

（3）日常经营活动的信息集中管理

配送（物流）中心的管理活动是需要信息系统的支持的。日常经营中的电费、水费以及各办公用品的消耗都需要信息系统的管理，这样才能更加明确其日常管理的成本费用。

2. 信息系统的基本功能

物流信息系统是物流系统的神经中枢。作为整个物流系统的指挥和控制系统，信息系统可以分为多种子系统或者多种基本功能。

（1）数据的收集和输入

物流数据的收集首先是将数据通过收集子系统从系统内部或者外部收集到预处理系

统中，并整理成为系统要求的格式和形式，然后再通过输入子系统输入物流信息系统中。这一过程是其他功能发挥作用的前提和基础，如果一开始收集和输入的信息不完全或不正确，在接下来的过程中得到的结果就可能与实际情况完全相左，这将导致严重的后果。因此，在衡量一个信息系统性能时，应注意它收集数据的完善性、准确性，它的校验能力以及预防和抵抗破坏的能力等。

（2）信息的存储

在收集和输入阶段之后，在得到处理之前，物流数据必须在系统中存储下来。即使在处理之后，若信息还有利用价值，也要将物流数据保存下来，供以后使用。物流信息系统的存储功能就是要保证已得到的物流信息能够不丢失、不走样、不外泄、整理得当、随时可用。无论哪一种物流信息系统，在涉及信息的存储问题时，都要考虑到存储量、信息格式、存储方式、使用方式、存储时间和安全保密等问题。如果这些问题没有得到妥善的解决，信息系统是不可能投入使用的。

（3）信息的传输

物流信息在物流系统中，一定要准确、及时地传输到各个职能环节，否则信息就会失去其使用价值了。这就需要物流信息系统具有克服空间障碍的功能。物流信息系统在实际运行前，必须充分考虑所要传递的信息种类、数量、频率和可靠性等因素。只有这些因素符合物流系统的实际需要，物流信息系统才具有实际使用价值。

（4）信息的处理

物流信息系统的最根本目的就是要将输入的数据加工处理成物流系统所需要的物流信息。数据和信息是有所不同的，数据是得到信息的基础，但数据往往不能被直接利用，而信息是从数据加工得到的，它可以被直接利用。只有得到了具有实际使用价值的物流信息，物流信息系统的功能才算得到了发挥。

（5）信息的输出

信息的输出是物流信息系统的最后一项功能，也只有在实现了这个功能后，物流信息系统的任务才算完成。信息的输出必须采用便于人或计算机理解的形式，在输出形式上力求易读易懂，直观醒目。

**专栏 5.3　乐百氏的配送网络**

乐百氏在武汉、中山、华东、华北、西北的五大配送中心承担了公司约 80％的货物发送，配送网络覆盖区域达 20 多个省。

1999 年年底，乐百氏总裁何伯权在谈到市场创新时首次提出了配货中心的建设。他说，为支持 2000 年强力推行以深度分销为核心的市场网络建设，可以考虑建立配送中心，让产品更快地到达经销商、分销商甚至零售商手上。

初步规划很快完成，公司准备在全国范围内建设 10 多个配送中心，其中有一级配送中心和二级配送中心。一级配送中心辐射周边数省，二级配送中心主要服务本省，二者互为补充，覆盖全国市场。

何伯权的想法是，竞争的关键经历了产品的竞争、质量的竞争和品牌的竞争阶段后，现在已开始进入销售和配送网络的竞争，但目前国内整个大流通的商业不发达，没有理想的配送网络，而乐百氏发展到现阶段又很需要它，因此只好自己去建。当这个配送网络建成时，产品直接发到配送中心，由配送中心发运到渠道终端（超市、商场批发商、零售商），终端有什么问题可以直接反馈给配送中心，包括所有的信息和不良品，这样的网络对产品竞争力的提升无疑是有很大帮助的。

（资料来源：中国物流与采购联合会网站，http：//www.chinawuliu.com.cn/.）

## 第三节　物流运营系统设计阶段

物流运营系统的设计是为了实现系统的三个目标，即成本目标、服务目标和赢利目标。归根结底，物流运营系统的设计是为了在一定的成本条件下，为客户提供令其满意的服务，以获取赢利。为了实现这一目标，需设计符合自身定位和要求的物流系统。具体而言，物流系统的设计分为五个阶段。

### 一、物流运营系统定位阶段

在设计一个物流系统之前，必须明确该物流系统的服务对象和服务目标。具体而言，服务对象主要是对物流系统的目标市场进行定位，找到具有发展前景的客户对象。服务目标即成本目标、服务目标和赢利目标。

### 二、资料收集与分析阶段

对目标市场有一个充分的认识是成功设计物流系统的必要前提，因此需针对服务对象收集充足的资料。

（一）数据分析的途径

收集物流系统的相关资料主要有以下几种途径：

1. 企业访谈调查

调查人员应根据系统规划设计的需要，提前准备好本次调查需要解决的问题，罗列出本次调查的内容，做到心中有数，以提高访谈调查的效率和质量。然后，调查人员要与相关单位、企业的相关人员进行面对面的讨论式询问调查，并在询问过程中捕捉信息、记录信息，同时要根据被调查人员的陈述，及时补充、完善调查内容与数据。

2. 问卷调查

调查人员需根据系统规划设计的相关要求，制订出调查表，然后通过各种途径将调查表分发到相关的企业和单位，由相关人员根据调查表的要求及自身的实际情况对调查表进行如实地填写。调查表返还后，调查人员应对收集的数据进行统一整理，形成系统而清晰的数据，以便于后面的数据分析。

3. 查找历史数据

调查人员需要根据系统规划设计要求，查找、收集相关统计资料，即从过去的资料中获取有用信息。既要收集与设计的物流系统相关的行业的统计资料，也要收集与该物流系统有相似之处的其他物流系统的相关资料，这些资料可为物流系统的规划提供参考。

4. 现场调查

调查人员需要根据系统规划设计要求，提前准备好本次调查需要解决的问题，设计制作表格、问卷，调查人员进入现场进行统计填写表格（如交通枢纽的通行车辆调查，停车场的停车数量调查），或询问相关人员填写问卷（如对司机的路边、收费口的问卷调查）。

5. 计算机搜索

利用计算机网络资源，在网上查找相关的数据资料，或者进入某数据库进行资料的查找与下载。需要注意的是，在网上直接获取的资料，在使用之前需要辨别其真实性，以保证数据的真实可靠。

（二）资料收集的内容

对目标市场有一个充分的认识是成功设计物流系统的必要前提，因此需针对服务对象收集充足的资料，具体而言，需收集的资料有四个方面，即物流需求、现有物流资源、社会经济发展状况以及竞争状况。

1. 物流需求

物流需求，是客户对于物流系统的服务要求。对有关物流需求的信息调查，主要从P、Q、R、S、T五个方面来进行。

P即Product，是对系统所服务的产品进行调研，有哪些产品，产品有什么物流特点或者物流上的特殊要求，以确定其运输、存储和装卸搬运方式。

Q即Quantity，是货物的数量，客户的订货批量以及据此产生的安全库存量。

R即Route，是货物配送的路线，主要是从哪里至哪里的运输，以确定物流中心的选址，更有效率地配送产品。

S即Service，是客户对该物流系统的服务要求，只有清楚客户要什么，才能有针对地提供令其满意的服务，因而需对客户进行调研，以确定其对产品的包装或者流通加工的要求。

T即Time，是时间要求。在准确的时间内将客户所需的产品即时地送到客户手中才能获得客户满意，时间对于物流而言至关重要。客户对于物流的时间有什么要求，如何能持续地满足客户的要求，解决以上问题是分析时间要素的关键。

2. 现有物流资源

每个物流系统都有自己不同的特点，规划一个物流系统必须掌握该地区的物流信息，以结合自身的实际情况进行物流系统的设计，从而使物流系统更符合该地区的物流需求情况。需掌握的资料有：现有的物流设备状况以及现有物流系统的基本运营状况。

（1）现有的物流设备状况

①物流节点分布、规模及功能。建设一个地区性的物流中心，必须了解其现有的物

流节点的分布状况，规模大小，及其所具备的主要功能，如配送、仓储等。

②交通网络，指该地区的交通状况及特点。以湖北省为例，湖北省内的交通以公路为主，湖北省有一个较为完整的公路网，以大城市为中心的公路四通八达，可一直延伸到深山之中，同时也将铁路和水路运输连接起来。湖北省内有多条高速公路，目前已经建成通车的有从黄梅县经黄石至武汉的武黄高速公路和从汉口经荆州至宜昌的汉宜高速公路。湖北省的铁路运输也很发达，有多条铁路从湖北境内穿过，如京广线、襄渝线、汉丹线、焦枝线、枝柳线及武大线等，并且其省会城市武汉是国内重要的铁路枢纽。

③车辆船只。这里主要需要分析的是该地区的运输方式，以武汉为例，其交通运输方式多样化，汽车、火车、轮船、飞机均可。

④仓储设备。调查的问题主要有：该系统可用的物流设备的状况如何；是否能满足将来物流发展水平；为满足其物流需求，需建设或租赁多大的仓库，还需引进哪些先进的物流设备。

⑤信息系统。物流信息系统是由人员、设备和程序组成的，是为物流管理者执行计划、实施、控制等职能提供信息的交互系统，它与物流作业系统一样都是物流系统的子系统。分析现有的物流系统，若该物流系统不能满足未来新的物流系统的运营，则需对其进行修正，或另开发一个新的物流信息系统。

（2）现有的物流系统的运营状况

①组织体系。对现有的物流系统的组织体系进行分析，以确定在未来的新的物流系统运营中，是否延用现有的组织体系，或者对组织体系进行一定的更新以适应其组织的扩张。

②服务模式。不同行业的物流服务模式各不相同，分析本行业物流的服务模式，以保证其服务模式符合客户的需要。

③营业状况。是指对目前物流系统的基本发展状况，如营业收入、净利润等，可以作为分析其物流需求的一个依据。

④服务种类。分析现有物流系统提供的物流服务种类，基本服务有哪些，增值服务又有哪些，在未来新的物流系统中，还可以为客户提供哪些新的物流服务种类。

⑤单据流程。单据是货物流通过程中的货权凭证。在物流服务的提供过程中，掌握单据的流通过程，为日后新的物流系统的单据流通提供借鉴。

⑥作业流程。物流系统的出入库、装卸搬运等作业有其固定的流程，掌握其作业流程为物流系统作业流程的规划提供依据。

3. 社会经济发展状况

①产业特征。是对物流系统所服务的产业的调查分析，主要分析其产品特征、经济特征以及市场特征。通过对所服务产业的分析，物流企业能对该产业有一个全面的了解，因此在物流系统规划过程中，可以将产业特点考虑进去，以更加符合该产业市场竞争的要求。

②产业模式。不同的产业有不同的运营模式，不同的运营模式需要不同的物流服务。例如，汽车行业的运营模式主要为JIT，即准时制，为汽车行业提供的物流服务，必须在准确的时间内为其提供数目准确的零部件，以保证其生产的顺利进行，时间在这一服务模式中尤为重要。因此，了解产业模式，对物流服务模式的设计至关重要。

③经济规模。经济规模决定了物流需求量，对服务对象的经济规模进行分析，可预测本行业的物流需求量，从而为物流系统的设计提供依据。

（三）数据分析方法

资料收集整理后，必须对所有的数据进行分析，以对整个物流系统有一个全面而准确的了解。数据分析方法，主要有以下几种：

1. 物流当量分析

所谓物流当量，也称当量物流量，是指一定时间内通过两个物流节点间的物流数量。它是指物流运动过程中一定时间内按规定标准修正、折算的搬运和运输量，下面以例说明，一辆5吨重的汽车，运输5吨的货物经过某节点，其当量物流量为5吨；而同样的汽车运输3吨的货物经过某节点，其当量也为5吨。分析物流当量，可确定通过各节点的物流量。

2. 物流需求预测

在规划一个物流系统之前，我们必须掌握该物流系统所需要处理的物流量，由于现有统计资料往往不够充足且统计口径存在缺陷，物流需求分析往往是物流系统规划中的一个难题。物流需求预测主要有四种方法，即定量预测、定性分析、比较调整和专家调整。

定量预测即利用历史年份的数据，采用多种数学方法和模型，包括时间序列模型、一元回归模型、二元回归模型、指数平滑法、增长率外推法和外贸集装箱生成量预测法等进行预测。

定性分析是对各项预测指标的历史发展趋势做必要性分析判断，同时参考有关规划部门和交通运输部门所作的规划。

比较调整是分析众多约束条件，选择重要约束因素，对应用各种方法所得到的预测结果加以限定调整，并将这一结果与其他同类城市发展水平进行分析比较。

专家调整是邀请预测和规划方面富有经验的专家对预测结果进行分析，确认其可信程度，必要时进行调整。

下面具体介绍定量预测中的指数平滑法。

指数平滑法是生产预测中常用的一种方法。指数平滑法一般用于中短期经济发展趋势预测，是所有预测方法中用得最多的一种方法。指数平滑法是布朗（Robert G. Brown）所提出，布朗认为时间序列的态势具有稳定性或规则性，所以时间序列可被合理地顺势推延。

简单的全期平均法是对时间数列的过去数据一个不漏地全部加以同等利用；移动平均法则不考虑较远期的数据，并在加权移动平均法中给予近期资料更大的权重；而指数平滑法则兼容了全期平均和移动平均所长，不舍弃过去的数据，但是仅给予其逐渐减弱的影响程度，即随着数据的远离，赋予逐渐收敛为零的权数。也就是说，指数平滑法是在移动平均法基础上发展起来的一种时间序列分析预测法，它是通过计算指数平滑值，配合一定的时间序列预测模型对现象的未来进行预测。其原理是任一期的指数平滑值都是本期实际观察值与前一期指数平滑值的加权平均。指数平滑法的基本公式是：

$$S_t = aY_t + (1-a)\ S_{t-1}$$

式中：$S_t$——时间 $t$ 的平滑值；

$Y_t$——时间 $t$ 的实际值；

$S_{t-1}$——时间 $t-1$ 的平滑值；

$a$——平滑常数，其取值范围为［0，1］。

$S_t$ 是 $Y_t$ 和 $S_{t-1}$ 的加权算法平均数，随着 $a$ 取值的大小变化，决定 $Y_t$ 和 $S_{t-1}$ 对 $S_t$ 的影响程度，当 $a$ 取 1 时，$S_t=Y_t$；当 $a$ 取 0 时，$S_t=S_{t-1}$。平滑常数 $a$ 越接近于 1，远期实际值对本期平滑值影响程度的下降越迅速；平滑常数 $a$ 越接近于 0，远期实际值对本期平滑值影响程度的下降越缓慢。由此，当时间数列相对平稳时，可取较大的 $a$；当时间数列波动较大时，应取较小的 $a$，以不忽略远期实际值的影响。生产预测中，平滑常数的值取决于产品本身和管理者对良好响应率内涵的理解。

如果能够找到 $Y_1$ 以前的历史资料，那么，初始值 $S_1$ 的确定是不成问题的。数据较少时可用全期平均、移动平均法；数据较多时，可用最小二乘法。但不能使用指数平滑法本身确定初始值，因为数据必将会枯竭。如果仅有从 $Y_1$ 开始的数据，那么确定初始值的方法有：

(1) 取 $S_t$ 等于 $Y_t$；

(2) 待积累若干数据后，取 $S_1$ 等于前面若干数据的简单算术平均数，如 $S_1=(Y_1+Y_2+Y_3)/3$。

根据平滑次数不同，指数平滑法分为：一次指数平滑法、二次指数平滑法和三次指数平滑法等。

(1) 一次指数平滑法

当时间数列无明显的趋势变化，可用一次指数平滑预测。其预测公式为：

$$Y'_{t+1}=aY_t+(1-a)\,Y'_t$$

式中：$Y'_{t+1}$——$t+1$ 期的预测值，即本期（$t$ 期）的平滑值 $S_t$；

$Y_t$——$t$ 期的实际值；

$Y'_t$——$t$ 期的预测值，即上期的平滑值 $S_{t-1}$。

(2) 二次指数平滑法

二次指数平滑是对一次指数平滑的再平滑。它适用于具有线性趋势的时间数列。线性二次指数平滑法的公式为：

$$S_t^{(2)}=aS_t^{(1)}+S_{t-1}^{(2)}$$

式中：$S_t^{(2)}$，$S_{t-1}^{(2)}$——$t$ 期和 $t-1$ 期的二次指数平滑值；

$a$——平滑系数。

在 $S_t^{(1)}$ 和 $S_t^{(2)}$ 已知的条件下，二次指数平滑法的预测模型为：

$$\hat{Y}_{t+T}=a_t+b_tT$$

$$S_t^{(2)}=aS_t^{(1)}+S_{t-1}^{(2)}$$

$$a_t=2S_t^{(1)}-S_t^{(2)}$$

$$b_t=\frac{a}{1-a}\left(S_t^{(1)}-S_t^{(2)}\right)$$

式中：$T$——预测超前期数。

3. 物流中心选址

在物流系统设计的过程中，为配送中心和物流中心选址是设计物流系统的重要问题。配送中心和物流中心作为物流系统中的节点，可以通过专业化的物流管理降低产品或服务的总成本，为企业的核心竞争力作出贡献。

在物流中心的选址过程中，结合物流当量分析和物流需求预测，分析该区域内服务行业的基本情况，并通过使用坐标重心、重心实验分析得出理想情况下的物流中心选址。

这样分析得出的选址没有考虑现实因素的约束，因而必须结合现实的地点、面积、交通状况等问题进行综合分析，以求得比较合理可行的物流中心的选址。

## 三、方案产生阶段

物流中心的位置确定后，就需对物流中心的内部进行运营系统的设计。在设计物流中心时，既要考虑其功能效率性，又必须兼顾经济性。具体而言，需结合该物流中心的实际确定其运输方式、仓库存储方式、搬运技术选择以及物流加工的技术确定。确定后即获得物流系统设计方案。

## 四、方案评估阶段

物流系统规划设计方案评价的基本目标是提供备选方案各方面的评选信息，以辅助决策者选择最优或最满意的方案。

### （一）方案评估的原则

1. 经济性

即物流系统建立所需的成本在合理的范围之内，并且设计的作业流程使其在以后的运行过程中能在满足客户服务水平的前提下，保证成本最小，且没有明显地造成资源的浪费和闲置。

2. 功能性

必须保证该方案能够满足货物的装卸、搬运、流通加工、存储和配送的要求，即能够按照客户的要求为其提供服务。

### （二）方案评估的方法

物流系统设计方案的评估方法有以下两种：

1. 程序评估法

程序评估法着重于设计过程的评价，目的在于确保能够得到正确且合乎基本条件的设计结果，多用于方案评估。程序评估法是通过对物流系统规划设计的各个环节进行评估，以判别整个规划设计过程是否合理。这需要根据不同的规划设计项目设计评价表，评价的内容则主要根据项目规划设计的过程或程序而定。在不同的设计阶段，对方案有不同的评估要求，表 5－2 是对于前三个阶段程序评估的评价表。

表 5-2　　程序评估评价表

| 阶　段 | 评估项目 | 得分 | 改进方法 |
|---|---|---|---|
| 目标定位阶段 | 设计的目标定位是否明确 | | |
| | 设施目标定位是否和企业发展目标协调 | | |
| | 设施目标定位是否和市场定位相协调 | | |
| | 设施目标定位是否得到各方认可 | | |
| | 设施的功能设置和服务需求是否匹配 | | |
| | 设施的目标客户和服务项目是否相一致 | | |
| 资料采集与分析阶段 | 对客户需求是否明确 | | |
| | 对进入物流系统的产品品类是否了解 | | |
| | 作业流程是否进行了划分 | | |
| | 收集的资料是否具有完整性 | | |
| | 需求预测方法是否切实可行 | | |
| | 采用的分析方法与已收集资料特点是否一致 | | |
| 方案产生阶段 | 方案产生过程是否遵循系统分析设计的原则及理论 | | |
| | 设施的选用是否配合作业流程 | | |
| | 设备的选用是否配合作业流程 | | |
| | 设备的选用是否符合设施作业要求 | | |
| | 设备 6 容量是否满足需求预测要求 | | |

资料来源：李云清．物流系统规划［M］．上海：同济大学出版社，2004.

2. 因素评估法

因素评估法着重于对结果的评价，目的在于判断方案的成效，为决策者提供决策依据。因素评估法是针对方案，建立一个完整的且具有逻辑构架的能够衡量方案成效的因素群（评价指标体系），并以此作为各评价事项，依照指标属性，将各因素划分成不同群组。然后依照不同因素的特征，发展相对应的定量或定性指标，以衡量各因素的绩效表现。最后针对不同群组的因素和指标，进行综合分析，对方案给予总效果评估，以作为决策者选择的依据。

因素评估法中评价方案优劣的因素可分为定量因素和定性因素，定量因素指可以用精确的方式或数字来表达的因素，如成本、利润等；定性因素指不易用精确数字表达的因素，如对周围环境的影响等。因素评估法可划分为定量因素评估法和定性因素评估法两种。

（1）定量因素评估法

定量因素评估法以经济评价方法最为常用，主要可用来分析一个项目产生的经济效益与发生的费用等方面的经济特性。通常选用的因素有：成本、净现值、内部收益率、投资回收期和投资利润率等。

(2) 定性因素评估法

定性因素评估法主要是针对那些不易通过数字进行说明的因素进行评估的。一个项目的评估所涉及的东西很多很杂，仅从财务评价上去评价是片面的，更多的需要通过定性因素来对项目进行综合评估。定性因素评估法主要包括优缺点评估法、因素分析法、点评估法和层次分析法。

①优缺点评估法

优缺点评估法是将规划设计方案中相关因素的优、缺点一一列举出来，并对优点的重要性及缺点的重要性进行打分。对方案优缺点进行综合比较有助于确定该规划设计方案的可行性。不过，这一评估方法所列举的因素大都依赖于评估者的主观认定，缺乏对所选因素的适当性和完整性进行系统的考虑和挑选，因此很难对方案作出精确而又客观的评价。

②因素分析法

采用因素分析法进行评估，首先需通过讨论列出评估因素，采用权数来衡量各因素的重要程度，权数可按百分比或分数数值取值，在设定权重的时候，可先设计一关键因素的权数比重，其他因素再与该因素作比较，以确定其权数值；然后，评估者再逐一通过各因素来评估比较方案，并给出其评估数值；最后，将各因素的权重与评估数值相乘求出总效果，并以此挑选最佳方案。表 5-3 为因素分析法评估表。

**表 5-3　　因素分析法评估**

| 评估因素 | 权　重 | 估计值 | 合　计 |
|---|---|---|---|
| 服务便利性 | | | |
| 搬运经济性 | | | |
| 需求反应速度 | | | |
| 作业灵活性 | | | |
| 系统可扩充性 | | | |
| 对城市环境影响 | | | |

资料来源：李云清．物流系统规划［M］．上海：同济大学出版社，2004.

③点评估法

此方法与因素评估法相似，都是对各因素进行评分，并计算其方案总评分，作为方案评估的依据。所不同的是，点评估法的权重是通过两两比较各因素来得到，而因素评估法的因素权重是由评估者主观认定的。点评估法在评估时，主要通过以下步骤进行。首先，经过小组讨论，决定评估因素；其次，将各项因素两两比较，如因素 $A$ 和因素 $B$ 相比，若 $A>B$，权重重为 1；$A=B$，权重值为 0.5；$A<B$，权重值为 0，以此为依据，建立评估矩阵（表 5-4）；同时，制订评分标准，并按照此标准对各评估要素打分；最后计算评估分和权重的积。

表 5-4　　评估矩阵

| 评估因素 | $A$ | $B$ | $C$ | $D$ | $E$ | 权重和 | 计算权重 |
|---|---|---|---|---|---|---|---|
| $A$ | | 0 | 1 | 0.5 | 1 | 2.5 | |
| $B$ | 1 | | 0.5 | 0 | 0.5 | 2 | |
| $C$ | 0 | 0.5 | | 1 | 0 | 1.5 | |
| $D$ | 0.5 | 1 | 0 | | 0.5 | 2 | |
| $E$ | 0 | 0.5 | 1 | 0.5 | | 2 | |
| 合计 | | | | | | | |

资料来源：李云清．物流系统规划［M］．上海：同济大学出版社，2004.

④层次分析法

层次分析法（Analytic Hierarchy Process，AHP）是将与决策总是有关的元素分解成目标、准则和方案等层次，在此基础之上进行定性和定量分析的决策方法。该方法是美国运筹学家、匹茨堡大学教授萨蒂于20世纪70年代初，从事美国国防部“根据各个工业部门对国家福利的贡献大小而进行电力分配”课题研究时，应用网络系统理论和多目标综合评价方法，提出的一种层次权重决策分析方法。层次分析法的特点是，在对复杂的决策问题的本质、影响因素及其内在关系等进行深入分析的基础上，利用较少的定量信息使决策的思维过程数学化，从而为多目标、多准则或无结构特性的复杂决策问题提供简便的决策方法。层次分析法尤其适合于对决策结果难以直接准确计量的场合。

层次分析法的算法思想是：首先把复杂问题逐步分解成简单的组成因素，将这些因素按支配关系分组，形成有序递阶的层次结构；其次通过对这些因素的两两比较，求得各要素在每个层次中的相对重要性即目标权重，从而将多目标问题转化为加权单目标问题；最后给出所有因素（或方案）相对于总体目标而言按重要性（或偏好）程度的一个排序。

层次分析法的基本算法步骤如下：

A. 建立层次结构模型。在深入分析实际问题的基础上，将有关的各个因素按照不同属性自上而下地分解成若干层次，同一层的诸因素从属于上一层的因素或对上层因素有影响，同时又支配下一层的因素或受到下层因素的作用。最上层为目标层，通常只有1个因素，最下层通常为方案或对象层，中间可以有一个或几个层次，通常为准则或指标层。当准则过多时（如多于9个）应进一步分解出子准则层。

B. 构造成对比较阵。从层次结构模型的第2层开始，对于从属于（或影响）上一层每个因素的同一层诸因素，用成对比较法和1～9比较尺度构造成对比较阵，直到最下层。

C. 计算权向量并做一致性检验。对于每一个成对比较阵计算最大特征根及对应特征向量，利用一致性指标、随机一致性指标和一致性比率做一致性检验。若检验通过，特征向量（归一化后）即为权向量：若不通过，则需重新构造成对比较阵。

D. 计算组合权向量并做组合一致性检验。计算最下层对目标的组合权向量，并根据公式做组合一致性检验，若检验通过，则可按照组合权向量表示的结果进行决策，否则需要重新考虑模型或重新构造那些一致性比率较大的成对比较阵。

## 五、方案确定

经过仔细的评估后，可基本确定挑选出的物流系统运营方案的可行性和经济性，在针对问题进行了一系列的调整改进后，就可以最终确定物流系统的建设和运营方案。物流系统的规划设计阶段到此也将结束，下一步将进入物流系统的建设阶段。当然，在后面的建设以及运营过程中，也许会遇到新的问题，这就需要经营者不断地根据实际情况修正运营方案，使物流系统更加符合市场的需求，更加符合客户的要求。

图 5－17 是物流运营系统设计流程图。

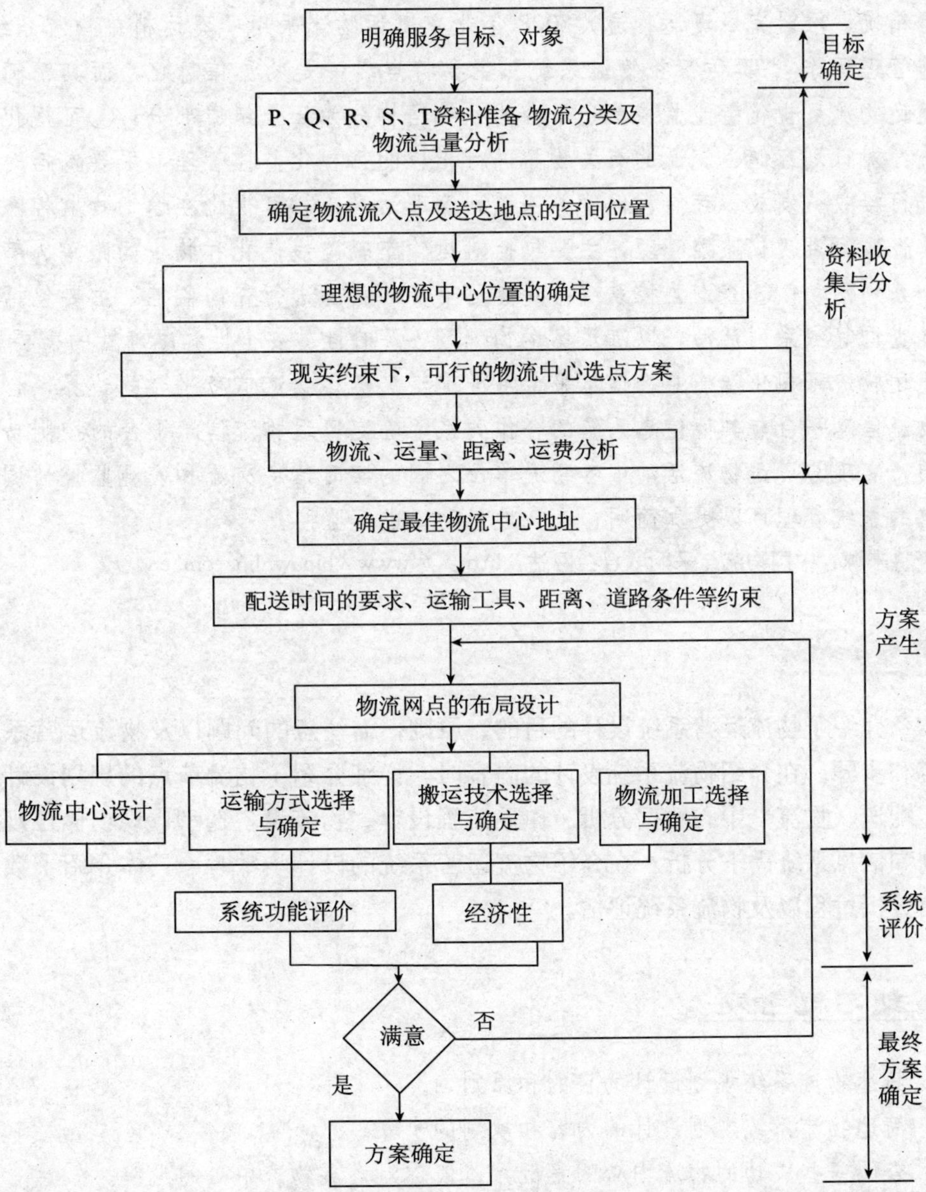

明确服务目标、对象
P、Q、R、S、T资料准备 物流分类及物流当量分析
确定物流流入点及送达地点的空间位置
理想的物流中心位置的确定
现实约束下，可行的物流中心选点方案
物流、运量、距离、运费分析
确定最佳物流中心地址
配送时间的要求、运输工具、距离、道路条件等约束
物流网点的布局设计
物流中心设计
运输方式选择与确定
搬运技术选择与确定
物流加工选择与确定
系统功能评价
经济性
满意
否
是
方案确定

目标确定
资料收集与分析
方案产生
系统评价
最终方案确定

**图 5－17　物流运营系统设计流程**

### 专栏 5.4 北京奥运物流管理

2008 年北京奥运物流中心的管理和监控采用数字化和可视化技术，以保障奥运物流安全、高效、平稳地运作。

奥运物流是指为举办奥运会所消耗的物品（包括商品和废弃物）从供应地到接收地的实体流动过程。奥运物流的内容可以从服务的客户群、与奥运赛事的关系、地域范围、时间范围、服务形态、服务项目内容等不同角度进行分类分析，从而形成奥运物流的多维立体架构，也说明奥运物流管理的复杂性。

为精确、准时完成奥运物流，2008 年北京奥运物流采用“奥运精益物流系统”，具体实施管理运作。“奥运精益物流系统”主要特点之一是物流信息化，而其精髓是可视化。奥运物流可视化智能监控信息平台的系统结构分为三个组成部分：①可视化仓库管理系统：对计划存储、流通的有关物品进行相应的可视化监控管理，主要包括对存储的物品进行接收、发放、存储、保管等一系列管理活动；②可视化在途货物监控系统：对在途物资进行可视化监控管理，主要包括对运输车辆路线优化和物资的跟踪、管理、查询等一系列活动；③查询监控系统：对奥运物资的状态进行查询监控，主要包括物资的跟踪和查询等一系列活动，以满足奥运物流服务及时性、安全性和准确性的需要。

奥运物流可视化智能监控信息平台可准确定义奥运物流信息平台的边界，合理划分奥运物流信息平台与其他信息系统的合作关系，确定奥运物流信息平台的控制功能和信息流向，实现与奥运物流活动中各物流单位之间的实时信息交流和宏观监控协调。通过可视化的系统管理可以更加简明、直观地对物资进行监控。

（资料来源：中国物流与采购联合会网站，http：//www. chinawuliu. com. cn/.）

## 本章小结

本章介绍了物流运营系统设计的目的、原则，需注意的问题以及物流运营系统设计的内容和步骤。在介绍物流系统设计的内容时，详细介绍了物流节点的规划设计，具体介绍了配送（物流）中心数据分析、作业流程设计、物流设备选型、现场储位规划、总体规划和信息系统需求分析。在介绍物流运营系统的设计步骤时，具体介绍了数据资料的收集分析过程以及物流系统评估。

## 复习思考题

1. 简述物流系统规划设计的目的和原则。
2. 简述物流系统规划设计的内容和规划的步骤。
3. 查阅一些成功的物流中心的案例，谈谈你对发展物流中心的见解。
4. 若你是一个传统运输企业的总经理，希望重构物流系统以适应市场需求，你会从

哪些方面着手呢？

5. 若需规划以冷鲜类产品为服务对象的配送中心，应如何规划？规划中，需注意哪些问题？

## 国美电器的物流系统

从供应链的角度来看，国美电器（以下简称“国美”）的物流系统可分为三部分：采购、配送、销售，其中的核心环节是销售。正是在薄利多销、优质低价、引导消费、服务争先等经营理念的指引下，依托连锁经营搭建起来的庞大的销售网络，国美在全国家电产品销售中力拔头筹，把对手远远抛在身后。凭借较大份额的市场占有率，国美与生产厂家建立起良好的合作关系，创建了承诺经销这一新型供销模式，以大规模集团采购掌握了主动权，大大增强了采购能力，能以较低的价格拿到满意的商品，反过来支撑了销售。国美的仓储与配送系统建设合理，管理严格，并适应连锁超市需要，这使该系统成为国美这一销售巨人永葆活力的血脉，使国美能在市场上叱咤风云。正是因为国美供应链系统中，销售、采购、配送三大环节以合理的结构与定位相互促进，成就了国美电器今日的辉煌。

**1. 销售：国美物流系统的关键**

1987 年 1 月，国美在北京珠市口繁华的大街边开张，经营进口家电。谁也没有想到，这个当时仅 100 平方米的毫不起眼的小店，会发展成为全国家电连锁销售企业的龙头。如今，国美供销商层层加价转给下一层零销商，是司空见惯的商业现象。而国美意识到，企业要想发展，必须建立自己的供销模式，摆脱中间商的环节，直接与生产商贸易，把市场营销主动权控制在自己手中。为此，国美经过慎重思考和精心论证，果断决定以承诺销量取代代销形式。国美与多家生产厂家达成协议，厂家给国美优惠政策和优惠价格，而国美则承担经销的责任，而且必须保证生产厂家产品相当大的销售量。

承诺销量风险极高，但国美变压力为动力，将厂家的价格优惠转化为自身销售上的优势，以较低价格占领了市场。由于销路畅通，国美与生产商的合作关系更为紧密，采购的产品成本比其他零售商低很多，这又为其销售铺平了道路。

**2. 统一采购，优势明显**

国美刚成立时，断货现象时有发生，经常是店里摆着空的包装箱权充产品。如今，随着连锁经营网络的逐渐扩大，规模效益越来越突出，给采购带来许多优势。

第一，统一采购，降低进价。国美几十家连锁店都由总部统一进行采购，门店每天都将要货与销售情况上报分部，分部再将各门店信息汇总，分销的优势直接转变为价格优势，国美远远超过一般零售商的采购量，使其能以比其他商家低很多的价格拿到商品。

第二，谈判能力增强。凭借遍布全国的销售网点和超强的销售能力，任何上游生产厂家都不敢轻视国美，唯恐失去国美就会失去大块市场。因此，在与厂家谈判时，国美掌握了主动权。

第三，通过信息沟通保持与厂商友好关系。国美与厂商相互信任，友好合作，共同发展，确保了所采购商品及时供应，及时补货，商品销售不断档。

**3. 大库、小库**

国美电器北京一家门店负责业务的程副经理说，他每天上班的第一件事就是填写需货通知单，传真到“大库”，在那里排上队，随后门店所属的大货车开到位于京郊的大库提货。中午时分，所需商品便能运到门店，进入附属于门店的“小库”。一般门店每天都要从大库调货，多的时候一天要调七八趟。

大库、小库构成了国美电器全国连锁体系物流系统的枢纽。在国美已有的北京、天津、上海、成都、重庆5家分部，各自拥有一家7000～10000平方米的配送中心，家电产品由厂家各地分公司直接运进这些配送中心，再由配送中心分送至与它对应的众多门店。据悉，每个地区分部要建立7～8家连锁店，配送中心才能充分发挥其作用。

国美各地各家连锁店负责业务的副经理一般按此前2～3天的实际销售情况、总公司市场宣传的卖点以及总部的业务指标，决定每天从本区域配送中心调货的数量及型号，运输则由每家门店拥有的2～3辆3吨大货车完成。货物可以存放在小库里，而600～700平方米的小库是国美每家门店都必备的设施，这也是门店选址的一个重要参考因素。门店再配备自己的送货队伍，将商品直接送达每位消费者的家中。

与门店随时从配送中心调货相对应，各门店也可把残次品或销售不佳的商品退回配送中心，当然这需要严格按公司的流程规定操作。

**4. 严格的“大库”管理**

国美对配送中心的设置有严格要求：面积在1500平方米以上的封闭式仓库，交通便利；附带足够的停车位，保证送货车辆取送货停车和夜间停车；防火、防盗设施齐备，以保证货物安全；24小时全天候进出货保障，确保营业取送货需要；仓库通风、干燥且地面平整。

配送中心的管理也有章可循：建立健全商品账目，按类别分账管理；库房商品按类别分区码放，标志货区，以便于查找货物，提高工作效率；所有商品入时均要求检验机身、核对配件、登记机号，出库时对随机赠品需随机发放；库房商品分类别由专人负责，责任落实到人。

国美的《经营管理手册》是这样定义配送中心的：根据总部业务部或分部业务部的订货信息接收供货商的批量供货，进行商品储存，并按门店的要求进行配销的流通机构。各地区分部的配送中心无相互隶属关系，仅对总部及所属分部有纵向垂直管理关系。

配送中心的主要任务细化为以下几个：一是严格按总部或地区分部业务部的订货指令，接收或提运供货者的批量货物。二是确认商品有无损坏，数量、规格、品种是否正确无误。三是货物入库后做到定位管理、分区码放，保障商品安全。四是根据总部或分部业务部的调货指示及各门店的调货申请，对货物实行配销。

配送中心实行三级管理制：配送中心经理—库管员—库工。每一职位分工明确，各司其职，确保了配送中心的正常运行和货物的及时准确、保质保量配送。随着企业的发展，

国美将配送中心的三级管理体制进一步细化，增加了新岗位：配送会计、配送出纳、配送录入、配送干事，以便加强财务管理，把所有环节控制得更严，杜绝漏洞。

与此对应，国美对配送中心的工作流程也作了更加详尽具体的规定，细分为：进货流程、出售流程、随机赠品配发流程、促销品配发流程、盘存……凡工作中可能出现的各种情况都能从公司流程中找到具体操作方式，只要所有员工按流程办事，一切就会井井有条，账目明晰。

据国美电器副总经理何炬透露，国美目前除拥有自己的物流配送设施外，已尝试借助社会配送资源，比如租用邮政系统的车辆运输。邮政系统的车大、车况好、操作规范、信誉度高，远比自己养一支庞大的车队效率高。给客户送货上门的车辆，国美眼下采用的也是招募制或合作制。在北京，几百辆送货小面包车都是招募的；在成都，则采取与搬家公司合作的方式。何炬说，随着社会分工的进一步细化，专业物流公司在不远的将来肯定会出现。到那时，借助他们的力量，国美到全国各地开连锁店就会更加方便容易。

据国美电器企划部陈晓萌经理介绍，国美目前正处于高扩张阶段。2002 年 5 月，在西安、郑州地区设分部，开连锁店，到年底还要再增加三四个地区，力争门店数达到 80 家；到 2003 年，再新开辟 6 个地区分部，使门店数达到 150 家。届时国美将真正成为遍布全国、规模最大的家用电器连锁经营体系，市场占有率更高，竞争力更强。

国美电器内部网络系统也正在建设之中。各地区的电脑系统一旦建立，将改变现在依靠传真、电话的手工数据传递模式，只需轻轻一点，各配送中心、各门店商品的进进出出就会一目了然，十分钟就可以更新一次数据，使物流运作更高效准确。

另外，国美也在打算创建网上商城，进军电子商务。国美电器总经理张志铭在谈及此事时表示，传统家电零售业与网络经济结合是大势所趋。家电产品是最适合网上销售的产品之一，家电产品质量较为稳定，且有品牌信誉保证，尤其是知名品种的质量更是有口皆碑。消费者只要在网上选择了合适的款式和价格，买到的东西就基本上能让人满意。

现在网上销售的最大难题就是销售渠道问题，而这正是国美的优势所在。国美在全国拥有 40 多家连锁商城，拥有强大的配送系统，这就使一般网上商城所面临的物流、配送等难题迎刃而解。网上商城的建立能使国美更好地整合自身优势和外界资源，极大地增强国美的竞争实力。

## 案例思考题

1. 有人说国美利用自己的渠道优势承诺经销的采购模式是对供应商的盘剥，请说说你对这个说法的看法。

2. 结合案例思考国美是如何成就“国美现象”的？

3. 有些企业会成立物流部，统一对企业的物流系统进行运作，而国美却是将物流职能分解，各部室各司其职。请分析这两种物流系统组织方式各有何利弊。

4. 国美进军电子商务将会对其已有的物流系统带来怎样的挑战与机遇？

5. 国美的“大库、小库”物流系统对你有什么启发？

# 第六章 物流运营系统网络设计

本章介绍了物流运营系统网络设计相关方面的知识，具体介绍了物流运营系统网络的内涵和构成要素，物流运营系统网络结构类型以及物流运营系统规划设计相关知识。通过本章的学习，应能掌握物流运营系统网络的内涵，学会物流运营系统网络规划设计的方法，规划出符合实际情况的高效物流运营系统网络。

## 第一节 物流运营系统网络的内涵和构成要素

### 一、物流运营系统网络的含义

如果按运动的程度即相对位移大小观察，物流的过程是由许多运动过程和许多相对停顿过程组成的。一般情况下，两种不同形式运动过程或相同形式的两次运动过程中都要有暂时的停顿，而一次暂时停顿也往往连接两次不同的运动。物流过程便是由这种多次的运动—停顿—运动—停顿所组成。由若干个物流节点和运输线路组成的网络叫物流运营系统网络。

物流系统的网络把物流系统抽象为由节点和运输线路连成的网络，整个物流系统是由线与点以及它们之间的相互连接所构成，由此形成的物流运营系统网络就成为物流活动的载体。网络中的链代表不同储存点之间货物的移动线路。这些储存点即零售店、仓库、工厂或者供货商就是节点。节点和线路连接方式的不同就构成了不同的物流形式。

（一）节点

物流节点是指物流系统中连线的源点和收点，包括供应商、集配商、制造商、批发商、分销商、仓库、物流中心以及配送中心等。节点是物流网络的两大基本构成要素之一，节点的接受、处理和输出能力直接关系到物流网络中连线上产品的输出和输入能力。影响节点能力量化与优化的主要因素如下：

1. 节点功能及其处理能力

物流节点的功能一般包括储存、保管、装卸、搬运、堆垛、包装、流通加工、分货、拣货和订单处理等，不同功能的节点对能力要求不尽相同，其处理能力也存在差异。

2. 节点的数量

一般而言，同一源点的收点越多，其对该源点分流的能力越强；同样，同一收点的源点越多，则该收点的流通量越大。

3. 节点的分布

源点与收点的距离越近、越集中，或者说节点分布的范围越小、越密集，节点的敏捷性就越强，物流对需求的时间响应就越快。

（二）运输线路

节点和节点之间用线相连即构成运输线路，运输线路是构成物流网络的另一基本要素。其主要的物流能力包括运输线路的流量、运输线路的长度、运输线路的数量以及运输线路的流速等。

1. 运输线路的流量

流量是指运输线路上一定时间内物品的数量表现。运输线路的流量取决于运输线路上物品移动的载体，主要是各种设备的运载能力、运输频率、运输效率等，也与运输线路两段节点的处理能力有关。

2. 运输线路的长度

运输线路的长度即流程，是指运输线路上一定时间内物品行驶路径的数量表现。运输线路的长度越长，通常意味着路线上可容纳的流通能力越大。相反，运输线路的长度越短，通常意味着从源点到收点的时间越少，对需求的反应就越快。

3. 运输线路的数量

运输线路的数量与流通量的大小成正向关系。同一源点和收点之间的运输线路越多，则流通量越大；反之，则越小。

4. 运输线路的流速

流速是指运输线路上物品在一定行驶路径（流程）上的速度表现。一般来说，流速越快，意味着物流时间越短，也就意味着对需求的响应越快，物流的时间价值越高。

另外，当运输线路考虑两端的节点时，还有一个重要的影响因素就是运输线路的流向，即从起点到终点的流动方向。流向与流量密不可分，每一种流向都有一种流量与之相对应。

运输线路的流量与流程、数量、流速和流向一起构成了物流能力向量的数量特征，是衡量物流能力效率和效益的重要指标。运输线路的流量、数量、流速和流向的集合反映了物流系统的流通规模；物流运输线路的数量和长度综合反映了物流网络的覆盖范围，包括供应物流网络和分销物流网络。因此，要对物流运营网络进行优化设计，就需要综合提高节点和运输线路各物流能力构成要素。

### 专栏6.1　家乐福中国的运输决策

成立于1959年的法国家乐福集团是大型超级市场概念的创始者，目前是欧洲第一、全球第二的跨国零售企业，也是全球国际化程度最高的零售企业。家乐福于1995年进入中国市场，最早在北京和上海开设了当时规模最大的大卖场。目前，家乐福在中国31个城市相继开设了86家商店，拥有员工4万多人。家乐福中国公司经营的商品95%来自本地，因此家乐福的供货很及时，这也是家乐福在中国经营很成功的原因之一。家乐福实行是“店长责任制”，给予各店长极大的权力，所以各个店之间并不受太多的制约，店长能灵活决定所管理的店内的货物来源和销售模式等。

家乐福中国在网络设计方面主要体现为运输网络分散度高，一般流通企业都是自己建立仓库及其配送中心，而家乐福的供应商直送模式决定了它的大量仓库及配送中心事实上都是由供应商自己解决的，受家乐福集中配送的货物占极少数。这样的经营模式不但可以节省大量的建设仓库和管理费用，商品运送也较集中配送方便，而且能及时供应商品或下架滞销商品，这不仅对家乐福的销售，对供货商了解商品销售情况也是极有利的。在运输方式上，除了较少数需要进口或长途运送的货物使用集装箱挂车及大型货运卡车外，由于大量商品来自本地生产商，故较多采用送货车。这些送货车中有一部分是家乐福租的车，而绝大部分则是供应商自己长期为家乐福各店送货的车，家乐福自身需要车的数量不多，所以它并没有自己的运输车队，也省去了大量的运输费用，从另一方面提高了效益。配送方面，在供应商直送的模式下，商品来自多条线路，而且无论各供应商还是家乐福自己的车辆都采用了“轻重配载”的策略，有效利用了车辆的各级空间，使单位货物的运输成本得以降低，进而在价格上取得主动地位。而先进的信息管理系统也能让供应商在最短时间内掌握货架上其供销售的各种商品的货物数量以及每天的销售情况，补货和退货因此而变得方便，也能让供应商与家乐福之间相互信任，建立长期的合作关系。

（资料来源：中小企业 IT 网，http：//www.cbismb.com/.）

（三）网络

由节点和节点之间的运输线路构成网络，因此节点与节点之间、节点与运输线路之间、运输线路与运输线路之间物流能力的匹配和平衡是网络物流能力的关键所在。如前分析，物流系统的网络能力由多个物流环节的多个节点及其运输线路能力构成，并且最薄弱的节点或运输线路能力决定了整个系统的网络能力。另外，即使节点及其运输线路能力都满足最基本的系统能力要求，但如果这些能力在时间、空间甚至能力协作比例（如运输和仓储能力）上不够匹了配，同样会造成系统能力的浪费，并进而削弱整体网络能力的表现。

本书对物流运营系统网络的定义为，将物流经营管理、物流业务、物流资源和物流信息等要素按照网络的方式在一定的市场区域进行规划、设计、实施，以实现物流系统快速反应和总成本最小等要求的过程。图 6－1 为物流运营系统网络构成图。

## 二、物流运营系统网络的一般形式

物流运营系统网络运行的一般流程可以归纳为：供应商—厂商（经销商）—物流园区（物流中心）—配送中心（零售商）—客户，这些构成要素通过运输线路和信息流连接形成一个整体网络。其中会产生生产成本、购买成本、运输成本、库存成本等。物流运营系统网络的一般形式可以用图 6－2 来表示。

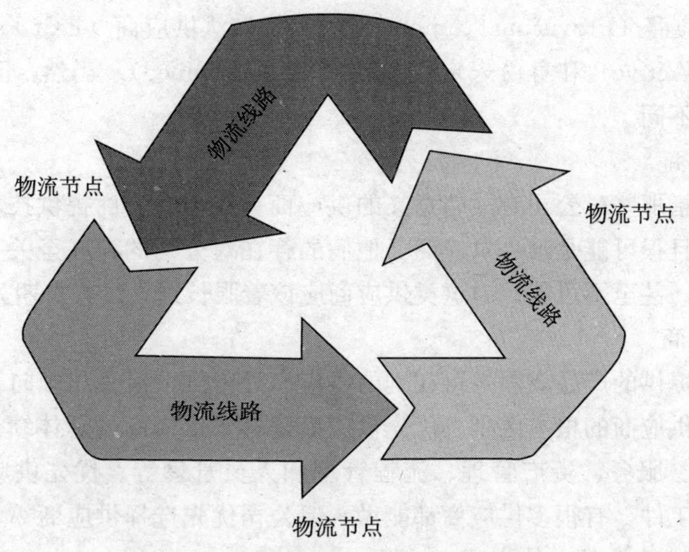


图 6-1　物流运营系统网络构成图

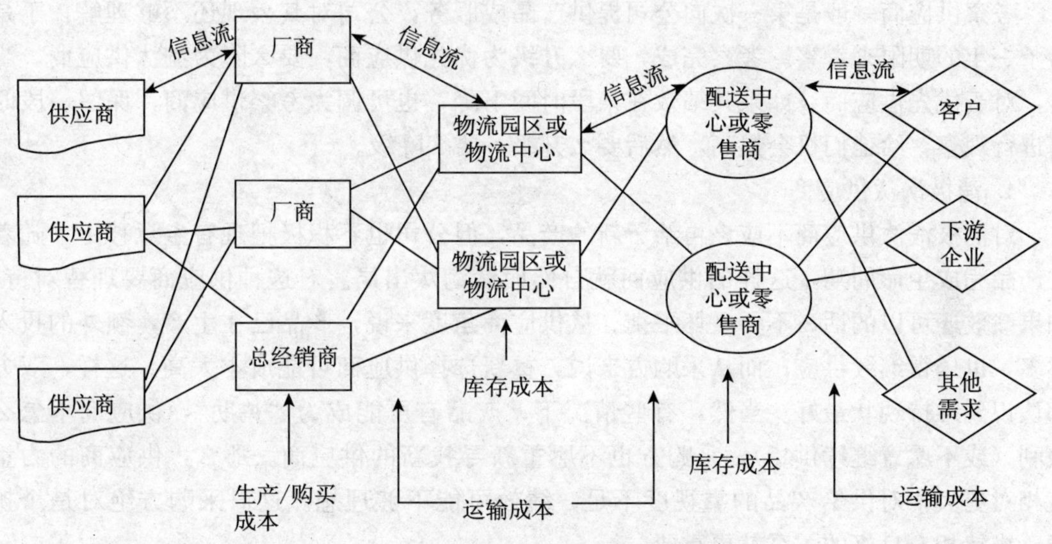


图 6-2　物流运营系统网络的一般形式

## 三、物流运营系统网络的构成要素

### （一）供应商

《零售商供应商公平交易管理办法》规定：供应商是指直接向零售商提供商品及相应服务的企业及其分支机构、个体工商户，包括制造商、经销商和其他中介商。

供应商分类是供应商系统管理的重要部分。它决定着哪些供应商可开展战略合作关系，哪些可增长生意，哪些是维持现状，哪些是积极淘汰供应商以及哪些是身份未定。相应的，供应商可分为战略供应商（Strategic Suppliers）、优先供应商（Preferred Suppliers)、考察供应商（Provisional Suppliers)、消极淘汰供应商（Exit Passive)、积极淘汰供应商（Exit Active）和身份未定供应商（Undetermined)。当然，不同公司的分法和定义可能略有不同。

1. 战略供应商

战略供应商指那些对公司有战略意义的供应商。战略供应商提供技术复杂、生产周期长的产品，并且很可能是唯一供应商。他们的存在对公司的存在至关重要。更换供应商的成本非常高，甚至不可能。对这类供应商应该着眼长远，培养长期关系。

2. 优先供应商

优先供应商提供的产品或服务可在别的供应商处得到，但公司倾向于使用优先供应商，这是与战略供应商的根本区别。优先供应商是基于供应商的总体绩效，如价格、质量、交货、技术、服务、资产管理、流程管理和人员管理等。优先供应商待遇是挣来的。例如机械加工件，有很多供应商都能做，但公司优先选择供应商 A，把新生意给这个供应商，就是基于 A 的总体表现。

3. 考察供应商

考察供应商一般是第一次向公司提供产品或服务，公司对其表现还不够理解，于是给予一年的期限来考察。考察完成，要么升级为优先供应商，要么降为淘汰供应商。当然，对于优先供应商，如果其绩效在某段时间下降，也可调为考察供应商，保留一段时间进行观察，给他们机会提高，然后要么升级，要么降级。

4. 消极淘汰供应商

对消极淘汰供应商不应该再给予新的产品，但公司也不积极把现有生意移走。随着主产品完成生命周期，这样的供应商就自然而然淘汰出局。对这种供应商要理智对待。如果绩效还可以的话，不要破坏平衡。从供应商角度来说，产品已在生产，额外的投入不多，也乐得继续供应；而从采购方来说，重新选择供应商可能成本太高。这样，双方都认识到维持现状最好。当然，有些情况下，产品有可能成为“鸡肋”，供应商不怎么赢利（或不愿意继续供货），采购方也不愿重新寻找新的供应商。那么，供应商的力量就相对更大，对供给产品的重视度不足，绩效可能不够理想。这对采购方绝对是个挑战，维持相对良好的关系就更重要。

5. 积极淘汰供应商

积极淘汰供应商不但得不到新生意，连现有生意都得移走。这是供应商管理中最极端的例子。对这类供应商一定要防止“鱼死网破”的情况。因为一旦供应商知道自己现有的生意要被移走，有可能采取极端措施，要么抬价，要么中止供货，要么绩效变得很差。所以，在扣动扳机之前，采购方一定要确保另一个供货渠道已经开通。

6. 身份未定供应商

身份未定供应商的身份未定。在分析评价之后，要么升级为考察供应商，要么定义为消极淘汰或积极淘汰供应商。

供应商及其位置是网络中的重要元素，与之相关的内容是不同产品的可得性、提前期、质量和价格等。供应商的位置决定了从供应商到工厂所采用的运输方式。对于一种特定的产品，供应商的最高数目会有所限制。

### 专栏6.2　面对环球采购新的发展趋势，供应商将如何应对

美国魔声线材公司财务及经营策略副总裁林禧先生介绍说，近年来，国际买家已将环球采购从降低成本提升到整合供应的战略层面。在日趋惨烈的市场竞争中，国际买家必须与供应商结成同盟，以求长期生存和共同发展，过去简单的买卖关系正在被相互协同的战略合作伙伴关系所取代。

一些国际买家已将与供应商联合设计和开发产品作为优化采购流程的重要步骤。目前，许多在中国设有采购机构的跨国公司开始将一些产品研发的职能从海外总部移到中国，如产品设计、样板审核及批准等，以缩短产品从设计到市场的时间，加强竞争优势。

国际买家需要通过不断变革和提高来应对激烈的竞争，作为供应商也要跟上市场变化的步伐。供应商必须重新审视与买家的关系，把握在变化中实现“双赢”的机会，要认真了解国际买家的经营理念和管理方法，以及最终客户与市场的最新发展，提高管理、创新和研发等多方面的综合能力，在降低成本的同时，注意吸收新的管理理念，练好综合计划和提高供应链效率的基本功。

（资料来源：人事考试教育网，http：//www.chinatat.com/.）

（二）产品

产品是指能够提供给市场，被人们使用和消费，并能满足人们某种需求的任何东西，包括有形的物品、无形的服务、组织、观念或它们的组合。产品一般可以分为三个层次，即核心产品、形式产品和延伸产品。核心产品是指整体产品提供给购买者的直接利益和效用；形式产品是指产品在市场上出现的物质实体外形，包括产品的品质、特征、造型、商标和包装等；延伸产品是指整体产品提供给客户的一系列附加利益，包括运送、安装、维修和保证等在消费领域给予消费者的好处。

在供应链中移动的各种产品也是网络中的重要元素之一。每种产品都有其特定的物理特性，包括重量、规格、体积、性能等。同样，每种产品也会有特定的价值和需求。

（三）厂商

厂商是产品或商品进行生产、组装或采购的地点。每家厂商都会位于一定的位置，并且具有不同的特定产品的生产能力，但总生产能力总是限制在一定的水平内。

厂商的目标是追求最大的利润，但在信息不完全的情况下，厂商所面临的市场需求是不确定的，因此厂商长期生存的经验做法就是实现销售收入的最大化或市场销售份额最大化。

（四）物流节点

在供应商所在地和生产设施之间、生产设施和最终的需求地点之间，通常会有几个物流节点，并具有递进式的结构。在不同的仓库中，对产品进行处理所需的资源也各不相同，仓库在容量、存储的产品类型以及处理能力等方面也都会受到限制。

物流节点（logistics nodes）是指物流运营系统网络中连接物流线路的结节之处。广义的物流节点是指所有进行物资中转、集散和储运的节点，包括港口、空港、火车货运站、公路枢纽、大型公共仓库、现代物流（配送）中心以及物流园区等。狭义的物流节点仅指现代物流意义的物流（配送）中心、物流园区和配送网点。

综观物流节点在物流系统中的作用，物流节点是以以下功能在物流系统中发挥作用的，其主要功能如下：

1. 衔接功能

物流节点将各个物流线路联结成一个系统，使各个线路通过节点变得更为贯通而不是互不相干，这种作用称之为衔接作用。在物流未成系统化之前，不同线路的衔接有很大困难，例如轮船的大量输送线和短途汽车的小量输送线，两者输送形态、输送装备都不相同，再加上运量的巨大差异，所以往往只能在两者之间有长时间的中断后再逐渐实现转换，这就使两者不能贯通。物流节点利用各种技术的、管理的方法可以有效地起到衔接作用，将中断转化为通畅。

物流节点的衔接作用可以通过多种方法实现，主要有：通过转换运输方式衔接不同运输手段；通过加工，衔接干线物流及配送物流；通过储存衔接不同时间的供应物流和需求物流；通过集装箱、托盘等集装处理衔接整个“门到门”运输，使之成为一体。

2. 信息功能

物流节点是整个物流系统或与节点相接物流的信息传递、收集、处理、发送的集中地，这种信息作用在现代物流系统中起着非常重要的作用，也是复杂物流存储单元能联结成有机整体的重要保证。

在现代物流系统中，每一个节点都是物流信息的一个点，若干个这种类型的信息点和物流系统的信息中心结合起来，便成了指挥、管理、调度整个物流系统的信息网络，这是一个物流系统建立的前提条件。

3. 管理功能

物流系统的管理设施和指挥机构往往集中设置于物流节点之中，实际上，物流节点大都是集管理、指挥、调度、信息、衔接及货物处理为一体的物流综合设施。整个物流系统的运转的有序化和正常化，整个物流系统的效率和水平取决于物流节点的管理职能实现的情况。

（五）运输服务

物流的运输专指“物”的载运及输送。它是在不同地域范围间（如两个城市、两个工厂之间，或一大企业内相距较远的两车之间），以改变“物”的空间位置为目的的活动，是对“物”进行的空间位移。

运输决策包括运输方式的选择、运输批量以及对产品在起运地使用不同的运输方式进行发送的安排，而每一种运输方式会在运输能力和可得性等方面有所不同。运输决策还需要考虑运输时间、运输时间的可变程度、运输成本和运输工具的数量。常见的物流运输方式有以下几种：

联合运输（Combined Transport）：一次委托，由两家以上运输企业或用两种以上运

输方式共同将一批货物送到目的地的运输方式。

直达运输（Through Transport）：物品由发运地到接收地，中途不需要换装和在储存场所停滞的一种运输方式。

中转运输（Transfer Transport）：物品由生产地运达最终使用地，中途经过一次以上落地并换装的一种运输方式。

甩挂运输（Drop and Pull Transport）：用牵引车拖带挂车至目的地，将挂车甩下后，换上新的挂车运往另一目的地的运输方式。

集装运输（Containerized Transport）：使用集装器具或利用捆扎方法把裸装物品、散粒物品、体积较小的成件物品组合成一定规格的集装单元进行的运输。

集装箱运输（Container Transport）：以集装箱为单元进行货物运输的一种货运方式。

门到门运输（Door-to-door）：承运人在托运人的工厂或仓库整箱接货，负责运抵收货人的工厂或仓库整箱交货。

（六）客户

客户关系管理（Customer Relationship Management，CRM）是一个不断加强与客户交流，不断了解客户需求，并不断对产品及服务进行改进和提高以满足客户需求的连续过程。其内涵是企业利用信息技术（IT）和互联网技术实现对客户的整合营销，是以客户为核心的企业营销的技术实现和管理实现。客户关系管理注重的是与客户的交流，企业的经营是以客户为中心，而不是传统的以产品或以市场为中心。

客户需求是网络中的一项重要元素。企业必须从客户具体位置、需求发生时间、所需产品的数量和类型等各方面了解客户需求。客户服务水平通常用产品的可得性和获得产品的时间来衡量。运输时间和运输距离都是客户服务中的重要元素。订单处理时间以及实际运输时间决定了客户从订货到收货的时间。

（七）物流信息系统

物流信息系统（Logistics Information System，LIS）是由人员、计算机硬件、软件、网络通信设备及其他办公设备组成的人机交互系统，其主要功能是进行物流信息的收集、存储、传输、加工整理、维护和输出，为物流管理者及其他组织管理人员提供战略、战术及运作决策的支持，以达到组织的战略竞优，提高物流运作的效率与效益。

物流信息系统是物流系统的神经中枢，是整个物流系统的指挥和控制系统。物流信息管理系统是实现物流信息及时准确的传递、共享及处理的系统。

按物流信息系统的功能分有：事物处理信息系统、办公自动化系统、管理信息系统、决策支持系统、高层支持系统和企业间信息系统。

按管理决策的层次分有：物流作业管理系统、物流协调控制系统和物流决策支持系统。

按系统的应用对象分有：面向制造企业的物流管理信息系统，面向零售商、中间商、供应商的物流管理信息系统，面向物流企业的物流管理信息系统（3PLMIS）和面向第三方物流企业的物流信息系统。

按系统采用的技术分有：单机系统，内部网络系统和与合作伙伴、客户互联的系统。

（八）物流网络组织

物流网络组织是指市场经济活动中，在生产型企业之间、生产型企业和最终消费者之间提供物流服务的服务型企业，以及在最终消费者间从事信息沟通和获取产品传递、资金流转以及辅助决策，并为企业的生产经营提供劳动力、资金等生产要素服务的一类企业或组织的联盟。它们是构成交易环境的主要因素，为买卖双方提供越来越多可供选择的交易途径，能动地建立起相对高效的渠道，使市场经济的价格机制得以发挥作用。

物流网络组织的形成和发展，完善了物流环境，商品买卖双方只要通过物流网络组织，与自己最接近的物流中介交易即可大大减少各种交易费用。加入市场的企业越多，市场的产业链就越完善，越能容纳更多的专业化厂商进入市场并获得赢利。商业企业的产生，即商业实现专业化，使得实现了专业化的诸多生产型企业的产销得以衔接，促使产品生产企业努力进行技术积累，提高专业化程度，从而提高效益。这些专业化企业更加依赖商业的中介作用，反过来又促进了商业中介的进一步发展，交易主体、交易环境和交易方式形成了良性的正反馈。复杂的产品、信息的日益不对称、产品种类日益繁多以及营销目的与消费者的意愿相背离等因素都是信息网络产生的必要条件。因此，物流网络组织的中介作用还是解决各种交易信息不对称的又一途径。

物流运营系统网络构成要素如图 6-3 所示。

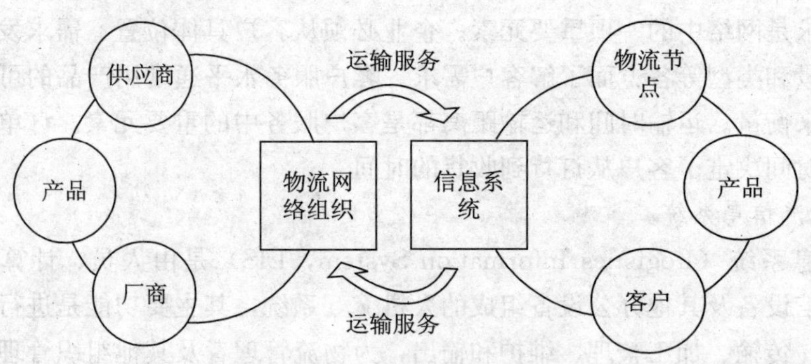


**图 6-3 物流运营系统网络构成要素**

## 第二节 物流运营系统网络的结构

所谓物流运营系统网络结构，是指由执行物流运动使命的线路和执行物流停顿使命的节点两种基本元素所组成的网络结构。物流运营系统网络构造有两个主要组成部分，即线路和节点。网络结构是物流运营系统网络运行的基本框架，物流运营系统网络结构模式是指物流运营系统网络运行框架的主要构成内容。

物流运营系统网络结构模式主要有三种：单核心节点结构、双核心节点（单向、双向）结构、多核心节点结构。

## 一、单核心节点结构

单核心节点结构是指物流运营系统网络体系中只有一个核心节点存在，该核心节点承担物流中心与配送中心的双重职能，也同时承担着信息中心的角色（图 6-4）。在该物流网络覆盖的区域，绝大多数的物流活动都是通过该核心节点实现的，厂商与客户的物流活动极大地依赖于核心节点来完成，所有的物流信息都汇集到这里进行进一步的传递和处理。

在这种物流运营系统网络结构模式下，物流大量核心活动都发生在该节点，由于没有划分物流中心和配送中心，所有的物流大部分都是依赖于该核心节点来完成。物流活动的完成大致经过如下的过程：厂商—核心节点—客户。这种网络结构模式存在于一些小的经济区域或小规模企业，这种物流运营系统网络结构模式将会越来越不适应社会对物流的需求。

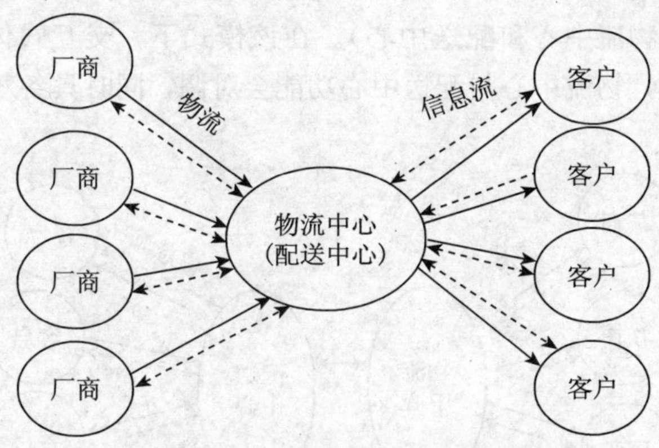


**图 6-4 单核心节点结构**

资料来源：郝勇，张丽，黄建伟．物流系统规划与设计［M］．北京：清华大学出版社，2008.

## 二、双核心节点结构

### （一）双核心节点单向结构

双核心节点单向结构是指物流运营系统网络体系中存在两个核心节点（物流中心和配送中心），物流中心更多的是为供应链上游的厂商提供服务，配送中心则更多的是为供应链下游的客户服务（见图 6-5）。物流中心和配送中心是物流活动的核心，而且也是信息处理的核心。

在该物流运营系统网络结构模式中，主体活动发生在两个核心节点之间，物流活动的过程是：厂商—物流中心—配送中心—客户。这种物流运营系统网络结构模式广泛存在于一些范围较大的经济区域内，或一些大型企业。

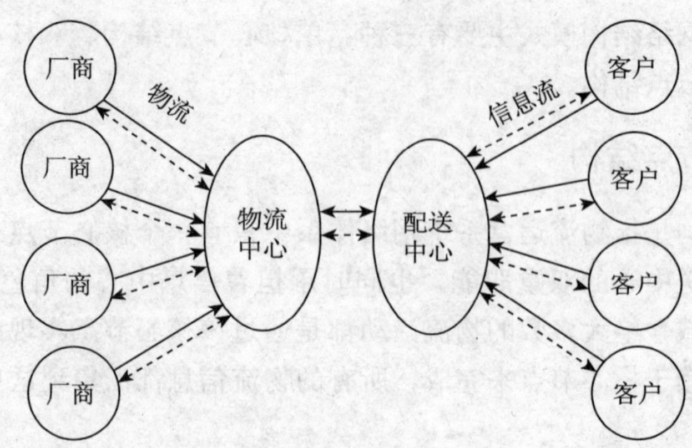


图 6-5 双核心节点单向结构

资料来源：郝勇，张丽，黄建伟．物流系统规划与设计［M］．北京：清华大学出版社，2008.

（二）双核心节点交互式结构

双核心节点交互式结构与双核心节点单向物流运营系统网络结构式大致雷同，但是在双核心节点交互式结构模式下，物流和信息流都是双向的（见图 6-6），两个节点同时承担着双重功能（物流中心和配送中心）。在该模式下，交互式体现为随着环境、厂商和客户需求的变化，物流中心与配送中心功能会对调，同时具备双重功能。

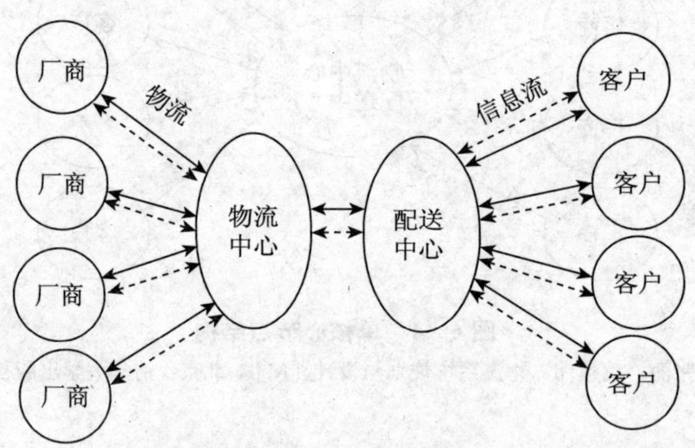


图 6-6 双核心节点交互式结构

资料来源：郝勇，张丽，黄建伟．物流系统规划与设计［M］．北京：清华大学出版社，2008.

## 三、多核心节点结构

在现实的物流运营系统网络中，可能不是只有一个或者两个核心节点，而是多个核心节点同时存在，绝大多数的物流活动是通过这些核心节点完成的（图 6-7）。多核心节点物流运营系统网络结构的原理和上述几种模式没有本质上的区别，只是几种物流运营系统网络的综合。在范围比较大的经济区域或大型企业内，一般采用多核心节点的物流运营系统网络模式。此结构模式中，物流和信息流往往是同时、同向发生的。

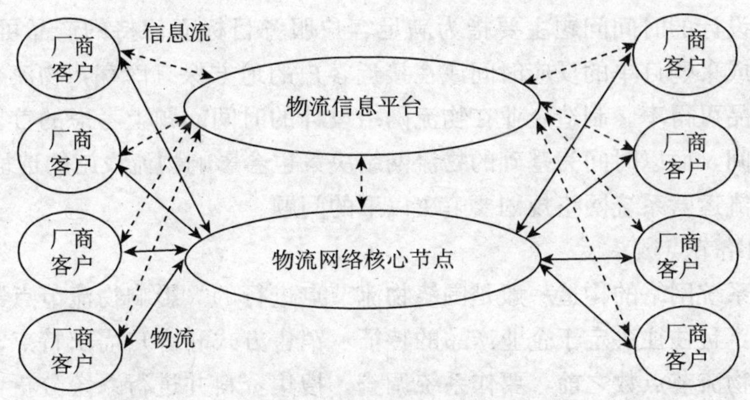


**图 6-7　多核心节点结构**

资料来源：郝勇，张丽，黄建伟．物流系统规划与设计［M］．北京：清华大学出版社，2008.

# 第三节　物流运营系统网络的设计

## 一、物流运营系统网络规划设计的内容

物流运营系统网络设计的前提是，确定承担物流工作所需的各类设施的数量和地点，还必须确定每一种设施怎样进行存货作业和储备多少存货，以及安排在哪里对客户订货进行交付。物流设施的网络形成了一种据以进行物流作业的结构，于是，这种网络中便融合进了信息和运输能力，还包括了与订货处理、维持存货以及材料搬运等有关的具体工作。

物流运营系统网络的结构问题主要是确定产品从供货点到需求点的结构，包括需要使用什么样的设施，设施的数量，设施的位置，如何分配设施，设施之间使用的运输方式，以及如何进行服务。具体来讲，物流运营网络的规划设计的内容包括以下两个方面：

（一）空间或地理的设计问题

空间或地理的设计是指决定各种设施（如工厂、仓库、零售点等）的地理位置，在确定各种设施的位置时，要在以地理位置表示的客户服务要求和成本（生产或采购成本、库存持有成本、设施成本和运输成本）之间找到平衡。最初的物流网络设计者在讨论供给与需求的关系时，往往忽视物流设施的地理位置和整个网络设计的重要性，他们一般都假定物流设施的地点位置和运输成本的差异是不存在的或者在竞争对手之间是相等的。

然而，随着现代物流的发展，被直接用于物流作业的设施的数量、规模，以及地理关系等都在一定程度上影响着向客户提供服务的能力和成本。市场之间由于地理位置不同而产生的大量差异是不争的事实，因此网络设计必须考虑地理位置。

（二）时间（或时期）设计问题

物流网络设计的时间问题主要指为满足客户服务目标而保持的产品可得率的问题。通过缩短生产或采购订单的反应时间或在接近客户的地方保有库存，物流企业可以保持一定水平的产品可得率。制造企业在物流网络设计的时间问题上考虑的首要因素是客户获得产品的时间，而以时间为基础的物流网络决策也会影响物流设施的选址和数量。

战略性物流运营系统网络规划要解决以下的问题：

1. 物流网络节点数

物流运营系统网络的构造一般是围绕物流节点进行的。影响物流节点数量的因素较多，变数较大，且往往决定于企业产品的特征、销售方式和客户需求特点。在确定物流运营系统网络物流节点数之前，要作系统调查，搜集资料并进行系统分析，了解当前市场需求包括物流系统中的中转供货和直达供货的比例、交通运输条件、客户分布等基本情况。确定节点数时应满足两项基本要求：一是能方便快捷的满足客户的需求，二是尽可能降低节点建设和运营费用。其中物流节点建设和运营费用包括以下几个方面：

（1）节点建设投资

通常包括建筑物、设备和土地征用费。它们与节点的位置和规模有关。

（2）节点内部的固定费用

包括人员工资，固定资产折旧及行政支出等与经营状态无关的费用。

（3）节点经营费用

该项费用是在节点的经营过程中发生的费用，包括进出仓库费用、保管维护费用等与经营状况直接相关的费用。

（4）运杂费

其是物资运输过程中发生的费用，主要包括运价、途中换装费用、铺底衬垫物资等的费用。它们与运输路线的选择以及网络节点的位置有关。

2. 节点的位置

物流运营系统网络规划中的选址决策就是要确定物流运营网络中物流节点的位置。选址决策属长期战略范畴，直接影响物流网络运行的成本和经济效益以及客户服务水平。节点的地理位置对成本、配送效率、服务质量、安全库存、生产提前期等产生重要影响，因此必须精心计算，考虑节点数量及每一个节点的位置分布。不好的选址会导致成本的增加、原材料的短缺、降低组织的竞争优势。因此，在物流运营系统网络规划设计时应该运用科学的方法决定设施的地理位置，使之与整个网络的运作系统有机结合。物流节点选址时应注意以下几点：

（1）有利于物流运输合理化

物流网点是物流运输的起点和终点，节点布局是否合理将直接影响到运输效益，因此，从物流运输子系统考虑，节点应建在交通便利的地方。

（2）方便客户

物流部门的服务对象是物资的供需双方，节点应尽量靠近客户，一般在客户较为集中的地方设置。

(3) 有利于节省基建投资

考虑选址所产生的直接成本和间接成本，使总成本最低。

3. 每个物流节点的规模

确定物流运营系统网络中物流节点的合理布局是以降低物流系统的总成本和提高整个社会经济效益为目标的。要用系统的理论和系统工程的方法，综合考虑物资的供给、需求情况，运输条件，自然条件等因素，对每个物流节点的规模、供货范围等进行研究及设计。节点的规模取决于对需求的预测和企业的库存战略考虑，也与该仓库的服务区域有较强的联系。应综合考虑节点总规模以及不同产品在仓库内部空间分配上的区别。

4. 各物流节点的进货与供货关系，即与客户和供应商的关系

物流运营系统网络规划中还要确定客户与供应商之间的关系，供应商与客户之间的关系有以下四种：

(1) 卖主关系

这种关系的特征是供应商周围拥有众多的竞争者，供应商在客户企业得到的对待和供应商的竞争者一样；供应商只限于得到那些已公开的信息，很少能够获得一些专门或绝密的信息；供应商对所有合同的索价都必须具有竞争力，而且还必须遵守规则；如果供应商的产品对客户来说是新的，供应商就得在服务相关问题上花大量的时间；供应商在客户企业中的知名度为低到中等。

(2) 被优先考虑的供应商

这种关系的特征是供应商与客户企业中的许多关键人物都有着良好的关系，对供应商获得新业务具有很大影响力；供应商是客户所偏好的供应商，能得到其他供应商所无法知晓的专门或绝密信息；供应商的价格必须在具有竞争力的范围内，但客户会愿为所能得到的附加值付出代价，或允许供应商得到一定利润；供应商在客户企业中具有中到高等程度的知名度。

(3) 伙伴关系

这种关系的特征是企业双方的最高层都有重要的接触，并就产品或服务提供达成了正式或非正式的协议；供应商有许多能够独享的机会及持续的长期合同，产品的订购无须经过正式采购程序；将价格作为双方协议的一个部分来进行谈判；在一些关键的合伙领域不存在任何的竞争对手；在客户企业里供应商的知名度相当高，客户企业成员承认供应商与自己两个企业间的这种特殊关系。

(4) 战略联盟关系

这种关系的特征是双方有着正式或非正式的联盟关系，比如成为合资企业；在客户企业的内部与外部均有着很高的知名度；合资企业的经理人员来自各自的母公司，双方总经理一同领导这一战略联盟；联盟通过共同开展业务活动寻找机会为双方企业争取最大利益。

5. 物流服务质量水平

物流运营系统网络设计的物流服务质量水平要满足以下要求：

(1) 物流服务质量满足功能性要求

功能性是物流运营系统网络所实现的效能和作用，功能性是客户对物流运营系统网

络服务的最基本要求。所以，功能性是物流运营系统网络服务质量的最基本特性。

(2) 物流服务质量满足经济性要求

经济性是客户为了得到相应的物流服务所付费用的合理程度。费用是服务周期的总费用，即客户在接受物流运营系统网络服务的全过程中，直接和间接支付的相关费用总和。为了便于衡量物流运营系统网络服务的经济性可以将物流费用分为客户购买支出和客户使用支出。

(3) 物流服务质量满足安全性要求

安全性是物流企业在对客户服务的过程中，保证客户人身、财产不受损坏的能力水平。安全性的提高或改善和物流运营系统网络的服务设施、环境、服务人员的技能和态度等都有关，同时安全性的好与差也是物流运营系统网络服务质量水平最直接的标志之一。

(4) 物流服务质量满足时间性要求

时间性是指物流运营系统网络能否及时、准时、省时地满足客户物流需求的能力。在客户对物流运营系统网络服务质量的评价中，时间性常常是一个很客观也很重要的因素，物流运营系统网络应该充分重视时间性对服务质量所起到的重要作用。

(5) 物流服务质量满足舒适性要求

舒适性是客户企业在接受物流服务的过程中感受到的舒适程度。随着物流行业竞争的不断加剧以及客户要求的不断提高，客户将不仅仅重视服务本身水平的高低，同时也将更加在乎接受服务过程中的舒适性。

6. 信息网络的联结方式

物流运营系统网络中的信息网络连接方式主要是解决信息网络的开发主体、服务对象、功能结构以及不同信息之间的交换方式等问题。信息网络联结方式会对整个物流运营网络的运营成本、运营效率以及信息传递的便捷性产生重要的影响。

## 二、物流运营系统网络设计的主要任务和目标

物流运营系统网络设计的主要任务是确定产品从原材料起点到市场需求终点的整个流通渠道的结构，提供使物流利润最大化和服务最优化相结合的途径。物流运营系统网络设计包括物流设施的类型、数量与位置，设施所服务的客户群体与产品类别，以及产品在设施之间的运输方式。

物流运营系统网络设计的目的是定位物流服务市场、提供物流发展策略、部署设施设备以及构筑管理系统。在进行物流运营系统网络规划时，规划者所面临的一个重要问题就是必须在服务绩效与成本之间取得平衡。在决策的过程中，有四个目标可作为物流运营系统网络规划的依据。

### (一) 成本最小化

物流活动的全过程，包括包装、装卸搬运、储存、流通加工、运输等各个活动中的费用都计作物流成本。物流成本是指物流运动中的各环节，如包装、装卸、运输、存储、加工、配送和物流情报等所支出的人力、物力、财力的总和，主要包括以下各项：

从事物流工作人员的工资、奖金及各种补贴；物流过程中的物质消耗，包括材料、电力、燃料的消耗以及固定资产的磨损等；物资在运输、保管等物流过程中的合理消耗；再分配项目支出，如支付银行贷款的利息等；物流过程中发生的其他支出，如办公费、差旅费等。

物流管理的本质要求就是求实效，即以最少的消耗，实现最优的服务，达到最佳的经济效益。积极而有效的物流管理是降低物流成本、提高物流经济效益的关键。搞好物流管理，可以实现合理运输，使中间装卸搬运、储存费用降低且损失减少；可以协调好物流各部门、各个环节以及劳动者之间的关系，从而提高物流活动的经济利益。

降低客户的成本是现代物流的本质特征和最终目标。与传统运输服务、仓储服务不同的是现代物流是对企业原材料、流程清单、成品及有关信息从起点到终点的全过程的策划、实施和控制的过程，而不是单独某一运输或仓储等服务的交易行为。在这一过程中降低客户成本的潜力是十分巨大的，因而现代物流又被称为“第三利润的源泉”。能否降低客户的成本是现代物流与传统运输的一个重要区别，也是能否赢得市场的关键所在。所以，在物流运营系统网络规划设计中，应将降低物流成本作为重点，通过对物流节点和运输线路的设计，使各项物流活动实现最佳的协调与配合，达到降低物流成本、提高物流效率和经济效益的目标。

（二）客户服务水平最优化

所谓物流服务，是指物流企业或企业的物流部门从处理客户订货开始，直至商品送交客户过程中，为满足客户的要求，有效地完成商品供应、减轻客户的物流作业负荷所进行的全部活动。

物流过程直接与客户接触，主要从三个方面影响客户的满意程度，首先，物流过程通过产品配送提供客户所要求的基本增值服务，时间效用与地点效用；其次，物流直接影响其他业务过程中满足客户的能力；最后，配送和其他物流作业经常与客户发生直接联系，影响客户对于产品以及相关服务的感受。优秀的物流的计划、实施和控制可以使企业从竞争对手中脱颖而出，能够创造价值并使得客户满意，因此，物流是赢得竞争性优势的重要源泉。

客户服务是整个物流运营系统设计和运作的必要组成部分，是物流运营系统网络设计的重要目标。物流企业在市场竞争中需要确定自己的核心业务和核心优势，差异化的客户服务能给企业带来独特的竞争优势。质量上的改进，如按时送货的改善、订单满足率的提高、准确的票据、订单提前期的缩短，以及整个物流系统生产率的提高等，在短期内是竞争对手难以模仿的。因此，加强物流管理、改进客户服务是创造持久竞争的有效手段。此外，追求最优化的客户服务水平有利于增加企业的市场份额、降低物流总成本，进而影响到总体利润。

（三）利润合理化

所谓利润合理化是指投入和产出比合理而产生的利润，是企业通过对物流设备配置和对物流活动组织进行调整改进，实现物流系统整体优化的过程。

物流运营系统在追求利润时还应该考虑消费者、合作伙伴以及公司员工的利益，而不能只是一味地追求利润最大化。消费者是企业的衣食父母，不管企业赚钱手段如何高明，永远都要把消费者的利益放在首位。要尊重合作伙伴，企业的合作伙伴有材料供应商、配套厂家和下游客户及销售商。有的企业对消费者有情，却对合作伙伴无义，千方百计挤压合作伙伴的利润，向合作伙伴要最低价格的原材料和配件，给销售商最少的销售提成。这些合作伙伴刚开始为了生存只好忍气吞声，但久而久之，就会奋起反抗，轻者暗中降低原材料和配件的产品质量，或者在代理该企业产品的同时，另外再代理其他企业产品甚至其竞争对手的产品；重者会分道扬镳，解除合作关系。因此，明智的企业要学会尊重合作伙伴，还要让合作伙伴赚到应得的利润，与其建立战略合作伙伴关系。物流运营系统的经营目标是创造一定的利润，而实现利润离不开一支好的团队。如果把利润目标定得太高，必然会加重团队的负担，造成员工心情紧张，降低物流运营系统的生产效率。

（四）竞争优势最大化

建立竞争优势，与竞争对手争夺主要客户是网络设计的最高目标。也就是说，管理人员应随时寻求最有利的市场机会，同时对客户的潜力给予评估，并将这些评估结果作为建立最大竞争优势的基础。虽然这些策略会使成本有所增加而降低了短期利润，但从长远的角度看，这种策略对竞争地位的提升会有很大的帮助。

图 6－8 所示为物流运营系统网络设计目标。

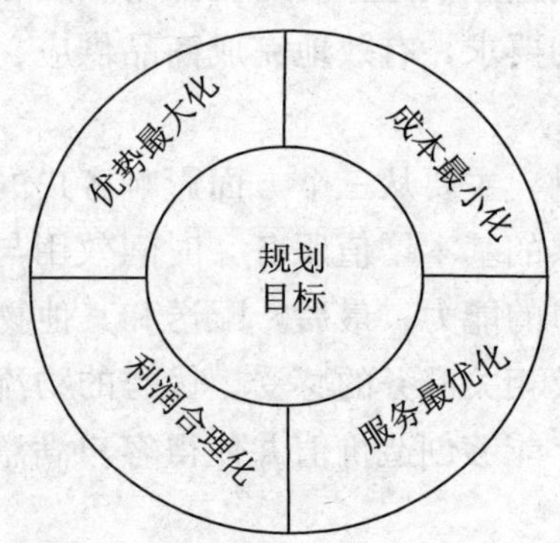


**图 6－8 物流运营系统网络设计目标**

## 三、影响物流运营系统网络规划的因素

为了使物流运作的各个方面得以协调，发挥物流系统的整体效益，在构建一个物流运营系统网络之前，首先应当考虑影响物流系统绩效的内在和外在因素，从而做出合理的规划方案。影响物流运营系统网络规划的因素通常包括：

（一）物流服务需求

建立物流运营系统网络的最终目的是为了提供某种物流功能，以满足物流服务的需求。物流服务是在物流运营系统网络的规划与设计的基础上进行的。物流服务水平不同，物流的形式将随之而变化，因此物流服务水平是构建物流运营系统网络的前提条

件。企业的物流网络如何规划，物流设施如何设置，物流战略怎样制订，都必须建立在一定的物流服务水平之上。不确定物流服务水平而空谈物流，是“无源之水，无本之木”。

由于竞争对手和物流服务市场都在不断地发生变化，为了适应新的环境，优化企业发展战略，企业必须建立功能完善的物流运营系统网络，以确保企业能够开展市场发展前景良好的物流服务需求项目。

（二）行业竞争力

分析本公司与相互竞争的其他公司的差异，了解本公司和竞争对手在物流需要上的满意程度一般称为基准点分析。所谓基准点分析，就是把本公司产品、服务以及这些产品和服务在市场上的供给活动与最强的竞争对手或一流公司的活动与成绩连续地进行比较评估。

为了成为有效的市场参与者，企业应对竞争对手的物流竞争力加以详细的分析，从而掌握行业的基本服务水平。在此基础上，寻求自己的物流市场定位，以发展自己的核心竞争力，建立合理的物流运营系统网络。

（三）地区市场差异

物流运营系统网络中的物流设施结构直接与所在地区的特征有关。在不同的地区，人口密度、消费习惯、交通状况、基础设施配置和经济发展水平等都会有所差异，而这些特征又会对物流设施设置的决策产生影响。

（四）物流技术的发展

在技术领域中对物流运营系统网络最具影响力的是信息、运输、包装、装卸搬运和管理技术等。计算机信息和网络等技术对物流的发展具有革命性的影响，它实现了异地信息的及时、快速、准确交换，使得企业可以更快捷、方便地掌握物流动态，因而不但可以用来改进物流运营系统网络的实时管理控制及决策，而且可以为实现物流作业一体化、提高物流效率奠定技术基础。

## 四、物流运营系统网络规划设计的原则

要规划设计高效优质运作的物流运营系统网络，就要在规划设计的过程中遵循一定的原则，具体原则包括以下几个方面：

（一）按经济区域建立网络

经济效益和社会效益是物流运营系统网络规划设计成功与否的两个衡量标准。物流运营系统网络的经济效益就是通过物流运营系统网络的规划设计和运作达到降低物流成本，带来更大的经济收益。物流运营系统网络的社会效益就是通过物流运营系统网络达到整合现有资源，减少社会资源的浪费。

在一个经济区域内，经济主体之间的经济活动会比较频繁，经济上的关联性和互补性也会较大。随着经济联系的增加，区域间的物流规模也会不断地增加，物流成本在整个经济成本中所占的比重也较大。因此，从经济区域发展的社会效益和经济效益两方面考虑，规划符合经济区域发展需要的物流运营网络是非常必要的，而物流运营系统网络

的规划要从整个区域发展的需要来考虑，不能各自为政。

（二）以城市为中心布局网络

城市是厂商和客户的集聚区，基础节点建设和相关配套支持比较完备。作为物流运营系统网络布局的重点，城市可有效地发挥节省投资和提高效益的作用。因此，从宏观层面上规划设计物流运营系统网络时，城市可以作为重要的物流节点；从微观的层面进行物流运营系统网络规划设计时，要充分发挥中心城市的经济作用，以中心城市为依托，结合城市现有的物流基础设施，完善网络布局。

（三）以厂商积聚形成网络

伴随着区域资源开发、基础设施建设以及生产设施及其配套设施建设的加快，受规模经济内在要求的驱动，不同规模地生产相同产品或类似产品，以及生产它们上下游产业产品的企业必然会集中连片布局，经济活动参与者会在一定地理范围内聚集，这就导致了经济集聚区内物流活动大规模地增加，对物流节点和物流运输等物流服务的要求也会相应的增加。于是，经济集聚区就会逐渐发展成为物流运营系统网络的重要节点。

（四）建设信息化的物流网络

物流运营系统网络的构成要素不仅包括运输线路和物流节点等可视要素，还包括一些隐形的因素，如物流信息系统等。现代物流运营网络的一个必不可少的组成部分就是物流信息系统。通过搭建物流网络信息平台，物流信息系统就可借此平台为物流网络的高效运作提供数据支持和信息服务，而物流信息的及时准确共享和对物流活动的实时控制，能够大大提高物流网络的整体效率。

## 五、物流运营系统网络规划设计的步骤

物流运营系统网络的规划设计是一项庞大复杂的工程，需要反复实践才能规划出合适的物流运营网络。物流运营系统网络规划目标要与物流系统战略总体规划目标保持一致。进行综合性和战略性物流运营网络规划设计，一般需要以下几个步骤：

（一）组建物流运营系统网络的规划团队

组建物流团队的目的是制订出物流运营系统网络设计的目标和评价参数，以充分利用内外部提供的物流资源，提出物流运营系统网络规划方案。团队成员应包括企业的高层管理人员，物流经理，物流专家以及生产、采购、销售、运输等部门的相关人员等。参加人员必须了解诸如物流总体发展战略、企业的根本业务需要、企业所参加的供应链等基本情况。团队成员之间要有紧密合作的关系，不但强调信息共享而且注重集体绩效，同时他们之间的技能应该是互补的。在组建网络规划团队的过程中，决策者应关注团队成员之间的能力互补，年龄和经验互补，甚至性格和行为方式的互补。团队还要有清晰的目标，这个目标就是规划一个科学高效的物流运营系统网络，这也是团队存在的理由。每个团队成员，都需要对这一团队目标做出承诺，团队要规定出其成员的具体任务，以及完成任务的具体时间。构建一支结构合理的物流运营系统网络规划设计团队是物流运营系统网络规划设计的第一步，也是其成败的关键。

（二）物流运营系统网络的数据收集

物流运营系统网络数据收集的主要目的是全面深入地了解当前的系统并且界定对未来系统的要求。一般来说，数据收集的内容应该包括各个节点的资料、客户需求情况和关键的物流环境要素的数据。各种用于取舍备选方案的数据来自实地调查、未来要求、数据库分析和客户服务调查，用于选择的方法随网络设计的目的不同而不同。

（三）备选方案的提出

在收集资料和信息的基础工作后，需进一步对资料进行汇集、整理、分析，并通过模型进行处理，在此基础上，网络规划者就可以根据这些结果提出物流设施的设置地址和各操作方法的备选方案。在备选方案提出的进程中，应着重对以下两个方面做好规划：

1. 网络运作方式设计

在网络规划中，最主要的就是网络运作方式的设计。网络运作方式设计涉及线路和节点两部分，它将在总体水平上处理有关库存和运输的问题，以及确定产品流经网络的路径。这是物流运营系统网络规划设计的重点。

2. 运输规划

运输规划是物流运营系统网络规划中的另一个重要方面。尽管运输方式的规划已经包含在渠道规划的程序之中，但自有车辆的运输路线和时间安排决策并不包括在内。在运输规划时应该具体考虑以下三个问题：

(1) 货物流向流量和运输路线的协调。在考虑运输方式分工时，第一，必须研究物流运营系统对运输需求的总运量同运输通道上总运输能力是否协调。第二，要研究具体货物的流向及流量同运输方式及运输路径是否协调。第三，应对运输网络通道上能承担运量的不同运输方式进行技术经济比较，既要对几种可能承担的运输方式的适应性进行比较，又要对不同运输方式的物资消耗及建设投资、营运费用、货物在途时间及损耗进行比较。

(2) 各种运输方式设备能力的协调。每种运输方式都有自己的设备特色，如铁路有编组站、线路、机车、车辆和通信设备等，水运有港口、船舶、装卸设备、堆场和仓库等。这些设备除了内部协同合作外，还要保证不同的运输方式之间的设备尽最大可能地协调。

(3) 各种运输方式组织工作的协调。不同运输方式的运输组织工作是不同的，运输组织工作对运输分工和运输方式选择有很大影响。两种或者两种以上的运输工具（方式）联合完成全程运输任务时，要加强组织工作，如多式联运中各种运输方式的合理协调就非常重要。

（四）相关方案的比较

首先是各个方案的经济分析。可以通过比较各方案的实施费用来进行对备选网络规划方案的经济分析，分析包括添置新仓库设施、设备的费用和有关整改的费用等。此外，还必须有下列信息，如人员安置、生产状况、存货重新安置和税收等情况。其次是每种方案对于客户服务水平的影响的比较。

得出结论后，就要制订各主要步骤的时间进度表，包括从现在的系统向未来系统转换等的执行时间表。

（五）方案的执行实施

在选择最终方案时，需要从整体上进行平衡和分析，既考虑宏观又兼顾微观，最终加以确定。物流运营系统网络规划的总体方向一旦确定，有效的执行方案就变得非常重要。在方案的实施过程中，应该不断地收集信息，发现问题，及时将具体实施过程中的问题汇总到管理层和物流规划设计团队，以期得到修正。

物流运营系统网络设计步骤，如图 6－9 所示。

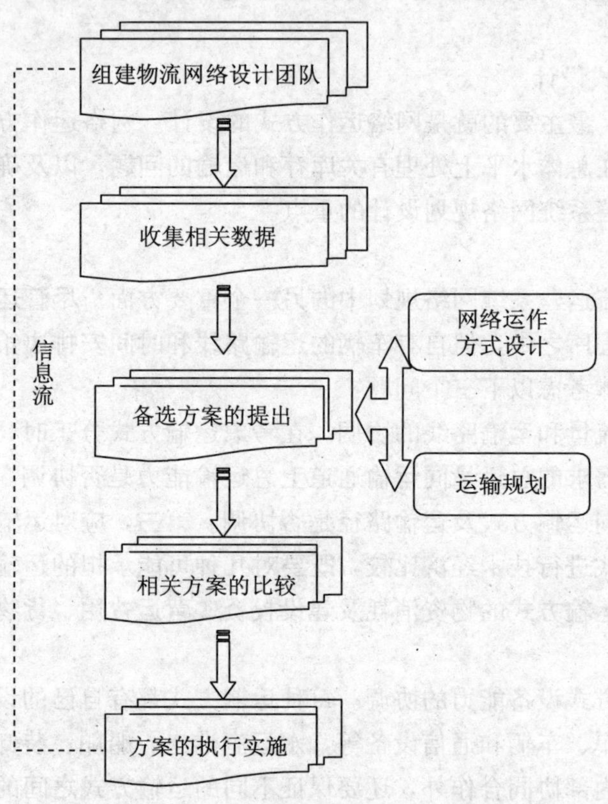


**图 6－9　物流运营系统网络设计步骤**

## 六、物流运营系统网络规划设计的方法

物流运营系统网络的规划设计可以抽象地表述为物流运营系统网络节点与节点之间的连接问题。物流运营系统网络规划设计的常用方法包括定量的方法和定性的方法。具体的方法有：德尔菲法（Delphi Method）、解析方法、模拟方法和启发式方法。各种方法模型的适用范围和解法不同，任何模型都可以由具备一定技能的分析人员用来得出有价值的结果。

（一）德尔菲法

德尔菲法是一种常用的主观、定性的方法，可用于技术预测领域，也可用于各种评价指标体系的建立和具体指标的确定过程。其实质是利用专家的知识和经验，通过多次填写征询意见表的调查形式，专家对那些带有很大模糊性、较复杂且无法直接进行定量分析的问题做出结论的方法。该方法具有匿名性、反馈性、统计性等特点。德尔菲法的一般程序如下：

（1）确定调查目的，拟订调查提纲。首先必须确定目标，拟订出要求专家回答问题的详细提纲，并同时向专家提供有关背景材料，材料包括预测目的、期限，调查表填写方法及其他希望要求等说明。

（2）选择一批熟悉本问题的专家作为物流运营系统网络规划设计的成员，一般为 20 人左右，包括理论和实践等各方面专家。

（3）以通信方式向各位成员发出调查表，征询意见。

（4）对返回的意见进行归纳综合，定量统计分析后再寄给各成员，即每个成员都会收到一本问卷结果的复制件。

（5）看过结果后，再次请成员提出他们的方案。第一轮的结果常常会激发出新的方案或改变某些人的原有观点。

（6）重复（4）、（5）两步直到取得大体上一致的意见。

这种方法的优点主要是简便易行，具有一定科学性和实用性，可以避免会议讨论时产生的害怕权威的随声附和，或固执己见，或因顾虑情面不愿与他人意见冲突等弊病；同时也可使大家发表的意见较快收敛，参加者也易接受结论，具有一定程度综合意见的客观性。

但缺点是由于专家一般时间紧，回答往往比较草率，同时由于决策主要依靠专家，因此归根结底仍属专家们的集体主观判断。此外，在选择合适的专家方面也较困难，且征询意见的时间较长，不适于快速决策。尽管如此，本方法因简便可靠，仍不失为一种人们常用的有效的群体决策的方法。

（二）解析方法

解析方法是通过数学模型进行物流运营系统网络规划设计的方法，是对许多定量的数学方法的一个统称。解析方法是根据问题的特征、外部条件和内在联系建立起数学模型或图解模型，然后对模型求解，以获得最佳的规划设计布局方案。

解析方法模型通常有微积分模型、线性规划模型、合整数规划模型和网络流模型等。

在近年来的研究中，规划论中常常引入不确定性的概念，由此进一步产生了模糊规划、随机规划、模糊随机规划和随机模糊规划等规划方式。不确定性规划主要是在规划中的 C（价值向量）、A（资源消耗向量）、B（资源约束向量）和决策变量中引入的不确定性，使不确定规划更加贴近于实际情况，从而得到广泛的实际应用。

对某个问题采用何种模型，应该具体问题具体分析。建模的困难性与求解的困难性要求建模者不仅要掌握物流系统的知识，而且还要有较强的数学和一定的计算机技术功底，这是解析方法在实际中应用时受到限制的主要因素之一。

（三）模拟仿真方法

仿真是利用计算机来运行仿真模型，模拟时间系统的运行状态及其随时间变化的过程，并通过对仿真运行过程的观察和统计，得到被仿真系统的仿真输出参数和基本特征，以此来估计和推断实际系统的真实参数和真实性能。

物流网络规划设计的模拟仿真方法将物流成本、运输方式与运输批量、库存容量与周转等要素以合理的数量关系加以描述，并通过编制计算机程序进行物流网络的模拟运行。通过对模拟结果的评估分析，选出最优的物流运营网络设计方案。

解析模型寻求的是最佳的仓库数量、最佳的位置和仓库的最佳规模等，而模拟模型则试图在给定多个方案的条件下，反复使用模型找出最优的网络设计方法。

在实际应用中，仿真方法相对解析的方法具有一定的优点，但也存在一定的局限性，如仿真需要进行相对比较严格的模型的可信性和有效性的检验。有些仿真系统对初始偏差比较敏感，往往会使仿真结果与实际结果有较大的偏差。同时，仿真对人和机器要求往往比较高，要求设计人员必须具备丰富的经验和较高的分析能力，而相对复杂的仿真系统，对计算机硬件的要求是比较高的。

（四）启发式方法

相对于模拟方法而言，启发式方法是一种逐次逼近最优解的方法。这种方法要求对所求得的解进行反复判断、实践修正，直至满意为止。使用启发式方法有助于将问题缩减至可以管理的规模，进行方案组合的个数减少，并且能够在各种方案中自动搜索，以发现更好的解决方案。虽然启发式方法不能保证一定能得到最优解，但只要处理得当，此方法还是可以获得令决策者满意的近似最优解的。目前，比较常用的启发式算法包括：遗传算法、人工神经网络算法和模拟退火算法。

1. 遗传算法

遗传算法是20世纪60年代提出来的，是受遗传学中自然选择和遗传机制启发而发展起来的一种搜索算法。它的基本思想是使用模拟生物和人类进化的方法求解复杂的优化问题，因而也称为模拟进化优化算法。遗传算法主要有三个算子：选择、交叉和变异。通过这三个算子，问题得到逐步的优化，最终达到满意的优化解。

遗传算法作为一种随机搜索的、启发式的算法，具有较强的全局搜索能力，但也往往比较容易陷入局部最优情况。因此，在研究和应用中，为避免这一缺点，遗传算法常常和其他算法结合应用，使得这一算法更具应用价值。

2. 人工神经网络算法

人工神经网络（Artificial Neural Net works，ANN）是由大量处理单元（神经元）广泛互连而成的网络，是对人脑的抽象、简化和模拟，反映人脑的基本特征。人工神经网络可以通过对样本训练数据的学习，形成一定的网络参数结构，从而可以对复杂的系统进行有效的模型识别。经过大量样本学习和训练的神经网络在分类和评价中，往往比一般的分类评价方法有效。

这一算法的不足是神经网络的训练需要大量的数据，在对数据的获取有一定困难的

情况下，用神经网络算法是不恰当的。在应用 ANN 时，我们应当注意网络的学习速度，是否陷入局部最优解，数据的前期准备和网络的结构解释等问题，这样才能有效及可靠地应用 ANN 解决实际问题。

3. 模拟退火算法

模拟退火算法（Simulated Annealing，SA）又称模拟冷却法、概率爬山法等，是 Kirkpatrick 于 1982 年提出的另一种启发式的随机优化算法。模拟退火算法的基本思想由一个初始的解出发，不断重复产生迭代解，逐步判定、舍弃，最终取得满意解的过程。模拟退火算法不但可以往好的方向发展，也可以往差的方向发展，从而使算法跳出局部最优解，达到全局最优解。

除以上三种比较常用的方法之外，启发式算法还包括蚁群算法、禁忌搜索算法、进化算法等。各种算法在全局搜索能力、优缺点、参数、解情况存在着一定的差异。各种启发式算法基本上都带有随机搜索的特点，已广泛地应用于解决物流运营网络规划设计问题。用解析的方法（包括线性规划等）建立数学模型，然后运用启发式算法进行求解是目前以及未来物流运营网络规划设计的一种较为可行和可操作的研究方法。

启发式模型在物流运营系统网络规划的选址中常用以下基本原则：

（1）仓库的最佳选址往往在需求最密集的中心点附近。

（2）对于购买量大的客户（其购买量超过正常的运输批量），应当从产品的供应源头（如工厂）直接向其供货。

（3）对需求量及需求提前期波动很小的产品，应当实行准时化（JIT）管理，尽量减少库存。

（4）在当前物流运营网络体系中增加新的设施（如仓库）的前提条件是，新增加的设施能最大化地节约物流总成本。

（5）从配送角度看，那些订货量小而且位于产品配送网络末梢的客户的代价最高。

所谓的经济运输批量，是将配送网络中从运输起点到最偏远的客户之间的运输线路上的小批量需求累加起来而实现的满载运量。

关于未来的研究，各种解析方法、启发式算法与仿真方法的结合，是一种必然的趋势。各种方法的结合可以弥补各自的不足，而充分发挥各自的优点，从而提高物流运营系统网络设计规划的科学性。

## 第四节　物流运营系统网络的组织设计

### 一、物流运营系统网络的组织设计的原则

物流运营系统网络组织设计的原则是，根据物流系统管理的总体需要，体现统一指挥、分级管理原则，体现专业职能管理部门合理分工、密切协作的原则，使物流运营系统网络组织体系成为一个有秩序、高效率的体系。

（一）有效性原则

有效性原则是物流运营系统网络组织设计基本原则的核心，是衡量组织结构合理与否的基础。有效性原则要求物流运营系统网络组织必须是有效率的（管理的效率、工作的效率和信息传递的效率）。物流运营系统网络组织的效率表现为组织内各部门均有明确的职责范围，表现为人力与时间的节约，管理人员和业务人员积极性的充分发挥，这使物流企业能够以最少的费用支出实现目标，并且每个物流工作者都在实现目标过程中作出了贡献。

有效性原则要求物流运营系统网络规划设计在实现物流活动的目标方面富有成效，其成效表现在实现物流目标的总体成果上。在物流运营系统网络组织的运行中，组织机构要反映物流管理的目标和规划，要能适应企业内部条件和外部环境的变化，并随之选择最有利的目标，保证目标得以实现。

物流运营系统网络组织的结构形式、机构的设置及其改善，都要以是否有利于推进物流合理化这一目标的实现为衡量标准。

（二）统一指挥原则

统一指挥原则是建立物流管理指挥系统的原则，其实质是建立物流运营系统网络组织的合理纵向分工，设计合理的垂直机构。为了使物流部门内部协调一致，更好地完成物流管理任务，必须遵循统一指挥原则，使物流运营系统网络组织成为有指挥命令权的组织。

在统一指挥原则下，一般形成三级物流管理层次：最高决策层、执行监督层和物流作业层。最高决策层领导人物根据企业或社会经济的总体战略，制订长期的物流规划，决定物流组织机构的设置和变更，进行财务监督以及决定管理人员的调配等；执行监督层领导的职责是组织和保证实现最高领导决策的目标，保证制订各项物流业务的计划、预测物流量等；物流作业层领导的主要任务是合理组织物流作业并对物流从业者进行相关方面的培训等。

管理层次的划分，体现了纵向指挥系统的分工和分权原则。物流运营系统网络组织层次的合理划分，是形成强有力的物流管理指挥体系的前提。

（三）合理管理幅度原则

管理幅度是指一名管理者能够直接而有效地管理其下属的可能人数及业务范围，它表现为管理组织的水平状态和组织体系内部各层次的横向分工。管理幅度与管理层次密切相关，管理幅度大就可以减少管理层次，反之则要增加管理层次。

管理幅度的合理性是一个非常复杂的问题，因为管理幅度大小涉及许多因素，如管理者及下属人员的素质、管理活动的复杂程度、管理机构各部门在空间上的分散程度等。管理幅度过大，会造成管理者顾此失彼、鞭长莫及；而管理幅度过小，则会增加管理层次，造成机构复杂，增加管理上人力、财力的支出，并会导致不同部门之间的沟通和协调的复杂化。因此，合理管理原则一方面要求适当划分物流管理层次，精简机构；另一方面要求适当确定每一层次管理者的管辖范围，保证管理的直接有效性。

（四）职责与职权对等原则

职位是组织机构中的位置，是组织体内纵向分工与横向分工的结合点。职责是职位的责任，在组织体系内职责是单位之间的连接环。职权是在一定职位上，在其职务范围

内为完成责任所应具有的权力。无论是管理组织的纵向环节还是横向环节，都必须贯彻职责与职权的对等原则，其实质在于建立物流运营系统网络组织职责。要贯彻权责对等的原则，就应在分配任务的同时，授予相应的职权，以便有效率、有效益地实现目标。职责与职权应是相应的，高层领导担负决策责任，必须有较大的物流决策权；中层管理者承担执行任务的监督责任，要有监督和执行权。

要贯彻权责相等的原则，就应在分配任务的同时，授予相应的职权，以便保质保量地完成任务，实现预期目标。

物流管理的协调原则是指对管理组织中的一定职位的职责与具体任务要协调、不同职位的职能要协调、不同职位的任务要协调，包括物流管理各层次之间的纵向协调和物流系统各职能要素的横向协调以及部门之间的横向协调，例如物流节点上和线路的统一与协调。物流全部活动是在线路和节点上进行的，在线路上进行的活动主要是运输，在节点上进行的活动主要有包装、装卸、保管、分货、配货和流通加工等。线路与节点之间相互关联、相互配置，由于其结构、组成、联系方式的不同，形成了不同的物流运营系统网络。物流系统的水平高低、功能强弱取决于两个基本元素的配置和两个基本元素本身。要依据线路和节点的不同功能，进行有效的分工和协调，形成统一的、一体化的运作系统。

## 二、物流运营系统网络组织的模式

科学、完善的物流运营网络组织是物流运营系统网络成功的保证。根据物流组织模式的演进，物流运营系统网络主要有如下几种组织模式：

### （一）功能一体化物流运营系统网络组织

所谓物流功能一体化组织，即在一个高层物流经理的领导下，统一所有的物流功能和运作，将采购、储运、配送、物料管理等物流的每一个领域组合构成一体化运作的组织单元，形成总的企业内部一体化物流框架。这种一体化的物流组织结构，一方面强调了物流资源计划对企业内部物流一体化的重要作用，另一方面强调了各物流支持部门（仓储、运输、包装等）与物流运作部门直接沟通，各部门之间能够进行有效地利益互换。同时在组织的最高层次设置了计划和控制处，从总体上负责物流发展战略的定位、物流系统的优化和重组、物流成本和客户服务绩效的控制与衡量等。

功能一体化物流运营系统网络组织如图 6－10 所示。

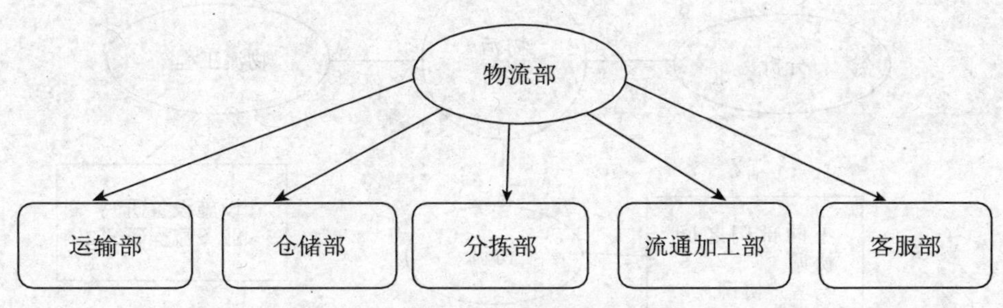


**图 6－10　功能一体化物流运营系统网络组织**

（二）流程一体化物流运营系统网络组织

20 世纪 90 年代以来，在彼得·圣吉的学习型组织理论以及迈克·哈默和詹姆士·钱皮的企业流程再造理论影响与指导下，扁平化、授权、再造和团队的思想被越来越多的企业理解并接受，企业的组织进入了一个重构的时代。物流管理也由重视功能转变为重视过程，通过管理过程而非功能提高物流效率成为整合物流的核心。物流运营网络组织不再局限于功能集合或分隔的影响，开始由功能一体化的垂直层次结构向以过程为导向的水平结构的转换，由纵向一体化向横向一体化转变，由内部一体化向内外部一体化转变。从某种意义上说，矩阵型、团队型、联盟型等物流组织形式就是在以物流过程及其一体化为导向的前提下发展起来的，并且已经成为欧美企业物流组织发展趋势。矩阵型物流组织形式如图 6－11 所示；团队型物流组织形式如图 6－12 所示。

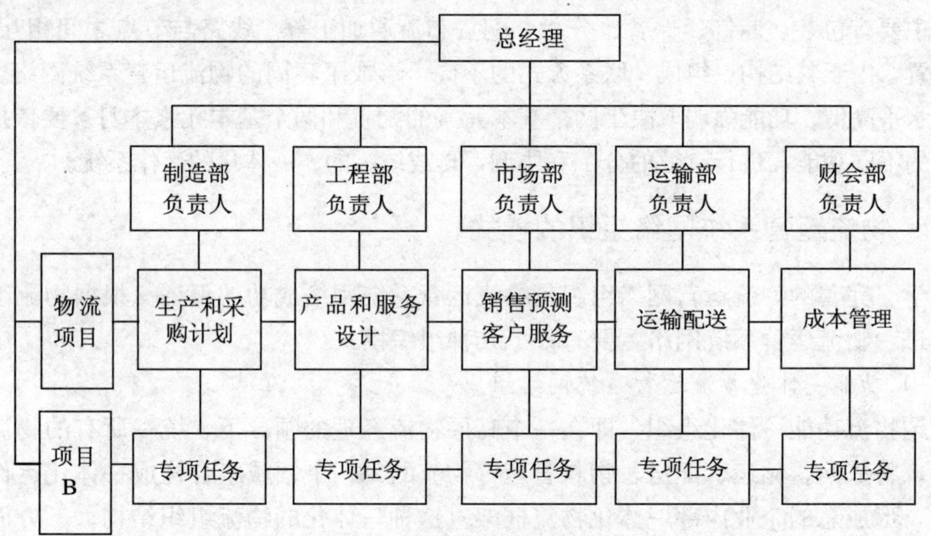


**图 6－11　矩阵型物流组织形式**

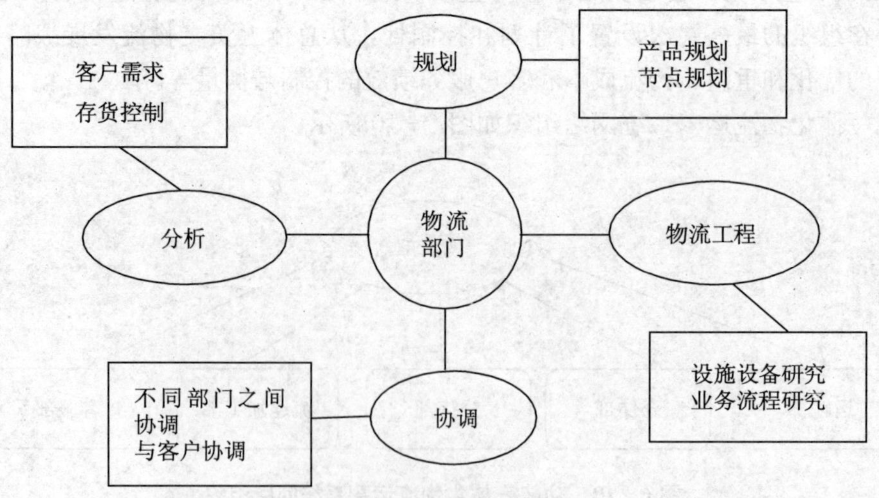


**图 6－12　团队型物流组织形式**

（三）虚拟化物流运营系统网络组织

虚拟经营是美国著名学者罗杰·内格尔于1991年首先提出来的。虚拟化经营是指企业在组织上突破有形的界限，虽有生产、行销、设计、财务等功能，但企业体内却没有完整地执行这些功能的组织。就是说企业在有限的资源下，为了取得竞争中的最大优势，仅保留企业中最关键的职能，而将其他的功能虚拟化——通过各种外力进行整合互补，其目的是在竞争中最大效率地利用企业有限的资源。

虚拟化物流运营系统网络组织实际上是一种非正式的、非固定的、松散的、暂时性的组织形式，突破了原有物流组织的有形边界，通过整合各成员的资源、技术、客户市场机会等，依靠统一、协调的物流运作，以最小组织来实现最大的物流权能。网络化物流组织是将单个实体或虚拟物流组织以网络的形式紧密的联合在一起，是以联合物流专业化资产，共享物流过程控制和完成共同物流目的为基本特性的组织管理形式。20世纪90年代中期以后，信息和网络技术的快速发展，为虚拟与网络化物流组织的产生和发展提供了外部环境。特别是在企业引入了供应链管理理念后，物流将从单个企业扩展到了供应链上的所有企业，虚拟与网络化物流组织将可能成为更加有效的物流组织运作形式。就目前而言，企业对此类组织形式的应用探索才刚刚开始。

（四）“枢纽一辐射式”物流运营系统网络组织

项目管理思想应用在物流组织设计时，组织结构呈现“枢纽一辐射式”，实际上就是一体化经营模式。在信息技术的支撑下，各经营主体根据专业特点与区域分布，建立起分工协作的一体化经营模式，根据标准化流程实行规范运作，并逐步进行物流组织再造。各经营主体实行销售、操作与管理等环节相分离，按照整体物流规划进行组织划分和统一布局，明确职能、严格分工。在信息技术支撑下，按照标准流程紧密衔接，规范运作。从实践上讲，现代物流需要有一个统一的、能力很强且指挥灵活的指挥中心以及多个操作中心的运作模式，因为有效控制是现代物流的保证。从物流业务的内容来说，每项内容并不复杂，但要协调整个过程的服务就必须建立一个高效而有权威的组织系统，以便能控制物流实施状态和未来运作情况。

## 本章小结

物流运营系统网络就是将物流经营管理、物流业务、物流资源和物流信息等要素按照网络的方式在一定的市场区域进行规划、设计、实施，以实现物流系统快速反应和总成本最小等要求的过程。

物流运营系统网络规划设计科学与否，关乎物流运营系统的各方面。物流节点设置的数量、位置等关系着物流运作的效率和物流成本，物流运输线路的设计和选择也会对物流成本和客户服务水平产生影响，而由物流节点和物流运输线路构成的物流运营系统网络的结构等对物流系统的作用更是至关重要。

## 复习思考题

1. 什么是物流运营系统网络，它有哪些构成要素?
2. 物流运营系统网络的结构可以分为哪几种，它们的特点和适用范围分别是什么?
3. 一般战略性物流网络规划主要涉及的问题有哪些?
4. 物流运营系统网络设计的方法有哪几种?
5. 物流运营系统网络设计的原则是什么?
6. 物流运营系统网络设计的设计步骤是什么?
7. 物流运营系统网络组织设计的原则是什么?
8. 物流运营系统网络组织模式有哪几种?

## 案例分析与思考

### 百胜餐饮物流运营系统网络

百胜餐饮集团目前在中国250个城市拥有1100家肯德基、140家必胜客（Pizza Hut)、1家Taco Bell和8家必胜宅急送餐厅。肯德基克拉玛依分店是其在中国服务的最远市场。2003年，它在中国的营业额达到人民币93亿元（11亿美元)，较2002年同期增长31%。

为了满足如此一个庞大网络的供应，该公司需要一个类似规模的物流运营系统网络，能够迅速实现包括易腐烂食品在内的各种产品的长途运输。目前，百胜餐饮集团正在挺进中国内陆地区，那里的运输线常常要比更发达的沿海地区艰苦得多，这就为公司的物流经理们带来了一整套新的挑战。

中国百胜物流（Yum! Logistics China）总经理托德·纳尔逊（Todd Nelson）表示："鉴于公司业务的庞大规模，没有一家第三方物流企业或食品服务公司能够为我们提供这项服务。"他的下属企业管理着负责供应公司1249家餐厅的18个分销中心，所分销的产品从烹饪用具到食用油、鸡翅，再到新鲜蔬菜、纸杯和吸管，林林总总，不一而足。

位于北京的分销中心是百胜餐饮集团在亚洲最大的分销中心，它服务于北京、天津、河北、山西、宁夏和内蒙古的243家餐厅。每天，该中心会接到各餐厅通过电子邮件发来的订单，然后按要求准备产品，安排卡车以固定的路线将产品运送到各餐厅中去。

该中心的运输部经理孙荣（Reese Sun）说："我们所做的每件事都是为了确保餐厅的正常运营。"该中心拥有装配三个不同温度储存室的11辆卡车，每辆卡车都能同时运输冷冻、冷藏和干鲜产品。孙荣说，对于长途运输，百胜餐饮集团有时会雇用更熟悉路况的当地运输企业。这种方法使公司能够节省成本，因为它在市场低迷时无须支付卡车及司机方面的成本，而一旦市场反弹，与这类当地企业的长期合作关系有助于确保有足

够的车辆满足公司产品的运输。百胜餐饮集团对这些企业制订了一个评估体系，从车况、司机服务水平和企业的财务状况等方面进行评估。

即使部署得十分周密，仍会遇到一些意外事件妨碍产品的及时送达，如糟糕的天气、交通事故、车辆故障等。虽然这类问题在其他国家也会发生，但是在中国，一条狭窄道路上的一宗小事故（这种情况在发达国家可能一两个小时就能疏通）有时就会使车辆拥堵好几英里，要等到第二天警察来了才能解决。

百胜餐饮集团制订了紧急方案来尽可能地避免这种情况发生。北京的仓储营运部经理翟伟（Gary Zhai）说，在某些省的下雪季节到来之前，公司经常临时租用库房来存储额外的产品。这样，如果道路遇堵或路面太滑无法通行，餐厅也能获得必要的食品。同样地，在中国南部的海南岛，几乎每个夏季都会遭遇台风袭击，公司也租用了一个临时仓库多储存一些产品，以避免台风袭击时海上运输延误。

在一些情况下，北京的分销中心甚至预定货机来确保产品的准时运输。翟伟说："会有这种情况出现，但是很少见。我们有丰富的经验可以预测大部分意外事件。"

对于纳尔逊来说，在中国运作如此庞大的物流运营系统网络面临的最大挑战是薄弱的公路基础设施。中国的公路网络全长约 180 万千米，不及美国的三分之一，远远落后于中国经济迅速增长的需求。一些保护主义色彩浓厚的地方政府不愿修建连接临省的道路，因为这将加快外面的货物进入它们所在的地区。这就进一步降低了中国公路网的效率。

纳尔逊说："目前，如果我们无法保证从一个城市到另一个城市的及时运输，我们就需要在一个附近的大城市再建立一个分销中心。但是，如果道路状况能够改善，我们就能够更多地依赖交通运输而不是分销设施来满足我们的产品供应。"

为了触及公司在中国西部的 10 家餐厅，包括新近开业的克拉玛依餐厅，百胜餐饮集团已经在河南建立了一个分销中心。但尽管如此，河南和新疆之间的高速路网仍不完善，因而公司不得不依赖于速度更慢的铁路运输。冷冻和干货（储存在控温的集装箱中）需要 3—5 天的时间才能达到新疆首府乌鲁木齐，在那里百胜拥有 5 家餐厅和 1 个小库房。然后，产品再从那里通过一家第三方运输公司用卡车运送到克拉玛依餐厅，一般每周运送 1—2 次。像面包、蔬菜这样的新鲜食品由一个附近城市的当地销售商供货，每周运送 4 次。

虽然肯德基克拉玛依分店的运输成本高于中国其他很多餐厅，但百胜餐饮集团表示，当地居民的购买力很强，所以这家分店是有赢利的。2003 年，该城市居民的平均年收入为人民币 19082 元，高于 14040 元的全国平均水平。

克拉玛依市拥有中国第四大油田，约三分之一的人口在石油勘探公司工作。克拉玛依肯德基餐厅的店长石江英说，从乌鲁木齐到克拉玛依送货的卡车司机本应在午夜到达，但是，他们通常会早到一点，因为如果动身太晚，路上可能不太安全。所以他们到达之后就静静地在外面等候，直到所有客户离开才开始卸货。

对百胜来说，一个好消息是，目前在乌鲁木齐和克拉玛依之间正在修建一条高速公路。完工之后，这两地的车程将至少缩短一个小时。石江英说，到那时司机就不需要那么早地从乌鲁木齐出发了。

## 案例思考题

1. 结合案例，分析百胜集团物流运营的特点，以及其在新疆建设物流运营系统网络所面临的难题。

2. 物流运营网络中的突发事件往往会对公司的经营造成很大的影响，该如何进行计划以使损失降到最低。

3. 如果供应商作为百胜集团的一位运营管理者，供应商对将肯德基餐厅开到克拉玛依市这个决策有什么看法？供应商是否也支持这个决策，为什么？

4. 请结合本案例公司生产服务的特点，为公司设计一个有效的物流运营网络。

# 第七章　物流运营节点设计

随着现代物流业的快速发展，物流运营系统理论知识体系的构建逐渐引起了业界的重视。在物流运营系统的构成中，物流网络体系尤为重要。物流节点和线路是构成物流网络的基础要素，物流运营节点的设计是影响物流运营网络能否高效畅通运作的重要因素。综观各国物流业发展的历史，物流运营节点设计的成功与否直接决定着物流服务水平的高低并影响着未来该地区物流业的发展。本章运用现代物流理论体系知识，综合现代物流运作的特点，将理论和实际相结合，对物流运营节点的相关基础知识及其设计方法进行了较为细致的理论阐述，对现实经济生活中的物流运营节点设计实践具有一定的参考性。

## 第一节　物流运营节点设计概述

### 一、物流运营节点基础知识概要

物流运营节点（Logistics Operation Node）是物流运营系统的重要组成部分，它通过与物流运营线路的有机紧密联系，使得物流运营网络顺利运作。在讲述物流运营节点设计之前，有必要了解物流运营节点的含义、功能、类型及其服务内容，只有全面掌握了这些基础知识，我们才可以更好地理解物流运营节点的设计方法。

（一）物流运营节点的含义

简单而言，物流运营节点是指物流网络中连接物流线路的节点处，有时也称物流节点。一般情形下，某个区域会存在两个或两个以上的物流节点。许多不同类型、规模大小不一的物流运营节点通过多条物流线路连接在一起，共同构成物流运营网络来完成相应的物流活动，如仓储、配送、装卸搬运、流通加工、包装等。图 7－1 是对物流网络进行的形象说明。

物流运营节点的空间布局形式在很大程度上决定着物流线路的流向和流程。物流过程按其运动状态来看，有相对运动的状态和相对停顿的状态，货物在节点处于相对停顿的状态，在线路处于相对运动的状态。节点和线路结合起来便构成物流的网络结构，节点和线路的相互关系和配置形成物流系统的比例关系，这种比例关系就是物流运营系统的结构。

在现实经济生活中，我们有意或无意中会接触到各种不同类型的物流运营节点，大规模的节点如火车货运站、港口码头、空港等；小型的节点如粮仓、商品配送中心、专业批发市场等，这些都属于物流运营节点的范畴。与此相应，物流运营节点也有广义和狭义之分，广义的物流运营节点是指所有进行物资中转、集散和储运的节点，包括港口、空港、火车货运站、公路枢纽、大型公共仓库及现代物流园区、物流中心、配送中心等；狭义的物流节点仅指在现代物流管理活动中日益发展壮大的物流园区、物流中心与配送中心等。图 7－2 是现实经济生活中常见的物流运营节点示例。

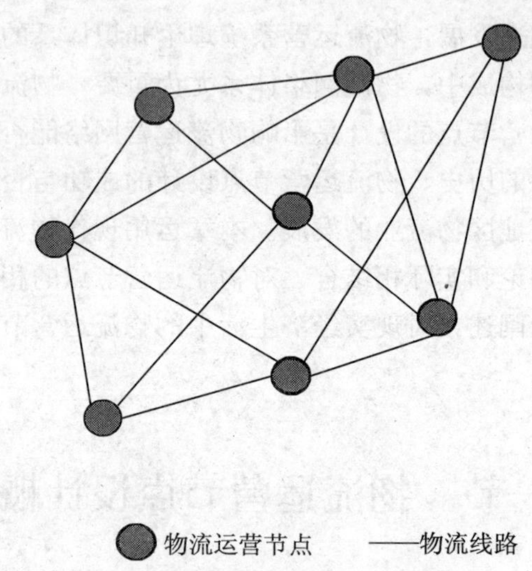


**图 7－1　物流运营网络构成示意图**

**图 7－2　物流运营节点示例**

## 专栏7.1　大连港

大连港位居西北太平洋的中枢，是正在兴起的东北亚经济圈的中心，是该区域进入太平洋，面向世界的海上门户。大连港港阔水深，不淤不冻，自然条件非常优越，是转运远东、南亚、北美、欧洲货物最便捷的港口。港口自由水域346平方千米，陆地面积10余平方千米；现有港内铁路专用线150余千米、仓库30余万平方米、货物堆场180万平方米、各类装卸机械千余台；拥有集装箱、原油、成品油、粮食、煤炭、散矿、化工产品，客货装等80来个现代化专业泊位，其中万吨级以上泊位40多个。

大连港交通十分方便，哈大铁路干线与东北地区发达的铁路网连接。公路有全国最长的沈大高速公路与东北地区的国家公路网络相连接。经东北铁路网和公路网，大连港还连接着俄罗斯和朝鲜，可通过西伯利亚大铁路，成为欧亚大陆桥的起点。

（资料来源：大连港，http：//www. chinaports. org/.）

（二）物流运营节点的功能

大部分的物流活动都是在物流节点上完成的，如货物存储、分拣、包装和流通加工等，具体有根据客户的订单进行货物的分配、货物的储存、客户所需货物的收集、零散货物的集装化、配送任务的批处理、包装和货物单元集装化和出货控制等。除此之外，物流节点还具有相应的管理职能，如订单的接收和验证、货物库存的安排、送货任务的分配、物流任务的形成和数量和质量的跟踪，从广义的观点来看，物流节点上的管理职能可归类为配套功能或延伸功能。

物流节点是连接物流线路的神经中枢。具体来说，物流运营节点具有以下功能：

1. 联结功能

物流运营节点将物流线路联结起来，使各条线路通过节点成为相互贯通的物流运营网络。联结功能是通过转换运输方式联结不同的运输手段；通过加工、分拣、配货等联结干线物流和末端物流；通过储存、保管联结不同时间段的供应物流与需求物流；通过集装箱、托盘等集装箱处理使运输一体化。

2. 管理功能

物流系统的管理机构一般都设在节点之内，各节点都是一定区域范围内的指挥、管理与调度中心。物流系统运行的有序化和效率性在很大程度上取决于物流节点管理功能的水平。在实际管理工作中，物流运营节点的管理功能具体表现为人力资源管理、物流线路优化、车辆调度方案、库存控制策略等。

3. 信息功能

物流活动的顺利完成离不开对物流信息的有效利用。所有的物流活动，都必须通过对信息的筛选与整理形成系统化、条理化的信息网络，从而实现物流运营系统的效率化，因此信息功能乃物流节点功能中最重要的支持活动。每一个物流节点都是一个信息点，是连接线路的枢纽，各方面的物流活动信息都在节点流进流出，使节点成为信息收集、处理、传递的集中地。若干个节点的信息流与物流系统的信息中心连接起来，形成指挥、管理、调度物流系统的信息网络。在具体实践操作中，通过采用数据库、信息网络以及电子和计算机技术等，对经过物流运营过程以及在此过程中产生和使用的各种信息进行收集、分类、传递、汇总、识别、跟踪和查询等处理，物流运营节点就能起到加快物流速度、降低物流成本、增强物流系统透明度的作用。

4. 配套功能

随着现代物流业的快速发展，对物流运营节点的配套功能提出了更高的要求，配套功能缺失的物流节点已不能满足现代物流企业发展的需求。现代物流节点的配套功能包括车辆停靠及辅助服务、物流金融保险服务、生活配套服务等，保税物流园区还需具备工商、税务、海关服务等配套功能。物流运营节点在有关部门（比如商检、保险、银行、法律等）配合下，开展下列领域的配套服务：协助进行商品的仓储、检验和报关、代理征税；设立货物运输紧急救援系统；利用信贷技术，协助进行货物跟踪；通过仲裁系统，帮助交易人处理纠纷；发挥计算机网络的技术优势，开通卫星网、Internet 网、EDI 等先进通信和处理手段，满足客户特定需求；全面提供现代化支持决策系统和服务，帮助交易人进行物流市场分析等。

5. 延伸功能

物流运营节点除了完成传统意义上的物流活动之外，还需具备物流延伸功能，这部分也被称为物流增值服务功能。延伸功能是在物流节点基本服务基础上延伸出来的相关服务，一般而言没有固定的组成要素。可以说，物流中心所提供的服务功能越完备，该物流中心就越具有竞争力，就越能赢得市场。延伸功能的扩展将为物流节点创造更大的经济效益，提升其综合竞争能力。延伸功能包括货物调剂及库存处理；物流系统技术与设计；吸引高科技技术及人才进入节点，从事物流软件的开发设计和物流设备的设计开发以及物流咨询培训服务等。

图 7－3 是物流运营节点的功能示意图。

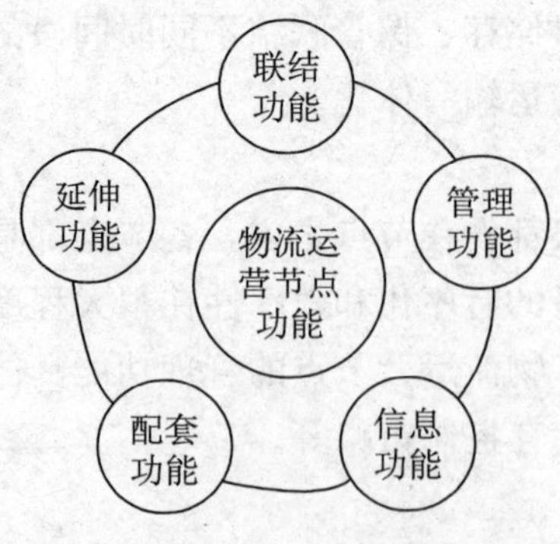


**图 7－3　物流运营节点的功能**

（三）物流运营节点的类型

从功能角度划分，物流运营节点主要有如下五种类型：

转运型节点：处于运输线路交接处，类似于货物中转站，以连接不同线路和不同运输方式为主要功能的节点，如车站、货站、编组站，港口、码头和空港等，连接不同方式的转运站和中转仓库等节点。一般来说，货物在转运型节点上停顿时间都比较短。

储存型节点：以保管存放货物为主要功能的节点，包括储备仓库、营业仓库等。这类节点的货物储存量较大、周转速度较慢，对仓库的货物保管、养护的要求比较高，讲究库存控制策略。

集散型节点：以集中货物或分散货物为主要功能的节点，包括集货中心和分货中心两部分。现实经济生活中常见的如集装箱码头、铁路露天货物堆场等。

配送型节点：连接干线物流与末端物流，以货物配备和组织送货为主要功能的节点。大型连锁超市的配送中心就是配送型节点的典型代表，如美国沃尔玛公司的配送中心内设有170个接货口，中心24小时运转，每天为分布在宾西法尼亚州、纽约州等6个州的沃尔玛超市及山姆会员店在内的100多家连锁店配送商品。

综合型节点：在一个节点中将若干种物流功能有机结合在一起，有完善的物流设施设备、有效的衔接和协调各个工艺流程的物流运营节点。物流园区和物流中心都属于此类节点。

以上物流运营节点类型的划分是以主要功能的不同作为依据。随着现代物流业发展方兴未艾，物流市场的发展也逐渐开始变得规范化。严格意义上来讲，具有完备的现代物流功能的节点可以归为三类：物流园区（Logistics Park）、物流中心（Logistics Center）和配送中心（Distribution Center）。在不同的国家和地区，这三种节点具有不同的名称，如日本将物流园区一般称之为物流团地（Logistics Dase），德国将物流园区和物流中心笼统称之为货运村（Freight Village）。

1. 物流园区

物流园区最早出现在日本东京，当时被称为物流团地，随后在欧洲一些国家开始逐渐出现物流基地、物流战场、物流港、货运村等具有现代物流意义的名词。一般而言，物流园区是以政府为主导，从城市整体经济利益出发，为缓解城市交通压力，顺应现代物流业发展趋势，实现“货畅其流”的重要措施。

物流园区是现代物流发展到一定阶段的产物，抽象地说，是物流节点作业活动的空间聚集体，为实现规模化和多种服务而将多种物流设施设备和多家物流组织单位在空间上进行集中布局并承担物流业务的载体场所，其构成基本要素包括物流作业处理对象、物流设施设备及技术手段、物流相关信息和组织经营机构等。

本书认为，物流园区是布局在城市周边，由多家专业从事物流服务、拥有多种物流设施的不同类型物流企业在空间上相对集中分布而形成的具有物流产业集群特点的物流产业集聚区，是服务领域广泛，物流辐射范围广阔（涵盖城市范围、区域范围、国际范围），能够提供规模化、集约化的大规模物流服务和综合服务功能的物流节点和具有两种或两种以上交通运输方式（公路、铁路、水路、航空）相交会的区域。如上海洋山深水港物流园区位于上海南汇海港新城西部，东临沪芦高速公路，距洋山深水港区32千米、市区55千米、郊区环线10千米、浦东国际机场30千米。园区规划面积13.8平方千米，包括港口辅助作业区、口岸检验区、国际保税物流区、铁路集装箱换装区、内河集装箱换装区、危险品仓储区、综合管理服务区和临港保税仓储区八大功能区。

物流园区产生的主要原因，可以归纳为以下几个方面：

(1) 缓解物流发展给城市交通带来的压力

物流业的发展往往带来货运量的迅速增加，给城市的交通带来压力。通过建立物流园区将货物运输尽量安排在市中心边缘或者市郊是国外许多大城市缓解交通压力的有力措施。如20世纪60年代日本东京在它的内环线外的市郊边缘带建设了四个“物流团地”，使进入市区的货物先集中在物流园区，化整为零，按市内的运输路线统一分送，限制大型运输车辆进入市区；出市区的货物集中到物流园区，集零为整，再统一运输，提高了车辆配载利用率，节省了运输成本。

(2) 优化城市用地结构

随着经济的不断扩展，原来的城市边缘区逐渐成为市中心区的一部分，商贸、金融、饮食服务等第三产业在此集中，大型货运战场因无力支付上涨的地价和因对城市交通与环境影响较大需要迁出中心区，物流用地性质发生变化，城市用地结构亟待调整，物流园区的出现既为货运站等物流节点提供了新的发展空间，也为城市用地结构调整创造了条件。

(3) 缓解物流对城市环境造成的不利影响

物流除了会给城市交通带来压力和产生噪声污染外，分散的物流节点本身也会对城市环境造成一些不利影响，因而在空间布局上受到规划的限制和制约。例如，大型储运仓库与周围建筑的环境协调性低，会造成对城市景观的破坏，因此不宜零散布局。物流园区的建设将分散的小型物流节点集中于一处，有利于其产生的废弃物的集中处理，从而有利于物流行业的可持续发展。

(4) 提高物流规模化效益的内在要求

组织建设物流园区，可将多个物流企业集中在一起，发挥其整体优势和规模优势，实现物流企业的专业化和互补性。同时，这些企业还可共享物流基础设施平台、信息平台和管理组织平台，因此，物流园区有助于企业降低运营成本和费用支出，获得经营规模效益，提升综合竞争能力。

### 专栏 7.2 深圳平湖物流园区

深圳平湖物流园区属于集散枢纽型物流园区。园区主要是依托铁路，利用公铁联运、海铁联运等方式，侧重于深圳港中、远距离货物集疏运，内地—香港的中转物流，以及城市部分消费物流的集散、中转和配送服务。该园区重点服务三大目标市场，即集装箱中转市场、仓储配送市场和专业批发市场。园区规划用地 14.63 平方千米，到 2009 年年底已开发达 6 平方千米。

园区内已建成的项目有：华南国际工业原料城（一期）、华南国际工业原料城（二期）、华润万佳配送中心。已建成的基础设施有：平李连线、新木路、齐富北街、富安大道（东段）。正在建设的项目有：富安西路、平吉路、新山北路，味来配送中心和中

外运物流中心等项目，待用地手续完备后即动工。

（资料来源：深圳物流园区汇总介绍，http：//wuliu. sz. bendibao. com/.）

2. 物流中心

物流中心是针对物流园区大规模、大范围的物流处理提出来的较小规模和范围的物流节点。物流中心是指处于枢纽或重要地位、具有较完整物流环节，并能将物流集散、信息和控制等功能实现一体化运作的物流据点。物流中心具有如下所述特征：具备必要的市政设施和商业设施；主要负责城市范围或者产业范围内的物流作业；工商企业是物流中心生存的基本，紧临工业、商业企业；公路是物流中心的主要的货运方式，应靠近交通主干道的出入口。

从供应链的观点来看，物流中心作为物流网络的一个重要节点，起着调节、衔接、管理供应链物流活动的作用，具有供应链管理主体的职能。也就是说，物流中心就是能将物流集散、信息和控制等功能实现一体化运作的物流节点，它对供应链上的各种物流活动进行计划、协调和控制，使得物流活动在整合的基础上效率更高，有效降低了供应链的总成本，提高了供应链的整体绩效。物流中心在供应链组织结构中处于重要的地位，一般而言，它的上游是物流园区或供应商，下游是配送中心或分销商，因此它不仅为供应链网络中的供应商与供应商、供应商与分销商、分销商和分销商提供了交易的平台，降低了交易成本和运输等物流成本，而且其强大的信息服务功能提高了供应链的响应性，降低了供应链的整体库存，最大限度地避免了因市场变化而引起的“牛鞭效应”。除此之外，在某些供应链网络中，物流中心还担当起了核心企业的角色，凭借其强大信息服务功能对供应链进行有效的管理。

从不同角度划分，物流中心的分类情况具体如表 7－1 所示。

**表 7－1　　物流中心分类情况**

| 分类角度 | 物流中心分类 | 备　注 |
| --- | --- | --- |
| 社会化程度 | 社会物流中心 | 依据社会物流规模的数量及交通通信状况等条件，建立起来的社会化程度较高，开放式经营型的物流中心 |
| | 企业物流中心 | 以企业为主体进行建设和运营，专门为企业自身提供物流服务 |
| 主要功能 | 集货中心 | 以从事集货活动为主的物流中心 |
| | 集配中心 | 既具有集货的功能，又具有配送功能的物流中心 |
| 综合程度 | 综合物流中心 | 能提供多种货物物流服务项目的物流中心 |
| | 专业物流中心 | 能提供一种或几种物流服务项目的物流中心 |
| 地理区域 | 区域物流中心 | 一般设在经济区域的中心城市，对周围区域具有商品集散和辐射功能，具有便利的交通运输条件 |
| | 城市物流中心 | 以某一城市为主要服务对象，从整个城市的物流服务需求出发，依据城市特点建立起来为城市居民经济、生活的发展建设服务 |

3. 配送中心

配送中心是从事货物的配备（集货、储存、加工、分货、拣货、配货）和组织对客户的配送，以高效率、在一定区域范围内实现对生产、销售等物流活动支持的物流节点和组织。配送中心具有如下特征：主要为特定的客户服务，配送功能健全，具有完善的信息网络，辐射范围小，以多品种小批量配送为主、存储为辅。一般而言，配送中心的建设和经营主体以企业为主。

配送中心是从事配送活动的经济组织和关键的物流节点。配送中心在执行将货物集中送达客户的基本职能的过程中，系统地进行着储存、分拣和理货、配货和分放、倒装和分装、装卸和搬运、加工、送货和情报处理等多种物流活动；配送中心是集货、理货、分货、加工和送货等多种职能于一体的物流据点，是现代配送活动的积聚地和策源地；配送中心是从供货商处接收多产品、大批量的货物，按照客户的要求进行倒装、分类、保管、流通加工和信息处理等作业，进行货物分拨的中转枢纽。

配送中心的最终目标是使物流运作实现“6R”状态：把客户所需正确的产品（Right Product）能够在正确的时间（Right Time），按照正确的数量（Right Quantity）、正确的质量（Right Quality）和正确的状态（Right Status）送到正确的地点（Right Place），并使物流运营总成本最小。

配送中心的主要功能如下所述：

（1）集中处理，提高物流运营效率

配送中心对于货物的处理方式与传统流通形态相比具有较大差异，具体表现在规模效益方面：传统流通形态倾向于多厂商对多批发商、多批发商对多零售业，货物由厂商到零售商期间所需耗费的配送成本居高不下。而配送中心因为货物量、规模的扩大，能够实现规模化作业，节省物流运营成本，且一般而言，配送中心具有能力投资自动化设备和信息计算机化，以进一步改善在作业上的效率。

（2）专业运作，提升企业经营绩效

如果由批发或经销体系的人员处理物流兼商流事物，运营效率较低，而且大多数时候他们无法将商流、物流兼顾。而配送中心以专业化的物流技术进行物流运作，则必然提升客户物流服务满意度，同时也可使前者专注于营销，销售量也得以提升。

（3）减少库存，缓解资金积压

以往的流通体系，物品是由位于各地的经销商传递的，经销商为有足够的存货以供需求，允许积压“安全库存量”，这样做虽然可以防止万一之需，但在每一品项积压数量累加，积少成多的情形下，容易造成企业的资金负担；此外，这些安全存量也常会有遗失、损坏等情形发生。配送中心成立之后，其迅速补货的功能使各地经销商不再有库存不足的顾忌，安全库存量集中在配送中心，消除了过去因积压库存量所产生的弊端。

除上述的配送中心的主要功效之外，企业还可以利用配送中心建立广泛的合作网络、掌握物流流通通路，形成企业的核心竞争优势等。

表 7－2 对物流园区、物流中心和配送中心三种类型的物流节点进行了比较，分别从其所具备的物流功能、用地规模、服务范围等六个方面进行了分析。在现实经济生活

中，物流园区与物流中心并没有非常严格的区分，甚至可以这样说，单从规模上讲，物流中心是物流园区的缩小模型。

**表 7－2　　物流园区、物流中心和配送中心三种类型物流运营节点的比较**

| 节点类型 | 物流园区 | 物流中心 | 配送中心 |
| --- | --- | --- | --- |
| 物流功能 | 功能全面 | 较为全面 | 可单可全，以配送为主 |
| 用地规模 | 超大 | 大或中等 | 一般较小 |
| 服务范围 | 全社会 | 局部区域 | 特定客户和市场 |
| 物流特点 | 多品种、大批量 | 少品种、大批量 | 多品种、小批量 |
| 综合程度 | 综合性强 | 有一定的综合性 | 专业化 |
| 运作方式 | 政府参与，企业运作 | | 以企业运作为主 |

## 专栏 7.3　沃尔玛配送中心

1970 年，沃尔玛的第一家配送中心在美国阿肯色州的一个小城市本顿维尔建立，这个配送中心供货给 4 个州的 32 个商场，集中处理公司所销商品的 40%。

沃尔玛配送中心的运作流程是：供应商将商品的价格标签和 UPC 条码（统一产品码）贴好，运到沃尔玛的配送中心；配送中心根据每个商店的需要，对商品就地筛选，重新打包，从“配区”运到“送区”。在配送中心内，货物成箱地被送上激光制导的传送带，在传送过程中，激光扫描货箱上的条码，全速运行时，只见纸箱、木箱在传送带上飞驰，红色的激光四处闪射，将货物送到正确的卡车上，传送带每天能处理 20 万箱货物，配送的准确率超过 99%。

从配送中心的设计来看，沃尔玛的每个配送中心都非常大，平均占地面积大约有 11 万平方米，相当于 23 个足球场。一个配送中心负责一定区域内多家商场的送货，从配送中心到各家商场的路程一般不会超过一天行程，以保证送货的及时性。配送中心一般不设在城市市区，而是在郊区，这样有利于降低用地成本。

（资料来源：沃尔玛的配送中心，http：//www. chinawuliu. com. cn/.）

（四）物流运营节点的服务内容

相对于整个物流运营系统而言，物流节点是系统的终端，是直接面对服务对象的部分，直观而具体地体现了物流运营系统对需求的满足程度，是实现高效率、低成本物流服务的关键所在，具体表现在如下几个方面：

准确可靠的物流活动提高了供应的保证程度，减少了生产和流通领域中由库存造成的牛鞭效应，有效降低社会的总库存，减少库存成本和相应的物流运作成本；

集中高效的物流活动简化了物流的运作流程，提高了物流运营系统的效率和服务水平；

合理顺畅的物流活动提高了车辆的装载利用率，减少了空载率，有效降低了物流成本，节约了能源，减少了污染，缓解了大中城市的交通运输拥挤状况。

不同类型的物流运营节点的服务内容是不同的。表 7－3 和表 7－4 分别为国际物流和区域物流的物流运营节点服务内容一览表。

**表 7－3　　物流运营节点服务内容一览表（国际物流）**

| 目标市场细分 | 节点选址 | 服务内容 |
| --- | --- | --- |
| 国际物流服务 | 港口 | 保税仓储、商品展示、临港加工、拆箱拼箱、公海货物转换、铁海运输转换及办公业务 |
| | 机场 | 保税仓储、商品展示、临港加工、拆箱拼箱、快递、公航运输转换及办公业务 |
| | 公路、铁路车站 | 保税仓储、商品展示、临港加工、拆箱拼箱、公海货物转换、铁海运输转换及办公业务 |
| 国际货物运输服务 | 港口、机场、公铁车站 | 海运、航空运输、铁路运输、公路运输 |

**表 7－4　　物流运营节点服务内容一览表（区域物流）**

| 目标市场细分 | 节点选址 | 服务内容 |
| --- | --- | --- |
| 港铁联运 | 港口与铁路货站结合点 | 铁路运输、海铁运输转换、仓储、加工 |
| 铁路运输 | 铁路货站 | 铁路运输、卡车集输货物、仓储、加工 |
| 公空联运 | 公路货运枢纽站与机场结合点 | 航空货物的集中、分拨 |
| 公铁联运 | 公路货站与铁路货站的结合点 | 公铁运输转换、卡车集输货物、仓储、加工 |
| 公路运输 | 公路枢纽站 | 卡车集输货物、仓储、加工 |
| 供应链管理 | 工业园区旁 | 采购、运输、仓储、配送 |
| 商业配送 | 城市中心边缘区 | 仓储、加工、配送 |

## 二、物流运营节点设计基础知识概要

物流运营节点设计是指在一定的经济区域范围内，在综合分析该区域的物流市场需求、交通状况、产业发展、城市规划等调研资料后，确定该区域内物流节点的选址、服务对象、用地规模及物流节点内部的设施规划与平面布局等工作。物流运营节点设计是物流网络系统设计的核心工作，物流运营节点设计的好坏直接决定着物流系统运作的效率与效益。

（一）物流运营节点设计的内容

在进行物流运营节点设计之前，必须进行相关的市场分析工作。市场分析是节点设计的前提，只有明确了所处的物流市场环境，节点的设计投入才能在日后的运营中取得合理的回报。在进行了前期的市场调研后，物流运营节点设计主要包括以下七个方面的内容：节点选址（Node Site）、战略定位（Strategy Positioning）、服务对象确定（Service Object）、建设模式（Construction Mode）、运营模式（Operation Mode）、功能设计（Function Design）和平面布局设计（Layout Design）。

1. 节点选址

节点选址分为单节点选址和多节点选址。单节点选址容易理解，多节点选址是指在一定层次和地区范围内，确定物流系统节点合理的空间布局方案，其目的是要构筑公共物流网络。土地使用和建筑费用、地方税收和保险、劳动力成本及可得性、企业用电用水价格、与其他节点之间的距离以及运输费用等对节点选址都有很大影响。

2. 战略定位

对物流运营节点的整体优势、劣势、机会和威胁的SWOT分析有助于设计者明晰物流运营节点的内外部发展环境，提出发展物流节点的使命、远景目标和制胜策略，从而进行准确的战略定位。如果我们把物流运营节点当成一家企业来看待，那么这里所说的制胜策略可以理解为核心竞争力，是该物流节点所具有的与其他与之竞争的物流节点所不具有的优势，具体表现在保税物流功能、高效现代化的信息系统、国际物流业务的拓展以及高素质的物流专业人才聚集等方面。

3. 服务对象确定

物流运营节点设计的重要一步便是在综合分析市场竞争及物流市场需求的前提条件下，明确物流节点的服务对象。规模较大的物流节点可以确定其服务产业对象，小规模的物流节点则应确定其服务对象为哪些物流企业、工商企业等。

4. 建设模式

物流运营节点的建设具有投入成本高、回收周期慢的特点。在现实经济生活中，配送中心的建设往往由主体企业自行组织建设相关工作，而物流园区、物流中心的建设投入成本巨大，其建设模式主要有五种：经济开发区模式、工业地产商模式、主体企业引导模式、企业合资合作开发模式及综合模式。

经济开发区模式：以政府规划为主导，将物流园区作为一个类似于目前的工业开发区、经济开发区或高新技术开发区的项目进行有组织的开发和建设。在运作上，主要由交通运输、商贸流通等政府部门以基础运输、仓储等设施的方式投资支持物流园区的建设，同时辅以土地优惠、既有设施资源整合和置换等方式支持物流园区的建设。

工业地产商模式：将物流园区作为地产项目，通过给予开发者适宜的土地政策、税收政策和优惠的市政配套等相关政策，由工业地产商主持进行物流园区的道路、仓库和其他物流基础设施及基础性装备的建设和投资，然后以租赁、转让或合资合作经营的方式进行物流园区相关设施的经营和管理。

主体企业引导模式：从利用市场进行物流资源和产业资源合理有效配置的角度出

发，利用在物流技术、经营管理和企业供应链管理上具有优势的物流企业，由其率先在物流园区进行开发和发展，并在宏观政策的合理引导下，逐步实现物流产业的聚集，达到物流园区开发建设的目的。

企业合资合作开发模式：由商贸流通控股企业、大型工业制造企业、骨干交通运输与储运企业发起，独立完成或通过招商引资共同开发和建设物流园区，然后吸引社会商贸流通企业、零配件供应企业、运输及仓储服务企业、专业化物流企业加盟。

综合模式：以上四种模式中的两种或两种以上结合而形成的物流园区建设和运营模式。

5. 运营模式

运营模式是指组建相关的组织机构对物流运营节点的日常运作、相关物流活动的展开进行计划、领导、控制、指挥等管理活动。物流节点的运营模式主要分为四种：管理委员会制、股份公司制、业主委员会制和行业协会制。

管理委员会制：组建管理委员会对物流园区进行管理，提供企业登记、土地使用、人事代理等服务，这种形式适合规模很大的物流园区。

股份公司制：主要是采取公司制管理园区，设立董事会、总经理、监事会与相关部门，按照责权利相结合的原则对园区进行管理。如果开发商是龙头企业，采用这种模式的可能性比较大。

业主委员会制：是指参与园区开发建设的企业组成业主委员会，成为园区决策机构，组建管理部门负责具体的经营。

行业协会制：是指物流行业协会负责整个园区的经营管理，组织、协调园区企业开展物流服务。这种形式和业主委员会制的不同在于，协会所代表的物流企业更加广泛，协会只是组织者，并没有对园区进行直接投资。

6. 功能设计

对物流运营节点所需具备的物流功能进行规划设计，包括基础物流服务功能和增值物流服务功能的设计。功能设计除了确定节点所需具备的物流功能外，还应对其作业流程进行规划设计，如保税物流园区的货物进出口流程，配送中心的订单处理流程和分货、拣货流程等。

7. 平面布局设计

根据物流节点的功能、作业流程和服务质量要求，确定物流节点内部各种功能区域的平面布局方案。以配送中心为例，其平面布局设计具体包括如下几个方面：仓库货架系统的选型和平面布局设计；装卸搬运设备的选型和布局设计；包装与流通加工装备以及器具的选型和布局设计；运输工具的选型设计以及分拣设备的选型和布局设计等。

物流运营节点设计内容示意图见图 7-4。

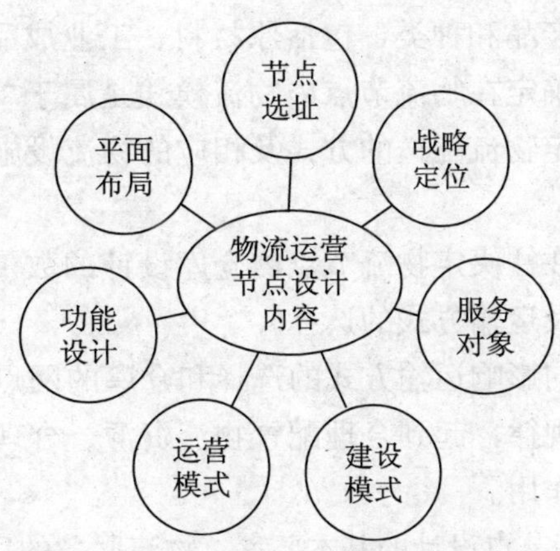


**图7-4　物流运营节点设计内容概览**

（二）物流运营节点设计的影响因素

在现实经济生活中，影响物流运营节点的设计因素可分为宏观和微观两个层次。宏观因素包括物流节点所处区域的经济发展状况、交通状况、城市规划和工商企业政策等，可利用我们所熟悉的优势（Strength）、劣势（Weakness）、机会（Opportunity）和威胁（Threat）分析法（即SWOT分析法）来对影响物流运营节点设计的因素进行分析总结。物流运营节点设计的影响因素如表7-5所示。

**表7-5　　物流运营节点设计的影响因素**

| 层　次 | 因素分类 |
|---|---|
| 宏观因素 | 经济发展状况、交通状况、城市规划、工商企业政策等 |
| 微观因素 | 产品、数量、流程、时间、服务、成本 |

1. 宏观因素

经济发展状况是影响物流运营节点设计的重要因素，主要是指区域的产业发展状况、物流市场培育情况、物流总额及物流业增加值等，经济发展状况在一定程度上决定着物流节点的现代化程度与服务内容；交通状况是影响物流节点选址的重要因素，物流节点一般选择在交通条件便利、多种交通运输方式交汇的地点；城市规划影响着物流节点的选址、用地规模和平面布局等核心要素，物流节点的选址要符合城市的总体规划，其用地规模和平面布局也应与周边城市环境相适应；工商企业政策是影响物流节点设计的政策因素，具有一定的政策导向性作用。

宏观因素是影响物流节点实现其成本、服务、投资目标的重要因素。

2. 微观因素

微观因素主要包括产品（Product）、数量（Quantity）、流程流向（Route）、时间（Time）、服务（Service）与成本（Cost），这些因素是影响物流运营节点合理化、运作、高效流通的重要因素，必须予以重视。

产品：物流中流通的产品和种类，包括原材料、工业成品、日用商品、家电等。物流产品及种类的多少可以确定在物流节点内物流模式是属于单（少）品种、小批量还是多品种和大批量，进而决定物流配送的方式及相应的物流设施设备，这对运输方式和储存设计有着重要影响。

数量：物流量的大小往往决定物流节点内仓库设计的数量、地点、规模和类型、搬运设备、进出通道的设计及运输方式的选择。

流程：物品的流程流向影响运输方式的选择和仓库的网点布局。物流运营节点的设计应适应物品流向的大致规律，起到合理配置物流资源、合理规划物流流向、降低物流成本以及加快物流速度的作用。

时间：时间是物流运营节点设计的基本要素。物流服务的质量与成本同时间因素有着密切的关系。缩短货物的在库时间能减少库存成本；如果运用相同的运输工具能使时间缩短，则成本也会降低；如果能缩短客户的订单提前期，则客户的满意度也会提高。客户的服务时间要求及供货时间的季节性波动会影响仓库的网点布局及运输方式的选择。

服务：物流运营节点设计应考虑整体的独特性及差异化服务的要求，设置不同的服务项目和服务水平，在保证物流服务水平的前提下尽量降低物流成本。客户对物流服务的不同要求，如包装、流通加工等方面，这些对仓库设计的流通加工区提出要求。

成本：成本的节约是物流运营节点设计的重要目标。成本是综合性指标，包括直接费用、间接费用、日常费用等，因而在物流运营节点设计的每一个环节都要予以认真考虑。

（三）物流运营节点设计的原则

物流环境的不同，物流运营节点的设计也会有所差别，但总体而言，物流运营节点的设计一般需要遵循以下七个方面的原则见图 7－5。

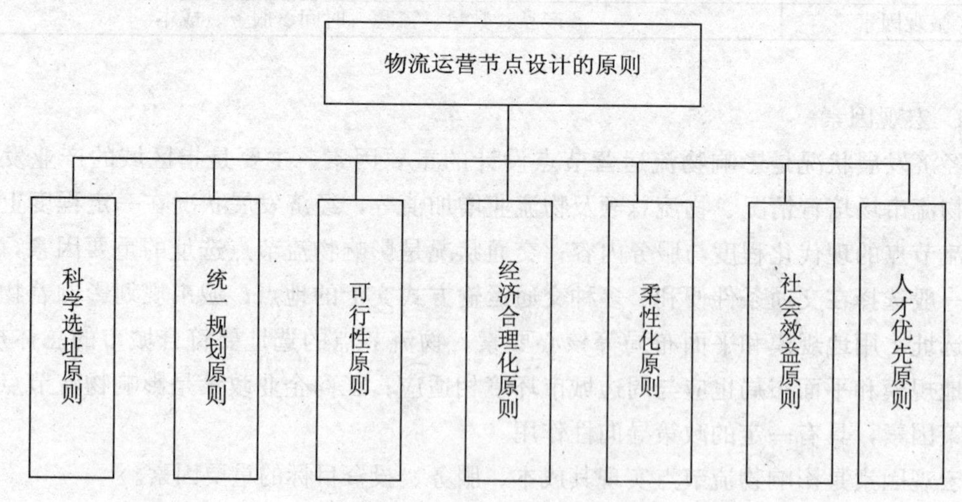


**图 7－5　物流运营节点设计的原则**

1. 科学选址原则

物流节点的选址主要取决于对某重点因素（如解决市内交通拥挤、缓解城市压力；

经济效益等）的考虑。物流节点的选址一般应考虑以下几个方面：位于城市中心区的边缘地区，一般在城市道路网的外环线附近；位于交通枢纽中心地带，至少有两种以上运输方式连接，特别是铁路和公路；位于土地开发资源较好的地区，用地充足，成本较低；位于城市现有的物流节点附近，现有物流资源基础较好，一般有较大物流量产生，如工业中心、大型卖场等，可利用和整合现有的物流资源；有利于整个地区物流网络的优化和信息资源利用。

2. 统一规划原则

节点功能的发挥，需要很多政策、社会等宏观因素条件的指导和支持，大多数情况下需要由政府出面积极推动甚至实施。政府在物流运营节点的规划建设中应当扮演好基础条件的创造者和运作秩序维护者的角色，根据长远和近期的货物流通量，确定物流节点长远和近期的建设规模，按照区域经济功能、布局和发展趋势，依据物流需求量和不同的物流特性进行统一规划。

3. 可行性原则

物流运营节点的设计必须满足既定的资源约束条件，要考虑现有的可支配资源是否符合自身的实际情况。在进行物流运营节点设计时，要与该区域总体的物流发展水平、社会经济发展情况、城市总体规划相适应，以保障物流节点设计的顺利实施。

4. 经济合理化原则

在物流运营节点的功能和服务水平一定的前提条件下，追求设计总成本最低。经济性是物流运营节点设计追求的一个重要目标。

5. 柔性化原则

现代物流运营节点的建设投资大、周期长、效应长、建设风险大，因此其节点的设计应采取柔性设计，建立科学的投资决策机制和项目风险评估机制，突出设计中持续改进机制的确定，确立设计的阶段性目标，建立设计实施过程中的阶段性评估检查制度，以保证设计目标的最终实现。

6. 社会效益原则

物流运营节点的设计应跟随经济发展趋势，突出与自然和谐相处的理念。在设计过程中应考虑环境污染、可持续发展、节约社会资源等因素。

7. 人才优先原则

物流运营节点的设计涉及许多专业领域，必须有各种类型的专家型人才（如土建专家、机械专家、计算机专家等）参与才能顺利地完成。在设计规划进行的不同阶段，应该让不同类型的专家发挥作用。

（四）物流运营节点设计的流程

物流运营节点设计的核心内容是节点选址与平面布局两方面，因此其设计流程也是围绕这两方面展开。具体流程如图 7－6 所示。

在进行节点选址时，必须先明确物流节点的服务对象是什么？欲达到的目标又是什么？紧接着开始搜集相应的基础资料，包括产品种类、数量、流入点流出点、服务水平要求、物流速度及相应的成本预算等。在这些资料的基础上，考虑物流节点的选址约束

条件，主要有：运输条件（地理位置、交通情况、未来区域交通规划）；需求条件（客户现在及未来分布情况预测、货物作业量增长率及物流区域分析）；配送服务条件（货物发送频率、客户服务要求及响应速度、服务范围等）；用地条件（节点所占面积、使用期限等）以及该区域相关的法律法规制度。

在确定了物流节点的选址之后，接下来的设计工作则是对物流节点内部的平面布局进行设计。平面布局设计应根据物流节点的功能、物流作业流程和服务质量要求，确定节点内部各种设施的平面布局方案，如仓库区、流通加工区、分货区、拣货区、内部通道、保税区、综合办公区和生活区等。

设计流程的最后一项是对物流节点设计方案进行评价，主要是对节点的功能性和经济性进行评价，如果符合预期目标则开始执行设计方案，如未能通过审核则应考虑修正和调整规划方案或是规划新的平面布局方案。

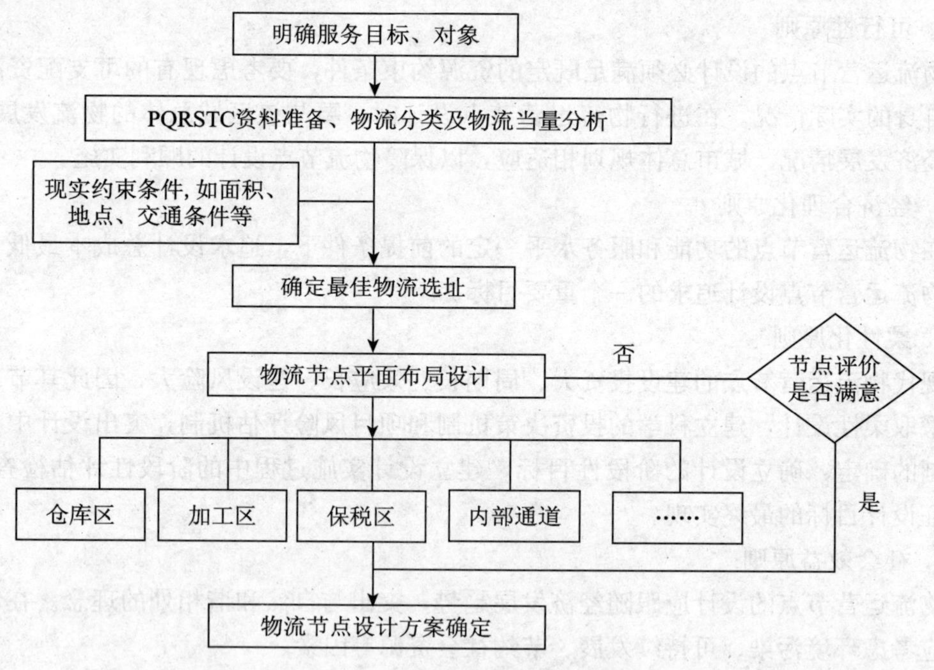


**图7-6　物流运营节点设计流程**

# 第二节　物流运营节点设计方法

## 一、物流运营节点选址

物流运营节点选址是指在一定范围的经济区域内，选择一个或多个地点设置物流节点来形成物流网络空间布局，从而使处于该区域的供应点和需求点的物流活动能够顺利

进行，最终提高物流系统运作效率。

（一）物流运营节点选址的原则、目标及影响因素

物流运营节点的选址受到所建物流节点类型的影响，如果是为了缓解城市交通压力，减少土地成本，可以将物流节点选址在城乡结合部；如果主要是为了服务工商企业，提高其物流运作效率，则应将物流节点选址在工业园区周边。

1. 选址的原则

一般而言，物流运营节点的选址应遵循以下原则：

战略性。物流节点的选址应从长远、全局的观念出发，局部利益服从全局利益，不能仅仅从未来一两年的物流市场发展需求出发，而是应该制订节点选址的战略规划，实现物流节点选址的科学合理化。

经济性。与物流运营节点选址有关的费用主要包括建设费用及物流服务费用两部分。在物流服务中，建在不同地点的物流节点所产生的运费等相关物流费用差异较大，物流节点的规模不同，其建设费用也必然是不同的。所以，在选址时，要在能满足服务范围内客户需求的基础上，以总成本最优来衡量物流节点选址的经济性。

适应性。物流运营节点的选址需要与国家以及省市的区域经济发展方针政策相适应，与国家以及省市的交通规划相适应，与城市的总体规划相适应，与国家物流资源分布相适应，与国家和区域物流市场的发展相适应。

协调性。物流节点在选址过程中不仅要考虑设施因素，而且要考虑物流系统的整体结构效应；不仅要考虑物流节点自身的要求，而且要考虑物流节点与城市交通的整体协调关系；不仅要考虑经济效益，而且要考虑社会效益，这样才能有利于物流节点的可持续发展。

2. 选址的目标

物流运营节点选址的合理与否直接影响到其未来的发展，只有明确了选址的目标后才能进行物流节点选址规划的决策。物流节点的选址目标有总运营成本最小化，效益最大化，服务最优化及发展空间最大化如图 7 - 7 所示。

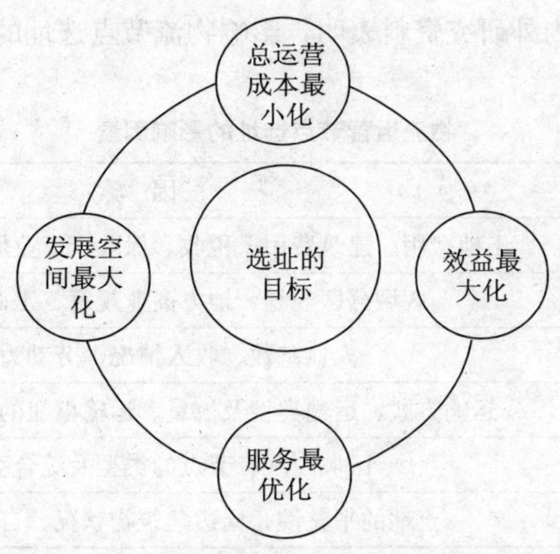


**图 7 - 7　物流运营节点选址的目标**

(1) 总运营成本最小化

物流运营节点的选址费用主要包括节点选址的固定费用（包括土地使用、设备和建筑费用）；重新选址的费用（将设备搬到新节点地址的费用、新节点初建费用、关闭旧节点的费用）；其他限制因素（所选位置的数量及可得性、供应源能力、消费点的需求、建新节点的总资金）。用公式表示如下：

$$TC=FC+RC+OC$$

式中：$TC$ ——节点选址的总运营成本；

$FC$ ——固定费用（fixed cost）；

$RC$ ——重置费用（reset cost）；

$OC$ ——其他相关费用（other cost）。

(2) 效益最大化

物流节点选址应创造良好的经济效益与社会效益，实现经济效益最大化的途径有两种：一是在保证原有物流服务水平的前提下实现物流成本的降低；另一种是拓展物流增值服务，提高经济效益；社会效益最大化主要表现为物流节点在区域经济发展中的增长作用，具体表现为对相关产业的推动、就业机会的增加以及对城市交通压力的缓解等。

(3) 服务最优化

物流节点选址的合理与否在很大程度上影响物流服务的质量，如物流节点距离供应商、零售商的远近会影响送货的及时性及订单提前期的按时完成率；节点附近的交通状况会影响到物流的可达性等。因此在节点选址决策时应充分考虑这些因素，以实现服务最优化。

(4) 发展空间最大化

物流节点选址应从长计议。随着经济的发展，物流节点周边的物流需求量也会随之增长，已有的物流设施将不能满足日益增长的物流需求，因此在物流节点选址时要为节点未来的发展留有足够的发展空间，只有这样才有利于节点的可持续发展。

3. 选址的影响因素

影响物流节点选址的因素主要包括物流市场需求状况、交通条件、用地条件及法律法规等制度。现有的国内外研究资料表明，影响物流节点选址的因素见表 7-6。

**表 7-6　　物流运营节点选址的影响因素**

| 分　类 | 因　素 |
|---|---|
| 费用结构 | 土地费用、建筑费用、税收、保险、工业用电用水成本及其他 |
| 法律规定 | 区域分区规划、地方商业规章、工商企业政策等 |
| 人口统计 | 人口基数、收入情况、劳动力供给等 |
| 交通运输 | 运输方式、运输类型及流量、运输枢纽的可达性及方便程度 |
| 竞争结构 | 区域内现有节点的类型及综合竞争实力 |
| 备选地点特征 | 土地的平整性、周边建筑物状况、自然气候条件等 |

（二）单物流运营节点选址

确定物流节点最佳选址的主要经济目标是使总运营成本最小化。现实经济生活中，影响物流节点选址的因素有很多种，其中有些因素是不能量化的，如交通运输的影响等。为了简化选址模型的建立，使选址能够运用数学公式表示出来，物流节点选址的模型是建立在一系列假设条件基础之上的。一般而言，单物流节点选址的主要考虑因素便是运输费用，运输费用可以用运输距离乘以运输量来衡量。下面将介绍单物流运营节点选址的四种常用方法：重心法、直角选址方法、加权因素评分法和层次分析法。

1. 重心法

重心法（The Centre-of-Gravity Method）是一种设置单个物流运营节点的方法，这种方法主要考虑的因素是现有设施之间的运输距离和运输的货物量，经常用于中间仓库或分销仓库的选择。商品运输量是影响商品运输费用的主要因素，节点的选址应尽可能接近运量较大的网点，使较大的商品运量通过相对较短的路程，以节省运输费用。具体而言，就是要在区域内存在多个供应点和需求点的情况下，求出本地区实际商品运量的重心所在的位置。

重心法的计算首先要在事先确定的坐标系中标出各个供应点和需求点的位置，把这些点的位置利用坐标的形式标示出来（坐标系的原点可以自己建立，一旦确定坐标原点，则该区域内供应点、需求点的坐标也就相应地出来了），国际上的惯例是采用经度和纬度来建立坐标系。在确立坐标后，根据各点的横纵坐标值求出运输成本最低的位置坐标 $X$ 和 $Y$，重心法使用的一般公式如下：

$$C_x = \frac{\sum D_{ix} W_i}{\sum W_i} \qquad C_y = \frac{\sum D_{iy} W_i}{\sum W_i}$$

式中：$C_x$——所求重心的 $X$ 坐标；

$C_y$——所求重心的 $Y$ 坐标；

$D_{ix}$——第 $i$ 个地点的 $X$ 坐标；

$D_{iy}$——第 $i$ 个地点的 $Y$ 坐标；

$W_i$——运到第 $i$ 个地点或从第 $i$ 个地点运出的货物量。

最后，选择求出的重心点坐标值对应的地点作为单物流运营节点的选址地点。

重心法是在理想条件下求出物流节点地址，模型中的假设条件在实际应用中会受到一定的限制。重心法计算中简化的假设条件包括以下几方面：模型常常假设需求量集中于某一点，而实际上需求来自分散于广阔区域内的多个需求点；模型没有区分在不同地点建设节点所需的资金成本，以及与在不同地点经营有关的其他成本的差别，而只计算了运输成本；运输成本在公式中是以线性比例随距离增加的，但在现实生活中，运费是由不随运距变化的固定的部分和随运距变化的可变部分组成的；模型中节点与其他网络节点之间的路线通常假定为直线；而实际运输所采用的路线往往并不是直线；模型未考虑未来收入和成本的变化。

从以上假设中可以看出重心法存在诸多的限制条件，但这也并不意味着重心法没有使用价值。值得注意的是，选址模型结果对事实问题的敏感程度。如果简化假设条件，对模型设施选址的建议影响很小或根本没有影响，那么可以证明相比于其他更加复杂的选址方法，重心法更加有效。

### 专栏 7.4　利斯维运输公司确定波士顿卡车维修站位置的方法

利斯维运输公司（Leaseway Transportation Corporation）能使用精确重心模型来确定波士顿卡车维修站的位置。该公司对遍布波士顿的众多客户出租数量不同的卡车，卡车维修站要选在对所有客户都很方便的地方。客户的住址、出租卡车的数量已知，本区内运价一样，可以利用重心模型来得出维修站的大体定位，并选择其中某一具体位置。

某石油公司用重心模型来确定墨西哥湾石油开采平台的位置，在整个海湾底部分布着许多油井，这些油井被分成组，各组之间有管道连接，开采出的石油被送往海面上的采油平台。重心法在这里非常实用，可用来找出采油平台的最佳位置，使所需的管道总长度最短。

（资料来源：Ronald H. Ballon. 企业物流管理［M］. 王晓东，胡瑞娟，等译，北京：机械工业出版社，2007.）

2. 直角选址方法

直角选址（Vertical Site Selection Method）是当货物以直角形式进行位移时最合适的选址方法。假设现有节点 $A$ 坐标为（$x$，$y$）和新节点 $P$ 坐标为（$a$，$b$），它们之间的直角距离为 $D$（$A$，$P$），距离公式表示如下：

$$D(A, P) = |x-a| + |y-b|$$

如图 7－8 所示：

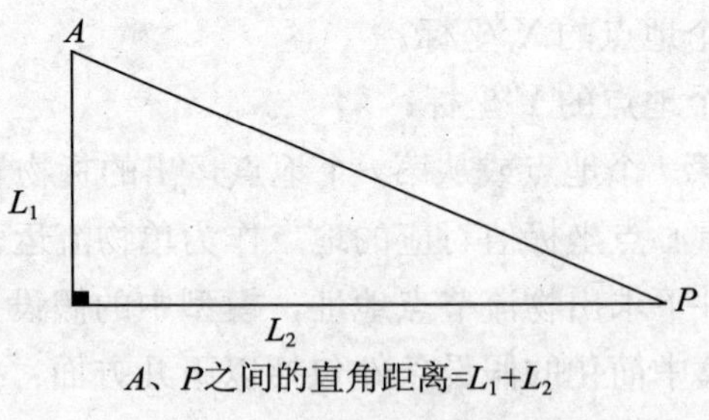


**图 7－8　直角距离示意**

当存在 $n$ 个现有节点（$A_1$、$A_2$、$A_3 \cdots A_n$）时，每一个旧节点和新节点都有一定的货物流量 $W_i$，使总的运输距离最小的新节点选址问题可表述如下：

$$\min \sum_{i=1}^{n} W_i(|x_i - a| + |y_i - b|)$$

根据上述公式，可以将问题分解成两个单独最小化问题，上述公式可以表述成如下形式：

$$\min\sum_{i=1}^{n}W_i(|x_i-a|)+\min\sum_{i=1}^{n}W_i(|y_i-b|)$$

$$\min f(x)=\min\sum_{i=1}^{n}W_i(|x_i-a|)$$

$$\min f(y)=\min\sum_{i=1}^{n}W_i(|y_i-b|)$$

为了能够简单确定新节点的坐标，可以设其最优解满足下面两个特征：新节点的 $x$ [$y$]坐标将和某一现有节点的 $x$ [$y$] 坐标相同，但新节点的（$x$，$y$）坐标与现有节点（$x$，$y$）的坐标不同时一致；新节点的 $x$ 坐标（$y$ 坐标）的最优位置是一个中间位置，不超过一半的运输量在新节点位置左边（$y$ 坐标的下边），同时不超过一半的流量在新节点的右边（$y$ 坐标的上边）。

一般情况下，这两个假设可以得到满足，对于特殊情况，如三点一线问题、处于圆周上的点不一定按上述方法来确定，可以具体问题具体分析。

3. 加权因素评分法

相比于重心法和直角距离方法而言，加权因素分析法（Weighted Factor Analysis）既可考虑影响节点选址的定量因素，也可考虑定性因素。但运用加权因素分析法的重要前提是选出一系列初步认为可行的物流节点选址，然后运用加权评分的办法选择出得分最高的选址。当然，这里需要明确的是得分最高的选址方案只是理论上的最佳选址，在实际操作中还应因地制宜。一般来说，加权因素评分法的具体操作步骤是：

确定选择地点需要考虑的因素及标准、各评价标准的权重或相对重要性；

邀请物流专家、土建专家、政府相关部门等给每个待选地点的所有因素从 1～10 进行打分；

计算每个地点的加权分数，并选择加权评分最高的地点作为物流运营节点的地点。

$$V(j)=\sum W(j)\times S(i,j)$$

式中：$V(j)$ ——加权评分；

$W(j)$ ——因素 $i$ 的权重（范围从 0.0～1.0，所有因素的权重之和为 1.0）；

$S(i,j)$ ——地点 $j$ 在因素 $i$ 上的打分。

常需考虑的因素有：建设成本、运输成本、能源情况、劳动力环境、生活条件、交通情况、供水、气候和政策等。

4. 层次分析法

层次分析法（the Analytic Hierarchy Process，AHP）同加权因素分析法的本质相似，层次分析法将定性和定量相结合，从多个备选节点选址中选择出最佳选址来设计物流运营节点。

层次分析法（AHP）是美国运筹学家 Saaty 教授于 20 世纪 70 年代提出的一种实用的多方案或多目标的决策方法。该法合理地将定性与定量的决策结合起来，按照思维、心理的规律把决策过程层次化、数量化，特别适合那些难以完全定量进行分析的复杂问题。层次分析法首先将所要分析的问题层次化，即根据问题的性质和预期总目标，将问题分解成不同的组成因素，按照因素间的相互关系及隶属关系，将各因素按不同层次聚集组合，形成一个多层分析结构模型，最终归结为最低层（方案、措施、指标等）相对于最高层（总目标）的相对重要程度的权值或相对优劣次序的问题。该方法自 1982 年被介绍到我国以来，以其定性与定量相结合地处理各种决策因素的特点，以及其系统灵活简洁的优点，迅速地在我国社会经济各个领域内如能源系统分析、城市规划、经济管理、科研评价、物流网络规划等得到了广泛的重视和应用。近年来，层次分析法由于其定性和定量相结合的优势，在单物流节点选址中有着越来越广泛的应用。下面将简单地介绍一下层次分析法。

应用 AHP 方法来解决单物流节点选址问题一般有以下几个步骤，以物流节点空间布局为例：

（1）明确问题：选择最优的物流节点地点；

（2）建立层次结构：根据评价指标建立选址目标与影响因素之间的层次结构；

（3）建立判断矩阵：对每一层次各个准则的相对重要性进行两两比较，并给出判断，将这些判断用数值表示出来，写成矩阵即判断矩阵；

（4）通过综合计算各层因素相对重要性的权值，得到最底层（方案层）相对最高层（总目标）的相对重要性次序的组合权值，以此作为评价和选择方案的依据。该方法中被选点权重的大小会直接影响计算所得到的结果，所以利用层次分析法确定权重时，要广泛征集有关人员和专家的意见，使得所计算出的权重较好地符合实际情况，从而最大限度地提高该模型的适用性。

（三）多物流运营节点选址

多物流运营节点选址是指在存在多个供应点和需求点的基础上，在一定的区域范围内设置两个或两个以上物流运营节点，以满足该区域的物流市场需求。

在现实的物流网络系统中，单物流运营节点的选址相对较少，大量的是多物流运营节点的选址问题，即在计划区域内设置多个物流节点。

与单物流运营节点选址相比，多物流运营节点的选址更加复杂，其最终目的是建立一个合理高效的物流网络体系。在多物流节点选址中，常用的方法有整数规划法、聚类方法、穷举法及计算机辅助仿真设计，下面将分别予以说明。

1. 整数规划法

整数规划（Integer Programming）是从管理科学领域发展起来的一种线性规划方法，当从 $N$ 个备选地点中选择出 $K$（$K\geqslant 2$）个地址作为多物流节点的选址时，整数规划法设置相关的 0～1 变量，通过建立目标函数与相应的约束条件来求解。整数规划法在多节点选址中的具体应用可参考下面的例子。

某连锁超市集团拟在市东、西、南三区建立配送中心，拟议中有 7 个位置 $A_i$（$i=1, \cdots 7$）可供选择，规定：在东区，由 $A_1$，$A_2$，$A_3$ 三个点中至多选两个；在西区，由 $A_4$，$A_5$ 两个点中至少选一个；在南区，由 $A_6$，$A_7$ 两个点中至少选一个。如选用 $A_i$ 点设备投资估计为 $b_i$ 元，每年可获利润估计为 $C_i$ 元，公司投资总额不能超过 $B$ 元。那么在这 7 个备选地点中应如何选择新建物流节点的地址数量与位置？

引入 0～1 变量，设

$$x_i=\begin{cases}1, & \text{当 } A_i \text{ 点被选用时}\\ 0, & \text{当 } A_i \text{ 点未被选用时}\end{cases}$$

目标函数是所选地址能够带来最大化利润，于是：

$$\max Z=\sum_{i=1}^{7}C_iX_i$$

$$\text{s. t. } x_1+x_2+x_3\leqslant 2 \text{（其中 } x_i=0 \text{ 或 } 1\text{）}$$

$$x_4+x_5\geqslant 1$$

$$x_6+x_7\geqslant 1$$

以上便是整数规划在多个物流节点选址中的具体应用，其解可用相关专业软件求得，如Excel软件中的线性规划工具，在此不再赘述，有兴趣的读者可参考运筹学的相关内容。

### 专栏 7.5　数字设备公司评估全球供应链的方法

数字设备公司（Digital Equipment Corporation）要对全球供应链的备选方案进行评估，使用全球供应链模型（Global Supply Chain Mode）推荐的生产、分拨和供应商网络来决定世界范围内的生产制造和分拨战略。

在满足预期需求，本地化，补偿贸易和多产品、多层级、多阶段联合生产能力等限制性约束条件下，全球供应链模型使成本或加权累计生产、分拨时间或两者同时最小化。成本因素包括固定的、可变的生产费用、库存费用、多种方式的分拨费用、税负、关税和退税等。全球供应链模型是一个大型的混合—整数线性规划模型，其中包含了任意层级结构供应链的全球性、多产品物料清单和综合全球生产、分拨决策的详尽计划。该供应链架构已为企业节约了上亿美元的费用。

（资料来源：Ronald H. Ballon. 企业物流管理［M］. 王晓东，胡瑞娟，等译. 北京：机械工业出版社，2007.）

2. 聚类方法

聚类方法（Cluster Analysis）一般分为两步，将 $M$ 个现有供应点和需求点按距离接近程度分成 $N$ 组，这里的 $N$ 是拟建新节点的数量，每一组中新节点的最佳位置通过重心法或是使用中线确定。

聚类方法能较好地将选址方案中一些难以直接量化的因素归入模型中，其主要优势是不需要建立像微观模型一样复杂的方程组，可以根据实际情况选择不同指标，并且其建立的指标体系能全面准确地衡量不同地区物流选址条件的优劣，聚类的性质提高了决策者方案选择时的优选性，同时考虑到了不同区域方案间的相似性，聚类方法的应用可参考下例。

某物流企业需要建立两个物流中心来满足所服务的客户的需求，客户位置分别在 4 个地区，表 7－7 给出了相应的位置及需求量。

表 7－7　客户所在位置及其需求量

| 客户区域 | 位置坐标 | 需求量（吨） | 运输费率（万元/每吨千米） |
|---|---|---|---|
| 1 | (3，8) | 6700 | 0.05 |
| 2 | (8，2) | 8000 | 0.07 |
| 3 | (2，5) | 4500 | 0.065 |
| 4 | (0，4) | 3800 | 0.074 |

在上面的这个例子中，我们可知 $M=4$，$N=2$。为了确定两个物流中心的选址地点，首先通过最近距离聚类方法聚类成两组，把距离作为相似的系数。为了简化起见，这里用直角距离来形成如表 7－8 所示的距离相似矩阵。

表 7－8　距离相似矩阵

| | 1 | 2 | 3 | 4 |
|---|---|---|---|---|
| 1 | 0 | 11 | 4 | 7 |
| 2 | 11 | 0 | 9 | 4 |
| 3 | 4 | 9 | 0 | 5 |
| 4 | 7 | 4 | 5 | 0 |

从表 7－8 可以得知，聚类方法产生最近的两组分别为客户区域 1 和 3；客户区域 2 和 4。

通过聚类方法，本例中多节点的选址问题被划分为两个单节点选址问题，第一个物流中心在客户区域 1 和 3 之间选址，第二个物流中心在客户区域 2 和 4 之间选址，具体选址方法可利用单节点选址方法来解决，如重心法、层次分析法等。

3. 穷举法

穷举法（Exhaustive Attack Method）又称枚举法，其思路是穷举各种可能性，适用于节点选址数量少的情况，其方法是将所有的可能情况都考虑到，然后进行比较选择出的运输费用较小的那些位置即最优选址地点。

## 二、物流园区（物流中心）设计

本章前半部分的物流运营节点基础知识概要对三种类型的物流节点有一个大致的介绍，曾提及物流中心与物流园区的主要区别是其规模大小和综合服务能力，因此本小节介绍的物流园区设计方法也可以应用到物流中心上。

物流园区是城市或区域物流网络的重要节点，也是物流组织活动的集聚地，在物流园区周围往往形成物流产业集群。由于物流园区是区域经济的增长极，对区域经济的发展居于辐射和涓滴效应，所以物流园区的设计逐渐成为了现代物流产业发展的热点。发达国家如日本、德国、美国等在物流园区规划设计方面有许多优秀的经验可供借鉴，

“他山之石可以攻玉”，下面将分别对物流园区的内涵及其类型、物流园区的设计思路与内容以及物流园区设计的常见方法进行介绍。

（一）物流园区的内涵及其类型

物流园区最早出现在日本，是物流业发展到一定阶段的产物，近十多年在欧洲的一些发达国家发展得很快，综合来看，物流园区的内涵包括以下几个方面：

(1) 物流园区应该作为区域物流网络的节点而存在，除具有物流节点的一般功能外，物流园区对区域物流系统的正常运转起着重要的支撑作用，并且推动区域物流系统总体目标的实现和区域经济的发展；

(2) 一般布局在大城市周边，靠近交通枢纽，是多种运输方式的集结地，因而在物流网络的节点中处于枢纽点的地位；

(3) 物流园区必须具备一定的规模性，包括用地规模、投资规模、物流流量、辐射区域等；

(4) 物流园区是集约化、大规模的物流设施集中地，以从事物流服务为主，是多个物流企业集中布局的场所，通过园区内企业提供的物流服务实现物流综合功能；

(5) 从功能上讲，物流园区应该提供较高水平的综合物流服务，除了基本的物流服务之外，还可以提供物流系统设计、职业培训等增值服务；

(6) 物流园区具有经济开发性和产业发展性质，物流园区同布置在其中的不同功能的物流企业之间的关系可以是租赁、资产入股、合作开发与经营等。物流园区为各入驻企业提供交通、水电、通信、餐饮、住宿等配套的基础和服务设施。

从不同的角度划分，物流园区的类型不尽相同。目前来看，各国和地区对于物流园区的具体类型和分类标准没有形成统一的意见，有的从辐射范围划分，有的从服务对象或是行业导向划分，更为普遍的是从功能角度划分，表 7 - 9 是从不同角度对物流园区类型的划分。

**表 7 - 9　　物流园区类型的划分**

| 分类角度 | 类　型 |
|---|---|
| 功能 | 转运型物流园区 |
| | 流通加工型物流园区 |
| | 综合型物流园区 |
| | 存储配送型物流园区 |
| 辐射范围 | 城市型物流园区 |
| | 区域型物流园区 |
| | 国际型物流园区 |
| 服务对象 | 工业物流园区 |
| | 商贸物流园区 |
| | 农产品物流园区 |

续 表

| 分类角度 | 类 型 |
| --- | --- |
| 服务对象 | 综合型物流园区 |
| 行业导向 | 专业型物流园区 |
| | 综合型物流园区 |
| 位置构成 | 集中型物流园区 |
| | 非集中型物流园区 |
| 交通枢纽 | 依托航空港 |
| | 依托港口 |
| | 依托铁路枢纽 |
| | 依托高速公路 |

（二）物流园区设计的基本思路与内容

物流园区的设计一般需要从区域的实际出发，从市场需要出发，其设计过程应遵循客观分析、定量定性预测的原则、适度的前瞻性原则、经济合理性原则、环境合理性原则以及统一规划原则，其设计的基本思路包括：

（1）应与城市总体规划和用地布局保持一致，符合城市产业空间布局和产业结构调整需要，满足地域合理分工与协作的要求。

（2）物流园区至少应有两种或两种以上的交通运输方式。道路货运是物流园区接送货物的主要方式，因此物流园区应分布在交通枢纽附近，靠近交通主干道出入口，交通区位优势明显。

（3）物流园区周边的工业区和市中心密集的商业区是物流园区的主要受货、供货和配货对象。靠近市场、缩短距离、供货迅速是物流园区布局设计的主要考虑因素。

（4）经济合理性物流园区的选址和用地规模的确定，必须以物流现状分析和预测为依据，尽量利用已有的批发用地、仓储用地及交通设施，综合考虑影响物流企业布局的各种因素，选择最佳的物流园区场地和用地规模。

（5）物流园区运营的成败与否是以最终能否吸引物流企业的入驻及发展来衡量的。因此，在选址时就应从区位条件和物流企业的区位要求出发，合理确定物流园区的功能定位，吸引同类型物流企业的进驻和运营。

物流园区的设计就是对园区进行具体的设计，主要包括基础设施平台、信息平台和运营平台三大平台的规划和设计，见图 7－9。其中基础设施平台的规划设计主要包括用地规划、功能设计、布局方案；信息系统平台的规划设计主要包括信息系统的建设和信息流程；运营平台的规划设计主要包括建设与运营模式和商业模式等。

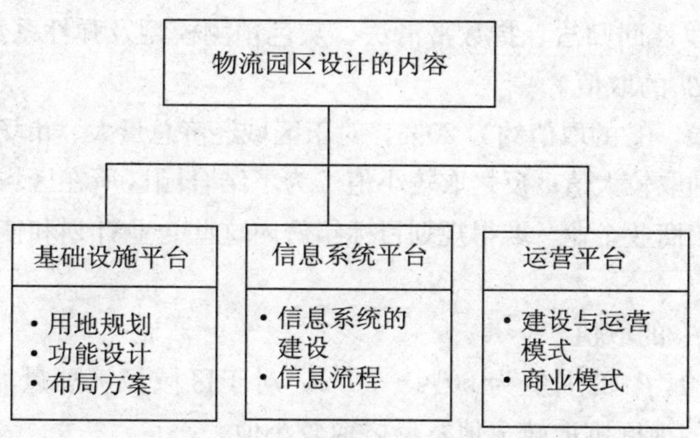


**图 7-9　物流园区设计的内容**

（三）物流园区设计的常见方法

物流园区设计是一个复杂而庞大的过程，设计方法随着设计内容的不同而不同。本小节将对物流园区用地规模确定、仓储面积确定、功能设计及平面布局设计四个方面进行阐述。

1. 园区用地规模确定

园区用地规划主要是对物流园区建设规模的大小进行确定，园区建设规模太小，会限制区域潜在物流需求，不利于园区的持续发展。园区规模太大，则可能造成投资浪费和资源闲置的现象。

物流园区规模确定需要考虑多方面的因素，遵循科学程序，定性定量相结合，一般来说，要经过如下阶段：区域经济分析与物流发展趋势预测；初步计算各功能区的使用面积和建筑面积；在流程设计的基础上，合理布局各功能区域的基本位置、建筑工程及作业空间布局；将各功能区的建筑面积转化为占地面积，从而最终确定物流园区的用地规模。

在园区用地规模确定中，若每年作业天数以 365 天计算，则物流园区的建设总规模为

$$S=L\beta_1\beta_2\alpha/365$$

式中：$S$——物流园区总面积，单位为 $10^4$ 平方米；

$L$——预测规划目标年份的社会物流总量，单位为 $10^4$ 吨；

$\beta_1$——规划目标年份第三方物流市场占全社会物流市场的比例系数；

$\beta_2$——规划目标年份第三方物流通过物流园区发生的作业量占第三方物流全部物流作业量的比例系数；

$\alpha$——单位生产能力用地参数，单位为平方米/吨。

(1) 社会物流总量 $L$ 的预测

目前，我国绝大部分地区的物流量统计缺乏相关数据，也无法准确地从其他统计资料中提取。在物流各项活动中，运输成本占整个物流成本的 1/3～2/3，运输是物流过程的核心环节，所以可以采用全社会货运量来表征规划目标年份全社会货运量，货运量的

预测方法可以采用线性回归法、指数平滑法、灰色预测模型及弹性系数法来进行。

(2) 比例系数 $\beta_1$ 的取值

根据现有的经验，$\beta_1$ 的取值约为 20%，对于区域经济总量大、市场化程度高、物流市场需求旺盛的地区则取较大值；反之取较小值。为了结合园区所在区域的实际情况，可以通过问卷走访大型工商业企业，取得规划目标年份内这些企业计划和使用第三方物流比例的数据。

(3) 比例系数 $\beta_2$ 的取值

根据现有的经验，$\beta_2$ 的取值为 60%～80%，对于区域经济总量大、市场化程度高、物流市场需求旺盛的地区则取较大值；反之取较小值。

(4) 单位生产能力用地参数 $\alpha$ 的取值

参照国外物流园区的建设经验，日本东京物流园区的单位生产能力用地参数 $\alpha$ 为 40～60平方米/吨。结合我国区域经济发展水平、经济总量以及我国公路枢纽货运站规划参数，在物流园区规划中，单位生产能力用地 $\alpha$ 参数取值为 30～50 平方米/吨。当地的经济总量大，辐射能力强，则 $\alpha$ 的取值大；反之则小。

2. 仓储用地面积规划

仓储用地面积规划主要是对物流园区内仓库建设规模的确定，根据规划园区用地规模中收集到的数据资料，运用相应的统计分析软件（如 SPSS、EXCEL 等），并将 REA 模型等定量分析方法和定性分析方法（SCP 模型）相结合，综合考虑实际情况，得出物流园区布局的仓储用地面积。其规划的基本步骤为：

(1) 从园区所服务行业的营业额、产量、库存需求和货物周转率中得出区域经济对物流园区所产生的现实和潜在的运输、仓储和加工方面的需求，利用需求估算法（Requirement Estimation Approach，REA）经验模型公式或专家意见评审法推导出所服务行业的运输量、仓库作业面积与流通加工区作业面积，以及相应的占地面积大小。

(2) 利用市场调查方法汇总分析区域的生产总量或消费总量，以及通过该区域的物流园区的货运量大小，根据市场分析数据和相关经验估计可能在物流园区进行仓储的货运量百分比。

(3) 不同行业生产的产品在仓库内堆码方式、存放的周转率是不一样的，根据调查和经验数据可以大概得知每年每平方米的仓库面积的货物存放量，然后再除以每年该行业的存储量，这样就可以得到所需仓库的面积。

(4) 在知道该区域物流园区中不同行业中简单物流加工和复杂物流加工的比例之后，就可以相应得出仓库增值服务作业的面积；根据仓库建筑密度所要求的技术经济指标，就可以得到仓库增值服务的占地面积。

3. 功能设计

物流园区所提供的物流功能与园区内企业性质相关，一般而言，物流园区的功能主要包括仓储、搬运装卸、包装、流通加工、配送、信息协调等，依据物流园区所在区域的物流特性及经济发展状况的不同，其功能设计也会有相应的变化。

物流园区的功能设计主要围绕园区的战略定位，采用自上而下的方法，在确定物流园区设计的原则之后，对功能设计部分的核心功能进行列举和分析，然后通过收集整理一系列国际最先进的物流园区案例，总结出对要规划的物流园区最适合的经验。随后，结合物流园区的实际情况和总结的优秀经验，将整个物流园区划分为几大功能区域，如物流产业区和管理服务区，再结合国际最佳实践经验，并结合背景调查以及需求分析得到的实际需求两方面，为每个园区内每个功能区域命名分配相应的面积，引入相关的设施、设备等。功能设计的最后一步是对物流园区的核心功能流程进行定义和描述，这些流程包括：集装箱服务，原材料供应和配送，物品采购和配送流程，空港、海港、铁路运输服务流程，保税物流作业流程以及物流保险和物流金融服务流程等。

4. 平面布局

物流园区的平面布局设计是指根据物流园区的战略定位、经营目标和功能设计，在已确认地点和规模的空间场所内，按照货物的进入、组装、加工等核心流程和主要业务环节，将人员、设备和物料所需要的空间进行最适当的分配和最有效的组合，按照一定的原则和方法设计出合理的物流技术路线，达到一定的目标（如作业流程最短、最小费用最大流等），以获得物流园区最好的经济效益。

在物流园区平面布局设计方面，国外有许多成功经验可供借鉴，如欧洲物流园区最佳实践案例：按校园化的设计理念，分割不同的功能区域；按照物流与空港、海港以及与陆路运输的密切程度来安排相关产业；地块规划面积能满足弹性需求并有可选的扩展空间；多式联运的设施规划，如水路、铁路、公路和航空；保持产业加工和高附加值物流企业之间合理的分配比例；充分考虑地理和生态环境，设计并考虑环保预留用地。

目前广泛使用的平面布局方法是 SLP 法，该方法是美国的 Richard Muther 于 20 世纪 60 年代提出的一种以作业单元间物流与非物流的相互关系分析为主线的平面布局设计方法。采用 SLP 方法进行物流园区总平面布置，就首先要对各功能区域之间的相互关系作出分析，包括物流和非物流的相互关系，经过综合得到不同功能区域之间的相互关系表；其次，根据相互关系表中功能区域之间相互关系的密切程度来决定各功能区域之间距离的远近，安排各功能区域的位置，绘制它们的位置相关图，将各功能区域实际占地面积、可用面积与作业单元位置相关图结合起来，形成面积相关图；对功能区域面积相关图进行修正和调整之后，就可以得到可行的平面布局方案。

在进行物流园区的平面布局时，SLP 方法的应用应遵循如下几个步骤：

（1）搜集相关数据作为物流园区平面布局的基本依据，包括物流服务对象、物流作业流程流向、物流量大小、辅助服务部门以及物流作业技术水平。

（2）进行相关的作业流程分析，将不同性质的作业加以分类，对各作业阶段的储运单位及作业数量进行整理统计后可以得知各项物流作业的物流量大小及分布。基于作业流程分析，可进行作业区域设置，对各作业区所完成作业项目进行详细分析，测算其能力，估算各作业区面积。

（3）对物流路线和物流量进行分析，进行分析的目的是尽量减少物流量和缩短物流距离，以提高物流运作效率、降低物流成本。可以用物流强度和物流从至表来表示各功能区域间的物流关系强弱，绘出物流相关图。

（4）对物流活动区域及与物流相关的管理或辅助性的区域进行业务活动相关性分析，确定各功能区域之间的密切程度。

（5）确定平面布局的初步方案，应根据物流相关性和非物流相关性确定布置方案，考虑修正条件（如物料装卸搬运方法、通道、建筑特征、厂区绿化、场地环境等）和现实约束条件（如园区面积、建筑成本、政策法规等）形成几个初步的平面布局方案。

（6）对初步方案进行评价与选择，利用专家评分法对几个平面布局方案进行全面评价，选择出最佳布局方案。

## 三、配送中心设计

与物流园区、物流中心相比，配送中心往往是由主体企业自行建设运营的，其运作专业化程度高，面对特定的客户与市场，主要提供多品种、小批量的物品配送服务。配送中心的形成和发展有其历史原因，其中连锁超市和电子商务是推动配送中心迅速发展的最大动力，客户在货物处理的时间和内容上提出了更高的要求，为了更好地满足客户的这些需求，就必须引进先进的分拣设施和配送设备。在零售业和运输业界，大部分企业都建立了自身的配送中心以满足客户日益增长的物流服务需求和水平。

### （一）配送中心的功能及类型

配送中心是指这样一种物流运营节点：将从供应商处采购的多品种、大批量货物在中心内进行拆装、分类、存储、包装、流通加工、信息作业等，然后根据客户的订单要求分拣出相应货物，并以令人满意的客户服务水平将这些货物送达客户手中。

#### 1. 配送中心的功能

配送中心最初是在商品仓库的基础上发展起来的：储存型仓库多处于制造业领域，保管原材料、物资配件、半成品和产成品等；流通型仓库则多处于流通领域，如商品批发业和零售业，保管的物品多为商贸产品，货物周转率较高。这些类型的仓库发展到今天，就逐渐演变成了配送中心的形式。一般而言，配送中心库存不多（近年来有人提出最高效的配送中心应引进“零库存”的思想，即只保留少量甚至不具有库存，配送中心只起到物流信息中心枢纽的作用），周转率高，除了具有保管货物的功能外，还有进货、接受订单并按单配货、流通加工和配送运输等服务。配送中心所具备的功能如图 7-10 所示。

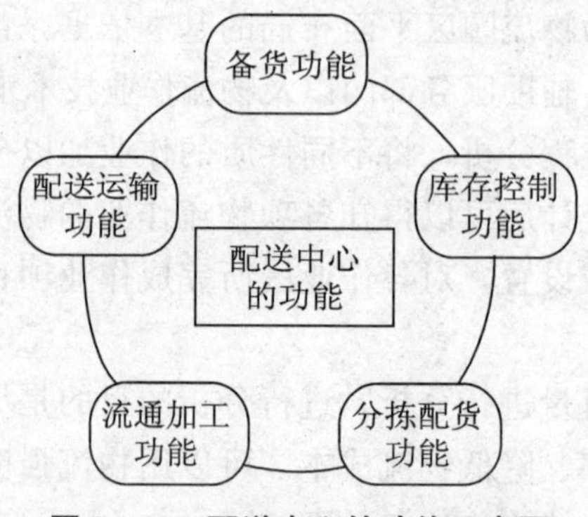


**图 7-10　配送中心的功能示意图**

2. 配送中心的类型

按照不同的划分依据，配送中心分成不同类型，具体如表 7－10 所示。

**表 7－10　　配送中心的类型划分**

| 划分依据 | 类　型 | 备　注 |
|---|---|---|
| 经济功能 | 供应型配送中心 | 向客户供应原材料、半成品等，提供后勤保障 |
| | 销售型配送中心 | 以销售商品为目的，开展经营活动 |
| | 储存型配送中心 | 强调商品的储存和储备功能，一般采取集中库存的形式 |
| | 加工型配送中心 | 加工作业居于主导地位，以简单加工为主 |
| | 流通型配送中心 | 库存少，周转率高，及时向客户提供货物补充 |
| 辐射范围 | 城市配送中心 | 辐射范围以城市为中心 |
| | 区域配送中心 | 辐射范围更广，可以跨市甚至跨省配送 |
| 服务对象 | 专业配送中心 | 服务对象属于某个专业范畴 |
| | 综合配送中心 | 服务对象多样化，柔性化运作 |
| 运营主体 | 以仓储运输业为核心 | 交通条件优越，运输配送能力强 |
| | 以制造商为核心 | 配送中心的产品多为厂家自制，以满足生产和销售需要 |
| | 以批发商为核心 | 将供应商的商品集中起来向零售商进行配送 |
| | 以零售业为核心 | 为连锁超市、专卖店、百货商店等进行商品配送 |

（二）配送中心的数据分析

配送中心的数据分析主要包括物品特性分析、储运单位分析、EIQ 分析及关联性分析四步，详细内容参见第五章第二节内容。

（三）配送中心的作业流程设计与平面布局规划

配送中心通常划分为几个工作区域，如进货区、储存区、分拣配货区、发货待运区、流通加工区和综合管理区等。

配送中心的平面布局也可采用 SLP 方法，其布局的主要步骤是：根据交通条件决定出入门口的位置和配送中心主体区域安排；设定中心的空间范围和各功能区域的空间大小；确定配送中心的物流路线类型；按照作业流程顺序安排各功能区域的具体位置；安排综合办公区域的位置；对各功能区域的作业流程进行关联性检查。

作业流程设计和平面布局规划的详细内容请参见第五章第二节的有关内容。

物流运营节点是物流网络中连接物流线路的结点处，与物流线路一起构成物流网络，具有联结、管理、信息、配套与延伸功能。物流运营节点的类型多种多样，根据不

同的角度划分而有所不同。具有现代物流意义的节点主要是指物流园区、物流中心和配送中心这三类。

物流运营节点设计是指在一定的经济区域范围内，在综合分析该区域的物流市场需求、交通线路、产业发展、城市规划等调研资料后，确定该区域内物流节点的选址、服务对象、用地规模及物流节点内部的设施规划与平面布局等工作，其设计的主要内容包括节点选址、战略定位、服务对象确定、建设模式、运营模式、功能设计和平面布局设计七个方面。

影响物流运营节点设计的因素包括宏观和微观两个方面，宏观因素包括物流节点所处区域的经济发展状况、交通状况、城市规划和工商企业政策等；微观因素主要包括产品、数量、流程流向、时间、服务与成本。

物流运营节点选址分为单节点选址和多节点选址。单节点选址的方法有重心法、直角选址方法、加权因素评分法和层次分析法；多节点选址的方法有整数规划法、聚类方法、穷举法及计算机辅助仿真设计。总的来说，物流运营节点选址的目标是为了实现总运营成本最小化，效益最大化，服务最优化以及发展空间最大化。

物流园区的设计主要包括基础设施平台、信息平台和运营平台三大平台的规划和设计。设计的常见方法有园区用地规模确定、仓储面积确定、功能设计及平面布局设计四个方面。

配送中心的设计主要包括数据分析、作业流程设计和平面布局规划三个方面。数据分析主要包括物品特性分析、储运单位分析、EIQ 分析及关联性分析四步；作业流程设计是对配送中心的进货、备货、拣货、配送等作业流程进行详细设计；常见的配送中心平面布局方案分为三种：L 型物流路线布局、S 型物流路线布局和 U 型物流路线布局。

1. 从功能角度划分，物流运营节点可以分为哪几种类型？并请举例说明。
2. 物流运营节点具有哪些功能，请分别予以说明。
3. 物流运营节点设计的内容包括哪些方面？
4. 现阶段，物流运营节点的建设与运营模式分别有哪几种？
5. 影响物流运营节点设计的因素包括哪些方面？
6. 单物流运营节点选址的常见方法有哪几种？请从中选择一种方法加以详细说明。
7. 物流园区设计中的基础设施平台设计包括哪些方面的内容？
8. 园区用地规模应如何确定？请详细说明。
9. 在进行物流园区的平面布局时，SLP 方法应用的具体步骤是什么？
10. 从经济功能角度分，配送中心分为哪几种类型？
11. 请举例说明一个你所熟悉的配送中心，并请详细说明其作业流程。

## 德国不莱梅物流中心的规划设计

**1. 物流中心的投资和建设**

1984年德国运输与物流研究所艾克斯坦因教授提出了物流中心的建设方案，并获得不莱梅州政府的同意，于1985年开始物流中心的建设。不莱梅州政府通过直接投资和土地置换的方式对物流中心投资。物流中心的原址是一片盐碱地，州政府从当地农、牧民手中以每平方米6～8马克的价格征用土地200公顷，由经济促进公司负责物流中心的基建工作，经济促进公司是由不莱梅州政府的经济部、交通部、海关、工商部等部门的人员组成的一个私营的事业单位，进入经济促进公司的人员失去公务员身份。经济促进公司主要负责物流中心的"三通一平"和与物流中心相联的公路、铁路的基础设施的建设工作，还代表州政府负责物流中心的招商工作，进入物流中心的企业承担地面以上的建筑、设施的建设。经济促进公司通过"三通一平"的土地变卖和租用给进入物流中心的企业，第一阶段，每平方米土地卖30马克，每平方米土地租金4.29马克（租用30年后再签协议）；第二阶段，只卖不租，每平方米土地卖50马克；第三阶段，每平方米土地卖70马克；现有的200公顷土地全部卖出或租出。利用土地的置换及卖土地的差价和政府的税收，不莱梅州政府投资5亿马克，进入物流中心的企业也投资5亿马克，第一期共投资10亿马克。政府从租用土地的租金中和装卸费中收回投资，如集装箱装卸费每TEU30马克，政府收取5马克，收回的租金又投放到物流中心的其他基础设施建设中。

**2. 物流中心的选址与功能**

德国政府对物流中心的选址和功能很重视，要求物流中心紧临港口，靠近铁路编组站，周围有高速公路网，中心内至少有两种以上运输方式相连；该区域内有许多大型的工业和商业企业，工、商企业是物流中心生存的基础；附近有从事运输、仓储的物流企业，特别是国际著名的大型物流企业，有银行、保险等机构；要远离闹市区，面积至少在100公顷以上，周围要有发展空间，为工业企业的发展留有余地。

物流中心的功能主要为区域的工业、销售企业提供物流服务，成为当地的货物集散地，通过其良好的集散条件，积极吸引物资到该区域，形成某种物资的交易中心，促进当地的经济发展。如不莱梅市是欧洲的棉花交易中心，物流中心有多家从事棉花业务的物流企业；不莱梅外港是奔驰汽车在德国北部的销售集散中心，港口堆场有成片的汽车堆放地，有多家从事奔驰汽车零部件的物流企业。

不莱梅物流中心临近不莱梅内港及内河港口，距港口约20多千米，靠近不莱梅铁路编组站。中心内有公铁联运装卸站，周围高速公路网发达，紧临联邦27号高速公路，距不莱梅市5千米，交通十分便利。流经不莱梅市的威悉河两岸有242家物流企业，不莱梅新港至不莱梅市的沿途有1400多家运输、仓储和物流企业，其中从事航运的占3%，港口的占10%，公路运输的占45%，铁路运输的占1%，物流企业的占38%。物流中心自1985年开始建设，设计要求建成后8年内年吞吐量达到1000～1200万吨。物流中心分5个区域，用不同的颜色进行标记，如公铁联运装卸站占地20公顷，有9条铁路线，每条750米，中心内铁路线长8千米多。

**3. 物流中心的组织机构及形式**

德国物流企业的条件是：①有一定的资本，其资本额按国家或行业的最低注册资本；②具有经营物流的能力，具备一定数量的物流管理人员和物流管理技能；③企业法人没有犯罪记录。但自1993年欧洲联盟成立后贸易一体化、自由化，上述物流企业的条件就不复存在。

不莱梅物流中心的组织形式与德国其他物流中心的组织形式不同，有些值得我们借鉴。不莱梅物流中心现有52家物流企业，其中较大的企业有14家，由这些物流企业按资产组成物流中心股东大会，股东大会下设物流中心发展公司，发展公司共3人，公司总经理由股东大会聘任，候选人一般是10来家大物流企业的经理，其他人员由发展公司聘用。发展公司负责物流中心的对外联系、招商，统一安排、解决供电、供水、电话等共用的资源问题，负责中心内的加油、车辆维修、洗车，并解决食堂等后勤问题；发展公司的费用一方面来自会费，会费按企业的人数来交，大企业一年最多交600马克；另一方面从加油、车辆维修、食堂的服务中获得一些赢利。发展公司不以赢利为目的，以服务为主；再一方面由州政府补贴一点。另外，物流中心还成立监事会，监事会由企业和政府有关部门组成，包括若干家企业代表、州交通部、经济部、经济促进公司、研究机构的代表、有关专家，监事会负责监督股东大会。

不莱梅州政府不干预物流中心的经营，物流中心发展公司也不介入企业的经营活动，但从节约能源、充分利用资源出发，发展公司进行协调，如25家企业合建汽车清洗车间，清洗车间利用雨水（不莱梅地区雨量大），建造了250吨的雨水集中罐，并采用循环水技术，清洗车间符合德国环境保护标准。同一类的企业相互合作，两家从事冷藏运输的运输企业共用一个冷冻库，提高冷库的利用率。

**4. 物流协会**

随着物流业的发展，物流企业间的交流进一步加强，物流界的沟通又促进了物流的发展。德国的20多个物流中心相继建成，物流企业在业务间的联系是十分必要的，企业间的相互交流、共同促进也是十分重要的，而且企业间形成松散的联合体，更能发挥物流企业的作用，提高物流业在国民经济中的地位和作用。

德国的物流中心协会是1993年成立的，由不莱梅物流中心牵头组建，现有协会成员15个，德国联邦政府交通部赋予物流中心协会负责物流方面经验交流的任务。物流中心协会成立后，担负起物流中心建设的咨询服务、对外联系与宣传、民间与官方的联系、负责寻求国外的合作伙伴，在互联网上有了物流中心协会的网页，并于1999年加入了欧洲物流协会。德国的物流中心是由民间或私营企业负责建设，物流中心协会向企业收取少量的会员费。而丹麦、法国、意大利、西班牙等国家的物流中心由国家出资建

设，因而向企业收取租金，从租金中拿出一部分作为协会经费。

德国物流企业的模式也各不相同，其投、融资渠道和组织形式也不一样。我国在建立物流企业和物流中心的过程中，也可采用不同的方式。只要有利于物流的发展，任何投、融资和组织形式或模式都可以探讨，政府要从政策上予以指导和引导，但不要包办代替。借鉴国外流发展的经验，为企业创造一个适合物流发展的大舞台，让物流企业去施展本领，充分表现才智。

**5. 城市物流中的配送物流**

物流分类较多，按生产过程可分为原材料物流、产（成）品物流、销售物流、废品物流和回收物流，统称工业物流。由于生产地主要在城市，人们又将工业物流的一部分和建筑物流合称为城市物流。在城市物流中配送物流又是物流中最早开展的业务。配送物流开始是生产厂家为其产品送到分销点而组织的运输，由于成本较高，销售企业开始自行组织产品的运输，销售企业将几家的产品统一进行配送，降低了配送成本。随着配送的发展，生产和销售企业都不搞配送，由配送企业或运输企业负责商品的专业配送，亦称第三方物流。由于专业运输企业承担商品的配送任务，大大地降低了配送成本，由此形成生产厂家、商家和配送企业三方各自负责一摊，既合理分工，又相互合作，配送物流由此而发展起来。

配送企业开始直接从厂家接货再送到商店或送到商店的仓库。商家为节约成本，尽量不设仓库，要求及时供货，于是产生了及时运输、及时供货的概念。厂家也不想要仓库，这样配送企业要建立自己的仓库，将生产厂家的产品运到配送企业的仓库，再从仓库按要求分送到各个商店，配送企业以仓库为中心建成了配送物流中心。所以，人们称物流中心就像一个插座的“接头”，货物进入了“接头”，通过“插座”的网络流向各方。据德国专家介绍，通过建立配送中心，可以减少60％的车流量，运输效率能提高90％。配送物流有三种形式：第一种形式是整个城市的物流由几家物流企业承担。第二种形式是整个城市的物流由若干个物流企业组成的配送公司来承担。不莱梅市的物流原先由若干家物流企业负责，由于配送车辆多，增加了城市的交通拥挤，大气污染严重。不莱梅市政府委托运输与物流研究所对不莱梅市的城市物流进行研究，通过对不莱梅市的调查，收集了4家零售商、16个种类、9万多个品种的商品，共计540万个数据，通过计算机对数据进行处理，产生了不莱梅市物流的分布情况，并提出了统一组织配送的方案，由不莱梅物流中心发展公司牵头，14家物流企业共同组成城市物流配送有限公司，将分散的配送变为统一的配送，车辆实行统一调度，并在每辆车上安装GPS（全球定位）装置。实施这个方案后，每天只需12辆车向市区送货，每天能减少400辆车次，节省运力80％。第三种形式是在城市的中心附近建一分拨站，商品按需送到分拨站，再由分拨站运送到商店或货架上，从物流中心用中型车运货到分拨站，分拨站只需1～2辆车辆连续运输。这种形式能大大地减少运输车辆，降低物流成本。不莱梅运输与物流研究所在完成不莱梅市城市配送物流研究后，又给纽伦堡市做城市物流的研究课题，在纽伦堡市区附近建一分拨中心，纽伦堡的城市物流方案实施后，效果比不莱梅市的物流方案好。由此可知，配送物流的第三种形式优于第二种形式。

## 案例思考题

1. 在物流中心的建设上政府与企业应当形成什么样的关系?
2. 你对德国政府对物流中心的选址和功能要求如何理解?
3. 结合不莱梅物流中心案例，谈谈你对物流中心的组织形式的理解。
4. 你认为物流协会在物流业发展中应该扮演怎样的角色，具备怎样的功能?
5. 谈谈案例中提到的三种配送物流形式的优缺点。

# 第八章　物流运营系统运作

物流运营系统的运作，主要是针对物流系统的物流活动，采用相应的技术和方法，有计划、有组织地安排物流活动。本章介绍用于流通领域中的如何组织商品资源来满足市场需求问题的物流系统的运作技术，主要介绍 MRP 技术、MRPⅡ技术、ERP 技术、DRP 技术和 LRP 技术，通过本章的学习，了解各种技术的内涵、原理以及它们对整个运营系统的作用，并熟练掌握各种技术的实施步骤。

## 第一节　物流运营系统运作概述

### 一、物流运营系统运作的内容

物流运营系统的运作，主要是针对物流系统的物流活动，采用相应的技术和方法，有计划、有组织地安排物流活动。物流运营系统运作内容见图 8-1。

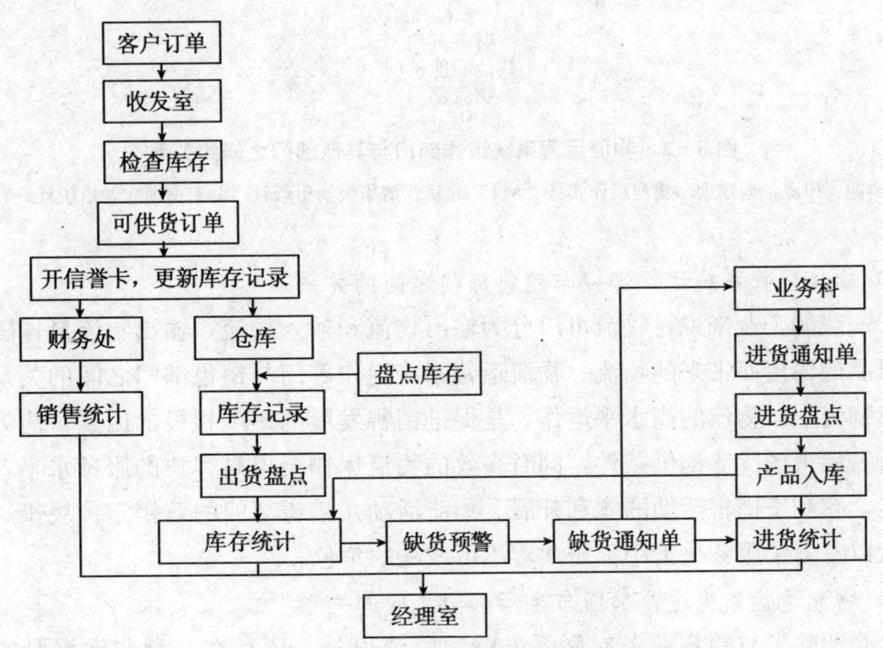


**图 8-1　物流运营系统运作内容**

资料来源：田源，周建勤．物流运作实务［M］．北京：清华大学出版社，北京交通大学出版社，2004.

狭义的物流运营系统运作的内容，主要是针对企业物流运营系统的内部运作而言的，重点强调的是完成物流活动的一系列基本环节，具体包括物流运输活动、装卸搬运活动、仓储活动、包装活动、流通加工活动和配送活动等。这些环节的协作配合是物流运营系统正常运作的保证。具体见第三章物流运作决策。

广义的物流运营系统运作的内容，则从整个企业战略的角度出发，而不是只限于企业物流部门的运作。广义的物流运营系统从整个供应链的角度出发，其运作主体包含了供应链上游的相关企业，企业的生产部门、销售部门、财务部门和信息部门等其他企业部门，而其目的则是为了满足供应链下游的客户的需求。

下面介绍一下物流运营系统运作部门与企业其他部门之间的关系，见图 8-2。

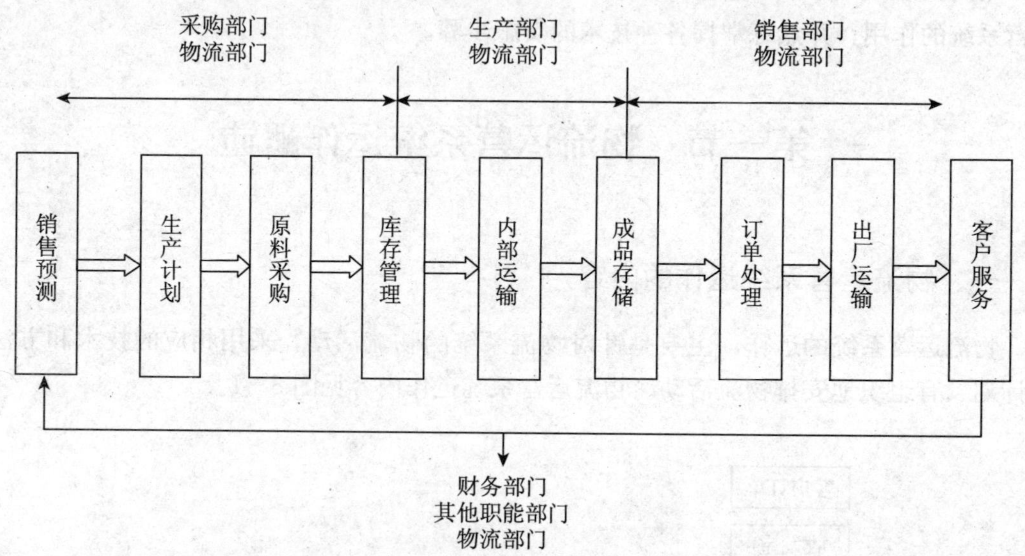


**图 8-2　物流运营系统运作部门与其他部门之间的关系**

资料来源：田源，周建勤. 物流运作实务［M］. 北京：清华大学出版社，北京交通大学出版社，2004.

（一）物流运营系统运作部门与销售部门之间的关系

对于一般的企业来说，物流可以分为输出物流和输入物流，输出物流是伴随着废弃物和产成品的输出而带来的物流。物流运营系统运作部门与销售部门之间的关系主要体现在输出物流上。物流的高水平运作，是促进销售发展的一项积极的因素，能为企业产品的销售占领市场优势提供条件，同时高效的物流运作会提高客户的服务水平，保持客户忠诚度，有利于销售活动的顺利开展。物流活动在销售部门的营销定价决策、新产品开发决策以及营销服务决策中都扮演着不可或缺的角色。

（二）物流运营系统运作部门与生产部门之间的关系

每个企业除了与销售业务有联系的输出物流以外，还存在一种非常重要的物流形式，那就是输入物流。输入物流主要是为进行产品生产所需要的原材料、配套的零部件的采购、流通加工、搬运和运输所形成的物流。科学、完善的输入物流系统，可以为企

业不间断的生产提供保证。另外规划出高效的输入物流系统是一项非常重要而又十分复杂的工作，这需要加强物流部门和生产部门之间的联系。在生产总体计划的基础上，根据对客户需求的预测，企业生产部门制订出生产进度计划，确定一定计划期内所应生产产品的数量和完工日期。这其中包括所需要的各种原材料、零部件的种类及数量和日期。这些都是物流运作部门活动展开的基础和依据。

（三）物流运营系统运作部门与财务部门之间的关系

在一个企业里，物流部门和财务部门之间必然会发生联系，两个部门之间的协调程度与一个企业的经营绩效有着很大的关系。一方面，物流部门只有真正掌握了物流费用的成本资料，才能作出最佳的经营决策。另一方面，财务部门预算未来的现金流量时也需要物流部门提供的产品配送、原材料采购以及库存等方面的动态资料，并以此作为计算的依据。此外，财务部门还要依据物流部门和其他部门对投入资金所取得的收益的大小来分配企业资金，这样才能保证资金最有效的使用。

（四）物流运营系统运作部门与其他职能部门之间的关系

职能管理部门是企业的指挥系统，包括行政管理、人力资源、法务部门、信息部门等。为符合企业整体运作需要，物流部门的重要行政工作决策和结果都需要与相应的职能管理部门进行协调沟通和反馈。例如，物流部门的人事变动都需要行政管理部门和人力资源部门给以支持和配合，同时物流部门在业务工作中与外界涉及法律问题时，则需要法律部门的支持。

## 二、物流运营系统运作的职能

物流运营系统运作的职能有很多，具体的包括计划职能和协调职能、业务营运职能、教育职能。其中物流运营系统运作的计划职能包括规划和改进企业物流系统、制订完善的物流业务流程和管理规程以及为实现企业物流经营的目标和任务计划，制订相应的政策和措施。物流运营系统运作的协调职能包括加强与企业生产、采购和销售和财务等部门之间的联系，与其他企业和客户经常交换信息，并发展和巩固与他们之间长期良好的合作关系。物流运营系统运作的业务营运职能包括组织、监督本部门各业务环节按计划进行、评价物流工作计划和任务执行情况。物流运营系统运作的教育职能包括定期的开展员工培训。

总的来说，物流运营系统运作的职能可以分为三个层次，即宏观职能、业务职能和管理职能，见图 8－3。宏观职能是指根据企业的经营发展战略制订与之相适应的物流战略和物流计划。业务职能指的是根据企业销售预测而制订的分销计划及生产、采购计划确定的存货水平，并将原材料通过企业内部运输，验收后入库，把企业的产成品进行包装存储、出厂运输等，最后送达客户。管理职能是指物流部门要对企业的物流工作进行评估与监控，这主要包括绩效的评估和成本控制。

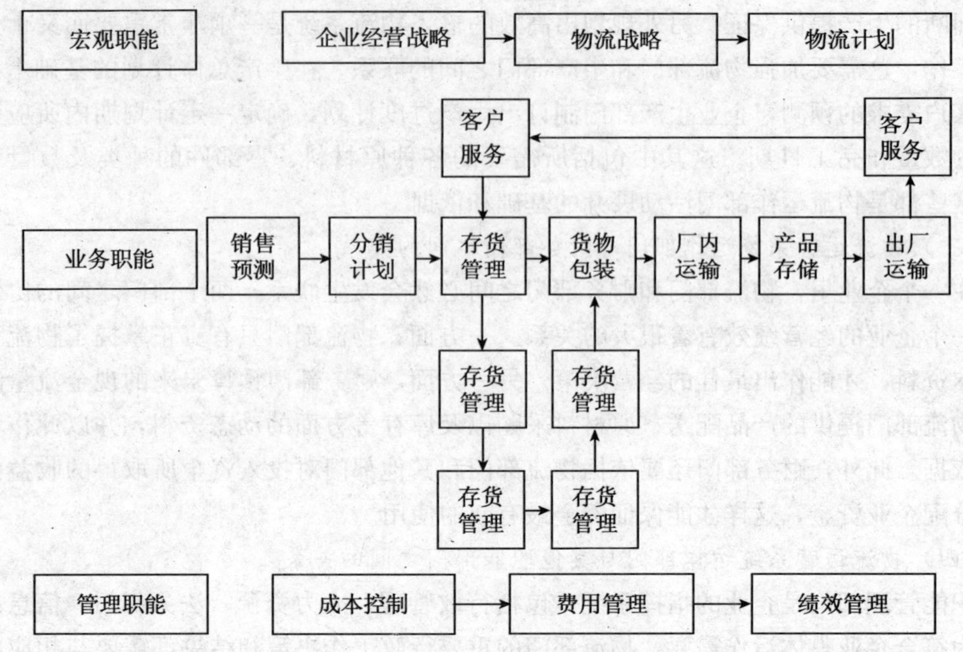


**图 8-3　物流运营系统运作的职能**

资料来源：田源，周建勤．物流运作实务［M］．北京：清华大学出版社，北京交通大学出版社，2004.

## 三、物流运营系统运作的原则

物流运营系统运作时，需要处理系统内的事务，也需要处理与其他部门的联系，在处理众多事务时要遵守以下三个基本原则：

（一）在物流运营系统运作时要树立成本化原则

物流运营系统运作的一个最基本的观点就是，节省物流工作中的资金占用和相关费用，实现最小费用支出，并促进企业经营成本的降低，增加经济效益。总之，物流运营部门的很多活动都要引入成本的观点。坚持成本的观点就是要求物流部门在保持一定的服务水平的条件下，在制订物流工作方案时选择那些总成本最小的方案，充分发挥物流"第三方利润源泉"的作用。

（二）在物流运营系统运作时要树立一体化原则

企业物流活动中，所有与材料、产成品的转移和分类存储有关的业务活动都不是孤立存在的，它们之间有密切的联系，应该看做一个整体。为达到整个企业的有效经营，获得最大的经济效益，各职能部门在工作中必须相互协调、密切合作，物流运营活动应该坚持一体化的原则，从企业全局出发，服从于企业的整体经济效益。

（三）在物流运营系统运作时要树立最优化原则

这是物流运营系统运作中第三个重要的原则。物流经营决策中的若干方案总是各有长短、各有得失的。所谓最优化的原则，就是指物流部门评价各种物流方案时，要比较分析各方案的成本等，在保持一定服务水平的前提下，选择得大于失的方案。

# 第二节　物流运营系统的运作技术与方法

## 一、物料需求计划 MRP 技术

### （一）MRP 概述

MRP 是 Material Requirement Planning 的缩写，意为物料需求计划，是以物料计划人员或存货管理人员为核心的物料需求计划体系。MRP 涵盖范围仅仅为物料管理这一块，主要用于非独立性需求（相关性需求）性质的库存控制。

企业怎样才能在规定的时间、规定的地点，按照规定的数量得到真正需要的物料，换句话说，就是库存管理怎样才能符合生产计划的要求，这是物料需求计划所解决的问题。MRP 最初出现在美国，并由美国生产与库存管理协会倡导而发展起来的。

MRP 是一种以计算机为基础的编制生产与实行控制的系统，它不仅是一种新的计划管理方法，而且也是一种新的组织生产方式。MRP 的出现和发展，引起了生产管理理论和实践的变革。MRP 是根据总生产进度计划中规定的最终产品的交货日期，规定必须完成各项作业的时间，编制所有较低层次零部件的生产进度计划，对外计划各种零部件的采购时间与数量，以及对内确定生产部门应进行加工生产的时间和数量。一旦作业不能按计划完成，MRP 系统可以对采购和生产进度的时间和数量加以调整，使各项作业的优先顺序符合实际情况。

物料需求计划是一种企业管理软件，实现对企业的库存和生产的有效管理。物料需求计划是以物料计划人员或存货管理人员为核心的物料需求计划体系，它的涵盖范围仅仅为物料管理这一块。它根据总生产进度计划中规定的最终产品的交货日期，编制所构成最终产品的装配件、部件、零件的生产进度计划、对外的采购计划、对内的生产计划。它可以用来计算物料需求量和需求时间，从而降低库存量。

### （二）MRP 基本原理

从相关需求库存问题出发，根据制造业基本方程和制造工程网络，物料需求计划的原理可以概括如下：物料需求计划 MRP 是在产品结构与制造工艺基础上，利用制造工程网络原理，根据产品结构各层次物料的从属与数量关系，以物料为对象，以产品完工日期为时间基准，按照反工艺顺序的原则，根据各物料的加工提前期制订物料的投入、出产数量与日期。MRP 的基本思想是围绕物料转化组织制造资源，实现按需要准时生产。物料需求计划 MRP 原理的逻辑关系可以用图 8－4 来表示。

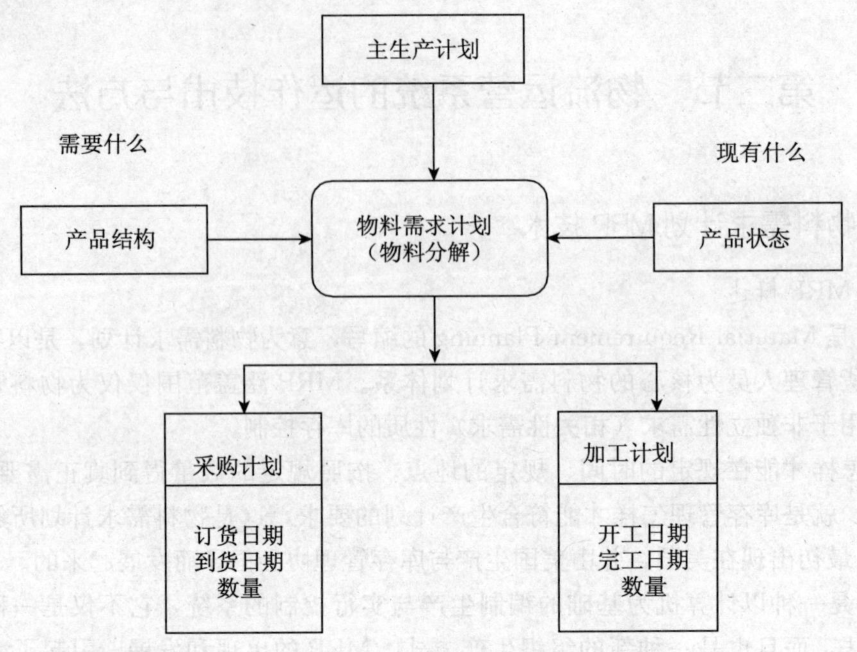


**图 8-4 MRP 的基本思想**

资料来源：http://baike.baidu.com/view/112988.htm.

（三）MRP 的特点

1. 需求的相关性

不仅需求之间相关，需求与资源也相关；不仅品种数量相关，而且各需求时间也相关。

2. 需求的确定性

MRP 的需求都是根据主生产计划进度计划，主产品的结构文件，库存文件和各零部件的生产时间或者订货、进货时间精确计算出来的，其需要的时间和数量也是确切地规定好了的。

3. 计划的精细性

MRP 从主产品到零部件，从需求数量到需求时间，从生产先后到装配关系都做到了明确的规定，无一遗漏或偏差。MRP 还全面地规定和安排了所有的生产活动和采购活动。

（四）MRP 的基本条件数据

组成 MRP 基本条件数据主要有：产品出产计划（主生产计划）、产品结构、库存状态。

1. 主生产计划

(1) 主生产计划的概念和原理

主生产计划（Master Production Schedule，MPS）是闭环计划系统的一个部分。MPS 的实质是保证销售规划和生产规划对规定的需求（需求什么，需求多少和什么时候

需求）与所使用的资源取得一致。MPS 考虑了经营规划和销售规划，使生产规划同它们相协调。它着眼于销售什么和能够制造什么，这就能为车间制订一个合适的“主生产进度计划”，并且以粗能力数据调整这个计划，直到负荷平衡。所谓粗能力计划是指在闭环 MRP 设定完毕主生产计划后，通过对关键工作中心生产能力和计划生产量的对比，判断主生产计划是否可行。

主生产计划把经营计划或者生产大纲中的产品系列具体化，详细规定生产什么、何时生产。它是 MRP 系统最重要的基本数据，各个存货项目的订单和制造指令，都是根据这个主生产计划派生出来的，如图 8－5 所示。

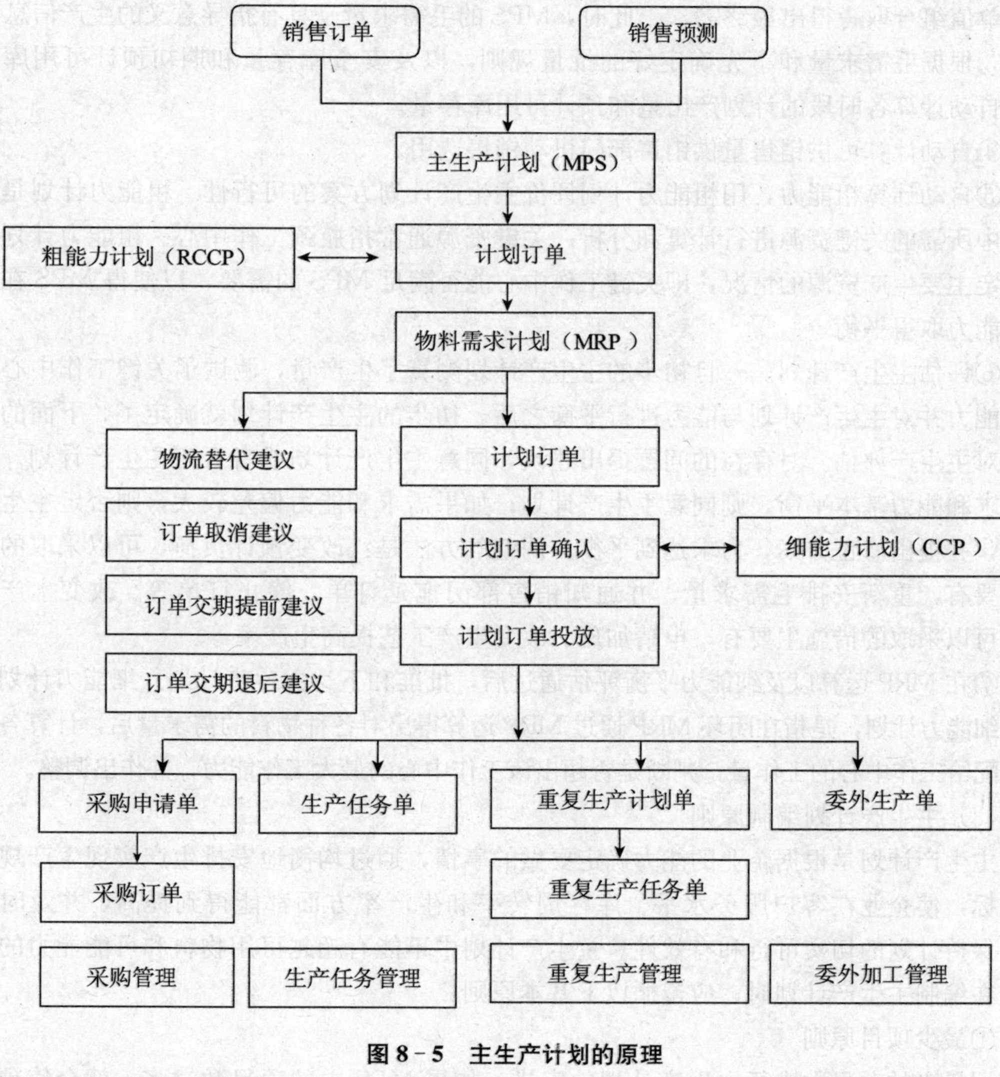

**图 8－5　主生产计划的原理**

资料来源：http：//baike.baidu.com/view/112988.htm.

（2）主生产计划编制过程

主生产计划编制过程包括：编制 MPS 项目的初步计划、进行粗能力平衡以及评价

MPS这三个方面。涉及的工作包括收集需求信息、编制主生产计划、编制粗能力计划、评估主生产计划和下达主生产计划等。制订主生产计划的基本思路，可表述为以下程序：

①根据生产规划和计划清单确定对每个最终项目的生产预测。它反映某产品类的生产规划总生产量中预期分配到该产品的部分，可用于指导主生产计划的编制，使得主生产计划员在编制主生产计划时能遵循生产规划的目标。

②根据生产预测、已收到的客户订单、配件预测以及该最终项目的需求数量，计算毛需求量。需求的信息来源主要包括：当前库存、期望的安全库存、已存在的客户订单、其他实际需求以及预测其他各项综合需求等。某一时期的毛需求量为：结合本时段的实际客户订单合同信息和基于预测的关系和。此“关系和”指的是如何将预测值和实际订单值组合取舍得出最终需求。此时，MPS的毛需求量是具有指导意义的生产信息。

③根据毛需求量和事先确定好的批量规则，以及安全库存量和期初预计可用库存量，自动计算各时段的计划产出量和预计可用库存量。

④自动计算可供销售量供销售部门机动销售选用。

⑤自动计算粗能力，用粗能力计划评价主生产计划方案的可行性。粗能力计划是对生产中所需的关键资源进行计算和分析。关键资源通常指瓶颈工作中心。粗能力计划用于核定主要生产资源的情况，即关键工作中心能否满足MPS的需要，以使得MPS在需求与能力取得平衡。

⑥评估主生产计划。一旦初步的主生产计划测算了生产量，测试了关键工作中心的生产能力并对主生产计划与能力进行平衡之后，初步的主生产计划就确定了，下面的工作是对主生产评估。对存在的问题提出建议，同意主生产计划或者否定主生产计划。如果需求和能力基本平衡，则同意主生产计划；如果需求和能力偏差较大，则否定主生产计划，并提出修正方案，力求达到平衡。调整的方法是：改变预计负荷，可以采取的措施主要有，重新安排毛需求量，并通知销售部门拖延订单，终止订单等。改变生产能力，可以采取的措施主要有，申请加班、改变生产工艺提高生产率等。

⑦在MRP运算以及细能力平衡评估通过后，批准和下达主生产计划。细能力计划又称详细能力计划，是指在闭环MRP通过MRP运算得出对各种物料的需求量后，计算各时段分配给工作中心的工作量，判断是否超出该工作中心的最大工作能力，并作出调整。

(3) 主生产计划编制原则

主生产计划是根据企业的能力确定要做的事情，通过均衡地安排生产实现生产规划的目标，使企业在客户服务水平、库存周转率和生产率方面都能得到提高，并及时更新、保持计划的切实可行和有效性。主生产计划中不能有超越可用物料和可能能力的项目。在编制主生产计划时，应遵循以下基本原则：

①最少项目原则

用最少的项目数进行主生产计划的安排。如果MPS中的项目数过多，就会使预测和管理都变得困难。因此，要根据不同的制造环境，选取产品结构不同的级，进行主生产计划的编制，使在产品结构这一级的制造和装配过程中，产品（或）部件选型的数目最少，以改进管理评审与控制。

②独立具体原则

要列出实际的、具体的可构造项目，而不是一些项目组或计划清单项目。这些产品可分解成可识别的零件或组件。MPS应该列出实际的要采购或制造的项目，而不是计划清单项目。

③关键项目原则

列出对生产能力、财务指标或关键材料有重大影响的项目。对生产能力有重大影响的项目是指那些对生产和装配过程起重大影响的项目，如一些大批量项目，造成生产能力的瓶颈环节的项目或通过关键工作中心的项目；对财务指标而言，指的是与公司的利润效益最为关键的项目，如制造费用高，含有贵重部件，昂贵原材料，高费用的生产工艺或有特殊要求的部件项目，也包括那些作为公司主要利润来源的，相对不贵的项目；而对于关键材料而言，是指那些提前期很长或供应厂商有限的项目。

④全面代表原则

计划的项目应尽可能全面代表企业的生产产品。MPS应覆盖被该MPS驱动的MRP程序中尽可能多数组件，反映关于制造设施，特别是瓶颈资源或关键工作中心尽可能多的信息。

⑤适当裕量原则

留有适当余地，并考虑预防性维修设备的时间。可把预防性维修作为一个项目安排在MPS中，按照预防性维修的时间来执行相应任务，这样可提高工作中心的效率。

⑥适当稳定原则

在有效的期限内应保持适当稳定。主生产计划制订后在有效的期限内应保持适当稳定，那种只按照主观愿望随意改动的做法，将会破坏系统原有的合理的优先级计划，削弱系统的计划能力。

(4) 主生产计划作用

主生产计划是按时间分段方法，去计划企业将生产的最终产品的数量和交货期。主生产计划是一种先期生产计划，它给出了特定的项目或产品在每个计划周期的生产数量。这是个实际的详细制造计划。这个计划力图考虑各种可能的制造要求。

主生产计划是MRPⅡ的一个重要的计划层次。粗略地说，主生产计划是关于“将要生产什么”的一种描述。主生产计划根据客户合同和预测，把销售与运作规划中的产品系列具体化，确定出厂产品，使之成为展开MRP与CRP（粗能力计划）运算的主要依据，起着承上启下，从宏观计划向微观过渡的作用。

主生产计划是计划系统中的关键环节。一个有效的主生产计划是生产对客户需求的一种承诺，它充分利用企业资源，协调生产与市场，实现生产计划大纲中所表达的企业经营目标。主生产计划在计划管理中起“龙头”作用，决定了后续的所有计划及制造行为的目标。主生产计划在短期内可作为物料需求计划、零件生产计划、订货优先级和短期能力需求计划的依据，在长期内可作为估计本厂生产能力、仓储能力、技术人员和资金等资源需求的依据，如图8-6所示。

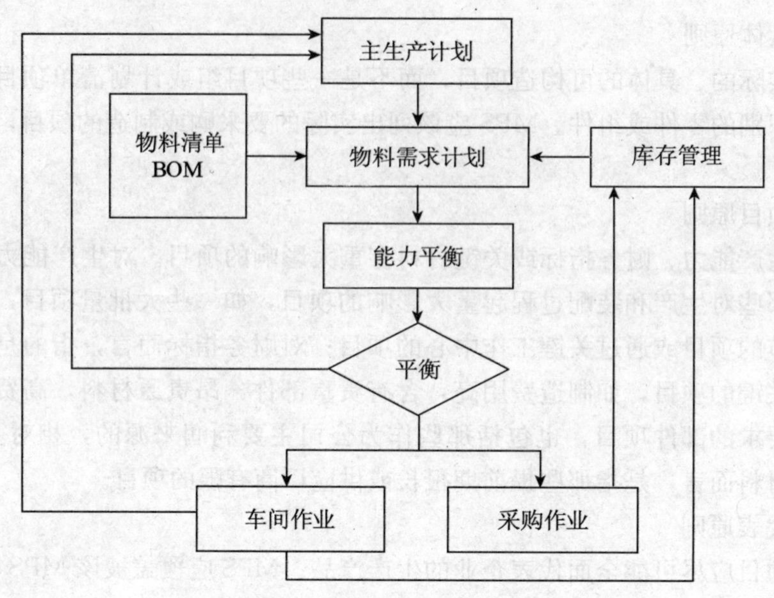


**图 8－6　主生产计划作用**

资料来源：http：//baike. baidu. com/view/112988. htm.

2. 产品结构文件（BOM）

产品结构文件（Bill of Materials）也叫物料清单，是 MRP 的核心文件，在物料分解与产品计划过程中占有重要的地位。产品结构文件是物料计划的控制文件，也是制造企业的核心文件。

以光缆产品为例，其产品结构文件中，各物料处于不同层次，可采用层次码表示。光缆成品的层次码为最高层，或用 0 层表示；钢带、成缆半成品、护套料等为第 2 层；缆膏、松套半成品、聚脂带等为第 3 层……有时一种原料同时在不同的部件上使用，为了计算机处理方便，把同一种原料集中表示在最低层次上，即采用低层码，提高计算机的运行效率。

3. 库存状态文件

MRP 中的库存状态文件的数据主要有两部分：一部分是静态的数据，是运行 MRP 之前就确定了的数据，如物料的编号、描述、提前期、安全库存等；另一部分是动态的数据，如总需求量、库存量、净需求量、计划发出（订货）量等。MRP 在运行时，不断更变的是动态数据。下面对库存状态文件中的几个数据进行说明：

（1）总需求量（Gross Requirements）

如果是产品级物料，总需求由 MPS 决定；如果是零件级物料，则总需求来自于上层物料（父项）的计划发出订货量。

（2）预计到货量（Scheduled Receipts）

该项目在有的 ERP 系统中也称为在途量，即计划在某一时刻入库但尚在生产或采购中，可以作为 MRP 使用。

（3）现有数（On Hand）

表示上期末结转到本期初可用的库存量。现有数＝上期末现有数＋本期预计到货量一本期总需求量。

(4) 净需求量 (Net Requirements)

当现有数加上预计到货不能满足需求时产生净需求。净需求＝现有数＋预计到货－总需求。

(5) 计划接收订货 (Planned Order Receipts)

当净需求为正时，就需要接收一个订货量，以弥补净需求。计划收货量取决于订货批量的考虑，如果采用逐批订货的方式，则计划收货量就是净需求量。

(6) 计划发出订货 (Planned Order Release)

计划发出订货量与计划接收订货量相等，但是时间上提前一个时间段，即订货提前期。订货日期是计划接收订货日期减去订货提前期。

(五) MRP 所包含的基本模型

制造企业的管理信息，就是指整个生产经营过程中产、供、销、存、人、财、物的有关信息。一般可以把制造业 MRP 模型分解为销售、计划、库存、生产、采购以及零件数据、产品结构和工艺路线等几大子模型，更具体地说，是以物料需求计划 MRP 为核心，把管理的各个模型集成起来，形成一个通过信息流反映物流状况，追踪和控制物流运行的管理模型系统。

1. 销售模型

销售是制造业管理业务的重要一环，有了销售需求才能编制出相应的产成品计划并进行生产，最终完成销售订货，因此销售是制造产品的原因又是制造产品的目的。模型中的数据项类型包括：输入数据项、有效数据项、公式数据项和宏数据项四种。其中，销售合同编号、订货日期、销售数量和折扣数据项需管理人员手工输入数据，是输入数据项；产品零件号数据项定义为零件数据模型中产成品零件号的有效数据，需管理人员选择有效数据输入，非有效数据无法输入；名称、规格、单位、销售价格、销售总价和销售总价合计数据项是通过公式定义的，无须人工输入数据，由数据项公式自动计算出结果。

2. 计划模型

计划在制造业管理中占有很重要的地位，它决定了企业制造什么、生产多少。通过合理的计划，可以有效地组织企业中的人力、物力、财力，使企业制造过程各个环节能有计划、按比例地协调进行，达到较高的经济效益。

输入数据项包括计划日期。公式数据项包括计划生产量和计划单位。产品零件号、名称、规格、库存现有量、销售使用量、生产采购量、安全库存量和目前可用量都是宏数据项，其数据是通过执行宏语言程序引入的。在计划模型中编制“产品计划”宏语言程序，作为产品计划的条件是引入零件数据模型中目前可用量数据项为负数的产成品。

3. 采购模型

由于制造业中采购件和原材料在产成品成本中所占比例较高并对产成品的质量影响较大，因而采购成为制造业管理中不可缺少的组成部分，它对产成品的制造周期、制造成本、产品质量起着重要的作用。

输入数据项仅有采购日期。公式数据项包括：采购数量、采购单位、单价、总价、采购人员、零件供应商。宏数据项包括：零件号、名称、规格。在采购模型中编制“采购下达”宏语言程序，作为采购下达的条件是引入零件数据模型中目前可用量数据项为负数的采购件和原材料。

4. 库存模型

库存是为产品的储存而建立的，是企业的基地，它可以吸收销售量的变化、调整生产量、防止不稳定的物流引起的人员与设备停工。库存资产一般占用企业总资产的30%左右，因此控制库存对制造业管理具有重要意义。

输入数据项有：库存日期、入库数量、出库数量。有效数据项有：零件号。公式数据项含：名称、规格、单位、单价、总价、库存占用总资金。其中入库数量指进入仓库的零件数量，采购件和原材料来源于采购模型，产成品和自制件来源于生产模型；出库数量指离开仓库的零件数量，采购件和原材料出库用于生产自制件；自制件出库用于生产更高层次的自制件和产成品；产成品出库用于销售。

5. 生产模型

生产是制造业管理的重心，生产过程是对计划的实施、对制造工艺的实现，是企业基本功能，它将各生产要素转化为产品，从而创造价值和增加价值。

输入数据项为生产日期，其余各数据项均为宏数据项。在生产模型中编制“生产下达”宏语言程序，作为生产下达的条件是引入工艺路线模型中生产数量数据项为正数的产成品和自制件。

6. 零件数据模型

零件数据是制造业管理中对零件属性描述的技术文件，是实现模型功能的数据基础。

输入数据项有：零件号、名称、规格、重量、标准成本、销售价格以及安全库存量。有效数据项含：类型、单位、保管员、计划员、采购员以及供应商名称。公式数据项有：条码、图纸、实际成本、库存现有量、销售使用量、生产采购量、目前可用量以及零件层次代码。

其中零件号数据项是在制造业管理中给予每一种零件的唯一的代码，具有以下特征：唯一性，每一个零件包括产成品、自制件、采购件和原材料只一个代码，设计时要注意零件号的系统性，便于分类识别；通用性，结构简单明了；使用性，便于使用记忆；扩展性，利于追加代码。其中唯一性是零件号最基本最重要的属性。图纸数据项是插入图形图像的超链接。类型数据项指各种零件按类型均可分为产成品、自制件、采购件和原材料。实际成本指采购件平均采购成本或自制件的直接材料、人工工时及机时费用之和。库存现有量指仓库现有此零件的实物数，即零件累计入库与累计出库的差。销售使用量，对产成品而言，是销售中未完成的销售数量，即累计销售与累计出库的差；对非产成品而言，是满足未完销售数量的零件数或安全库存量，即产品结构中子项累计需求与累计出库的差。生产采购量指零件的在制品数或正在采购的数量。安全库存量指为防止零件短缺而设的库存量。制造业 MRP 模型的核心是计算物料需求量，其中目前可用量公式为：目前可用量＝库存现有量－销售使用量＋生产采购量－安全库存量，此

值为负值时，可用计划模型中下达产成品计划和采购模型中下达采购零件。

7. 产品结构模型

产品结构是在管理过程中用来定义产品构造层次和数量关系的技术文件，是实现计划模型中的产成品分解成自制件、采购件和原材料的数据基础，以及零件实际成本汇总的依据。

输入数据项有：构成数量。有效数据项含：父项零件号和子项零件号。公式数据项有：父项名称、子项名称、子项规格、父项需求累计、子项需求累计、单位、子项类型、子项层次代码、父项层次成本和子项实际成本。其中父项零件号数据项是指由子项零件组装或加工成的零件；子项零件号指经加工或与其他子项零件组装可构成父项零件的零件。

8. 工艺路线模型

工艺路线是描述零件加工步骤和装配产品的操作顺序的技术文件，它包含加工工序顺序及内容，指明各道工序的加工设备及所需的额定工时和机时等，它是车间生产和产成品及自制件实际成本的依据。

生产数量数据项是根据计划中计划生产量和零件数据中目前可用量来确定产成品和自制件的生产数量。工序号指加工工序的顺序；工序名称指工序简短说明；工序内容指工序详细说明；车间班组指此工序所在的车间班组；生产设备指此工序所用的制造设备；工艺装备指此工序所用的工艺设备；配备人数指此工序最少配备单位人数；准备工时指此工序的辅助工时；单件工时指完成此工序每生产一件所需的工时。单件机时指完成此工序每生产一件所需的机时；零件层次代码指零件的低位码，用于确定生产时的优先级。

零件数据模型、产品结构模型和工艺路线模型共同构成制造业 MRP 模型的数据基础，是实现模板功能的必要条件。

9. 数据词典模型

数据词典模型为零件数据、产品结构和工艺路线提供规范数据。通过定义数据词典中的名称，在零件数据、产品结构和工艺路线中用有效数据序列，引入数据词典的名称进行连接。类型词典指零件的所属类型，任何一种零件都可归为产成品、自制件、采购件和原材料中的一种类型。当前值词典含工时费率、机时费率，用于计算自制件和产成品的人工工时和机时费用，其中费率数值已分摊了制造中的各种费用。单位词典指零件制造过程中使用的量词。职员词典指员工的各种信息，其中姓名用于零件数据中的保管员、计划员和采购员。供应商词典指采购件和原材料供货的厂商各种信息，其中名称用于零件数据中的供应商名称。

（六）MRP 的作用

MRP 系统能及时发现并报告物料的短缺与过量，以便采取应对措施。通过重排订单及完工时间，可使订单的优先级及时更新，MRP 是一个按优先级划分订单的系统。

MRP 谋求的是应当完工的日期与需求相符合，所以当作业按计划进行时，库存额也比较的准确。

MRP管理的方法实质上是一个不断平衡供需矛盾的过程。当工厂订单增加时，制造订单也相应的增加，此时由MRP进行分配，使供需得到平衡。

### 专栏8.1 阜新橡胶实施利玛MRP案例

阜新橡胶有限责任公司是国家大型二类综合橡胶加工企业，公司下设八个子公司、三个分公司、八个分厂，现有总资产3.2亿元，职工2000人，综合经济实力在全国同行业名列前矛，1998年被辽宁省政府列为全省60户重点支持企业之一。

随着企业管理水平的提高和企业之间竞争的加剧，公司迫切需要提高计算机应用水平，以此来带动企业管理水平的提高。为此，公司决定应用CIMS哲理的集成思想，对现有的计算机系统进行改造，为企业成为全国一流的企业目标奠定坚实的基础。公司成立了由总经理周久才任主任，常务副总经理耿贵泉任副主任的CIMS推广应用领导小组，于1997年年初开始实施CIMS系统，目标是通过集成技术实现信息、功能、技术和人才的合理有效集成，最终实现功能强、性能优良、信息资源共享，效益显著的CIMS系统，为企业生产管理，经营决策科学化，工程设计现代化，生产过程自动化提供技术支持。阜橡公司CIMS系统共包括管理信息系统和制造自动化两个部分。

CIMS项目于2000年10月通过了辽宁省CIMS专家组的评审、验收，在辽宁省通过验收的10户企业中取得了第二名的好成绩。取得了科技部颁发的CIMS示范企业荣誉称号，是同行业中唯一通过CIMS项目验收的企业。

通过实施CIMS项目，公司改善了资金运用状况，减少了库存损耗，加快了资金周转，极大地提高了公司的现代化管理水平，锻炼和培养了一批懂管理、会微机的复合型人才，取得了可观的经济效益和社会效益，为公司的进一步发展打下了良好的基础。

（资料来源：亿维网，http：// www. yeewe. com/.）

## 二、制造资源计划MRPⅡ技术

### （一）MRPⅡ技术概述

制造资源计划MRPⅡ（Manufacturing Resource Planning）是以生产计划为中心，把与物料管理有关的产、供、销、财各个环节的活动有机地联系起来，形成一个整体，进行协调，使它们在生产经营管理中发挥最大的作用。其最终的目标是使生产保持连续均衡，最大限度地降低库存与资金的消耗，减少浪费，提高经济效益。

闭环MRP系统，使生产活动方面的各个子系统得到了统一。但这还不够，因为在企业的管理中，生产管理只是一个方面，它所涉及的仅仅是物流，而与物流密切相关的还有资金流。许多企业是由财会人员另行管理资金的，这就造成了数据的重复录入与存储，甚至造成数据的不一致性。于是，20世纪80年代，人们把生产、财务、销售、工程技术、采购等各个子系统集成为一个一体化的系统，并称为制造资源计划（Manufacturing Resource Planning）系统，英文缩写还是MRP，为了区别物流需求计划（亦缩写为MRP）而记为MRPⅡ。

制造资源计划 MRPⅡ是一种生产管理的计划与控制模式，因其效益显著而被当成标准管理工具在当今世界制造业普遍采用。MRPⅡ实现了物流与资金流的信息集成，是 CIMS 的重要组成部分，也是企业资源计划 ERP 的核心主体，是解决企业管理问题，提高企业运作水平的有效工具。

（二）MRPⅡ的原理

MRPⅡ的基本思想就是把企业作为一个有机整体，从整体最优的角度出发，运用科学方法对企业各种制造资源和产、供、销、财各个环节进行有效地计划、组织和控制，使它们得以协调发展，并充分地发挥作用。

具体地说，MRPⅡ系统的多个工作模块共同服务于企业的产品生产，主要是提供与生产相关的各项资源安排计划。

1. 物料管理模块

主要是对企业生产物料的需求进行分析，规定生产物料的分类管理，即将物料分为独立需求和相关需求物料，独立需求直接与产品的产量挂钩，而相关需求物料之间存在着配套的问题，相关物料绑捆后与产品的产量挂钩。

2. 生产管理模块

主要是制订企业的主生产计划和产品的生产时间进度计划。系统根据产品的零部件的生产周期反向推算生产物料的投入时间，根据产品的组成结构反向推算生产物料的需求数量，然后合理地进行主生产计划和时间进度计划的制订。

3. 财务管理模块

主要对伴随着系统物流而产生的资金流进行管理，包括对生产物料的采购成本、企业生产的人力成本和生产设备成本等的核算。

（三）MRPⅡ管理模式的特点

MRPⅡ的特点可以从以下几个方面来说明，每一项特点都含有管理模式的变革和人员素质或行为变革两方面，这些特点是相辅相成的。

1. 计划的一贯性与可行性

MRPⅡ是一种计划主导型管理模式，计划层次从宏观到微观、从战略到技术、由粗到细逐层优化，但始终保证与企业经营战略目标一致。它把通常的三级计划管理统一起来，计划编制工作集中在厂级职能部门，车间班组只能执行计划、调度和反馈信息。计划下达前反复验证和平衡生产能力，并根据反馈信息及时调整，处理好供需矛盾，保证计划的一贯性、有效性和可执行性。

2. 管理的系统性

MRPⅡ是一项系统工程，它把企业所有与生产经营直接相关部门的工作联结成整体，各部门都从系统整体出发做好本职工作，每个员工都知道自己的工作质量同其他职能的关系。这只有在“一个计划”下才能成为系统，条块分割、各行其是的局面应被团队精神所取代。

3. 数据共享性

MRPⅡ是一种制造企业管理信息系统，企业各部门都依据同一数据信息进行管理，任何一种数据变动都能及时地反映给所有部门，做到数据共享。在统一的数据库支持下，按照规范化的处理程序进行管理和决策，改变了过去那种信息不通、情况不明、盲目决策、相互矛盾的现象。

4. 动态应变性

MRPⅡ是一个闭环系统，跟踪、控制和反馈瞬息万变的实际情况，管理人员可随时根据企业内外环境条件的变化迅速作出响应，及时决策调整，保证生产正常进行。它可以及时掌握各种动态信息，保持较短的生产周期，因而有较强的应变能力。

5. 模拟预见性

MRPⅡ具有模拟功能。它可以解决“如果怎样……将会怎样”的问题，可以预见在相当长的计划期内可能发生的问题，事先采取措施消除隐患，而不是等问题已经发生了再花几倍的精力去处理。这将使管理人员从忙碌的事务堆里解脱出来，致力于实质性的分析研究，提供多个可行方案供领导决策。

6. 物流、资金流的统一

MRPⅡ包含了成本会计和财务功能，可以由生产活动直接产生财务数据，把实物形态的物料流动直接转换为价值形态的资金流动，保证生产和财务数据一致。财务部门及时得到资金信息用于控制成本，通过资金流动状况反映物料和经营情况，随时分析企业的经济效益，参与决策，指导和控制经营和生产活动。

以上几个方面的特点表明，MRPⅡ是一个比较完整的生产经营管理计划体系，是实现制造业企业整体效益的有效管理模式。

（四）MRPⅡ的作用

1. 改善资金运用状况

MRPⅡ对库存记录有一个严格的控制，有利于降低库存储备，减少库存损耗。同时利用MRPⅡ的模拟功能可以改善财务的计划能力，很容易地把数量信息转换为货币信息，加快资金周转及产品的及时发运，在一定的程度上可以加快应收账款的回收。

2. 改善劳力运用状况

MRPⅡ对劳动力的改善表现在两方面，一方面是直接劳力减少，据调查统计，利用MRPⅡ生产线生产率平均提高5%～10%，原因在于减少了物料短缺，从而减少了生产的频繁中断；另一方面是间接劳力减少，原因在于MRPⅡ减少了文书的工作，减少了混乱、重复及催货的工作。

3. 降低采购成本，提高采购效率

MRPⅡ可以把供应商视为自己的外部工厂，进行管理。企业通过采购计划法可以与供应商建立长期稳定的互利关系，并对供应商的供货表现进行评估以促进其改进。此外MRP系统使得采购人员可以把精力集中在选择供应商、商务谈判和关心工程标准上，而不必把过多的精力花在烦琐的对账上。有资料表明MRPⅡ可以使采购成本降低5%。

4. 加强产销配合，提高市场竞争力

MRPⅡ使市场销售部门和生产部门不仅在决策层也可以在操作层进行紧密的联系。市场部门可以及时了解生产部门正在生产什么，以及库存有什么，并通过模拟功能对客

户的需求作出迅速的反应。生产部门可以及时得到市场部门的客户需求信息，使生产制造部门可以生产出适销对路的产品，从而提高按时交货率。

5. 提高管理水平

MRPⅡ使企业的管理人员能够脱离忙于“救火”的事务中，而去真正解决问题，也可以使他们超前看到企业运营的发展趋势。MRPⅡ能够增强企业整体配合的意识，这一点尤其反映在销售和生产制造部门之间的配合上。

### 专栏 8.2　企业实施 MRPⅡ的可行性评估指标体系

企业实施 MRPⅡ绝不是单纯地将计算机取代手工作业，更重要的是将 MRPⅡ组织与管理生产经营的思想引入企业，这就要求企业的内、外部环境与 MRPⅡ有良好的配合。事实上这也是众多推行 MRPⅡ的企业感到最大的难点所在。对于长期运行在计划经济环境下的中国企业，生产的以大量库存为缓冲的经营模式是难以在 MRPⅡ环境下运作的。当然，随着国内市场经济环境的不断改善，企业内部管理体制的改革，运行 MRPⅡ的内、外部环境正在不断形成。因此，推行 MRPⅡ以前，认真进行评估，发现问题，抓紧管理改革与业务流程重组，对企业成功实施 MRPⅡ将会有重要作用。

从系统的观点，企业是一个人、财、物不断进行输入、转换、输出和反馈的开放系统，技术与管理起着支持系统的作用。所以，我们必须从企业的四大要素：人、物(财)、技术、管理来观察是否具备实施 MRPⅡ的条件。同时，结合 MRPⅡ的运行，还必须考察企业基础数据采集现状与企业内部对 MRPⅡ的需求与认识。因此，企业实施 MRPⅡ的可行性评估指标体系应该由六大方面构成，即管理基础、技术基础、资金条件、人员素质、基础数据和对 MRPⅡ的认识与需求。

（资料来源：畅享网，http：//portal. vsharing. com/.）

## 三、企业资源计划 ERP 技术

（一）ERP 技术概述

ERP 是 Enterprise Resource Planning（企业资源计划）的简称，是 20 世纪 90 年代美国一家 IT 公司根据当时计算机信息、IT 技术发展及企业对供应链管理的需求，在预测此后企业管理信息系统的发展趋势和即将发生的变革的基础上提出的概念。

ERP 是物资资源管理（物流）、人力资源管理（人流）、财务资源管理（财流）和信息资源管理（信息流）集成一体化的企业管理软件，一个由 Gartner Group 开发的概念，一个描述下一代制造商业系统和制造资源计划（MRPⅡ）软件。ERP 包含客户或服务架构，使用图形客户接口和应用开放系统制作。除了已有的标准功能，ERP 还包括其他特性，如品质、过程运作管理以及调整报告等。特别是，ERP 采用的基础技术将同时给客户软件和硬件两方面以独立性，因此更加容易升级。ERP 的关键在于所有客户能够裁剪其应用，因而具有天然的易用性。

但是，ERP 本身不是管理，也不可以取代管理。也就是说，ERP 本身不能解决企业的管理问题，企业的管理问题只能由管理者自己去解决，但是ERP可以是管理者解决企业管理问题的一种工具。不少企业因为错误地将ERP当成了管理本身，在ERP实施前未能认真地分析企业的管理问题，寻找解决途径，而过分地依赖ERP来解决问题。于是，不但老的问题得不到有效地解决，又产生了许多新的问题，最终导致了ERP实施的失败，企业也因此而伤了元气。正确地认识ERP的本质，就会在ERP实施之前认真分析企业在管理上存在的问题，了解ERP对解决这些问题的作用，充分细致地计划与落实利用ERP解决这些问题的程序，为ERP充分发挥效率提供基础。

图8-7是ERP的结构示意图。

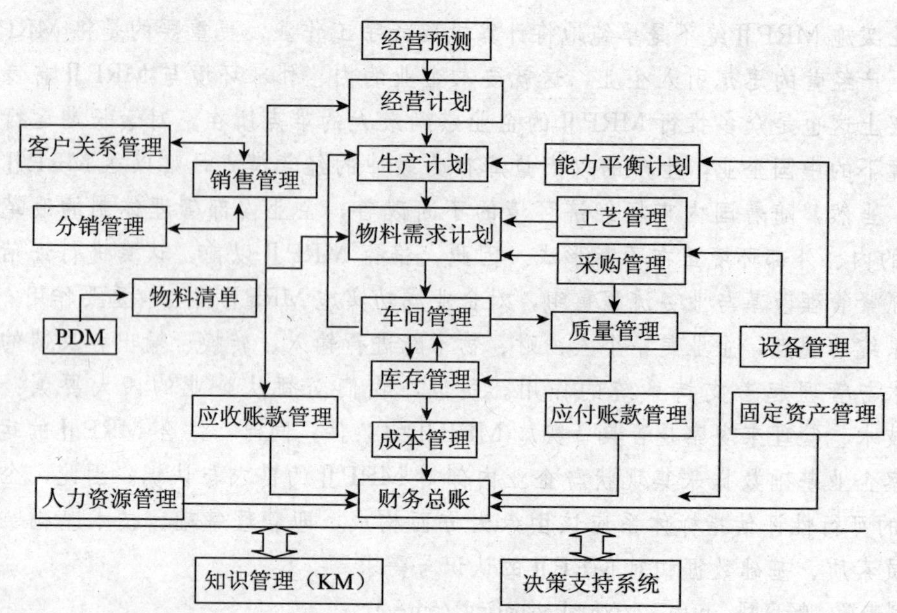


**图8-7　ERP结构示意**

资料来源：http：//baike. baidu. com/view/3609. htm.

（二）ERP系统的管理思想

ERP是由美国Gartner Group咨询公司首先提出的。作为当今国际上一个最先进的企业管理模式，ERP在体现当今世界最先进的企业管理理论的同时，也提供了企业信息化集成的最佳解决方案。它把企业的物流、资金流、信息流统一起来进行管理，以求最大限度地利用企业现有资源，实现企业经济效益的最大化。

ERP的核心管理思想就是实现对整个供应链的有效管理，主要体现在以下三个方面：

1. 对整个供应链资源进行管理的思想

在知识经济时代仅靠企业自己的资源不可能有效地参与市场竞争，还必须把经营过程中的有关各方如供应商、制造工厂、分销网络、客户等纳入一个紧密的供应链中，才能有效地安排企业的产、供、销活动，满足企业利用全社会一切市场资源快速高效地进

行生产经营的需求，以期进一步提高效率并在市场上获得竞争优势。换句话说，现代企业竞争不是单一企业与单一企业间的竞争，而是一个企业供应链与另一个企业供应链之间的竞争。ERP 系统实现了对整个企业供应链的管理，适应了企业在知识经济时代市场竞争的需要。

2. 精益生产、同步工程和敏捷制造思想

ERP 系统支持对混合型生产方式的管理，其管理思想表现在两个方面：其一是精益生产（Lean Production）的思想，它是由美国麻省理工学院提出的一种企业经营战略体系。即企业按大批量生产方式组织生产时，把客户、销售代理商、供应商、协作单位纳入生产体系，企业同其销售代理、客户和供应商的关系，已不再简单地是业务往来关系，而是利益共享的合作伙伴关系，这种合作伙伴关系组成了一个企业的供应链，这就是精益生产的核心思想。其二是敏捷制造（Agile Manufacturing）的思想。当市场发生变化，企业遇到特定的市场和产品需求时，企业的基本合作伙伴不一定能满足新产品开发生产的要求。这时，企业会组织一个由特定的供应商和销售渠道组成的短期或一次性供应链，形成“虚拟工厂”，把供应和协作单位看成是企业的一个组成部分，运用同步工程，组织生产，用最短的时间将新产品打入市场，时刻保持产品的高质量、多样化和灵活性，这就是“敏捷制造”的核心思想。

3. 事先计划与事中控制的思想

ERP 系统中的计划体系主要包括：主生产计划、物料需求计划、能力计划、采购计划、销售执行计划、利润计划、财务预算和人力资源计划等，而且这些计划功能与价值控制功能已完全集成到整个供应链系统中。

通过定义事务处理相关的会计核算科目与核算方式，ERP 系统在事务处理发生的同时自动生成会计核算分录，保证了资金流与物流的同步记录和数据的一致性，从而实现了根据财务资金现状追溯资金的来龙去脉，并进一步追溯所发生的相关业务活动，改变了资金信息滞后于物料信息的状况。

此外，计划、事务处理、控制与决策功能都在整个供应链的业务处理流程中实现，要求在每个流程业务处理过程中最大限度地发挥每个人的工作潜能与责任心，流程与流程之间则强调人与人之间的合作精神，以便在有机组织中充分发挥每个人的主观能动性与潜能。这有助于实现企业管理从“高耸式”组织结构向“扁平式”组织机构的转变，提高企业对市场动态变化的响应速度。总之，借助 IT 技术的飞速发展与应用，ERP 系统得以将很多先进的管理思想变成现实中可实施应用的计算机软件系统。

（三）ERP 的发展阶段

1. MRP 阶段（Material Requirement Planning）

企业的信息管理系统对产品构成进行管理，借助计算机的运算能力及系统对客户订单、在库物料、产品构成的管理能力，实现依据客户订单，按照产品结构清单展开并计算物料需求计划，实现减少库存，优化库存的管理目标。

2. MRPⅡ阶段（Manufacture Resource Planning）

在 MRP 管理系统的基础上，系统增加了对企业生产中心、加工工时和生产能力等方面的管理，以实现计算机进行生产排程的功能，同时也将财务的功能囊括进来，在企业中形成以计算机为核心的闭环管理系统。这种管理系统已能动态监察到产、供、销的全部生产过程。

3. ERP 阶段（Enterprise Resource Planning）

进入 ERP 阶段后，以计算机为核心的企业级的管理系统更为成熟，系统增加了包括财务预测、生产能力以及调整资源调度等方面的功能。该系统配合企业实现 JIT 管理、质量管理和生产资源调度管理及辅助决策的功能，成为企业进行生产管理及决策的平台工具。

4. 电子商务时代的 ERP

Internet 技术的成熟为企业信息管理系统增加了与客户或供应商实现信息共享和直接的数据交换的能力，从而强化了企业间的联系，形成了共同发展的生存链。这就是企业为生存竞争而引入的供应链管理思想。ERP 系统具有实现强化联系的相应功能，这使决策者及业务部门能够实现跨企业的联合作战。由此可见，ERP 的应用的确可以有效地促进现有企业管理的现代化、科学化，适应竞争日益激烈的市场要求。ERP 的导入，已经成为大势所趋。

（四）ERP 和 MRPⅡ的区别

ERP 是在 MRPⅡ基础上进一步发展起来的企业管理信息系统，为了进一步理解 ERP 系统的概念及其主要功能，需要弄清 ERP 与 MRPⅡ之间的区别。

1. 在资源管理范围方面的差别

MRPⅡ主要侧重对企业内部人、财、物等资源的管理，ERP 系统提出了供应链（Supply Chain）的概念，即把客户需求和企业内部的制造活动以及供应商的制造资源整合在一起，并对供应链上的所有环节进行有效管理。ERP 含订单、采购、库存、计划、生产制造、质量控制、运输、服务与维护、财务管理、人事管理以及项目管理等。

2. 在生产方式管理方面的差别

MRPⅡ系统把企业归类为几种典型的生产方式来进行管理，如重复制造、批量生产、按订单生产、按订单装配及按库存生产等，针对每一种类型都有一套管理标准。而在 20 世纪 80 年代末 90 年代初期，企业为了紧跟市场的变化，多品种、小批量生产以及看板式生产成为企业主要采用的生产方式，ERP 能很好地支持和管理这种混合型制造环境，满足了企业多元化经营需求。

3. 在管理功能方面的差别

ERP 除了 MRPⅡ系统的制造、分销、财务管理功能外，还增加了支持整合各个环节之间的运输管理和仓库管理；支持生产保障体系的质量管理、设备维修和备品备件管理；支持对工作流（业务处理流程）的管理，ERP 可以通过对工作流的定义，实现企业不同的业务流程模式。

4. 在事务处理控制方面的差别

MRPⅡ是通过计划的及时滚动来控制整个生产过程的，实时性较差，一般只能实现事中控制。而 ERP 系统支持在线分析处理 OLAP（Online Analytical Processing）、售后服务及质量反馈，强调企业的事前控制能力，它可以将设计、制造、销售、运输等通过

集成来并行地进行各种相关的作业，为企业提供了对质量、适应变化、客户满意、效绩等关键问题的实时分析能力。ERP 系统提供了各种计划的模拟功能，可以通过对计划的模拟，从中选择最优的模拟计划确认为企业的正式计划，加强对事前计划的控制。

5. 在跨国（或地区）经营事务处理方面的差别

现代企业的发展使得企业内部各个组织单元之间、企业与外部的业务单元之间的协调变得越来越多和越来越重要，ERP 系统拥有完善的组织架构，可以支持跨国经营的多国家地区、多工厂、多语种、多币制应用需求。

### 专栏 8.3　美特斯邦威的 ERP 之路

到底靠什么，美特斯邦威董事长周成建足不出户即可实时掌控和号令全国庞大的生产经营和销售网络，并使企业的应收账款水平保持在如此之低的水平？其成功经验，可以概括为："一种模式，三大法宝"。一种模式指虚拟经营模式，三大法宝指"品牌、设计和面向企业联盟体的 ERP 平台"。

该 ERP 项目成败关键在于管理重组及软件应用。美特斯邦威和道讯科技通力合作，针对品牌连锁企业的行业特点和美特斯邦威的企业特色，经过深入业务的需求分析和客户化开发后，量身打造出切合美特斯邦威业务流程和管理需要的、实用型的 ERP 系统。系统涵盖了总部系统、工厂系统、代理商系统、专卖店系统，还包括与电子商务系统等外部系统的接口。2002 年，系统在总部正式启用，并向各分公司、制造商、代理商和专卖店推广实施，范围遍布 800 多个市县。推广工作于 2003 年全部完成。其具有两个关键特点：

（1）基于互联网时代最先进的 WEB 架构，全面面向虚拟经营经济联盟体，完全整合产业链条上的五个主体：品牌商（即作为品牌盟主的美特斯·邦威）、面料厂、外协制造商、加盟商和物流承运商，实现了产业链的一体化。力求真正给品牌盟主企业的四类客人提供一站式的 ERP 高效服务。

（2）实施最高级别的应用大集中模式（供应链实时快速反应模式），即在数据库及软件底层，五个市场主体的业务流程、数据是完全整合在一起的，真正在供应链上达到实时的应用联动。

（资料来源：畅享网，http：//portal. vsharing. com/.）

## 四、分销需求计划 DRP 技术

（一）DRP 的概述

DRP 是 Distribution Requirement Planning 的缩写，即分销需求计划，是物料需求计划（Material Requirement Planning，MRP）在流通领域应用的直接结果。DRP 主要用于解决流通领域中如何组织商品资源来满足市场需求的问题，是商品资源优化配置技术的核心技术之一。分销需求计划方法（DRP）所体现的实际上是"准时"供应的思想，而准时供应的实现以大范围内的物流系统实时控制为基础，是计算机集成系统中央决策支持系统的主要方法和原则之一。准时制物流要求将客户所需产品准时、保质保量的送至客户手中，制订物流计划的关键也就集中在订货需求与库存控制计划上。分销物资资源配送调度计划方法是以物流系统管理计划为导向的结果。

DRP 的发展经过了两个阶段：第一个阶段是 Distribution Requirement Planning (DRP)，即分销需求计划；第二个阶段是 Distribution Resources Planning（DRP Ⅱ），即分销资源计划。

（二）DRP 基本原理

DRP Ⅰ是基本 DRP（以下简写成 DRP），即分销需求计划（在以后的描述中，DRP Ⅰ均简写为 DRP）。其定义可表述为：DRP 是 MRP 原理和技术在流通领域中的应用。DRP 主要解决分销商品的供应计划和调度问题，其基本目标就是合理进行分销商品资源配置，达到既保证有效地满足市场需要，又使得配置费用最省的目的。

DRP 主要在以下两类企业中应用：

1. 流通企业

特别是一些含有物流业务的企业，如储运公司、配送中心、流通中心等。这些企业的基本特征是：不一定搞销售，但一定有存储和运输业务。特别是一些含有物流业务的企业，为简单起见，我们将它们统称为“物流中心”，如图 8-8 所示。

2. 既有生产活动又有流通活动，并且产品全部或一部分自己销售的生产企业

这些生产企业中的流通部门承担分销业务，具体组织储、运、销活动，如图 8-9 所示。

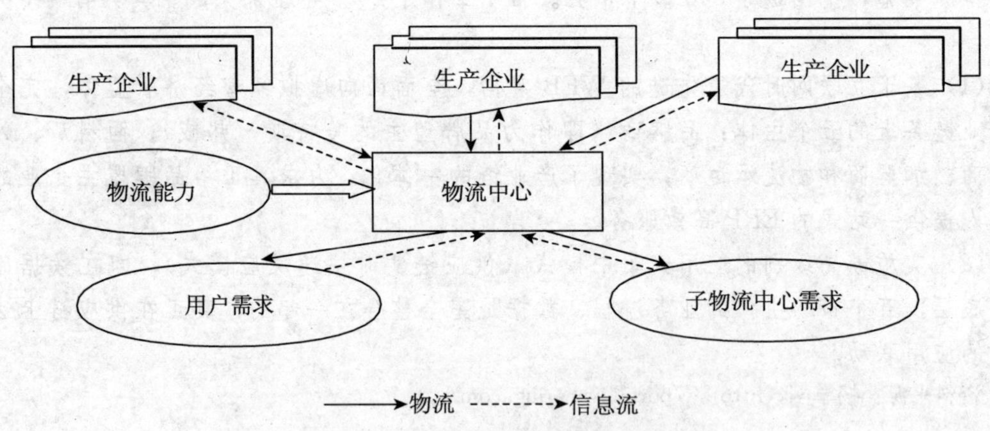


**图 8-8　物流中心的基本业务模式**

资料来源：海峰，胡娟．物流管理学［M］．武汉：武汉大学出版社，2007.

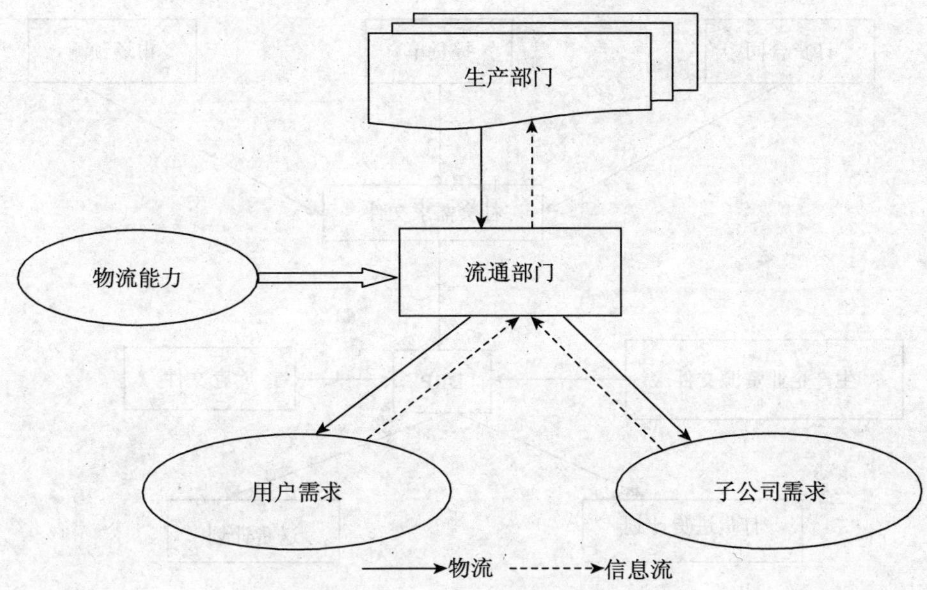


**图 8－9　生产企业分销业务模式**

资料来源：海峰，胡娟．物流管理学［M］．武汉：武汉大学出版社，2007.

对比图 8－8 和图 8－9，可以发现生产企业分销业务和流通企业（物流中心）的分销业务模式基本一样。

其不同点是：

（1）生产企业只考虑送货，而配送中心不但考虑送货，还要考虑进货，要根据送货需求来有计划地组织进货，控制库存，提高经济效益。但有的生产企业也可以担任进货的重任，条件是生产企业根据市场需求（订货单）来组织生产，即根据需求控制生产、控制库存，以提高经济效益。

（2）生产企业的流通部门代替流通企业物流中心的工作，生产企业的生产部门代替了流通企业的生产企业集合（即商品供应商）的位置。

其相同点是：

（1）以满足社会需求为自己的宗旨。

（2）都依靠一定的物流能力以物流活动作为基本手段来满足社会的商品需求。

（3）从制造企业或物资资源市场组织物资资源。

由于二者的基本业务模式相同，所以这里就以物流中心为代表来研究 DRP 的原理。DRP 原理如图 8－10 所示。

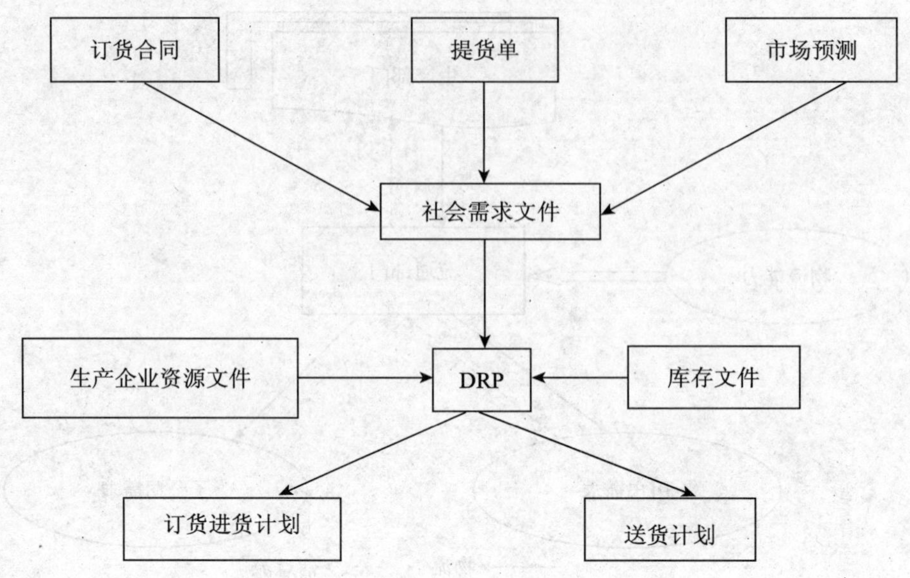


**图 8－10　DRP 原理示意**

资料来源：海峰，胡娟．物流管理学［M］．武汉：武汉大学出版社，2007.

DRP 原理简单来说，就是输入三个文件，再根据这三个文件输出两个计划，具体解释如下：

（1）DRP 的输入

DRP 的输入包括三个文件：社会需求主文件、库存文件和生产企业资源文件。

①社会需求主文件

社会需求主文件包括所有客户的订单、提货单和供货合同，以及下属子公司、企业的订货单，此外还要进行市场预测，确定一部分需求量。所有的需求按品种和需求的时间进行统计，整理成社会需求文件。社会需求文件是进行 DRP 处理的依据，是 DRP 处理的最主要的文件，没有这个文件就不可能进行 DRP 处理，因此将其称之为社会需求文件。

②库存文件

库存文件是物流中心的仓库里所有库物资量的列表。物流中心之所以需要库存文件，是因为它需要根据该文件来确定什么物资可以从仓库里提货送货、送多少，什么物资需要订货进货。仓库里有的物资，从仓库里提货送货，送货的数量不能超过现有的库存量；仓库里没有的，就应该订货进货。仓库文件是制订 DRP 计划必需的文件。

③生产企业资源计划

生产企业资源计划是物资生产企业的可供货资源文件。该文件包括可供的物资的品种，也包括生产企业的地理位置情况。生产企业资源文件主要用于 DRP 制订订货计划。

（2）DRP 的输出

DRP 的输出会产生两个文件：一是订货进货计划；二是送货计划。

①订货进货计划

订货进货计划是指生产企业的订货进货计划。如果仓库没有客户需求物资的库存量，物流中心需要向生产企业订货进货，又因为订货进货需要时间，要根据具体的厂家来设定提前期，而这由生产企业资源文件提供。

②送货计划

是对客户的送货计划，对于客户需求的物资，如果仓库有，就直接从仓库里面提货或者送货。由于仓库与客户、下属子公司、子物流中心都有一定的距离，所以提货送货需要有一个提前期，才能保证货物能够按需求时间及时送达。送货分直送和配送。对于大批量的需求者实行直送；对于小批量的需求者，实行配送。所谓配送，是对成片小批量客户的一次循环送货，配送方式应保证客户需求，同时还应减少车次，节省费用。

（三）DRP 的具体运行步骤

DRP 的具体运行主要包括以下六个步骤：

1. 运行前的编码与信息整理工作

该项工作包括：

（1）商品编码。将自己经营的商品品种进行整理编码。

（2）供货单位编码。将自己经营的所有商品品种的供货单位进行编码。

（3）物流中心组织系统的编码。如果物流中心有下属子物流中心，或者该物流中心又属于上一级物流中心，则都要进行编码。

（4）客户编码。原则上是有关系的所有客户都要编码，因为在制订调运计划或配送时需要用到客户编码。

（5）运输信息整理。包括运输车辆、运输地理数据、送货提前期和进货提前期等信息的整理。

2. 建立社会需求主文件

通过整理订货单、订货合同、订货记录和提货单等确定社会客户及下属子公司在未来一个计划期中每天的需求，按品种、按时间顺序整理并统计，形成社会需求主文件。如果没有这些订货单、订货记录，则只能靠预测估计确定需求量，形成需求主文件。

3. 建立库存文件

查出所有经营商品的计划期前的库存量、在途量等，形成一个文件。

4. 建立供货单位文件

查出所有品种的订货单位、订货进货提前期等，形成一个文件。

5. 得出各个计划

进行计算机 DRP 系统运行，得出各个品种的送货计划和订货进货计划，以及本物流中心的总送货计划和总订货进货计划。

6. DRP 计划的执行

根据送货计划、订货进货计划以及运输车辆、运输地理情况，统一组织运输，保证每天送货计划和订货进货计划的完成。

（四）DRP 的主要作用

DRP 系统对企业的作用主要表现在以下几个方面：

1. 成本费用控制

(1) 降低分销及相关业务管理成本费用

首先，利用网络分销可以降低交通和通信的费用。对于一些业务涉及全球的公司，业务人员和管理人员必须与各地业务相关者保持密切联系，许多跨国公司的总裁有 1/3 的时间是在飞机上度过的，利用互联网就可以使他们在世界各地周游时也能了解业务的发展情况。可以通过网上费用低廉的交通工具如电子邮件、网上电话、网上会议等方式进行沟通。

其次，降低人工费用。传统管理中许多手工处理的业务，现在都可通过计算机和互联网自动完成，可以直接同最终客户联系，摆脱电话和邮寄的繁杂过程，大大提高了效率，同时降低了人工处理费用。

最后，降低企业的财务费用。借助互联网实现企业管理的信息化、网络化，可以大大降低企业对一般员工、固定资产的投入和日常运转费用开支，企业可以利用 DRP 分销管理系统研究节省大量资金和费用。

(2) 降低销售成本

DRP 的出现给企业带来新的销售模式和管理模式，如网上订货和网上促销等新的销售模式，大大降低了销售成本。

首先，网上订货可以降低销售渠道费用。互联网上的信息交换可以不受时间和空间的限制，企业借助自动的网上订货系统，可自如地组织生产和配送产品，同时提高销售效率，减少对销售人员的需求。

其次，利用网上促销的高效性来降低促销费用。互联网作为第四类媒体，具有传统媒体无法具有的交互性和多媒体特性，可实时地传输声音、图像和文字信息，可以直接为信息发布方和接受方架设沟通的桥梁，吸引消费者产生购买行为。

最后，降低销售管理费用。利用网上分销，可实现订货、结算和送货的自动化管理，降低对管理人员的要求，提高销售管理效率。

2. 制造生产机会

网络不受时间和空间的限制，它的触角可延伸到世界的每一个地方，这为企业创造出更多的市场机会。

首先，企业利用网络可突破时间的限制。实现 7/24（每周 7 天，每天 24 小时）分销模式，不需要额外的销售费用。

其次，网络可以突破传统市场中的地理位置分割。可将企业的销售触角延伸到世界的每个角落，减少了店面的投资、店面的装修以及建立销售网络等的投资风险。

3. 提升客户满意度

首先，提高为客户服务的效率。客户可以根据情况自行寻求帮助，企业客户服务部门可有更多时间处理复杂的问题和管理客户关系，而且能有针对性地解决客户提出的问题，提高客户的满意度。

其次，为客户提供满意的订单执行服务。利用 DRP 的分销管理系统客户可以随时自行查找订单的执行情况。

最后，更好地、更有针对性地为客户提供满意的服务。利用ERP分销管理系统客户可以将公司一些产品的信息资料和技术资料放到网上，允许客户自行在网站上进行查找，寻求自我帮助。于是，客户服务就只需要解决一些重要的问题。

### 专栏8.4　一个DRP应用样本

MMH有三个配送中心位于美国，在位于加拿大魁北克省的制造工厂内有一个中央供给设施。这里介绍他们的配送资源计划（DRP）系统在为期8周的时间内是如何发挥作用的。

波士顿配送中心拥有的安全储备水平定在55个单位的小器具。当储备下降到该水平以下时，配送中心就会发出订单，补给500个以上的小器具。从中央供给设施装运到波士顿配送中心的前置时间是2个星期。

经波士顿配送中心的DRP显示，有8周的需求预测数，称作总需求数。一开始的现有存货剩余数为352个小器具，配送中心预测在第五周内将只有42个小器具（现有存货122个小器具减去总需求数中的80个小器具）。

这将低于安全储备水平。于是，DRP在三周内（第五周减去前置时间2周）启动已计划订货数为500个小器具。正如已预测的那样，备货一到，该配送中心又恢复到安全作业水平。

小器具在芝加哥是高销量货品，所以，芝加哥配送中心的总需求比波士顿配送中心高。它一次订货的小器具更多。

芝加哥配送中心的DRP显示，已经有800个小器具在运输途中（已定期接受数），并且应该在1周内抵达。它们如期抵达，并在第6周安排接下来的800个小器具的订货，已处理在第8周内即将到来的低于安全储备的情况。

凭借经验，圣地亚哥配送中心将其安全储备表示为安全时间（2周）。

经检查DRP显示，圣地亚哥配送中心了解到，如果不进行补给，第5周内将剩余30个小器具（60减30），第6周内将剩余5个小器具（30减25），第7周内存货余数将为一10（5减15）。于是，圣地亚哥配送中心在第3周至第7周减安全时间，再减前置时间（总计4周）启动已计划订货数，即150个小器具。

中央供给设施的总需求数是各配送中心促成的。波士顿和圣地亚哥配送中心在第3周生成总计为650个小器具的需求，而芝加哥配送中心则在第6周生成800个小器具的需求。中央供给设施发现，在第6周内现有存货余额将是负值。因此，它在第3周启动一项订货量为2200个小器具的主计划，以弥补短缺。

（资料来源：中华硕博网，http：//www.china-b.com/.）

（五）DRP的应用

一般情况下，确定某种产品需求量的一般步骤是先查询该产品的预测需求量，然后检查该商品的库存量，进而确定订货进货的日期。如果要维持一个安全库存的话，那么进货的日期应该是遭遇安全库存的日期。应用 DRP 的最终任务是确定送货计划和订货进货计划。下面举例介绍，分不考虑在途商品和考虑在途商品的两种情况下来讨论 DRP 的应用。

讨论没有在途商品的条件下，应该怎样确定送货计划和订货、进货计划。

**例 1**　武汉某物流中心 A 有某种商品的库存 500 单位，安全库存 200 单位，每周的需求量在 80～120 单位。如表 8－1 所示。

**表 8－1**　　**不考虑在途商品问题的 DRP 运算**

| 品种 A1 | 物流中心 A　供货单位：中央供应点 | | | | | | | | |
|---|---|---|---|---|---|---|---|---|---|
| 安全库存 400<br>订货批量 600<br>进货提前期 2<br>送货提前期 1 | 期前 | 周 | | | | | | | |
| | | 1 | 2 | 3 | 4 | 5 | 6 | 7 | 8 |
| 需求主计划 | | 100 | 120 | 90 | 110 | 120 | 100 | 80 | 120 |
| 送货在途到货 | | | | | | | | | |
| 计划库存 | 500 | 400 | 280 | 190 | 80 | －40 | －140 | －220 | －340 |
| 进货在途到货 | | | | | | | | | |
| 到货计划 | | | | | | | | | |
| 订进计划 | | | | | | | | | |
| 送货计划 | | | | | | | | | |

在不考虑在途商品的情况下，计算的方法是现有的库存减去预测需求量得到一个商品量，如果这个商品量低于安全库存量，就应该进货。考虑到商品到达物流中心的日期与中央订货供应点的装运配送日期可能会不一致，这里必须考虑到从中央供应点进货的订货进货提前期，它包括：本物流中心将订货信息传输到中央供应点的时间，加上由供应点到本物流中心的转运、运输时间以及本物流中心的验货收货时间等。进货批量应当是规定的订货批量。

在例 1 中，订货提前期是 2 周，这 2 周是从中央供应点到物流中心的进货时间。而正常的进货批量是 300 单位，这 300 单位刚好也正是两个满负荷运输台班。

由表 8－1 可知，第 1 周的期初库存是 500 单位，第 1 周的预测需求量是 100 单位，那么第 2 周的期初库存就是 400（500－100＝400）单位。同理后期的期初库存也是以此类推，我们看到，第 3 周的期初库存低于安全库存 200 单位，此时应该组织进货才能避免货物短缺。因此，要把批量为 300 单位的商品在第 3 周运达物流中心，则这批商品必须在第 1 周从中央供应点运出，如表 8－2 所示，进货计划中第 1 周进货 300 单位。

**表 8-2　　　　不考虑在途商品问题的 DRP 运算**

| 品种 A1 | 物流中心 A　供货单位：中央供应点 | | | | | | | | |
|---|---|---|---|---|---|---|---|---|---|
| 安全库存 400<br>订货批量 600<br>进货提前期 2<br>送货提前期 1 | 期前 | 周 | | | | | | | |
| | | 1 | 2 | 3 | 4 | 5 | 6 | 7 | 8 |
| 需求主计划 | | 100 | 120 | 90 | 110 | 120 | 100 | 80 | 120 |
| 送货在途到货 | | | | | | | | | |
| 计划库存 | 500 | 400 | 280 | 490 | 380 | 260 | 460 | 380 | 260 |
| 进货在途到货 | | | | | | | | | |
| 到货计划 | | | | 300 | | | 300 | | |
| 订进计划 | | 300 | | | 300 | | | | |
| 送货计划 | | 120 | 90 | 110 | 120 | 100 | 80 | 120 | |

如表 8-2 所示，第 3 周的货物到达后，重新计算计划库存，发现第 5 周的 260 单位，高于安全库存，而第 6 周的计划库存是 160 单位，低于安全库存，所以中央供应点必须在第 6 周的时候有一批货物送达物流中心，故在第 4 周的时候要有一批货物从中央供应点发出。

从表 8-2 可以看出物流中心 A1 的商品的送货和订货进货处理的完整计划过程：将客户需求日期和需求量提前一个送货提前期，就得到送货的日期和送货量，从而确定送货计划。

当库存量下降到等于或者小于安全库存量的期初，应有一个订货批量的订货量到达，参与本期的需求使用，并得到一个新的本期库存量。而根据提供货方的订货进货提前期，由这一期开始倒退一个提前期确定供货方的订进日期和订进数量，从而确定订货进货计划。该 A1 产品的送货提前期为 1 周，所以把每周的需求量提前 1 周就得到送货日期和送货量。

由此，我们就得到送货计划表和订货进货计划表。如表 8-3 和表 8-4 所示。

**表 8-3　　　　不考虑在途商品品种 A1 的送货计划**

| | 周 | | | | | | | |
|---|---|---|---|---|---|---|---|---|
| | 1 | 2 | 3 | 4 | 5 | 6 | 7 | 8 |
| 送货计划 | 120 | 90 | 110 | 120 | 100 | 80 | 120 | |

**表 8-4　　　　不考虑在途商品品种 A1 的订货进货计划**

| | 周 | | | | | | | |
|---|---|---|---|---|---|---|---|---|
| | 1 | 2 | 3 | 4 | 5 | 6 | 7 | 8 |
| 订货进货计划 | 300 | | | 300 | | | | |

下面讨论考虑在途商品的情况，应该怎样确定送货计划和订货进货计划。

**例 2**　武汉 A 物流中心的 A1 商品这个计划期的期前送货在途量为 100 单位，预计在计划期第 1 周到达客户。而期前订货进货在途量为 300 单位，预计在第 2 周到达本物流中心。计划期的期前库存和需求主计划与例 1 相同，如表 8－5 所示。

**表 8－5　　考虑在途商品问题的 DRP 运算**

| 品种 A1 | 物流中心 A　　供货单位：中央供应点 | | | | | | | | |
|---|---|---|---|---|---|---|---|---|---|
| 安全库存 400<br>订货批量 600<br>进货提前期 2<br>送货提前期 1 | 期前 | 周 1 | 2 | 3 | 4 | 5 | 6 | 7 | 8 |
| 需求主计划 | | 100 | 120 | 90 | 110 | 120 | 100 | 80 | 120 |
| 送货在途到货 | | 100 | | | | | | | |
| 计划库存 | 500 | 500 | 680 | 590 | 480 | 360 | 260 | 480 | 360 |
| 进货在途到货 | | | 300 | | | | | | |
| 到货计划 | | | | | | | | 300 | |
| 订进计划 | | | | | | 300 | | | |
| 送货计划 | | 120 | 90 | 110 | 120 | 100 | 80 | 120 | |

如果考虑在途商品的情况下，必须将在途商品加入库存以决定库存能够维持的时间。于是库存商品和购进在途商品数量之和就达到一个总量，这个总量用完的日期就是下次订货进货达到的最佳日期。

因为送货在途将冲减客户需求，从而升高本中心该期库存量，而订货送货在途将增加本中心库存，而减少订货进货次数。这样计算，可以得到如表 8－5 所示的结果。从表中可以看到，第 1 周到达的送货在途 100 冲减了第一周的客户需求，从而升高了库存量（由原来 400 升为 500，等于期初库存量减去本期需求量，再加上本期送货在途到货量）。而第 2 周的订货送货在途到货升高了库存量，由原来的 280 升高到 680。

在考察物流中心 A 一个产品 A1 的 DRP 计划的制订原理和操作方法后，我们了解了一个 DRP 计划制订的全过程和它的方方面面。DRP 计划的最终成果就是两个：一个是产品 A1 的送货计划，另一个是 A1 的订货进货计划，它们分别如表 8－6 和表 8－7 所示。注意送货计划都是和特定的产品、特定的客户群联系的，而订货进货计划都是与特定的供货单位、特定产品相联系的。

**表 8－6　　考虑在途商品品种 A1 的送货计划**

| | 周 1 | 2 | 3 | 4 | 5 | 6 | 7 | 8 |
|---|---|---|---|---|---|---|---|---|
| 送货计划 | 120 | 90 | 110 | 120 | 100 | 80 | 120 | |

**表 8－7　　　　考虑在途商品品种 A1 的订货进货计划**

| | 周 | | | | | | | |
|---|---|---|---|---|---|---|---|---|
| | 1 | 2 | 3 | 4 | 5 | 6 | 7 | 8 |
| 订货进货计划 | | | | | 300 | | | |

一个物流中心有多个品种的物资，每一个品种的物资都可以通过运行 DRP 得到一个类似的送货计划和订货进货计划。这样，把各个品种的送货计划汇总起来，就可以得到物流中心 A 的总送货计划表，把各个品种的订货进货计划表汇总起来，就可以得到物流中心 A 的总订货进货计划表，如表 8－8 和表 8－9 所示。

**表 8－8　　　　物流中心 A 总送货计划**

| | 周 | | | | | | | |
|---|---|---|---|---|---|---|---|---|
| | 1 | 2 | 3 | 4 | 5 | 6 | 7 | 8 |
| A1 的送货计划 | 120 | 90 | 110 | 120 | 100 | 80 | 120 | |
| A2 的送货计划 | 100 | 70 | 110 | 150 | 100 | 70 | 100 | |
| A3 的送货计划 | 20 | 50 | 100 | 100 | 100 | 80 | 120 | |
| A4 的送货计划 | 10 | 90 | 120 | 130 | 100 | 90 | 150 | |
| A5 的送货计划 | 120 | 100 | 110 | 120 | 100 | 80 | 120 | |
| 合　计 | 370 | 400 | 550 | 620 | 500 | 400 | 610 | |

**表 8－9　　　　物流中心 A 总订货进货计划**

| | 周 | | | | | | | |
|---|---|---|---|---|---|---|---|---|
| | 1 | 2 | 3 | 4 | 5 | 6 | 7 | 8 |
| A1 订货进货计划 | | | | | 300 | | | |
| A2 订货进货计划 | | | 500 | | | 500 | | |
| A3 订货进货计划 | | | | | 300 | | | |
| A4 订货进货计划 | | 200 | | | | | 200 | |
| A5 订货进货计划 | | | | | 300 | | | |
| 合　计 | | 200 | 500 | | 900 | 500 | 200 | |

至此，在物流中心运行 DRP、制订 DRP 计划的全部过程得以完成，得到了每种商品的送货计划、订货进货计划和本物流中心的总送货计划、总订货进货计划。DRP 计划制订以后，剩下的问题就是执行 DRP 计划。DRP 计划的执行，就是要组织车辆统一进行运输，包括送货和进货。车辆运输也是一门学问。既要保证每天运输任务的完成，又

要使总费用最省，一般可以采用一些物流优化方法，例如，直送和配送相结合。对大批量客户采取大批量直送方式，而对小批量客户，采取配送方式。又例如，可以采用运输规划方法，对所有的运输任务，实行统一调运。用网络理论，求出最短路径和最佳运输方式组织运输等。

（六）成功实施 DRP 的关键因素

针对我国的国情和国际成功物流企业的经验，发展适合我国实际的 DRP 系统，进一步提升我国物流企业的竞争优势，已经迫在眉睫。要成功实施 DRP 还应该注意以下因素：

1. 正确认识 DRP 与 CRM、ERP 等的关系

虽然 DRP 和 CRM 都具有销售管理的功能，但含义却是不同的。CRM 主要是通过提高销售人员的工作效率和知识共享程度，提高客户的满意度。CPM 中的销售管理主要是提供销售员、销售队伍、销售佣金、客户信息、联系人信息和销售机会、竞争对手信息、客户交互过程等功能，它主要是给销售员用的。而 DRP 是给销售订单处理人员和财务人员使用的，DRP 是 ERP 系统销售订单管理、库存管理和产品管理的扩展，二者之间，有着很密切的联系。ERP 主要关注企业内部的信息化，而 DRP 更多关注需求预测、库存预测和优化以及多业务单元处理等方面，难以满足物流企业对分销配送管理的要求。

2. 专注流程

在实施 DRP 系统之时，物流企业应该把注意力放在流程上，而不要过分关注技术。技术只能促进因素本身，而不是解决方案。因此，要成功实施 DRP 的第一件事，就是要花时间去研究现有的分销、销售和服务策略，并提出改进方法。

3. 要灵活运用技术

在那些成功的 DRP 项目中，技术的选择总是与要改善的特定问题紧密相关。如果物流企业想定时预测市场需求，那么就应该在 DRP 系统中强化需求预测功能。企业在设计 DRP 系统时，应根据业务流程中存在的问题来选择合适的技术，而不是调整流程来适应技术的要求。

4. 组织能力较强的 DRP 实施队伍

DRP 的实施队伍应该在两个方面有较强的能力，首先是业务流程重组能力，其次是对系统进行客户化和集成化的能力，特别对那些打算支持移动客户的物流企业更是如此。

5. 从客户的角度来设计 DRP

可以尝试以下几个简单易行的方法来关注客户。一是请未来的 DRP 客户参观实实在在的配送管理系统，了解这个系统到底能为客户带来什么；二是在 DRP 项目的各个阶段（需求调查、解决方案的选择和目标流程的设计等），都争取最终客户的参与，以使这个项目成为对客户负责的项目；三是在实施的过程中，一切从客户的角度出发，千方百计地为客户创造方便。

6. 分步实现，系统整合

通过方程分析，可以识别业务流程重组的一些可以着手的领域，但要确定实施的优

先级，每次只解决几个最重要的问题，而不是毕其功于一役。

## 五、分销资源计划 DRPⅡ技术

### （一）DRPⅡ概述

DRPⅡ是分销资源计划，是在分销需求计划 DRP 的基础上（亦即 DRPⅠ）再加上物流能力计划等而形成的一个集成、闭环的商品资源配置系统。实际上，它已不只是一个商品资源配置系统，而是一个比较全面的企业管理信息系统了。

DRPⅠ和 DRPⅡ区别具体表现在：

1. DRPⅡ是一个比较全面的企业管理信息系统

DRPⅠ的主要功能是为满足客户商品需要，而进行的进、销、存各个环节上商品数量的配置。而 DRPⅡ的功能除了商品在数量上的进、销、存配置外，还有配置物流能力，包括车辆、仓库的配置利用以及成本、利润核算等功能。此外还具有物流优化、管理决策等功能。因此可以说 DRPⅡ是一个比较全面的企业管理信息系统。

2. 在具体内容上的不同

在具体内容上，DRPⅡ比 DRPⅠ增加了以下功能模块：

①车辆管理。主要管理运输车队，包括运输任务的实施和考核。

②仓储管理。主要是仓储商品的进、发、存管理。

③物流能力计划。主要包括车辆运输能力、仓储能力等计划。这种计划是送货计划和订货进货计划实施的保证。

④物流优化辅助决策系统。这个系统主要是为配置车辆、进行调运和进行辅助决策服务的，是一些物流优化模型，包括调运模型、配送模型等。

⑤成本核算系统。根据车辆、仓储的单位成本和车辆的运输量、仓储量等，求出运输成本和仓储成本，从而也可以求出利润。

3. DRPⅡ具有闭环性

DRPⅡ不但能够配置任务，能够为任务配置能力，还能够进行成本利润核算、进行企业的管理决策，形成了一个自我适应自我发展的闭环系统。同时，在信息的处理上，DRPⅡ也是一个信息闭环反馈系统，订货信息和送货信息最后都反馈到仓库和车队。

4. DRPⅡ具有集成性

DRPⅡ比 DRPⅠ具有更高的集成性，是涵盖各种业务（包括车队、仓储、进货、送货和储存）的处理和决策的多功能子系统的集成。

### （二）DRPⅡ基本原理

DRPⅡ的原理逻辑如图 8－11 所示，图的上半部分与 DRP 基本相同，图的下半部分是 DRPⅡ新增加的功能。新增加的功能，主要是三块。

1. 能力平衡

该模块是针对基本 DRP 制订出的送货计划和订货进货计划，再根据车队车辆情况以及仓库的情况，进行能力平衡，形成物流能力计划。对于 DRP 计划给定的任务，要落实车辆和仓储面积（下面统称物流能力），如果物流能力不够，还要外购或外租。注意，这里的物流能力计划还只是一个粗能力计划，主要是总量上的平衡。总之，这一步，最后要实现能力与任务的总量平衡。

2. 运输、仓储计划方案

在能力平衡以后，根据物流优化模型对给定的任务制订统一的运输计划和仓储计划，并根据这个运输仓储计划制订细物流能力计划。细物流能力计划就是要落实具体运输路线所用的运输车辆以及入库的商品具体的存放地点等。这是DRP系统中非常重要的一部分，实际上是实现DRP经济有效配置商品资源的关键一环，也是DRP系统中最难的一块。它的基本内容，就是要根据任务运行物流优化模型，主要有直达调运模型、中转调运模型和配送模型等。由模型运算而形成的调运方案、配送方案和派车任务单，既能实现按时按量完成运输任务，又能实现总运输费用最省。

3. 成本核算

根据已经形成的运输计划、仓储计划，计算工作量，并根据单位成本来计算总成本，从而实现成本利润核算。

这三大块是主要的，它们又各自带了一些小模块。这些模块有：

（1）仓储管理。其基本功能有：仓库出库管理；仓库入库管理；库存商品管理；仓库面积、货位规划管理；库存成本管理。

（2）车队管理。其基本功能有：车队所有车辆的基本信息管理；运输规划、车辆调度管理；车辆任务管理，根据任务单派车；运输成本管理，单车核算。

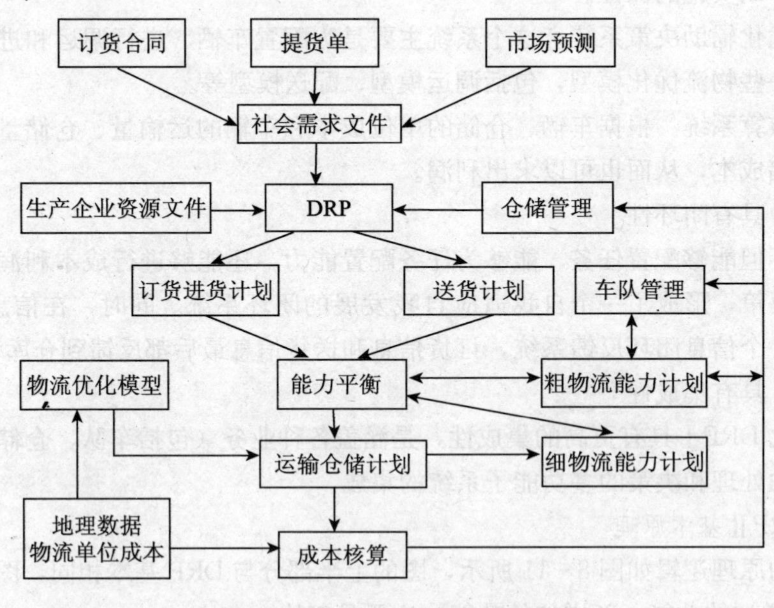


**图8-11　DRPⅡ的原理逻辑**

（三）DRPⅡ的处理步骤

DRPⅡ的处理步骤一般分为五个步骤，具体步骤如下：

1. 建立社会需求主文件

根据社会订货单、提货单统计汇总得到，或者通过市场预测得到社会需求主文件。

2. 求出 DRP 计划

由需求主计划、仓储管理中的库存文件和生产企业资源文件得出 DRP 计划，包括送货计划和订货进货计划。

3. 进行任务和能力的粗平衡

这里的任务就是指由 DRP 计划所确定的每天（周）的总任务，具体来说就是每天的送货量加订货进货量。总任务的表示法有“吨”“吨公里”“台时”等几种，根据具体情况选用。

4. 具体运输方案、仓储方案的制订

这是根据大致平衡的任务和能力，进行具体运输方案和储存方案的研究确定。所谓具体的运输方案，是指哪个任务派哪一辆车。一个物流中心，有许多的任务和许多的车，不能将它们一个一个孤立起来，而要联合起来，统一调运。这样做，可以实现物流优化调度，实现车辆的极大节省和充分有效的利用，大大节省物流费用，提高经济效益。联合调运方案可利用电脑运行物流优化数学模型得到。所谓储存方案，就是解决入库商品的存放地点和存放方式的问题。DRP 计划中有订货进货计划，订进的货物可能要放到仓库中去，究竟放到哪个仓库，放到哪个货位，怎样存放，这些都需要进行研究分析，形成仓储方案。

5. 成本核算

在具体调运方案和仓储方案出来以后，就可以进行成本核算了。成本核算的基本方法就是用单位成本乘以任务量。任务量由运输方案和储存方案确定，而单位成本，则由车队和仓库根据实际情况或者价格政策来确定。在计算成本时，任务量用“吨公里”计算的较多，也有用“台时”的。在比较特别的情况下，也可以用“吨”。

（四）DRPⅡ的应用

下面通过例子来说明 DRPⅡ的运行步骤和应用方法。仍以 DRPⅠ例 1 为例来说明。

1. 建立需求主文件

2. 求出 DRP 计划表

这两步已在前面做了，得出如表 8－8 和表 8－9 的 DRP 计划表，给出了物流中心 A 的 A1 商品的送货计划和订货进货计划。对于这个 DRP 计划表，在作具体的运输计划和仓储计划时，不是同时将所有各天（周）的送货计划和订货进货计划一次同时处理掉，而是一次只处理 1 天（周）的送货量和订货进货量。假设现在该轮到处理第 6 周的数据了。第 6 周只有送货量 80 单位，没有订货进货量。所以这一周就只制订具体的送货运输计划就行了。根据需求主文件（指还没有按日期进行汇总的需求主文件）得出这 80 单位分别属于下列 10 个客户，见表 8－10。

**表 8－10　物流中心 A 的 A1 商品第六周客户需求量分布**

| 客户 | P1 | P2 | P3 | P4 | P5 | P6 | P7 | P8 | P9 | P10 |
|---|---|---|---|---|---|---|---|---|---|---|
| 需求量 | 60 | 12 | 1 | 1.5 | 0.5 | 0.5 | 1.5 | 0.8 | 1.2 | 1 |

3. 能力平衡

就是把这些任务和车队的运力进行比较。现在车队有10单位车2辆，5单位车4辆，2单位车2辆，总运力为44单位。而客户需求为80单位。单从这个数字上看，运力和运量是不平衡的。所以需要作深入分析，把运距考虑进去，以单位千米来描述任务量，在大体上作粗能力平衡。根据“地理数据”可获得各客户点之间的路程距离，见表8－11。

**表8－11　　物流中心A到各客户之间的地理数据**

| 需求 | A | | | | | | | | | | |
|---|---|---|---|---|---|---|---|---|---|---|---|
| 60 | 10 | P1 | | | | | | | | | |
| 12 | 12 | 10 | P2 | | | | | | | | |
| 1 | 11 | 9 | 11 | P3 | | | | | | | |
| 1.5 | 13 | 12 | 10 | 9 | P4 | | | | | | |
| 0.5 | 15 | 11 | 14 | 12 | 26 | P5 | | | | | |
| 0.5 | 13 | 14 | 12 | 15 | 25 | 15 | P6 | | | | |
| 1.5 | 16 | 14 | 20 | 18 | 24 | 17 | 16 | P7 | | | |
| 0.8 | 17 | 12 | 18 | 20 | 23 | 19 | 17 | 21 | P8 | | |
| 1.2 | 18 | 11 | 14 | 22 | 22 | 21 | 19 | 22 | 15 | P9 | |
| 1 | 20 | 15 | 16 | 24 | 21 | 23 | 18 | 20 | 17 | 18 | P10 |

4. 制订详细具体的运输计划

其中可以运用一些物流优化模型。下面逐个地来研究运输任务。

派一辆10单位车专为P1客户来回运送4趟，每趟运10单位，来回算20千米，工作量为：

10×20×4＝800

第二辆10单位车为P1送20单位，为P2送10单位，来回运3次。其工作量为：

10×20×2＋10×24＝640

其余所有客户的所有需求量统一实行配送。为了确定具体的配送方案，要运用物流优化模型。对于这些小批量的多客户的循环送货的情况，可以运用节约法配送模型，节约法配送的原理这里不予介绍，请参阅有关书籍。

现在我们就来用节约法配送模型求解配送方案，根据表8－11可以求出节约量表，如表8－12所示。

表 8-12　　　物流中心 A 到各客户之间的节约行程

| 需求 | A | | | | | | | | |
|---|---|---|---|---|---|---|---|---|---|
| 2 | | P2 | | | | | | | |
| 1 | | 12 | P3 | | | | | | |
| 1.5 | | 15 | 15 | P4 | | | | | |
| 0.5 | | 13 | 14 | 2 | P5 | | | | |
| 0.5 | | 13 | 9 | 1 | 13 | P6 | | | |
| 1.5 | | 8 | 9 | 5 | 14 | 13 | P7 | | |
| 0.8 | | 11 | 8 | 7 | 13 | 13 | 12 | P8 | |
| 1.2 | | 16 | 7 | 9 | 12 | 12 | 12 | 20 | P9 |
| 1 | | 16 | 7 | 12 | 12 | 15 | 16 | 20 | 20 | P10 |

由节约量表可得配送结果如下：

第一个配送回路，其物流路线为：A—P2—P9—P10—P8—A，用 5 单位车刚好装 5 单位循环送货，全路程长 61 千米，工作量 305。

第二个配送回路，其物流路线为：A—P4—P3—P5—P7—P6—A，用 5 单位车刚好装 5 单位循环送货，全长 80 千米，总任务量 400。

这样，具体的运输计划就出来了：共用四辆车，两辆 10 单位，两辆 5 单位车，都满载。10 单位车搞 P1 和 P2 的直送，两辆 5 单位车都搞配送：第一辆运行路线为：A—P2—P9—P10—P8—A；第二辆运行路线为：A—P4—P3—P5—P7—P6—A，总任务量为 2145。

具体的运输计划出来后，详细的物流能力计划也就出来了，即计划用四辆车，两辆 10 单位车，两辆 5 单位车。交车队执行。

5. 成本核算

具体运输计划确定后，就可以按计划执行。执行过程会实际发生成本和利润，假如知道各种车辆的单位成本和利润，就可以求出总的成本和利润。

例如，假设运输车辆单位为吨，10 吨车每单位吨公里成本 0.1 元，每单位吨公里收入 1 元，则每单位吨公里利润为 0.9 元。则两辆 10 吨车的工作量总共为 1440 吨公里，总共收入为 1440 元，其中扣除成本 144 元，则纯利润为 1296 元。同样也可以算出 5 吨车的成本和利润，反馈给车队和仓库。

至此，DRPⅡ处理的全过程结束。这是只有送货任务的情况。如果还有进货任务的情况，则要把送货和进货的任务量统一起来，进行统一调运。首先进行仔细分析，把小批量客户分离出来，实行配送，然后把大批量运输的生产企业和客户组织起来，统一调运。对实行配送的运输采用配送模型，对实行统一调运的采用调运模型。有关具体的配送、调运模型，请查阅有关书籍。

至于仓储计划的制订，由仓储管理人员具体负责。他们要根据整个仓库的规划和布局，再根据进货商品的特点和数量，给入库商品安排存放方式和存放地点。然后根据存放的商品和地点面积，仓储管理人员可以给出单位商品的仓储费用，这样就可以求出仓储费用，进行成本核算。

## 六、物流资源计划 LRP 技术

### （一）LRP 的概述

LRP（Logistics Resource Planning）是物流资源计划的简称，是在 MRPⅡ、DRP 的基础上发展起来的物流资源优化技术。LRP 是在制造资源计划、能力资源计划、分销需求计划的基础上进行功能集成的结果，其基本目标是通过与物资采购、制造支持以及实体分销有关的作业计划的实施，优化配置物资资源，提高物流效率，以实现企业发展战略的经营计划。

设计 LRP 的基本动机，是想使其既用于生产领域又用于流通领域，并且也适用于既从事生产领域又从事流通领域的企业制订物流资源计划。LRP 的基本思想是面向大市场，以物流为基本手段，打破生产和流通的界限，为企业生产和社会流通的物资需求进行经济有效的物资资源配置。其基本原理包含以下几个特点：

（1）站在市场的高度，以社会大市场和企业内部经济有效地利用资源。

（2）以物流为基本手段，跨越生产和流通来组织和配置物资资源，打破生产和流通的界限以降低物资资源配置的成本。

（3）灵活运用各种手段打破地区、部门、所有制的界限，利用各种经营组织、经营方式以及采用各种物流优化方法，实现资源的有效配置，提高经济效益。

（4）以立足市场抓企业、立足流通抓生产、立足需求抓供应为思想原则。

（5）“统一”“集成”“优化”的思想综合运用于各种资源、配置技术、先进管理思想和手段。LRP 技术不是 MRP 和 DRP 的简单叠加，而是将两者进一步的统合、优化。

### （二）LRP 的逻辑原理

LRP 的原理是将 MRP 和 DRP 结合应用，在生产厂系统内部实行 MRP，在生产厂外部实行 DRP，而将物流作为联系两者的纽带，这是因为虽然 MRP 和 DRP 在原理上有很多的不同，但在物流上有共同的特点，都是物资在时间空间上的转移，LRP 的逻辑原理图，如图 8－12 所示。由图可以看出，LRP 实际上是 MRP 和 DRP 的有机结合。它输入社会需求文件、供应商货源文件，形成产品生产计划、生产能力计划、送货计划与订货计划、运输计划、仓储计划和物流能力计划，并进行成本核算。不同的是原 MRP 的主产品需求计划现在为 DRP 的订货进货计划的一部分所替代，而其社会订货则由 DRP 的输入文件——“需求主文件”来记录，社会订货首先由 DRP 从库存中供应，如果库存不够，再向 MRP 订货进货，MRP 根据这个订货进货计划进行 MRP 处理，产品加工任务单交给生产加工部门，外购件又返回 DRP 系统，进入 DRP 处理，DRP 仍然首先从仓库处理，仓库不够的按订货进货计划进行市场采购。

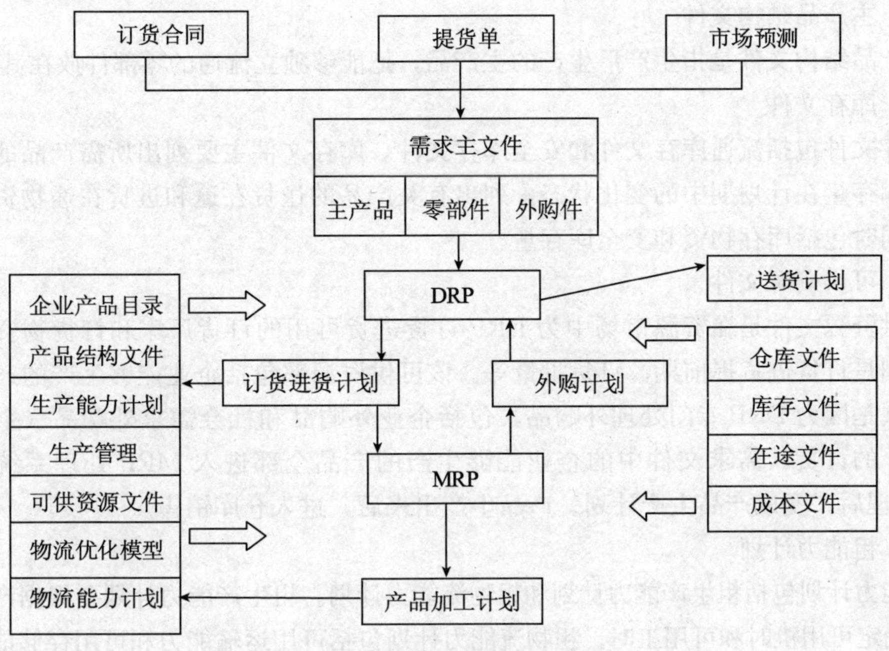


**图 8－12　LRP 逻辑原理**

在需求主文件中，既有 MRP 需求的产品（包括主产品、零部件），也有 DRP 需要的外购件（企业不生产但流通中心经销的产品）。因此，MRP 输出的外购品计划就成了 DRP 的输入需求计划的一部分。图中的库存文件，不但有生产厂仓库的生产库存，还有流通中心（原来的物流中心，增加了购销等商流功能后成为流通中心）的库存。同样，车队也不只是流通中心的，还要为生产厂运输，在整个系统内进行统一的调度。成本核算也是面向整个企业的，包括生产成本核算和流通成本核算。这里的物流优化模型，不仅是原 DRP 的物流优化模型，还应当包括内部物流的优化模型，如厂区规划、生产路线设计等模型。

1. LRP 的输入文件

LRP 的输入文件包括需求主文件、企业产品目录文件、主产品结构文件、库存文件、可供资源文件等。

（1）需求主文件

需求主文件是社会订货，既包括对企业生产的主产品和零部件的订货，也包括对企业自己不生产但经销的各种产品的订货。将这些产品按照主产品、零部件、外购件进行分类，各类又按照品种、需求量整理排列得到“需求主文件”。该文件是 LRP 的处理对象，也是本企业生产和流通必须予以满足的需求，更是整个企业进行物资资源配置和各项任务的目标。

（2）企业产品目录文件

企业产品目录文件是指企业产品目录清单，用以把需求文件分为两部分，一部分是企业可供产品，进入 MRP 处理，另一部分是企业外购品，进入 DRP 进行处理。

(3) 主产品结构文件

主产品结构文件是指生产厂生产的主产品，把能够独立流通的零部件放在其中。

(4) 库存文件

库存文件包括流通库存文件和安全库存文件。库存文件主要列出所需产品的期初库存量和库存量在计划期中的变化状态，列出有关产品的送货在途和进货在途物资的达到数量，同时包括库存物资和安全库存量。

(5) 可供资源文件

可供资源文件是在资源市场中为 DRP 订货进货可用的订货厂家和订货物资信息文件，特别是订货进货提前期、订货批量等。该可供资源部包括企业能够生产的产品和外购品。这是因为 DRP 专门处理外购品，包括企业外购品和社会需求外购品（企业的经销产品）的订货。需求文件中的企业能够生产的产品全部进入 MRP 处理系统，并经 MRP 处理后，变成产品生产计划。产品生产出来后，进入仓库销售。

(6) 粗能力计划

粗能力计划包括粗生产能力计划和粗物流能力计划。粗生产能力计划要根据产品的加工路线确定可用机时和可用工时。粗物流能力计划包括可用运输能力和可用存储能力。运输能力要根据车型和物流线路来决定，可以用“吨”和“吨千米”表示，存储能力要根据入库物资的品种和仓库的具体情况来确定，可以用仓储面积来表示。粗能力计划是用来进行能力平衡的，包括生产能力的平衡和物流能力的平衡，进而产生细能力计划。

(7) 单位成本文件

单位成本文件是成本核算用的文件，包括单位生产成本和单位物流成本。单位生产成本要根据特定的加工中心的特定的加工人员和加工设备，给出单位台时、单位机时、单位工时的费用。单位物流成本要根据特定车型、特定运输方式、特定路段给出单位吨千米（或吨）的费用，同时计算出特定仓库特定物资的单位存储费用等。这样就可以根据工作量来确定生产成本和物流成本。

2. LRP 的输出文件

LRP 的输出文件包括产品加工计划和细生产能力计划、外购品计划、送货计划、订货进货计划、统一运输计划、物流能力计划和成本核算文件。

(1) 产品加工计划和细生产能力计划

由 MRP 产生的产品加工计划和细生产能力计划是交生产厂（或车间）使用的。

(2) 外购品计划

外购品计划是由 MRP 运行后产生的，将该计划和需要文件中的外购品需求计划结合，可产生 DRP 运输计划。

(3) 送货计划、订货进货计划和统一运输计划

这些计划是 DRP 运行后产生的输出文件。在不进行物流优化和统一运输的情况下，可以直接用送货计划和订货进货计划。在实施物流优化和统一运输的情况下，就不用送货计划和订货进货计划，而用统一运输计划，后者物流成本低，经济效益高。在此需要注意的是送货计划包括对生产仓库的库存外购品的送货，订货进货计划包括对产生产品

的进货入库，运输计划实际上是一个详细的运输方案和用车计划。

(4) 物流能力计划

物流能力计划是由 DRP 产生的，包括车辆运输能力计划和仓储计划，该计划是与运输能力相联系的。

(5) 成本核算文件

成本核算文件应列出加工产品的生产成本和流通品的物流成本。

LRP 的实际原型可以用图 8－13 表示。

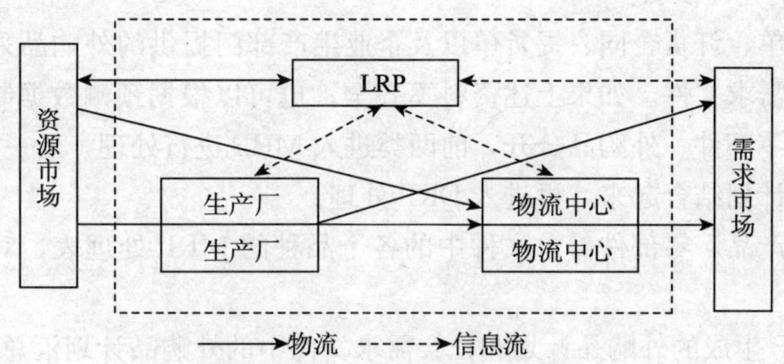


**图 8－13 LRP 的实际原型图**

图 8－13 基本上是一个企业集团的模式，它包含有多个生产厂和多个流通中心，整个企业处在市场之中，由资源市场取得资源投入生产过程，以产品或服务去满足市场需求。LRP 在其中的作用就是站在大市场的高度，打破市场和流通的界限，对整个企业的市场和流通进行资源的配置，对社会需求进行资源配置。

(三) LRP 的主要功能

1. 运输管理

对运输业务、运输产量、车辆维修、司机绩效和成本控制进行综合管理，包括整车管理和零担管理（含配载管理）和优化调度配车功能。

2. 仓库管理

对货物入、出库和调拨进行详尽管理（可按照先进先出的方式），随时按货位、按批次显示货物的库存状况，支持条码管理，支持货位及仓储状态的圆形化直观管理。

3. 配送管理

以提高运作效率、降低物流成本为目的，对分销区、分销商或长期的直接客户按照实时配送的原则，实现多需求方多供应方之间的协调。

4. 货代管理

可满足接取送达、订舱配载和联运服务等业务管理需求，使货代能为客户提供标准化的门到门服务。

5. 数据交换管理

为客户或联盟伙伴提供 WEB 形式的数据交换功能。

6. 客户管理

对客户资源实施统一管理，优化业务代表与销售内勤之间的工作流程，提升客户响应速度，建立客户反馈渠道，规范销售资料，提升客户的忠诚度和企业的信誉度（含客户资料管理、客户服务管理及业务知识管理）。

7. 结算管理

对企业所有的应收账款、预付款项进行自动核算与跟踪，并进行账龄分析，自动发行催款单，支持不同的结算方式。

（四）LRP 的处理步骤

(1) 将订货单、订货合同、提货单以及企业生产部门提供的外购品采购单按品种和需求日期整理成需求文件。如果上述资料不齐全，也可以根据预测数据制订。需求文件应按照主产品、零部件、外购品分开，前两类进入 MRP 进行处理，后一类和 MRP 处理完生产的外购品计划结合起来，再进入 DRP 处理。

(2) 建立主产品、零部件需求文件中的各个品种的 MRP 处理表，对每一个品种进行 MRP 处理。

(3) 将 MRP 生成的外购品计划和社会需求文件中的外购品计划汇总，形成 DRP 需求文件，建立 DRP 处理表，进行 DRP 处理。

## 本章小结

物流系统运作涉及的主要是物流运作的一些具体环节、步骤以及一些具体的运作技术。物流系统运作涉及不同的职能，这些职能的完成需要不同的部门之间的分工合作，因此，物流运作部门在处理自己部门内部关系的同时还要处理该部门与财务部、销售部等其他部门之间的关系。

在现代物流系统运作中，物流运作技术发挥的作用越来越大，本章重点介绍了物流需求计划 MRP、物流资源计划 MRPⅡ、分销需求计划 DRP、分销资源计划 DRPⅡ和物流资源计划 LRP，这些技术是相互继承又进一步发展的，对提高物流运营系统的运作效率有着非常重要的作用。现在无论是一些大的企业集团还是小的公司企业都已经开始尝试这些物流运作技术。

## 复习思考题

1. 简述物流运营系统运作部门与其他部门之间的关系。
2. 物流运营系统运作的原则有哪些？
3. 请概括物流运营系统运作的职能。
4. 什么是 MRP 技术，其基本原理是什么？
5. MRP 技术的基本数据由哪三部分组成？
6. 什么是 MRPⅡ，其基本原理是什么？

7. MRPⅡ的管理模式的特点是什么，MRPⅡ有什么作用？

8. 什么是ERP，MRPⅡ和ERP有什么区别？

9. DRP有几个发展阶段，各个阶段有什么特点？

10. 简述LRP的处理逻辑原理。

11. LRP的处理步骤是什么？

# 莱阳鲁花U8－DRP应用案例

莱阳鲁花浓香花生油有限公司始建于1986年，1993年与香港嘉银国际有限公司合资，现拥有总资产9亿元，其中固定资产2.8亿元，占地80万平方米，职工3000多人。目前公司已发展成为一个以花生油生产为主，集包装、建筑、房地产开发为一体的多元化发展的大型企业。2002年实现销售收入12.6亿元，实现利税1.3亿元。

1996年，莱阳鲁花在同行业率先通过ISO 9002国际质量体系认证，2001年通过了英国皇家UKAS产品质量认证，2002年被授予“全国农业产业化重点龙头企业”的称号。

2003年计划实现销售收入18亿元，实现利税1.6亿元；计划到“十五”末，花生油、调和油的生产能力达到50万吨，销售收入达到50亿元。

**1. 项目背景**

2000年莱阳鲁花有分公司18家，2002年发展到38家。随着企业规模的扩大，对异地物流和资金流的管理难度越来越大。2001年，莱阳鲁花在18家分公司部署了C/S架构的进销存和财务系统，虽然在一定程度上规范了业务流程，提高了业务处理效率，但仍然无法解决企业领导的困惑：

如何使销售体系既能快速扩充，又能避免管理失控？

如何准确考核分支机构的销售、回款、计划完成和费用支出情况？

如何及时了解各地实际库存，并提高供货及时率，降低库存积压？

如何控制应收账款的回收风险？

如何规范业务处理流程？

如何统一统计口径？

这些管理困惑促使莱阳鲁花采用新的信息系统，以便实现“异地商务，集中管理”的管理要求。莱阳鲁花对该系统的需求定义为：

基于Internet，满足“异地业务，集中管理”的管理需求；

支持集团—大区—分公司（办事处）营销模式；

财务业务一体化应用。

2003年9月，莱阳鲁花选择了用友U8－DRP分销业务系统和分销财务系统。分销业务系统包含集团综合查询、业务处理系统、客户订单系统和后台管理模块。分销财务系统包含企业端管理、业务处理系统和企业端查询模块。其中，分销财务系统可导入分销业务系统的基础资料和业务单据，从而形成财务业务一体化处理。

U8－DRP采用基于Internet的B/S架构极大简化了系统部署，客户端使用浏览器即可访问应用，应用和数据服务器由用友公司进行托管服务。分公司采用ADSL方式接入Internet进行访问。

**2. 业务与实施规划**

(1) 规划原则

在进行业务规划时项目遵循以下两个原则：

①以客户驱动为原则规划业务流程

客户驱动就是一切工作来源于客户的需求。客户的需求驱动信息流、物流和资金流的流动。用客户驱动原理来规划业务流程，可以将所有业务目标统一到客户服务上，提高各职能部门之间的协同。另外，按客户驱动原理来规划业务流程可实现信息流、物流和资金流的有机结合，从而提高工作质量和效率。

②以数据责任为原则规划业务职能

数据责任就是谁获取的信息谁处理（包括收集、加工和传播），例如，业务员是第一个获取客户订货需求的人，那么他就应该是销售订单的录入者。按数据责任来规划业务职能，不仅明确了责任还能够确保信息不失真。

(2) 实施规划

针对此项目实施范围广（3家生产厂和38家分支机构）、职能多（采购、销售、库存和财务）的特点，项目采用了大规模实施方式。行动迅速的大规模实施可以在最短的时间内安装到位，因此企业能尽快实现应用。

信息系统的运用好坏很大程度上取决于系统的实施。信息系统的实施必然会改变人（员工素质、沟通方式）、系统（设备、网络）和组织（业务流程、规章制度），而能否实施成功取决于三者之间的平衡。

为避免大规模实施在系统开始运转时可能引发的诸多问题，2002年12月，莱阳鲁花分别在北京和济南分公司进行了试点。通过试点，莱阳鲁花完善了基础档案、业务流程、规章制度等基本内容，并准备了培训资料。试点工作为大规模实施奠定了基础。

根据公司销售特点，莱阳鲁花将大规模实施安排在2003年春节后。公司用3天的时间对分公司会计和出纳进行了分销财务和业务的操作培训，随后分公司会计和出纳用7天的时间完成了初始化工作和1～2月的业务处理。2003年7～8月，莱阳鲁花对符合甩账标准的分公司进行验收，共有35家分公司通过验收。

**3. 实施效果**

分销系统的应用取得了良好的经济效益和管理效益，大大提高了分支机构管理水平以及集团对各分公司业务的监管力度。

(1) 提高了管理水平

在新的发展时期，总部对分公司提出了三个要求："团队、销量和利润"。这三个要

求促使分公司经理从超级销售员转变成经营管理者，而分销系统的应用加速了这种转变。

通过分销系统的应用，莱阳鲁花优化了分公司采购、销售以及账务处理的流程，不仅提高了工作效率，而且明确了各部门和职员的责任，部门之间、职员之间的合作关系得到明显改善。

通过分销系统的应用，莱阳鲁花规范了业务处理和统计口径。以成本计算为例，原来手工计算经常发生漏单现象和计算错误。现在，月末系统自动计算成本自动生成凭证，既提高了工作效率，又保证了成本计算的正确性。

通过分销系统的应用，分公司经理、大区经理以及总部领导可以实时查询销售、应收以及库存情况，及时发现问题、解决问题。

(2) 加强了资金管理

分销系统的应用改变了过去每月定期统计应收货款明细及应收余额的工作方法，可以随时查询应收货款明细及应收余额，随时掌握账龄及结款日期，督促分公司将到期的应收款及时结清，避免应收款造成死账、呆账。

通过分销系统的应用，可以随时掌握分公司货币资金的来龙去脉及账面余额情况，督促分公司将货款及时汇入总公司，加速总部资金周转并减少贷款。

(3) 提高了库存管理水平

通过分销系统的应用，公司可以随时查询和掌握分公司库存商品的生产日期和保质期限，做到库存商品先进先出，杜绝了商品过期现象。

(4) 提高了员工素质

项目的实施培养了一批既懂业务又懂计算机的综合人才，提高了全体员工对企业信息化的认识。

(5) 降低维护强度

分销系统采用基于Internet的B/S架构，客户端不需要安装系统软件，极大地降低了维护强度。

**4. 成功经验**

任何一种实施方式都有其优缺点，关键是根据自身情况选择最适合的实施方式。在项目规划时，莱阳鲁花考虑了产品的架构（B/S）、实施范围、人员素质以及实施时间等因素，最终决定采用大规模实施的方式。大规模实施的优点是部署快速、见效快、费用低，但也有缺点：系统初期运行存在诸多问题。为了有效克服大规模实施的缺点，莱阳鲁花采取了以下方法：

(1) 有效组织

在项目初始，公司就组成以主管副总为首，由用友顾问、外部顾问、相关业务部门、技术部门组成的项目小组。小组成员分工明确，互相配合。

(2) 充分沟通

莱阳鲁花每周召开例会，通报上周情况、落实下周任务，充分的沟通加强了各部门之间的合作，避免了因部门利益造成的消极影响。

(3) 重视培训

对业务人员的培训采用“培训＋操作”的模式，公司先对操作员进行了基本知识培训，然后让其进行实际操作，边操作边学习，大多数人员能在较短时间内掌握系统的操作。

(4) 控制范围

项目范围是项目实施中最大的变量。莱阳鲁花副总常说：“我们买的是桑塔纳不是宝马，但是我们要将桑塔纳的功能全部发挥出来。”莱阳鲁花在项目实施中始终控制项目的范围，不因不切实际的需求而使整个项目偏离方向。

(5) 突出重点

在实施中首先重点解决管理难点和要点，这种以点带面的做法很大程度上提高了系统的应用程度。

(6) 持续改进

由于实施时间短，人员素质偏低，造成系统部分功能没有使用或者不能达到业务需求。莱阳鲁花及时与用友公司沟通，并持续不断地改进。

总之，莱阳鲁花分销系统实施的成功可以概括为：“适宜的产品＋有效的实施＋丰富的知识＝成功”。适宜的产品就是适合公司现状和发展需要的产品，而且产品供应商要有能力保证产品将来能满足不断增长的客户需求；有效的实施就是强有力的项目组织和科学的实施方法相结合；丰富的知识就是要求项目组成员不仅要懂信息技术，还要懂业务，更要懂得合作。只有这三个要素紧密配合，才能避免大规模实施的短处，发挥其长处，取得最后胜利。

## 案例思考题

1. 结合所学的知识和案例介绍，谈谈自己对 DRP 的认识。
2. DRP 技术是怎样达到案例中所讲的事实效果的？
3. 结合案例，谈谈一个企业成功实施 DRP 应该注意哪些因素。

# 参考文献

[1] 鲍新中，程国全，王转．物流运营管理体系规划［M］．北京：中国物资出版社，2004.

[2] 马士华，林勇．供应链管理［M］．北京：高等教育出版社，2006.

[3] 骆温平，谷中华．第三方物流教程［M］．上海：复旦大学出版社，2006.

[4] 王俭廷，唐川．第三方物流运营实务［M］．北京：中国物资出版社，2009.

[5] RONALD H. BALLOU. 企业物流管理——供应链的规划、组织和控制［M］．王晓东，胡瑞娟，译．北京：机械工业出版社，2007.

[6] 索布提・维尔马，肯尼思・博耶．运营与供应链管理理论与实践［M］．北京：清华大学出版社，2009.

[7] 万志坚．企业物流运营实务与案例分析［M］．北京：中国物资出版社，2006.

[8] 田源，李伊松，易华．物流运作管理［M］．北京：清华大学出版社，2007.

[9] 海峰，胡娟．物流管理学［M］．武汉：武汉大学出版社，2007.

[10] 陈兵兵．供应链管理——策略、技术与实务［M］．北京：电子工业出版社，2004.

[11] 赵林度．供应链与物流管理理论与实务［M］．北京：机械工业出版社，2003.

[12] 何明珂．现代物流与配送中心［M］．北京：中国商业出版社，1997.

[13] 高四维，吴刚．现代物流管理导论［M］．北京：科学出版社，2008.

[14] 郝勇，张丽，黄建伟．物流系统规划与设计［M］．北京：清华大学出版社，2008.

[15] 王槐林，刘明菲．物流管理学［M］．武汉：武汉大学出版社，2005.

[16] 宋杨．第三方物流模式与运作［M］．北京：中国物资出版社，2006.

[17] 李云清．物流系统规划［M］．上海：同济大学出版社，2004.

[18] 何明珂．物流系统论［M］．北京：高等教育出版社，2004.

[19] 方仲民．物流系统规划与设计［M］．北京：机械工业出版社，2001.

[20] 田源，周建勤．物流运作实务［M］．北京：清华大学出版社，2004.

[21] 王槐林，凌大荣，刘志学，等．物流资源配置技术［M］．北京：中国物资出版社，1998.

[22] 裴少峰，翟书斌，曹利强，等．现代物流技术学［M］．广州：中山大学出版社，2001.

[23] 杰克・R. 梅雷迪斯，斯科特・M. 谢弗．MBA 运营管理［M］．焦叔斌，

译．北京：中国人民大学出版社，2007.

[24] 马丁·克里斯托弗．物流与供应链管理 [M]．何明珂，崔连广，郑媛，译．北京：电子工业出版社，2009.

[25] 陈运高，郭燕翔．物流运营管理 [M]．北京：中国物资出版社，2009.

[26] JOHN COYLE，EDWARD BARDI，JOHN LANGLEY JR. 企业物流管理供应链视角 [M]．文武，陈志杰，张彦，译．北京：电子工业出版社，2003.